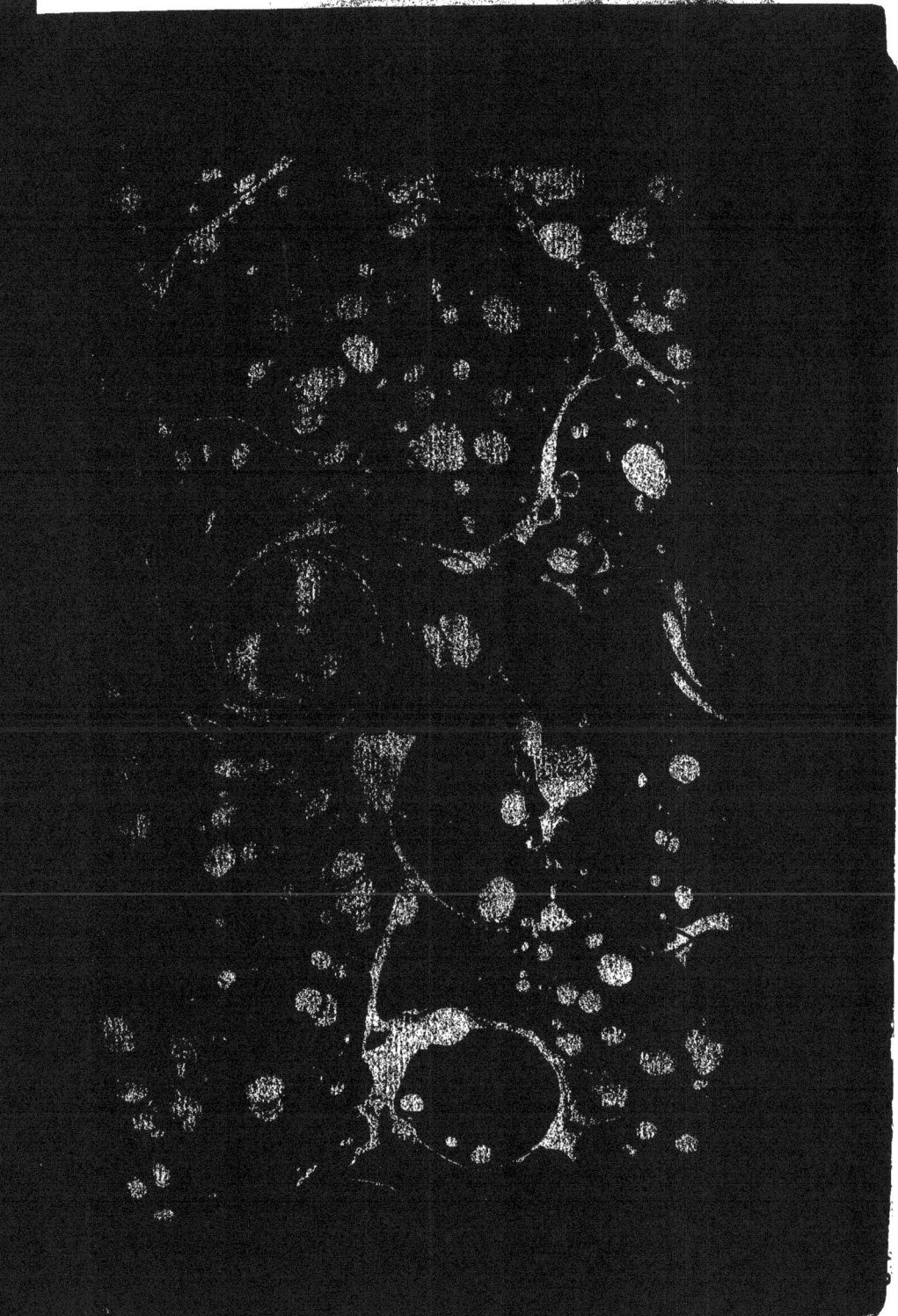

Lit. 16
10.
II

MEMOIRES
DE MESSIRE
PHILIPPE DE COMINES.

QUATRE VOLUMES, in-4º.

L 593
A 3

CHARLE LE HARDI
Duc de Bourgogne, tué devant Nanci
le 5. Janvier 1477. Agé de 43. ans et 2. mois.

MEMOIRES
DE MESSIRE
PHILIPPE DE COMINES,
SEIGNEUR D'ARGENTON,

Où l'on trouve l'Histoire des Rois de France
LOUIS XI. & CHARLES VIII.

NOUVELLE EDITION,

Revûe sur plusieurs Manuscrits du tems, enrichie de Notes & de Figures, avec un Recueil de Traités, Lettres, Contrats & Instructions, utiles pour l'Histoire, & nécessaires pour l'étude du Droit Public & du Droit des Gens.

Par Messieurs GODEFROY.

Augmentée par M. l'Abbé LENGLET DU FRESNOY.

TOME III.

A LONDRES,
Et se trouve
A PARIS,
Chez ROLLIN, Fils, Quai des Augustins.

M. DCC. XLVII.

TABLE
DES PIECES, ACTES ET TITRES
contenus dans le Tome III. des Mémoires de PHILIPPES DE COMINES.

CXII. Treves de trente-six jours entre Louys XI. & le Duc de Bretagne, page 1.
CXIII. Autre Treve de Louys XI. avec le Duc de Bretagne, 2.
CXIV. Pouvoir du Roy Louys XI. pour arrester les Ducs & Duchesses de Bourbon, 4.
CXV. Extrait des Etats tenus à Tours, commencés le sixiéme d'Avril 1467 (vieux stile,) 5.
CXV*. Extrait de la vie manuscrite de Charles, Duc de Bourgogne, ibid.
CXVI. Extrait des Lettres du Duc de Bourgogne sur l'Assemblée tenuë à Cambray, 6.
CXVI*. Pouvoir du Roy Louys XI. pour ses Députés à l'Assemblée qui se tenoit à Cambray, 7.
CXVII. Treves de douze jours du Roy Louys XI. avec le Duc de Bretagne, 8.
CXVIII. Traité d'Ancenis entre le Roy & le Duc de Bretagne, par Jean Duc de Calabre, chargé des pleins pouvoirs de Louys XI., 9.
CXIX. Pouvoir & Commission donné par François, Duc de Bretagne à Guillaume Chauvin, Sieur de Bouis, Chancelier du Duc, & autres, pour aller vers le Roy de France, traiter de la paix, 13.
CXX. Extrait du Procès criminel de Charles de Melun, 14.
CXXI. Extrait de la vie manuscrite du Duc de Bourgogne, sur le Traité de Peronne, fait entre le Roy Louys & le Duc Charles, & des Lettres que le Roy envoya par les bonnes Villes de son Royaume, 17.
CXXII. Minute de l'examen touchant la Lettre de seureté & sauf-conduit que le Duc Charles de Bourgogne donna au Roy pour aller à Peronne, 18.
CXXIII. Départ du Roy Louys XI. pour Peronne, jusqu'au départ pour Liege, 21.
CXXIV. Traité de paix entre le Roy Louys XI. d'une part, & Charles, dernier Duc de Bourgogne d'autre, à Peronne le quatorziéme Octobre 1468, 22.
CXXV. Ratification du Traité de Peronne, par Charles, Duc de Bourgogne, 43.

Tome III. a

ij TABLE DES PIECES, ACTES, &c.

CXXV*. *Ratification dudit Traité de Peronne, de l'an 1468. faite par le Roy Louys XI. avec les vérifications dudit Traité aux Parlement, Chambre des Comptes, & Cour des Aydes de Paris,* 44.

CXXVI. *Remarques de Monsieur Godefroy sur le Traité de Peronne,* 46.

CXXVII. *Permission du Roy Louys XI. à Charles, Duc de Bourgogne, pour établir des Greniers à sel à Mascon, & autres lieux du Masconnois,* 47.

CXXVII*. *Exemption accordée par le Roy Louys XI. aux quatre Loix du Pays de Flandres; sçavoir, Gand, Bruges, Ypres, & le Franc de Bruges, du Ressort du Parlement de Paris,* 49.

CXXVII**. *Surséance accordée par le Roy Louys XI. pendant le terme de huit années à Charles, Duc de Bourgogne, de tous les Procès étans au Parlement de Paris, au sujet des limites de Flandres & d'Artois,* 52.

CXXVII*3. *Consentement du Roy Louys XI. que pour les appellations des Loix du Pays de Flandres, il en soit fait selon le Droit & Coutume de ce Pays,* 53.

CXXVII*4. *Accord fait par le Roy Louys XI. au Duc de Bourgogne, que les appellations des causes ès Pays de Lille, Douay & Orchies, iront au Conseil de Flandres, ou au Gouverneur de Lille, & de ce Gouverneur à ce Conseil, & de là au Parlement de Paris,* 54.

CXXVII*5. *Main-levée accordée par le Roy Louys XI. de la saisie des biens des vassaux du Duc de Bourgogne,* 56.

CXXVII*6. *Deffenses du Roy Louys XI. à son Bailly de Sens d'accorder des Mandemens en cas d'appel, aux habitans du Duché de Bourgogne,* 58.

CXXVII*7. *Deffenses du Roy Louys XI. à ses Baillifs de Sens & de Villeneuve-le-Roy, de prendre connoissance des Procès des habitans du Duché de Bourgogne, quoique Bourgeois de Sens & de Villeneuve-le-Roy,* 60.

CXXVII*8. *Déclaration du Roy Louys XI. que les executions commencées en vertu du sceau du Duché de Bourgogne, portant main-garnie, auront leur effet,* 62.

CXXVIII. *Observations touchant le Traité de Peronne, contenant plusieurs particularités depuis 1468. jusqu'en 1471,* 64.

CXXVIII*. *Déclaration de Louys XI. contre Charles dernier Duc de Bourgogne, sur l'avis des Princes de son sang & autres notables, assemblés à Tours, par laquelle il est déclaré que lesdits Notables auroient été d'avis que à cause des conspirations dudit Duc de Bourgogne contre ledit Roy Louys XI. il étoit quitte & déchargé des promesses qu'il lui avoit faites par le Traité de Peronne, & autrement; & que ses terres & Seigneuries lui devoient être confisquées : & par même moyen les Princes furent déclarés quittes & déchargés des scellés & promesses, que du sceau dudit Roy Louys, ils auroient faites. A Amboise, l'an mil quatre cens soixante dix, le trois Décembre,* 68.

CXXIX. *Remarques touchant le Traité de Peronne, le Roy semblablement conclut & ordonna qu'il fût veu, & tant de choses qui avoient été*

TABLE DES PIECES, ACTES, &c.

promises de la part du Duc de Bourgogne, que de la part du Roy, & desquels Traités la teneur s'ensuit, 72.

CXXIX*. *Lettre de M. de Reilhac, sur le Traité de Peronne & le départ pour Liege,* 81.

CXXX. *Lettre d'Antoine de Loisey, Licentié ès Loix, à Monsieur le Président de Bourgogne, contenant la relation de la prise de la Ville de Liege, par Charles, Duc de Bourgogne, le Roy Louys XI. présent, le penultiéme jour d'Octobre 1468,* 82.

CXXX*. *Autre extrait de la vie du Duc de Bourgogne, comment la Cité de Liege fut prise d'assaut, & y porta le Roy l'Enseigne de Saint Andrieu,* 84.

CXXXI. *Fondation faite aux Augustins de Tournay, par le Roy Louis XI,* ibid.

CXXXII. *Certificat de ceux du Conseil de Flandres à Gand, que la porte de Saint Lievin & deux autres portes de cette Ville étoient fermées aux jours marqués,* 85.

CXXXIII. *Renonciation faite par les Echevins des deux bans, & les Doyens des Mestiers de la Ville de Gand, à leurs Bannieres, à l'ouverture de trois de leurs portes, au Privilége qui leur avoit été accordé par le Roy de France, pour l'Election de leurs Echevins, à l'exemption des confiscations & autres droits dont ils jouissoient,* 87.

CXXXIV. *Privilege accordé par Philippe, Roy de France, à ceux de la Ville de Gand, pour l'Election des Echevins & Conseillers de cette Ville, avec l'Acte de la Cassation dudit Privilege, faite par ordre de Charles, Duc de Bourgogne,* 91.

CXXXV. *Traité de l'échange de l'appanage de Guyenne, au lieu de celui de Normandie, fait entre le Roy Louis XI. & Charles son frere, par l'entremise du Duc de Bretagne, en Avril 1469. vérifié le 27. Juillet audit an,* 93.

CXXXVI. *Lettres du Roy Louis XI. pour confirmer & ratifier l'échange d'appanage de Guyenne, par lui donné à Charles de France son frere,* 97.

CXXXVII. *Commission de Louis XI. à Maistre Jehan de Poupaincourt, Président, pour faire vérifier au Parlement & Chambre des Comptes, le partage & appanage de Guyenne, & ledélivrer à Charles de France son frere, après avoir retiré de lui les appanages de Berry & de Normandie, & Lettres de renonciation d'icelui à tous les autres droits, du 10. Juillet 1469,* 98.

CXXXVIII. *Acte de la nomination faite au Chapitre de l'Ordre de la Jartiere de Charles, Duc de Bourgogne, pour Chevalier de cet Ordre,* 99.

CXXXIX. *Projet des Lettres de Charles, Duc de Bourgogne, par lesquels il nomme Edouard, Roy d'Angleterre, pour Chevalier de l'Ordre de la Toison d'Or,* 101.

CXL. *Abolition de Louis XI. à tous ceux qui avoient suivi le Duc de Guyenne son frere,* 103.

CXLI. *Acte du serment fait par Charles de France, Duc de Guyenne au Roy Louis XI. son frere pour ce Duché,* 106.

TABLE DES PIECES, ACTES, &c.

CXLII. *Extrait sur la paix faite entre le Roy Louis de France, & Charles, Duc de Berry son frere, & de leur entrevûe,* 107.

CXLIII. *Traité de Coulanges entre le Roy Louis XI. & Charles, Duc de Guyenne son frere, sur les differens des limites dudit appanage de Guyenne & autres, & exclusion des Comtés de Comminge, & de l'Isle Jourdan & d'Angoulême, laissant les Comtés d'Esterac, de Perdriac, de Moulasin & de Bigorre, du dix-huit Septembre mil quatre cens soixante-neuf, vérifié le quatre Décembre audit an,* 108.

CXLIV. *Lettres du Roy Louis XI. portant revocation de tous priviléges octroyés dans ledit appanage, depuis le decès du Roy Charles VII.* 110.

CXLV. *Ratification faite par Charles, Duc de Guyenne du Traité de Coulanges-les-Reaux, fait le dix-huit Septembre mil quatre cens soixante-neuf, avec le Roy Louis XI. son frere, pour raison des limites de son appanage de Guyenne, & renonciation à tous autres droits & prétentions, passées à Villeneuve-la-Comtesse, le dix-huit & vingtième dudit mois de Septembre mil quatre cens soixante-neuf,* 112.

CXLVI. *Lettres de supplement du deffaut & obmission de la signature d'un Secretaire en Finance,* 115.

CXLVII. *Traité de George, Roy de Boheme, pour faire élire Roy des Romains Charles, Duc de Bourgogne,* 116.

CXLVIII. *Extrait d'un accord fait en 1469. entre le Roy Louis XI. & Jacques d'Armagnac, Duc de Nemours,* 118.

CXLIX. *Lettres Patentes de Charles, Duc de Bourgogne, confirmatives des alliances par lui faites avec le Duc de Bretagne,* ibid.

CL. *Lettres de Charles, Duc de Bourgogne, à la Cour de Parlement de Paris, au sujet du pillage fait sur les sujets de ce Prince, par les Duc de Clarence & Comte de Warwic,* 120.

CL*. *Extrait d'une Lettre de Charles, Duc de Bourgogne, au Roy Louis XI. sur le pillage fait sur ses sujets par le Duc de Clarence & le Comte de Warwic,* 122.

CLI. *Instructions du Roy sur l'arrivée de M. de Warwic avec quelques Vaisseaux pris sur les sujets du Duc de Bourgogne,* 124.

CLII. *Extrait de la confirmation du Duc François de Bretagne, sur le Traité d'Ancenis,* 125.

CLIII. *Pouvoirs, Vidimus & confirmation du Traité d'Ancenis, par le Roy Louis XI. Charles Duc de Berry, & François, Duc de Bretagne,* 126.

CLIV. *Réponse faite par le Roy au Président de Bretagne, & Eustache de l'Espinay, pour rapporter au Duc sur ces matieres, pour lesquelles il les avoit envoyés devers le Roy; laquelle réponse, lesdits de l'Espinay & Président ont signée, afin qu'il n'y eût mutation,* 132.

CLIV*. *Réponse plus étendue faite à Messire Eustache d'Espinay de Bretagne, touchant les Griefs du Duc, sur le fait de la mer & des prises faites par les François,* 134.

CLV. *Alliances du Roy Louis XI. avec les Suisses,* 139.

CLVI. *Lettres de ratification du Roy Louis XI. de l'alliance avec les Suisses,* 140.

TABLE DES PIECES, ACTES, &c.

CLVII. *Arrest non signé du Parlement de Paris, par lequel Jean, Comte d'Armagnac est condamné par deffaut, & déclaré criminel de leze-Majesté, son corps & ses biens confisqués,* 141.

CLVIII. *Lettres de Louis XI. par lesquelles le Roy fait assembler plusieurs Princes & Seigneurs pour déliberer sur les hostilités & invasions du Duc de Bourgogne, contraires aux Traités par lui signés,* 145.

CLIX. *Extrait de la réponse faite par le Duc de Bourgogne aux Ambassadeurs du Roy, le Bailly de Vermandois & Jacques, en 1470. sur la validité des Traités de Conflans & de Peronne,* ibid.

CLX. *Lettres écrites au Parlement par le Duc de Bourgogne, touchant l'exploit fait par le Président de Corbie ès trois Prevostés, Beauvoisis, Foulloy, Vimeu, & reçues le treize Septembre 1470,* 146.

CLXI. *Lettres de Charles, Duc de Bourgogne, au Roy René de Sicile, par lesquelles il accuse Louis XI. de contravention aux Traités de Conflans & de Peronne,* 148.

CLXII. *Extrait d'un Factum du Comte d'Armagnac, folio 52. verso,* 149.

CLXII*. *Suite de l'affaire du Comte d'Armagnac,* 150.

CLXIII. *Edit du Roy Louis XI. touchant les mines & minieres du Royaume de France,* 151.

CLXIV. *Ordonnance du Roy Louis XI sur la guerre avec le Duc de Bourgogne, & sur les sommes nécessaires pour la soutenir,* 154.

CLXV. *Lettre du Roy Louis XI. au Comte de Dammartin, où il le prie & lui ordonne de commencer la guerre contre le Duc de Bourgogne,* 155.

CLXVI. *Lettre de Louis XI à Henry IV. Roy de Castille, au sujet du mariage projetté entre Charles, Duc de Guyenne, & Jeanne de Castille, fille de Henry,* 156.

CLXVII. *Extrait d'une remontrance du Chancelier de Jeanne, Princesse de Castille, & d'autres pieces, pour accelerer le Mariage de cette Princesse, avec le Duc de Guyenne,* ibid.

CLXVII*. *Extrait des Lettres de Henry, Roy de Castille, qui presse le départ du Duc de Guyenne, pour se rendre en Castille,* 157.

CLXVIII. *Extrait des remontrances du Marquis de Villena, pour engager Louis XI. à soutenir le Roy de Portugal dans ses prétentions sur le Royaume de Castille,* ibid.

CLXIX. *Propositions de mariage du Duc de Guyenne avec Jeanne, Princesse de Castille,* 158.

CLXX. *Instruction que Louis XI donne à M. du Bouchage, qu'il envoye vers le Duc de Guyenne, pour le détourner du mariage avec Mademoiselle de Bourgogne,* 160.

CLXXI. *Instructions pour ceux que M. de Guyenne envoye au Duc de Bourgogne, le 19. Fevrier (1472) pour son mariage avec Mademoiselle de Bourgogne,* 164.

CLXXII. *Instructions aux Ambassadeurs du Duc de Guyenne, allans vers le Duc de Bretagne, le 29. Fevrier 1471. (ou 1472. nouveau stile,)* 165.

CLXXIII. *Instructions particulieres & Déclaration aux gens de Monsei-*

TABLE DES PIECES, ACTES, &c.

gneur & du Duc de Bretagne, de l'intention de M. de Guyenne, & de la maniere qu'ils auront à eux conduire fur aucuns points contenus ès premieres inftructions, 168.

CLXXIV. Obfervations fur les différentes propofitions de mariage, pour Marie de Bourgogne, 169.

CLXXIV*. Traité entre le Roy Louis XI. & Charles, Duc de Bourgogne, par lequel ils confirment les Traités d'Arras, Conflans & Peronne, &c. 171.

CLXXIV**. Lettre de Louis XI. au Comte de Dammartin, au fujet du Comté d'Armagnac, auquel Monfieur de Guyenne avoit rendu fes terres, 176.

CLXXIV*. Le Roy Louys XI. fe fait nommer par le Pape, Chanoine de Clery, 177.

CLXXV. Lettres Patentes de Louis XI. en faveur des filles de l'Ave-Maria, 178.

CLXXVI. Lettres Patentes de Charles VIII. en faveur des filles de l'Ave-Maria, ibid.

CLXXVII. Lettres & inftructions de Louis XI. au Heraut Normandie, pour aller vers le Duc de Bretagne, fur les préparatifs de guerre, avec les réponfes du Duc, 181.

CLXXVIII. Lettre du Roy Louis XI. à l'Evêque de Leon, Envoyé du Duc de Bretagne vers le Duc de Bourgogne, pour la treve, 184.

CLXXIX. Lettre du Chancelier de France à l'Evefque de Leon envoyé du Duc de Bretagne vers le Duc de Bourgogne, pour la trefve, 184.

CLXXX. Lettre du Connétable, au Gouverneur de Champagne, fur la treve, 185.

CLXXXI. Lettre du Connétable à l'Evéque de Leon, Envoyé du Duc de Bretagne, vers le Duc de Bourgogne, pour la même treve, ibid.

CLXXXII. Lettre de Louis XI. au Vicomte de la Belliere, fur les opérations de la guerre, 186.

CLXXXII*. Lettre de Louis XI. au Vicomte de la Belliere, & au fieur de Cruffol, fur les operations de la guerre, 187.

CLXXXIII. Obfervations de M. Godefroy, fur la mort de Charles de France, Duc de Guyenne, ibid.

CLXXXIV. Traité de Ligue entre Nicolas, Duc de Calabre, & de Lorraine, & Charles, Duc de Bourgogne, 189.

CLXXXV. Promeffes mutuelles de mariage de Marie de Bourgogne, & de Nicolas, Duc de Calabre, 192.

CLXXXV*. Renonciation de Nicolas, Duc de Calabre, à la promeffe de Mariage qu'il avoit donnée & reçue de Marie de Bourgogne, 193.

CLXXXV**. Renonciation de Marie de Bourgogne, à la promeffe de Mariage qu'elle avoit donnée & reçue de Nicolas, Duc de Calabre, 194.

CLXXXVI. Abolition pour ceux qui ont adheré au Duc de Guyenne, 195.

CLXXXVII. Lettres de Charles, Duc de Bourgogne, par lefquelles il déclare qu'il veut venger la mort de Charles, Duc de Guyenne, 198.

TABLE DES PIECES, ACTES, &c. vij

CLXXXVIII. *Lettre de Louys XI. sur le secours qu'il envoye à Beauvais*, 201.

CLXXXIX. *Discours véritable du siege mis devant la Ville de Beauvais, par Charles de Bourgogne, Prince de la Maison de France, surnommé le terrible Guerrier, & qui n'a jamais cedé aux grands Roys*, 205.

CXC. *Lettre du Mareschal Joachim Rouhaut, au Comte de Dammartin, sur la levée du siege de Beauvais*, 218.

CXCI. *Lettres Patentes de Louis XI. qui permet aux Bourgeois de Beauvais de tenir fiefs nobles, & les exempte de l'arriere-ban*, ibid.

CXCII. *Lettres Patentes du Roy Louis XI. qui permet aux habitans de Beauvais de se choisir un Maire & Pairs, (c'est-à-dire, Eschevins,)* 220.

CXCII*. *Lettres Patentes de Louis XI. portant exemptions de droits & impositions pour les habitans de Beauvais*, 222.

CXCII**. *Procession ordonnée en la Ville de Beauvais, en memoire de la levée du siege, & permission aux femmes & filles de préceder les hommes en ladite Procession*, 223.

CXCIII. *Lettre du Roy au Comte de Dammartin, pour faire la guerre aux pays du Duc de Bourgogne*, 225.

CXCIII*. *Extrait d'une Lettre écrite par un sujet du Duc de Bourgogne, sur les guerres entre ce Duc & le Roy de France*, ibid.

CXCIV. *Treves d'un mois & demi accordées par Louis XI. au Duc de Bretagne*, 228.

CXCV. *Ratification du Duc de Bretagne de la Treve du 12. Octobre*, 229.

CXCVI. *Treves de cinq mois entre Louis XI. & le Duc Charles de Bourgogne*, 231.

CXCVII. *Lettre de Louis XI. au Vicomte de la Belliere, sur la Treve avec le Duc de Bretagne*, 233.

CXCVIII. *Treve d'un an, accordée par Louis XI. au Duc de Bretagne*, 234.

CXCIX. *Instruction de Charles, Duc de Bourgogne, à ceux qu'il devoit envoyer vers le Duc Sigismond d'Autriche*, 238.

CC. *Lettres du Roy par lesquelles il promet & jure de ne faire aucun Traité avec le Duc de Bourgogne, que du consentement du Duc de Bretagne*, 246.

CCI. *Plein pouvoir du Duc de Bretagne, à l'Evesque de Leon, qu'il envoyoit vers le Duc de Bourgogne, pour faire & prolonger une Treve entre le Roy Louis XI. & le Duc de Bourgogne*, ibid.

CCII. *Treves faites entre le Roy & le Duc de Bourgogne*, 247.

CCIII. *Lettre de Nicolas, Duc de Calabre, écrite à Charles, Duc de Bourgogne*, 255.

CCIV. *Procuration de Nicolas, Duc de Lorraine, aux dénommés en icelle, pour traiter le mariage d'entre lui & Mademoiselle Marie de Bourgogne.* 256.

CCIV*. *Extrait des instructions du Duc de Bourgogne à Messire Antoine de Montjeu, Chambellan dudit Duc, touchant ce qu'il doit négocier avec le Duc de Calabre*, 257.

viij TABLE DES PIECES, ACTES, &c.

CCV. *Relation de l'entrevue de Charles, Duc de Bourgogne, avec l'Empereur Frederic III.* 258.

CCVI. *Acte d'appel interjetté par le Duc de Bourgogne d'une Bulle d'Excommunication de Sixte IV. obtenue par Louis XI. & fulminée à Clery par l'Evesque de Viterbe, le 13. Octobre 1473.* 262.

CCVII. *Contrat de mariage de Jeanne de France, fille du Roy Louis XI. avec Louis, Duc d'Orleans, fils de Charles & Marie de Cleves, le 28. Octobre 1473.* 270.

CCVIII. *Ratification du précedent Traité de Mariage,* 275.

CCIX. *Extrait des instructions baillées à Helie Bordeille, Archevêque de Tours, Jean de la Grolaye Villiers, Evesque de Lombez, depuis Cardinal; Jehan de Poupaincourt, Président au Parlement de Paris, Bernard Lauret, Persident au Parlement de Tholose, & Pierre Gruel, Président au Parlement de Dauphiné, envoyez par le Roy Louis XI. à François II. Duc de Bretagne, touchant le procès de Frere Jourdain Faure, dit de Vecours, Abbé de Saint Jean d'Angely, & Henry de la Roche, accusés de la mort de Charles de France, Duc de Guyenne, frere du Roy,* 279.

CCIX*. *Instruction à très-Reverend Pere en Dieu Monseigneur l'Archevêsque de Tours; Reverend Pere en Dieu l'Evêque de Lombes; maître Jean de Poupaincourt, Bernard Lauret, & Pierre Gruel, Presidens ès Cours de Parlement de Paris, de Thoulouse & du Dauphiné, tous Conseillers du Roy nostre sire, de ce que ledit Seigneur leur a chargé faire & besogner devers Monsieur le Duc de Bretagne, & en son pays touchant le procès de Frere Jourdain Faure, dit de Vecours, Religieux de Saint Benoist, & n'agueres Abbé de Saint Jehan d'Angely, & Henry de la Roche, qui sont chargés d'avoir fait, commis & perpetré malefice en la personne de feu Monsieur le Duc de Guyenne, frere du Roy, dont Dieu ait l'ame,* 281.

CCIX**. *Lettres de Louis XI. sur la procédure à faire contre les accusés de la mort du Duc de Guyenne, son frere,* 283.

CCIX*3. *Instruction particuliere à ceux que le Roy envoye presentement devers le Duc de Bretagne, pour le fait du procès des Prisonniers qui sont chargés d'avoir fait malefice en la personne de feu Monseigneur de Guyenne, de ce qu'ils ont à faire pour la conduite de la matiere & pour en attaindre la vérité,* 291.

CCX. *Treve entre Louis XI. & le Duc Charles de Bourgogne,* 293.

CCXI. *Extrait d'un ancien Manuscrit concernant les guerres du Pays & Comté de Flandres, depuis 1060. jusques en 1340.* 295.

CCXI*. *Promesse de mariage pour Charles, Dauphin de France, avec Marie de Bourgogne,* 300.

CCXI**. *Extrait de la conduite tenue par les gens du Roy en la prise de Lectoure, la mort du Comte d'Armagnac,* 301.

CCXII. *Ratification du Roy Louis XI. de la prolongation faite pour six semaines de la Treve qu'il avoit fait conclure avec Charles, Duc de Bourgogne,* 302.

CCXIII. *Treves entre le Roy Louis XI. & Charles, Duc de Bourgogne, prorogeant la précedente treve jusqu'au 15e jour de May 1474.* 306.

CCXIV.

TABLE DES PIECES, ACTES, &c.

CCXIV. *Traité fait par l'entremise de Louis XI. entre le Duc Sigismond d'Autriche & les Suisses,* 312.
CCXV. *Treve entre le Roy & Monsieur le Duc de Bourgogne, depuis le quinze May 1474. jusques au premier de May 1475.* 315.
CCXVI. *Observation de Monsieur Godefroy sur la mort de Louis, Duc d'Orleans, tué à Paris en 1407.* 321.
CCXVII. *Lettre de Marguerite de Baviere, Duchesse Douairiere de Bourgogne, à la Duchesse de Bourbon,* 323.
CCXVIII. *Testament du Roy René de Sicile, Comte de Provence, l'an mil quatre cens soixante-quatorze le vingt-deuxiesme jour de Juillet,* 324.
CCXIX. *Pouvoir donné par le Roy à Maître Gatien Faure, Président de Thoulouse, Loys de Saint Priet, Chevalier, & Antoine de Mouet, pour faire confederation & alliance avec ceux de la Cité de Berne, & de la grande & petite Ligue d'Allemagne; ledit pouvoir commandé au Plessis du Parc lez-Tours, le deuxième jour d'Aoust 1474.* 337.
CCXX. *Alliance des Suisses avec le Roy Louis XI. qui leur promet vingt mille livres de pension, reglant la solde des Suisses qui serviront la France, &c.* 338.
CCXXI. *Lettres écrites au Roy Louis XI. par ceux de Berne, touchant la prise de quelques marchandises,* 340.
CCXXII. *Lettres Patentes par lesquelles le Roy Louis XI. annoblit Olivier le Dain, & lui change le nom qu'il portoit, de mauvais, en lui baillant celui celui de Dain, & lui donne des armoiries,* 341.
CCXXII*. *Observation de Monsieur Godefroy sur Olivier le Dain,* 342.
CCXXIII. *Traité de mariage d'Anne de France, fille du Roy Louis XI. avec Pierre de Bourbon, Seigneur de Beaujeu, depuis second du nom Duc de Bourbon, le troisième jour Novembre 1473.* 345.
CCXXIV. *Négociation des Envoyés du Duc de Bourgogne vers les Suisses.*
Ce que Messire Henry de Collombier & Jehan Alard diront aux Sieurs des alliances, de la part de mon très redouté Seigneur Monseigneur le Duc de Bourgogne & de Brabant, & aussi de la part de mon très-redouté Seigneur Monseigneur le Comte de Romont, en après la présentation de leurs Lettres diront, 347.
CCXXV. *Traité de Ligue entre le Duc de Bourgogne & le Duc de Milan,* 356.
CCXXVI. *Traité d'alliance entre le Roy Louis XI. & les Roys d'Espagne, Ferdinand & Isabelle, avec promesse de marier Charles, Dauphin de France, avec l'Infante de Castille,* 362.
CCXXVII. *Premiere alliance des Suisses avec la France, sous Charles VII. l'an 1453.* 366.
CCXXVII*. *Ratification du Traité d'alliance de Charles VII. avec les Suisses, par le Roy Louis XI. l'an mil quatre cens soixante trois,* 367.
CCXXVII**. *Accord entre Louis XI. & les Suisses, contre le Duc de Bourgogne, l'an mil quatre cens soixante-dix,* 368.

Tome III. b

x TABLE DES PIECES, ACTES, &c.

CCXXVII*3. *Alliance plus étroite entre le susdit Roy Louys XI. & lesdits Cantons Suisses, l'an 1474.* 369.

CCXXVII*4. *Déclaration plus ample du contenu aux précédens articles & alliances faite par le Canton de Berne, la mesme année 1474,* 370.

CCXXVIII. *Lettres ou pouvoirs de Louis XI. pour traiter d'alliance avec l'Empereur Frederic III. contre Charles, Duc de Bourgogne,* 371.

CCXXIX. *Instruction à Monsieur du Bouchage de ce qu'il a à faire de par le Roy, touchant le voyage qu'il fait presentement en Roussillon,* 372.

CCXXX. *Lettres du Canton de Berne, en interprétation du Traité de 1474,* 375.

CCXXXI. *Lettres du Roy, confirmatives du Traité de 1474. avec les Suisses,* 376.

CCXXXI*. *Lettre du Roy en forme de Commission du grand Sceau au General Briçonnet, pour faire payer annuellement la somme de vingt mille livres, par forme de pension aux Ligues Suisses,* 378.

CCXXXI**. *Rolle arresté à Berne par Gervais Faure, Commissaire du Roy, & Nicolas Diesbach, Advoyer de Berne, de la distribution de vingt mille livres de pension, accordés par le Roy aux Ligues Suisses, outre vingt-mille florins du Rhin, portés par le Traité de 1474,* 379.

CCXXXII. *Lettre de Louis XI. à M. du Bouchage, sur les affaires du Roussillon,* 381.

CCXXXII*. *Mandement en forme de Commission aux Généraux de toutes les Finances, au profit de Conrart Hannequys, & Pierre Scheffer, Imprimeurs de Mayence, pour toucher la somme de huit cent livres par an, jusques à parfait payement de la somme de 2425 escus d'or, à quoi se monte le prix des livres vendus au profit du Roy, par droit d'aubeine, trouvés après le decès de Stateren, leur Commissionnaire en la Ville de Paris,* 382.

CCXXXIII. *Lettre de Louis XI. portant sauf-conduit pour Saladin d'Anglure, pour aller en Languedoc par rapport à ses affaires,* 385.

CCXXXIV. *Memoire des choses à faire au Roy par M. de Prully, par rapport aux ouvertures faites au Roy sur les prétentions de Louis XI. sur la Provence,* ibid.

CCXXXV. *Instruction à Messire Bernard Louvet, premier President au Parlement de Thoulouse; Messire Geoffroy Fauveau, Ecuyer, Sieur du Bouchet en Brenne, Chambellan, & Maistre Jean Sannat, Avocat du Roy nostre Sire en sondit Parlement de Thoulouse, tous Conseillers d'icelui Seigneur, de ce que ledit Seigneur les a chargé faire & besongner devers le Roy de Sicile son oncle, par rapport aux prétentions de Louis XI. sur la Provence,* 388.

CCXXXVI. *Pouvoir donné par le Roy à Messire Bernard Louvet, premier President du Parlement de Thoulouse; Geoffroy Fauveau, Ecuyer, Sieur du Bouchet en Brenne, & Maistre Jean Sannat, Avocat du Roy audit Parlement de Thoulouse, aux deux d'iceux, dont ledit Messire Bernard Louvet soit toujours l'un, pour transiger, pacifier & accorder avec le Roy de Sicile René, tant sur la partie appartenante à la Reyne*

TABLE DES PIECES, ACTES, &c.

Marie mere du Roy, de la succession du Roy de Sicile Louis, & de la Reyne Yoland, pere & mere de ladite Reyne Marie & dudit Roy de Sicile René, & des fruits & levées d'icelle partie; Que sur les deux cens mille escus baillés par le Roy, pour le mariage & douaire de Madame Anne sa fille, avec feu Monsieur Nicolas, dernier Duc de Calabre, & des levées de sept années de quarante mille livres de rente, baillées par ledit mariage, & généralement de toutes choses, excepté du fait de l'appanage de France, 393.

CCXXXVII. *Quittance du Comte de Campobasse, de trois mois de paye des gens de guerre Italiens, qu'il conduisoit au service du Duc de Bourgogne,* 395.

CCXXXVIII. *Acte de dépôt des titres d'Orange à la Chambre des Comptes.* 396.

CCXXXIX. *Traité de Treve pour sept années entre Edowart, Roy d'Angleterre, & ses alliés, d'une part, & Louys XI. Roy de France, & ses alliés d'autre,* 397.

CCXL. *Obligation de Louis XI. de payer cinquante mille escus d'or par an au Roy d'Angleterre,* 401.

CCXLI. *Traité de confederation entre Louis XI. & Edoward, Roy d'Angleterre,* 402.

CCXLII. *Traité en forme de compromis entre les Rois de France & d'Angleterre, par lequel ils établissent pour arbitres de tous leurs différens le Cardinal de Cantorbery, oncle, & le Duc de Clarence, frere d'Edoward, Roy d'Angleterre, d'une part, & l'Archevesque de Lyon, & Jehan, Comte de Dunois, d'autre part, pour Louis XI. qualifié dans l'Acte, Prince de France, pour terminer dans trois ans les différens, & s'en tenir à leur décision, sous peine de 3000 escus; & sera payé au Roy d'Angleterre une somme de soixante-quinze mille escus, moyennant laquelle il retirera son armée en Angleterre, & donnera otages qui sont nommés,* 404.

CCXLIII. *Traité de treves renouvellé avec le Roy & Couronne d'Arragon, jusques au premier Juillet 1470,* 405.

CCXLIV. *Traité de Ligue offensive avec Alfonse, Roy de Castille, contre les Roys d'Arragon & de Sicile,* 406.

CCXLIV*. *Lettre d'Alfonse, Roy de Portugal, au Roy Louis XI. touchant la succession du Royaume de Castille, du huit Janvier 1475,* 408.

CCXLV. *Traités ou Treves marchandes faites pour neuf ans, entre Louis XI. & Charles, dernier Duc de Bourgogne,* 409.

CCXLVI. *Article séparé de la treve faite pour neuf ans entre le Roy Louys XI. & Charles, Duc de Bourgogne, touchant la Sardaigne, le Roussillon & le Comté de Ferrette,* 419.

CCXLVII. *Autre article séparé de la treve faite pour neuf ans entre le Roy Louis XI, & Charles, Duc de Bourgogne, touchant les alliés nommés dans ce Traité,* 421.

CCXLVIII. *Lettres par lesquelles Charles, Duc de Bourgogne, déclare Louis de Luxembourg, Connestable de France, son ennemi, & n'entend qu'il soit compris dans la treve qu'il a faite avec le Roy,* 422.

xij TABLE DES PIECES, ACTES, &c.

CCXLIX. *Le Connestable de Saint Pol est exclu des treves conclues entre Louis XI. & le Duc de Bourgogne,* 424.
CCL. *Confirmation de Charles, Duc de Bourgogne, des treves conclues entre le Roy & lui,* 426.
CCLI. *Interprétation des treves conclues entre Louis XI. & le Duc de Bourgogne,* 427.
CCLII. *Ratification des treves faites entre Louis XI. & le Duc de Bourgogne,* 429.
CCLIII. *Traité de paix entre le Roy Louis XI. & le Duc de Bretagne,* 430.
CCLIV. *Confirmation du Traité de paix entre Louis XI. & le Duc de Bretagne,* 433.
CCLV. *Explication & confirmation du susdit Traité,* 434.
CCLV*. *Main-levée, accordée aux sujets du Duc de Bretagne par le susdit Traité,* 435.
CCLVI. *Lettres du Roy Louis XI. qui déclarent compris dans la treve conclue entre le Roy & le Duc de Bourgogne, le Sieur de Brienne & ses compagnons de guerre, qui avoient promis au Roy lui remettre les Places de Bohain & de Beauvoir, qu'ils tenoient pour le Comte de Saint Pol, pour être remises au Duc de Bourgogne, & les en décharge,* 436.
CCLVII. *Acte de la remise de l'original du Traité de treve, faite ès mains des Députés du Roy, par les gens du Duc de Bourgogne,* ibid.
CCLVIII. *Acte fait sur le secret de la confession, concernant le projet d'une entreprise sur Arras,* 437.
CCLIX. *Traité de Paix entre le Roy & le Duc de Bretagne, auquel sont compris les serviteurs & sujets de part & d'autre, & néantmoins Poncet de Riviere, & Pierre d'Ursé, serviteurs dudit Duc, prendront du Roy Lettres d'abolition,* ibid.
CCLX. *Lettre par laquelle le Duc de Bretagne s'oblige de fournir au Roy dans les termes contenus, Lettres confirmatives du Traité de paix ci-dessus, des Seigneurs de son sang, gens d'Eglise, Barons & autres,* 440.
CCLXI. *Acte du serment presté par le Duc de Bretagne, en présence des Ambassadeurs envoyés pour ce par le Roy, pour confirmation du Traité de paix,* 441
CCLXII. *Lettres du Roy, par lesquelles il fait le Duc de Bretagne Lieutenant Géneral pour tout son Royaume,* 442.
CCLXIII. *Lettres de Louis XI. par lesquelles il consent que le Duc de Bourgogne punisse ceux de Nancy, en cas qu'ils ayent assisté ceux de Ferrete contre lui,* 443.
CCLXIV. *Lettre que le Chancelier de Bourgogne voulut avoir de Louis XI. à Peronne avant que de livrer le Connestable aux gens dudit Roy, l'an mil quatre cens septante-cinq, le 22. Novembre,* 444.
CCLXV. *Traité de paix entre l'Empereur & le Duc de Bourgogne,* 446.
CCLXVI. *Promesse du Roy Louis XI. de ne point faire de querelle à Charles, Duc de Bourgogne, pour la restitution des Places que ce Duc*

TABLE DES PIECES, ACTES, &c.

avoit prises en Lorraine, & ce, en consideration de ce qu'il avoit renoncé à la confiscation des biens du Connestable, 448.

CCLXVI*. Le double de deux articles que le Duc Charles envoya à Peronne, dont il voulut avoir Lettres du Roy avant que faire bailler le Connestable, 449.

CCLXVII. Testament de Messire Louis de Luxembourg, Comte de Saint Pol, Connestable de France, à Peronne le vingt-quatriéme Novembre 1475. & le Codicile fait à Paris, le dix-neuviéme Décembre ensuivant, 450.

CCLXVIII. Procès criminel fait à Messire Louis de Luxembourg, Comte de Saint Pol, Connestable de France, l'an mil quatre cens soixante-quinze, 452.

CCLXVIII*. Extrait du Procès & condamnation de Messire Louys de Luxembourg, jadis Connestable de France, 456.

CCLXIX. Traité d'Andernac, ou alliance faite avec l'Empereur Frederic III. & les Electeurs, d'une part, & le Roy Louis XI. d'autre, contre Charles, Duc de Bourgogne, au mois de Décembre 1475. 459.

CCLXIX*. Traité d'alliance fait entre Frederic III. & Louis XI. le dernier Décembre 1476. portant confirmation des anciennes alliances d'entre les Empereurs & les Roys de France, depuis le temps de Saint Charlemagne, 462.

CCLXIX**. Déclaration faite par l'Empereur, touchant l'alliance d'entre Louys, Roy de France, & les Suisses, contre le Duc de Bourgogne, du dernier Décembre 1475. 464.

CCLXX. Alliance faite entre l'Empereur, les Electeurs de l'Empire & le Roy de France, contre le Duc de Bourgogne, à Cologne le 27. Mars 1475. vieux stile, ibid.

CCLXXI. Confederation entre l'Empereur Frederic III. & Louis XI. Roy de France à cause de l'Empire & du Royaume, du dernier Décembre, confirmée à Paris ce 17. Avril 1475. 465.

CCLXXII. Lettres reversales du Roy Louis XI. pour l'Empereur, les Archevêques de Mayence & de Treves, les Ducs de Saxe, & Marquis de Brandebourg, Electeurs de l'Empire, confirmatives du Traité d'Andernac, contre le Duc de Bourggogne : A Paris le 17. Avril 1475. 467.

CCLXXIII. Alliance entre l'Empereur Frederic III. & Louis XI. Roy de France, contre le Comte Palatin : A Paris le dix-septiéme jour d'Avril 1476. stile nouveau, 469.

CCLXXIV. Don fait par le Roy Louis XI. à Monseigneur le Duc de Bourgogne, des biens du Connestable de Saint Pol, 471.

CCLXXV. Don fait au Roy Louys XI. par Marguerite Reyne d'Angleterre, des droits qui lui appartenoient ès Duchés d'Anjou, de Lorraine & de Bar, & au Comté de Provence, l'an 1465. le septiéme Mars, 473.

CCLXXV*. Extrait du Tresor des Chartres de France, qui est en la Saincte Chapelle du Palais à Paris, dans la Layette de Bar, num. 34. 479.

CCLXXVI. *Sentence de condamnation contre Joachim Rouault de Gamaches, Mareschal de France, pour raison de plusieurs concussions, faux rôles des gens de sa compagnie, divertissement des munitions de la Ville de Dieppe, en plusieurs sommes, & au banissement perpetuel. Donné à Tours par des Commissaires, President Messire Bernard Louvet, Premier President du Parlement de Thoulouse,* 482.

CCLXXVII. *Lettre du Roy Louis à Monsieur du Dunois, sur le Comte de Campobasche,* 484.

CCLXXVII*. *Instructions de ce qui est dit & remonstré de par le Roy, pour Monsieur le Chancelier & autres, estans de par ledit Seigneur à la journée de Noyon, à ceux qui y sont de la part du Duc de Bourgogne,* ibid.

CCLXXVIII. *Traité de paix entre le Duc François, de Bretagne, & Louis XI, Roy de France, du vingt-troisiéme jour d'Aout 1476,* 485.

CCLXXIX. *Lettre du Roy à Monsieur de Saint Pierre, sur la conduite qu'il doit tenir à l'égard du Duc de Nemours (Jacques d'Armagnac) prevenu de crime d'Etat, & dont il avoit la garde à la Bastille,* 499.

CCLXXX. *La vraie déclaration du fait & conduite de la bataille de Nancy, de laquelle fut, moyennant l'aide de Dieu, victorieux le feu bon Roy René, Duc de Lorraine, mon souverain Seigneur, composée par les memoires & billets de Chrestien, & dont déja & depieça il en laissa par ordonnance dudit Seigneur à Maistre Pierre de Blaru, Chanoine de Saint Diey, certains articles, sur lesquels on dit ledit Maistre Pierre avoir fait une Chronique,* 491.

CCLXXX*. *S'ensuit la déconfiture de Monseigneur de Bourgogne, faite par Monseigneur de Lorraine,* 493.

CCLXXXI. *Extrait des Lettres du Roy Louis XI. aux Villes de Bourgogne, pour les porter à rentrer dans l'obeissance qui lui est deuë,* 496.

CCLXXXI*. *Extrait de l'amnistie accordée par le Roy Louis XI. à ceux qui ont suivi le parti du Duc de Bourgogne,* 498.

CCLXXXII. *Lettres Patentes du Louis XI, par lesquelles il a mandé à Messeigneurs l'Evêque d'Alby, le Sire de Joyeuse, Michel Gaillart, General de Languedoc; Maistre Guillaume de Neve, Tresorier & Receveur General dudit pays; Guillaume de la Croix, Tresorier des Guerres; Maistre Estienne Petit, Controlleur desdites Finances, & Maistre Hugues Raymond, Juge de Bearn, qu'ils se transportent au lieu de Montpellier, où ledit Seigneur a mandé les Etats dudit pays être assemblés, pour illec remonstrer aux gens d'iceux trois Etats, les affaires dudit Seigneur, & requerir de par ledit Seigneur qu'ils lui veuillent liberalement donner & octroyer un aide jusques à telle somme que legalement ayant cours audit pays, & ledit aide remeignent sans diminution à la somme de 187975. livres tournois,* 499.

CCLXXXII. *Lettre de Marie de Bourgogne, du 23. Janvier 1477. sur la succession au Duché de Bourgogne, prétenduë par cette Princesse,* 501.

TABLE DES PIECES, ACTES, &c.

CCLXXXII*. Traité & alliance du Roy Louis XI. avec les Cantons Suisses, 502.

CCLXXXIII. Composition accordée par le Roy Louis XI. à ceux de la Ville d'Arras, après avoir pris possession de cette Ville, 505.

CCLXXXIV. Amnistie accordée par le Roy Louis XI. à ceux de la Ville d'Arras, à cause de leur rebellion, 510.

CCLXXXV. Lettre de Louis XI. Roy de France, en faveur des heritiers de Guillaume Hugonet, Chancelier de Bourgogne, mis à mort par les Gantois, 512.

CCLXXXVI. Pouvoirs du Duc de Bretagne à ses Ambassadeurs, pour traiter avec ceux de Louis XI, 514.

CCLXXXVII. Mémoires & instructions de Louis XI. touchant le mariage de Mademoiselle de Bourgogne avec Monseigneur le Dauphin Charles, 515.

CCLXXXVII*. Derniers articles accordés entre les gens du Roy & ceux du Duc de Bretagne, le dix-septiéme jour de Juillet mil quatre cens soixante-dix-sept, 516.

CCLXXXVIII. Serment du Roy Louis XI. au sujet de la paix avec le Duc de Bretagne, 518.

CCLXXXIX. Extrait du Procès de feu Monsieur de Nemours, examiné le vingtiéme jour de Janvier mil quatre cens soixante-dix-sept, ibid.

CCLXXXIX*. Arrest de mort contre Jacques d'Armagnac, Duc de Nemours, 530.

CCXC. Lettre de Louis XI. responsive à celle du Duc Maximilien d'Autriche, sur les Treves occupées par le Roy après la mort du Duc de Bourgogne, ibid.

CCXCI. Lettres écrites au Roy par ceux du Canton de Berne, pour obtenir la recommandation du Roy en Cour de Rome, pour la nomination à l'Evêché de Lausane, 531.

CCXCII. Ordonnance qui établit contre ceux qui manqueront de reveler les conspirations contre le Roy, la Reine, & les enfans de France, venues à leur connoissance, les peines portées par lesdites ordonnances, contre les auteurs & complices desdites conspirations, 532.

CCXCIII. Instruction du Duc de Bretagne pour le Comte de Comminge, Seigneur de l'Escun; le Seigneur de Coetquen, Grand-Maître d'hôtel; Messire Gui de Boschet, Vice-Chancelier de Bretagne, & Maitre Nicolas de Kermeno, Senéschal de Rennes, allant présentement de par le Duc, vers le Roy, pour terminer quelques difficultés au sujet du Traité fait entre le Roy & ledit Duc, 534.

CCXCIV. Lettres Patentes qui prorogent jusqu'au 29. Aoust 1481. le terme de trois ans convenu par Lettre du mois d'Aoust 1476. entre les Roys de France & d'Angleterre, pour l'ajustement de leur different, par voie d'Arbitres, 536.

CCXCV. Treves de huit jours entre le Roy Louis XI. & Maximilien, Archiduc d'Autriche, 539.

CCXCVI. Traité de Treve pour un an entre le Roy Louis XI. le Duc Maximilien d'Autriche, & Marie de Bourgogne, sa femme, auquel

xvj TABLE DES PIECES, ACTES, &c.

le Roy rend dès à present ès Comtés de Bourgogne & de Haynaut, 540.

CCXCVII. Lettres en execution du Traité de Treve, ci-dessus, portant nomination des Arbitres de la part du Roy, & pouvoir, tant à eux, qu'à ceux qui seront nommés par Maximilien d'Autriche, de juger & décider conformement audit Traité, 546.

CCXCVIII. Plein pouvoir à Charles de Martigni, Evêque de Perpignan, Ambassadeur du Roy en Angleterre, pour proroger jusques à cent ans la Treve conclue avec l'Angleterre, & donner seureté pour la continuation du payement de cinquante mille escus d'or par chacune desdites cent années, au Roy d'Angleterre & à ses successeurs Roys, 549.

CCXCIX. Lettres de Louis XI. en faveur de la Republique de Florence attaquée par le Pape, & par lesquelles il defend de poursuivre à Rome les provisions des bénéfices & des graces expectatives, & d'y porter de l'or & de l'argent, 552.

CCC. Avis sur l'Assemblée de l'Eglise Gallicane, tenue à Orleans, 555.

CCCI. Lettres d'abolition de Louis XI. aux habitans de Tournay, pour raison du Traité par eux fait avec les Duc & Duchesse Maximilien d'Autriche pendant la Treve, à ce par lui contraints, & sans la permission du Roy 557.

CCCII. Traité de Treve fait entre le Roy Louis XI. & Edouard, Roy d'Angleterre, durant leur vie & cent ans après la mort de l'un ou de l'autre, 569.

CCCIII. Obligation passée pardevant Notaires à Londres, par l'Ambassadeur du Roy de France Louis XI. au nom de ce Prince qui s'engage de payer à Edouard & à ses successeurs Roys d'Angleterre la somme de cinquante mille escus pendant le temps de cent années que doit durer la Treve susdite, 664.

CCCIV. Lettre de Louis XI. au Chancelier, pour faire punir par des Commissaires délegués, les revoltés de la Marche, 570.

CCCV. Lettres de Louis XI au Parlement, au sujet de trois Conseillers de ladite Cour, revoqués & cassés par ce Prince, parce que lesdits Conseillers vouloient civiliser la procédure criminelle, qui s'étoit faite contre le Duc de Nemours, ibid.

CCCVI. Lettre de René, Roy de Sicile, à Monsieur du Bouchage, pour le prier de faire expedier les Députés qu'il envoyoit vers le Roy Louis XI. pour les affaires de ses Duchés d'Anjou & de Barrois, 571.

CCCVII. Double Négociation de Maximilien, Duc d'Autriche, avec le Roy Louis XI. pour en obtenir une Treve & avec Edouard IV. Roy d'Angleterre, pour lui faire rompre la treve qu'il avoit avec Louis XI, ibid.

CCCVIII. Déclaration du Roy Louis XI. en faveur du Legat, Cardinal Saint Pierre in vincula, portant pouvoir audit Legat d'exercer ses facultés, quoique ledit Legat ne lui en ait demandé sa permission, comme il est de coutume, & sans qu'il soit tiré à conséquence, 574.

CCCIX. Marguerite d'Angleterre, Duchesse Douairiere de Bourgogne, informe le Duc d'Autriche de ce qu'elle avoit négocié pour lui avec le Roy d'Angleterre son frere, 576.

CCCX. Instruction de Maximilien, Duc d'Autriche, à Marguerite d'Yorck,

TABLE DES PIECES, ACTES, &c. xvij

d'York, Duchesse Douairiere de Bourgogne, qui alloit en Angleterre avec d'autres Ambassadeurs de ce Duc, pour y négocier une ligue contre la France, 577.

CCCXI. Instruction à part de Monsieur d'Irlain, 583.

CCCXII. Instruction de Maximilien, Duc d'Autriche à Michel de Berghes, qu'il envoyoit devers le Roy d'Angleterre, au sujet de la Ligue que Marguerite, Duchesse Douairiere de Bourgogne y négocioit contre la France, 584.

CCCXIII. Convention pour la solde de 1500. Archers & 30. hommes d'armes que le Roy d'Angleterre envoyoit aux Pays-bas, au service de Maximilien & Marie, Ducs d'Autriche, 587.

CCCXIV. Instruction de Maximilien, Duc d'Autriche, à Monsieur de Romont & autres Ambassadeurs vers le Roy Louis XI. pour négocier une treve avec ce Roy, 589.

CCCXV. Lettres par lesquelles Maximilien, Duc d'Autriche, & Marie de Bourgogne sa femme, ratifient les treves conclues par leurs Ambassadeurs & celui du Roy Louis XI. 592.

CCCXVI. Promesse d'opposition des Gens du Roy aux vérifications des pouvoirs de Julien, Cardinal de Saint Pierre aux Liens, en qualité de Legat, 595.

CCCXVII. Opposition par provision des Gens du Roy à la lecture & publication des facultés du Legat, Cardinal de Saint Pierre ad vincula, donnée par écrit le 5. Septembre 1480. 596.

CCCXVIII. Julien de la Rovere, Cardinal du titre de Saint Pierre aux Liens, Legat en France, mande à Maximilien, Duc d'Autriche, qu'il est venu en France pour exhorter le Roy Louis à faire la paix, à quoi il l'a trouvé très-porté, qu'après avoir resté quatre jours seulement à Vendôme il est venu à Paris, d'où il doit aller vers lui, pour l'engager à travailler à ce saint œuvre, ibid.

CCCXIX. Maximilien, Duc d'Autriche répond à la Lettre précédente, que son Conseil n'est pas près de lui, qu'il veut le consulter, & prie le Legat de différer son voyage jusques à ce qu'il ait réponse, qu'il lui en fera dans peu, 597.

CCCXX. Bref du Pape Sixte IV. par lequel, sur le refus que Maximilien Duc d'Autriche faisoit de recevoir comme Legat le Cardinal de Saint Pierre aux Liens, le voulant recevoir seulement comme Cardinal, attendu qu'il avoit fait fonction de Legat en France, il le prie de le reconnoistre & recevoir comme Legat, 598.

CCCXXI. Le Cardinal de Saint Pierre aux Liens prie le Duc d'Autriche de ne le pas laisser davantage en suspens sur son allée aux Pays-bas, attendu qu'il ne peut, sans deshonneur rester où il est, 599.

CCCXXII. Lettre de créance du Cardinal de Saint Pierre aux Liens pour deux personnes qu'il envoyoit à Maximilien, Duc d'Autriche, pour sçavoir sa volonté sur son allée aux Pays-bas, 600.

CCCXXIII. Le Cardinal de Saint Pierre aux Liens, Legat, se plaint à Maximilien, Duc d'Autriche, du refus qu'il fait de le recevoir, & le prie de lui faire connoistre sa volonté, afin de sçavoir ce qu'il aura à faire, ibid.

xviij TABLE DES PIECES, ACTES, &c.

CCCXXIV. *Maiſtre Jean Dauffay, Maiſtre des Requeſtes au Grand Conſeil, prie Maximilien, Duc d'Autriche de vouloir lui faire ſçavoir ce qu'il auroit à répondre au Cardinal Saint Pierre aux Liens, qu'il alloit trouver de ſa part à Peronne, en cas que ce Cardinal voulût agir en Juge dans les differens que ce Duc avoit avec Louis XI. & porter quelques cenſures à ce ſujet,* 601.

CCCXXV. *Marguerite, Ducheſſe Douairiere de Bourgogne, informe le Duc d'Autriche des ſuites de ſa négociation, du mécontentement du Conſeil du Roy d'Angleterre, de la treve faite avec la France, ſans la participation de ce Roy, d'une conférence & d'une entreveue propoſée avec le Roy Louis XI. de ſes intelligences avec le Roy d'Ecoſſe, du départ des troupes Angloiſes pour la Flandre, d'un preſent par elle fait à la Princeſſe d'Angleterre, & de ſon retour en Flandre,* 603.

CCCXXVI. *Les Ambaſſadeurs de Maximilien, Duc d'Autriche, en Angleterre, lui marquent que les liaiſons qu'il avoit avec le Roy d'Ecoſſe, ne plaiſoient pas au Roy Edouard IV.* 608.

CCCXXVII. *Lettre du Roy d'Angleterre qui mande à Maximilien, Duc d'Autriche, qu'il eſt content que la conférence projettée pour le 15. Octobre, & même l'entrevue de ce Duc avec le Roy Louis XI. ſe faſſe, & qu'il y envoyera ſes Ambaſſadeurs,* 609.

CCCXXVIII. *Lettre du Roy d'Angleterre, qui mande à Maximilien, Duc d'Autriche, le départ d'Angleterre, de la Douairiere de Bourgogne ſa ſœur, dans l'eſperance qu'elle y retournera bientoſt, & le prie de confirmer tous les traités & accords faits entre eux,* 610.

CCCXXIX. *Lettre Patente de François II. Duc de Bretagne, par laquelle il déclare vouloir être compris dans la paix conclue entre le Roy Louis & Maximilien, Duc d'Autriche, & Marie de Bourgogne,* 611.

CCCXXX. *Mémoire des obligations eſquelles s'eſt engagé le Duc de Bretagne par ſon Traité de 1477. avec le Roy, & de l'execution qu'il en doit faire par rapport à Maximilien d'Autriche, ſoy diſant à cauſe de ſa femme,* 612.

CCCXXXI. *Marguerite, Ducheſſe Douairiere de Bourgogne, mande à Maximilien, Duc d'Autriche, qu'elle avoit fait au Roy d'Angleterre ſes excuſes de ce qu'il s'étoit engagé ſans ſa participation à une conférence, pour les affaires qu'il avoit avec le Roy Louis XI. qu'elle avoit des affaires ſecretes à lui communiquer avant cette conférence, & qu'elle feroit ſçavoir la réponſe du Roy ſon frere touchant le Legat,* 614.

CCCXXXII. *Lettre d'Edouard, Roy d'Angleterre, qui mande à Maximilien, Duc d'Autriche, qu'il peut donner audiance au Legat, & le prie de ne rien conclure avec lui, ſans l'en avoir auparavant averti,* 616.

CCCXXXII*. *Conſeil du Roy d'Angleterre au Duc d'Autriche, de faire une treve de deux ans avec le Roy Louis XI. en attendant la mort de ce Roy, qui paroiſſoit certaine,* ibid.

CCCXXXIII. *Lettres de don fait par Charles, Duc de Bourgogne, d'une penſion de mille eſcus de quarante-huit gros la piece par an, au ſieur de Haſtinghes, Chambellan du Roi d'Angleterre,* 617.

CCCXXXIII*. *Quittançe du Seigneur de Haſtinghes d'une année de la*

TABLE DES PIECES, ACTES, &c. xix

pension que le Duc de Bourgogne lui donnoit, écheue le dernier avril 1474. 6 9.

CCCXXXIII**. *Autre quittance du Seigneur de Haftinghes d'une année, de la pension que le Duc de Bourgogne lui donnoit, échue le dernier Avril 1475.* ibid.

CCCXXXIV. *Remarques sur les intrigues de Maximilien d'Autriche en Angleterre, par Monsieur Godefroy,* 620.

CCCXXXV. *Lettre de Louis XI. à Messieurs du Bouchage & Solliers, pour remettre au Cardinal Legat, où il lui fait connoistre qu'il étoit trahi,* 623.

CCCXXXVI. *Réponse du Cardinal de Saint Pierre aux Liens, Legat du Pape, à Louis XI, sur la Lettre précédente,* 624.

CCCXXXVII. *Lettre du Roy Louis XI. à Messieurs du Bouchage & Solliers, sur la maniere dont ils doivent traiter avec les Ambassadeurs du Duc d'Autriche,* 626.

CCCXXXVIII. *Lettre de Louis XI, à Messieurs du Bouchage & de Solliers, sur les difficultés faites par les Ambassadeurs d'Autriche, de rendre Lisle, Douay & Orchies,* 627.

CCCXXXIX. *Vidimus des Lettres de Philippe le Hardy, Duc de Bourgogne, promettant de remettre les Villes de Lille & Douay,* 628.

CCCXL. *Le Cardinal de Saint Pierre aux Liens prie Maximilien, Duc d'Autriche de lui permettre de se rendre auprès de lui, au moins dans un lieu neutre, & sans aucunes conditions, esperant par là lui oster les soupçons qu'il avoit contre lui,* 630.

CCCXLI. *Lettre de Louis XI. à Messieurs du Bouchage & de Solliers, ses Ambassadeurs près de Maximilien d'Autriche,* 631.

(*) ☞ ACCORD

Fait entre M. le Curé de S. PAUL pour les Droits de Sépultures, de Sacremens & autres par lui prétendus sur le Couvent & Enclos des Filles de l'AVE MARIA.

PREMIEREMENT, plusieurs Lettres en parchemin attachées ensemble, la premiere desquelles est un *Vidimus* d'un Arrêt arbitral donné par quatre Presidens & Conseillers du Parlement, Juges députés pour accorder les differends survenus entre le Curé de la Paroisse Saint Paul & la Mere Abbesse, Couvent & Religieuses de l'*Ave-Maria*, pour les droits prétendus par ledit Sieur Curé de S. Paul, comme oblations, sépultures & Sacremens sur ledit Couvent; desquelles choses il quitte lesdites Religieuses du Couvent moyennant la somme de quatre cens liv. qu'il confesse avoir reçues lors de l'Accord, sans qu'à l'avenir lui ni ses successeurs puissent demander aucune chose audit Couvent; le tout comme le montre ledit Accord fait & passé le dernier jour de Novembre mil quatre cens quatre-vingt-douze pardevant Guillaume Charton & Pierre Jacques, Notaires; & dans lequel Accord sont jointes les Lettres du Roi Charles lors regnant, lequel par ses Lettres veut & entend que ledit Accord fait avec ledit Curé Saint Paul par les Commissaires par lui députés, soit tenu soubs son plein & entier effet, & à cet effet par lesdites Lettres amortit pour ladite Cure de S. Paul à toujours les douze livres parisis à lui constituées des quatre cens livres qu'il a reçues desdites Religieuses par les mains de Jean Bourdoin leur Procureur, dont de tout sont lesdites Religieuses tenues quittes de plus payer pour l'avenir audit Curé dudit Saint Paul aucunes choses, demeurant ledit Couvent quitte & déchargé de toutes choses, si demande par quelconque leur pourroit être faite à l'avenir, auquel Accord pour lui servir de contre-Sceau, & enfermé dedans une boete de fer-blanc en cire & soie rouges.

Soit tenu, il faut fortisse son plein & entier effet.

La deuxiéme est la Quittance faite par ledit Curé Saint Paul de la somme de quatre cens livres tournois reçue desdites Religieuses pour les causes portées par icelle, passée pardevant Charton & Jacques, Notaires, ledit dernier Novembre mil quatre cent quatre-vingt-douze.

La troisiéme est l'Original dudit Arrêt arbitral fait par les susdits Presidens & Conseillers de la Cour, donné sur le différend desdites Religieuses & Curé de S. Paul: ROBERT, THIBOUST, BRIÇONNET, DE HACQUEVILLE, DE CERYSAY, PONCHER, DE CARMONNE, & scellé de leur Sceau, le tout remis en cire rouge.

(*) ☞ J'ai mis à la page 178. de ce Volume des Lettres Patentes du Roi Charles VIII. qui renferment le commencement d'un Compromis entre le Curé de Saint Paul & les Dames Religieuses du Couvent de l'*Ave-Maria*, fondé par les Rois Louis XI. & Charles VIII. mais je n'avois pas encore la conclusion de ce Compromis; en voici l'Extrait tel qu'il m'a été communiqué par ordre de Madame l'Abbesse de cette Maison. Je n'ai pû obtenir autre chose.

PREUVES

PREUVES
DES
MEMOIRES
DE
PHILIPPES DE COMINES,

CONTENANT LES TRAITEZ, INSTRUCTIONS, Lettres, & autres Actes servans d'éclaircissemens à l'Histoire des Roys Louys XI. & Charles VIII.

CXII. 1468.

☞ *Treves de trente-six jours entre Louis XI. & le Duc de Bretagne.*

LOYS, par la grace de Dieu, Roy de France. A tous ceux qui ces presentes Lettres verront, Salut : Sçavoir faisons, que pour certaines causes & considerations, nous, pour parvenir à bonne union & pacification des matieres & differences qui sont à present, avons promis, octroyé, consenty & accordé, promettons, octroyons, consentons & accordons par ces presentes, tant pour nous, nos alliez, pays, subjets & serviteurs quelconques, entre nostre très-cher & très-amé nepveu le

Tiré des Recueils de M. l'Abbé Le Grand.

Tome III.   A   Duc

1468.

Duc de Bretagne pour luy, ses alliez, pays, subjets & serviteurs, surcéance, abstinence & souffrance de toutes invasions, entreprises, surprises, voyes de fait, courses & exploits de guerre jusques au premier jour de Mars prochain venant à Soleil levant ; lesquelles abstinences & surcéances de guerre, promettons en bonne foy & en parole de Roy, par ces presentes signées de nostre main, entretenir & faire entretenir, observer & garder sans enfraindre en maniere quelconque à tout, sans faindre, barat, ne malengin ; ainsi que nostredit nepveu l'a pris & accordé, & promis entretenir de sa part, & de ce nous a baillé son scellé. Si mandons & expressément enjoignons à tous nos Lieutenans, Connestables, Mareschaux, Capitaines, Chefs de guerre, & à tous autres nos Justiciers, Officiers & subjets, que ladite surcéance & abstinence de guerre ils fassent publier par tous les lieux de leurs Jurisdictions, & au surplus la gardent & fassent garder & observer, sans enfraindre ne souffrir estre enfraint en maniere quelconque ; mais s'il advenoit que aucune chose fust attemptée ou innovée au contraire, chacun de nous sera tenu pour sa part le faire reparer & punir les infracteurs à l'exemple des autres, sans que pour occasion de ces presentes soient ou puissent estre d'autres enfraintes, lesquelles demeureront en leur force & vertu : En tesmoin de ce nous avons fait mettre nostre Scel à cesdites presentes. Donné au Mans le treiziesme jour de Janvier, l'an de grace mil quatre cens soixante-sept, & de nostre Regne le septiesme.

CXIII.

☞ *Autre Treve de Louis XI. avec le Duc de Bretagne.*

Tiré du Tresor des Chartes, armoire I. cassette D. inventaire XXXVI.

LOYS, par la grace de Dieu, Roy de France. A tous ceux qui ces presentes Lettres verront, Salut : Comme pour parvenir à l'appaisement des differens & questions, estant & qui peuvent estre entre nous d'une part ; & nostre très-cher & très-amé neveu le Duc de Bretagne & ses alliez, d'autre ; ait esté advisé que bon seroit de prendre & avoir treves & abstinence de guerre pour aucun temps, & de, pendant ledit temps, traiter desdits differens & les appaiser amiablement, se faire se peut, laquelle treve a esté passée & accordée d'une part & d'autre, moyennant & parmy certains points & articles dont la teneur s'ensuit :

Premierement. Que toutes les Places, tant celles qui sont ès mains du Roy, que celles qui sont ès mains de mondit Seigneur, & du Duc, & de leurs alliez, demourront en l'estat qu'elles sont, sans ce que aucune entreprinse soit faite des uns sur les autres le temps de la treve durant, & se aucune chose estoit faite au contraire, il sera presentement reparé & mis au premier estat, & les perpetreurs punis à l'exemple des autres, icelles treves demourant tousjours en leur force & vertu.

Item. Que tous les deniers, tant ordinaires, que extraordinaires, en quelque espece qu'ils soient, Domaines, Greniers, impositions, tailles & autres des Vicomtez, Elections, Villes, Places & lieux que tiennent mondit Seigneur le Duc, seront & demourront le temps de ladite treve durant à mondit Seigneur, & au Duc, pour les souldoy & entretenement

-ment de leurs gens de guerre, à les faire recevoir, & mesmement lesdites tailles aux temps & portion, tels que ont eu comme l'année passée, & toute autre chose en la maniere accoustumée, par tels leurs receveurs & commis que bon leur semblera, sauf tous effets, que des Villes, Places & fauxbourgs d'icelles, qui sont tenus par le Roy, nonobstant qu'elles soient en enclaves desdites Vicomtez & Election, le Roy en jouïra, & en fera la recepte faite par ses Officiers & à son profit, & deniers des Paroisses, Villages & plat pays du Guet & Chastellenies desdites Places tenuës par le Roy, seront semblablement receus par les Commis & Officiers du Roy, mais ils seront tenus les bailler au Receveur commis en l'Election où icelles Paroisses sont assises & dependantes, & en bailleront bonne seureté & caution; & semblablement les deniers des Villes, Places & fauxbourgs d'icelles, que tiennent mondit Seigneur, & le Duc, enclavées ès Vicomtez & Election, estans ès mains & obéyssance du Roy, seront levez par les Officiers de mondit Seigneur, à son profit; & les deniers des Paroisses & Villages, du Guet & Chastellenie desdites Places levez aussi par ses Officiers, qui seront tenus les bailler semblablement aux Receveurs commis en l'Election où lesdites Paroisses sont assises & dependantes, & en bailleront semblablement seureté.

Item. Et auront mondit Seigneur le Duc les Domaine & revenu de Domfront & Pouenié, & de leurs appartenances qu'ils tiennent, & aussi telles part & portion des tailles, aydes, imposition esquels lesdits lieux sont contribuables; lesquels Domaines, revenu & portion des tailles & aydes feront recevoir par tels Commis que bon leur semblera.

Item. Et pour l'entretenement de l'estat de mondit Seigneur jusques au premier jour de Juin prochain, & supporter les frais & mises des gens qu'il envoyera pour luy à la journée, le Roy luy fera bailler & delivrer la somme de seize mille livres tournois, dont presentement luy sera fait payement de huit mille livres tournois, & le surplus dedans le seiziesme d'Avril prochain venant, & sera renduë ladite somme en la Ville d'Angers.

Item. Et ne fera loger le Roy ses gens d'armes ès Places d'environ le pays de Bretagne, ne pareillement ès Places de Normandie, voisines à celles que nostredit Sgr. le Duc & les alliez tiennent, fors seulement autant qu'il est besoin pour la garde, seureté & tuition d'icelles, afin que debat ou quelque voye de fait n'avienne entre les gens d'armes, d'une part & d'autre, pour estre trop près logez.

Item. Et ne seront faits ne pris ladite treve durant, aucuns appatis sur le peuple, ne aucunes courses, ne prises de vivres, ne autre provision les uns sur les autres.

Item. Et seront dès à present mis à delivrance les terres & autres biens, & aux gens d'Eglises leurs benefices, des serviteurs, Officiers & subjets d'une part & d'autre empeschez à cause des differens, pour en joüir en tout profit paisiblement par ceux à qui il appartient ladite treve durant.

Item. Et aussi seront mis à delivrance tous les Marchands, Mariniers & autres gens qui marchandent, & autrement ont esté prins & arrestez non estans en armes, ou faisant guerre ensemble, leurs biens, marchandises

1468.

difes & navires, pour ocafion defdits differens, & non pour jufte obligation ou pourfuite de Juftice ou de partie ; & pourront ladite treve durant, aller, venir, communiquer & marchander ès Pays & Villes d'une part & d'autre, fans autre feureté ne fauf-conduit, & fans demander congé, & tout ainfi qu'ils faifoient ou pouvoient faire paravant lefdits differens.

Item. Et femblablement ledit temps durant, les ferviteurs, Officiers & fubjets du Roy, & auffi ceux de mondit Seigneur, du Duc & de leurs alliez, de quelque eftat, nation ou condition qu'ils foient, pourront feurement & fans aucun empefchement aller & venir en leurs maifons, terres & heritages, en leurs affaires par tout le Royaume, & generalement par tout le pays de l'un & de l'autre où bon leur femblera, fans prendre ne avoir autre feureté, congé, ne fauf-conduit.

SÇAVOIR FAISONS, que nous qui defirons tousjours mettre Dieu de noftre part, & lefdits differens eftre appaifés amiablement, & complaire à noftredit neveu en toutes chofes raifonnables, & auffi par le moyen de noftre cher & efpecial amy l'Archevefque de Milan, Legat de noftre Saint Pere le Pape, lefdits points & articles, & tout le contenu en iceux avons eu & avons pour agréables, & avons promis & promettons de bonne foy, & en parole de Roy entretenir, obferver & faire obferver de point en point felon leur forme & teneur lefdits points & articles, & chacun d'iceux, fans les enfraindre, contrevenir, ne fouffrir eftre enfraints en tout ou en partie, en aucune maniere ; & afin que les chofes deffufdites par nous promifes, & chacune d'icelles, foient mieux entretenuës, gardées & obfervées, nous avons voulu & voulons que de tous debats & queftions qui pourroient furvenir à caufe defdits points & articles, les confervateurs de ladite treve, tant les nommez pour nous, que les nommez pour noftredit nepveu, ayent la pleine & entiere connoiffance, décifion & information : En tefmoin de ce nous avons fait mettre noftre Scel à ces prefentes. Donné aux Montils-lez-Tours, le vingtiefme jour de Fevrier, l'an de grace mil quatre cens foixante-fept, & de noftre Regne le feptiefme. *Sur le reply.* Par le Roy, TOUSTAIN.

CXIV.

☞ *Pouvoir du Roy Louys XI. pour arrefter les Duc & Ducheffe de Bourbon.*

Tiré des Recueils de M. l'Abbé Le Grand.

LOYS, par la grace de Dieu, Roy de France. A noftre amé & feal Confeiller & Premier Varlet Tranchant, Gafton du Lyon, Efcuyer, noftre Senefchal de Xaintonge, Salut : Comme nous ayons entendu que noftre coufine la Ducheffe de Bourbon l'aifnée, ait puis n'agueres envoyé le Sire de Beaujeu & Marguerite de Bourbon, fes fils & filles, avec & par devers aucuns nos rebelles & defobéyffans, & ait fait, confpiré & machiné plufieurs chofes à l'encontre de nous & de noftre Seigneurie, parquoy nous fçavoir la verité, & obvier à ce qu'elle, ne fes adherans & complices ne mettent à execution leur damnée entreprife : Nous pour la confiance que avons de vos fens & loyautez, vous mandons & commandons

JEAN II.
Duc de Bourbon.
Né en 1425. Mort en 1487.

mandons que sans delay vous vous transportez quelque part que soit noftredite cousine la Duchesse de Bourbon l'aisnée, & à icelle & à tous ses serviteurs, & adherans & complices, & qui sont sçachans & consentans ladite allée, donnez l'arrest de par nous, sans partir de vostre presence, sur peine de confiscation de corps & de biens, & saisis les amenez pied à pied quant & vous devers nous, quelque part que nous soyons, pour après en ordonner iceux venus, ainsi que adviserons, & de ce faire & souffrir les contraignez reaulment & de fait, nonobstant oppositions ou appellations quelconques, & aussi par la prise & détention de leurs personnes en cas de refus, & par toutes autres voyes, tellement que nous soyons obéys, & que la force vous en demeure; de ce faire vous donnons plein-pouvoir. Donné aux Montils-lez-Tours, le septiesme Mars, mil quatre cens soixante-sept. Par le Roy, BOURRÉ.

CXV.

☞ *Extrait des Estats tenus à Tours, commencés le sixiesme d'Avril 1467. (vieux style).*

AU commencement sont l'ordre des séances, & les noms des Princes, Grands & autres assistans ausdits Estats, le Chancelier proposa entre autres choses le grand danger si la Normandie estoit separée de la Couronne; les Estats respondirent que ladite Duché ne devoit estre separée de la Couronne, le Roy ayant juré de ne separer rien; qu'en la journée qui se tiendra à Cambray pour accorder le differend entre le Roy & son frere pour le fait dudit Duché, lesdits Estats donneront leurs avis pour l'en divertir; qu'il faut que le Duc Charles* de l'appanage que le Roy luy promet de quarante-huit mille livres par chacun an, outre douze mille livres qu'il a par ladite ordonnance, par laquelle il n'est obligé que de luy donner des Terres en titre de Comté; promettent d'assister le Roy contre son frere, en cas qu'il ne se contente, & conseillent le Roy de reprendre les Villes que le Duc de Bretagne a prises sur luy en Normandie; & sur ce que le Roy les avoit priez d'eslire certaines personnes pour juger des desordres & regler l'Etat, ils esliront des Archevesques, Evesques, Princes, Seigneurs & Bourgeois des Villes y nommées. *Signé*, JEAN LE PREVOST, Notaire & Secretaire du Roy, nommé pour tenir le Greffe de ladite assemblée.

Tiré des Recueils de M. l'Abbé Le Grand.

* Manque ici ce mot, *se contente*.

CXV*.

☞ *Extrait de la vie manuscrite de Charles, Duc de Bourgogne.*

COmment le Roy assembla les trois Estats de France, où il fut conclu que le Roy ne pouvoit donner la Duché de Normandie à son frere.

Au mois d'Avril audit an 1467. en Caresme, le Roy Loys de France manda assembler en la Ville de Tours les trois Estats de son Royaume; c'est à sçavoir les Gens d'Eglise, Evesques & Prelats, les nobles Seigneurs, Chevaliers

Tiré des Recueils de M. l'Abbé Le Grand.

1468. Chevaliers & Escuyers, & de chacune Ville & Cité trois ou quatre personnes des plus notables d'icelles, pour avoir leur conseil & advis touchant ce que son frere Charles, Duc de Normandie, ne se vouloit déporter de la Duché de Normandie à luy baillée pour sa part du Royaume, & ne vouloit prendre ne avoir autres Terres ne Seigneuries, que le Roy luy offroit en recompense d'icelle Duché. A cette assemblée furent entre les autres le Roy de Sicile, Duc d'Anjou, oncle du Roy, les Comtes de Nevers & d'Eu, le Comte de Dunois, & aucuns autres, mais n'y furent le Comte du Maine, oncle du Roy, le Connestable, le Duc de Bourbon, le Duc de Bretagne, le Duc de Calabre, le Duc de Nemours, ne le Duc de Bourgogne : En cette assemblée remonstra le Roy comment il avoit donné à son frere la Duché de Normandie, ce que faire ne pouvoit, & pourtant la vouloit ravoir, demandant leur conseil & advis sur ce. Tous se conseillerent & eurent advis ensemble, & finalement au chef de huit ou dix jours après ils firent responce au Roy, que voirement il ne la pouvoit donner, & qu'il l'a reprenist pour luy & la gardast bien, promettant de à ce faire luy aider, & d'y exposer jusques aux vies de leurs corps & tous leurs biens ; disant outre si Monsieur Charles son frere avoit douze mille francs chascun an en belle Seigneurie, & par appanage quelque part au Royaume, avec quarante mille francs de pension, que le Roy luy feroit avoir sur luy tous les ans, qu'il pourroit suffire, & qu'il devoit estre content ; finalement fut advisé & conclu qu'un Parlement se tiendroit à Cambray, où seroient le Roy & Messieurs Charles, son frere, les Ducs de Bourgogne & de Bretagne, ou leurs Deputez, pour trouver bon amour & paix entre eux.

CXVI.

Extrait des Lettres du Duc de Bourgogne sur l'Assemblée tenuë à Cambray.

Tiré des Recueils de M. l'Abbé Le Grand.

ON s'estoit assemblé à Cambray le huit d'Avril, tant de la part du Roy, que de celle du Duc de Normandie son frere, & des Ducs de Bretagne & de Bourgogne, mais la journée prise ayant esté rompuë sans pouvoir rien conclure, le Connestable de Saint-Pol prorogea la treve avec le Duc de Bourgogne, pendant un mois, & ensuite jusqu'au quinziesme jour de Juillet ; les uns & les autres se pouvant dedire dans le vingt-deux de Juin, en signifiant leur dedit, les Ducs à Monsieur le Connestable, en parlant au Sieur de Genlis, ou à son Lieutenant à Rouen, & le Roy au Duc de Bourgogne, en parlant au Bailly d'Amiens, ou son Lieutenant ; & cependant le Duc de Normandie joüira des quatre mille livres par mois que le Roy luy a assignées pour son entretien, tant que les treves dureront, lesquelles luy seront payées dans la Ville d'Angers ; sçavoir quatre mille livres le dernier Juin, & deux mille livres le dix de Juillet ; & de plus le Connestable promet faire payer encore huit mille livres dans Angers pour les termes passez. En tesmoin de ce nous avons fait mettre le Scel de nos armes. Donné en nostre Ville de Bruges, le seize de May, l'an de grace mil quatre cens soixante-huit. CHARLES,

CXVI*.

☞ *Pouvoir du Roy Louys XI. pour ses Deputez à l'assemblée qui se tenoit à Cambray.*

LOYS, par la grace de Dieu, Roy de France. A tous ceux qui ces presentes Lettres verront, Salut : Comme pour appaiser les questions & differences, qui puis aucun temps en çà sont sources & esmuës en ce Royaume, à cause & sous couleur de l'appanage que nostre beau-frere Charles demande, & autrement ; pour obvier aux inconveniens qui sont à douter de advenir, à cause & par le moyen de la guerre, si ainsi estoit qu'elle sourdist ou durast en nostre Royaume, que Dieu ne veuille, ayans premierement & principalement regard à Dieu nostre Createur, voulans éviter aussi l'effusion du sang humain Chrestien, & pour la pitié & compassion que avons de nostre pauvre peuple, nous soyons condescendus à prendre treves pour aucun temps entre nous, nostredit frere, & ses alliez & adherans, afin que pendant icelny temps aucun bon moyen de traité ou appointement se pust trouver entre nous, nostredit frere, sesdits alliez & adherans ; & pour parvenir aux choses dessusdites ait esté entreprise & accordée certaine journée & convention en la Ville de Cambray, là où nos gens & Ambassadeurs, garnis de pouvoir suffisant pour nostre part, & ceux de nostredit frere & ses adherans, pour la leur, se doivent trouver ; & à cette cause, ayons par grande & meure deliberation de conseil ordonné & commis nostre très-cher & très-amé frere & cousin le Comte de Saint-Pol, Connestable de France, nostre amé & feal Conseiller, l'Evesque Duc de Langres, Pair de France, nostre cher & amé cousin le Comte de Tancarville, nos amez & feaux Conseillers, Maistre Jean Dauvet, Premier President en nostre Cour de Parlement, Guillaume Cousinot, Chevalier, Seigneur de Monstereul, pour besogner, vacquer & entendre de par nous esdites matieres, & faire sur ce tels accords, ouvertures, offres, appointemens, traitez & convenances qu'ils verront estre à faire pour le bien de nous, de la Couronne, du Royaume & des matieres dessusdites, & y faire pourrions si presens y estions en nostre personne ; & soit ainsi que pour traiter, accorder, conclure & composer finalement ès choses dessusdites le temps desdites treves, qui ne durent que jusques au premier jour de Juin prochain venant, ne pourra pas par avanture estre si long, ne suffisant, comme les matieres le requerront, & que piteuse chose seroit que par faute de prorogation d'aucun temps desdites treves, lesdites matieres chussent en rompture, que on puisse venir en bonne fin & conclusion. Sçavoir faisons, que nous ayans consideration aux choses dessusdites, pour ces causes, & à ce que Dieu & tout le monde puisse connoistre le bon vouloir que avons esdites matieres, à iceux nos cousins & Conseillers dessus nommez, & aux deux d'iceux, dont toutesfois nostredit cousin le Connestable en soit tousjours l'un, avons donné & donnons par ces presentes pouvoir, autorité & mandement especial de prolonger lesdites treves,

qui

Tiré des Recueils de M. l'Abbé Le Grand.

Il y a ici une ligne de blanc dans la copie.

qui finiront le dernier jour de May prochain venant, ou en faire de nouvelles, s'ils voyent que besoin soit, jusques à tel temps & terme, & avec telles pactions, accords & convenances qu'ils verront estre à faire, & pouvoir servir au bien desdites matieres ; lesquelles treves ou prorogations d'icelles, & tous les accords, pactions & convenances qu'ils auront faites dependans du fait desdites treves, nous promettons en bonne foy & parole de Roy, avoir agréables, fermes & stables, & les approuver, ratifier & confirmer, & garder & faire garder, entretenir & observer de point en point, selon leur forme & teneur, sans venir, faire ne souffrir estre venu ou fait à l'encontre en aucune maniere, & d'en bailler sur ce nos Lettres ratificatoires, telles que au cas appartient toutes les fois que requis en serons : En tesmoin de ce nous avons fait mettre nostre Scel à ces presentes. Donné à Amboise, le vingt-septiesme jour d'Avril, l'an de grace mil quatre cens soixante-huit, & de nostre Regne le septiesme. *Et sur le reply.* Par le Roy en son Conseil, auquel Monsieur le Cardinal d'Angers, Monsieur le Duc de Bourbon, les Archevesques de Lyon & de Tours, le Marquis du Pont, les Comtes du Perche & de Dunois, l'Evesque d'Aire, le Sire de Gamaches, Mareschal de France, le Sire de la Forest, Maistre Pierre Doriolle, & autres estoient. Ainsi *Signé*, B. MEURIN, avec paraphe.

CXVII.

☞ *Treves de douze jours du Roy Louys XI. avec le Duc de Bretagne.*

Tiré des Recueils de M. l'Abbé Le Grand.

FRANÇOIS, par la grace de Dieu, Duc de Bretagne, &c. A tous, &c. Comme puis n'agueres, à cause des questions & differences qui ont esté & sont entre Monseigneur le Roy pour sa part, & Monsieur son frere, nous & nos alliez pour l'autre, il soit advenu que le Roy ait son armée pour faire guerre en nostre Pays & Duché, & y ayent ses gens

Misassiegé, il faut lire, mis siege.

mis assiegé * devant la Place & Chastel d'Ancenis ; lequel siege y estant, ait esté advisé estre convenable pour le bien des matieres, prendre aucune abstinence de guerre pour aucun temps, pour pendant icelle abstinence pouvoir trouver aucun appaisement esdites questions. Sçavoir faisons, que nous desirans tousjours pour tous bons & raisonnables moyens entendre, & nous employer au bien de ladite pacification avons pris & fait, prenons & faisons pour & au nom de mondit Seigneur, nous & nosdits alliez, abstinence de guerre avec mondit Seigneur le Roy, en la personne de nostre beau cousin le Marquis du Pont, son Lieutenant ès Pays d'Anjou, du Mayne & de Poitou, pour le temps & terme de douze jours entiers, à compter de la datte de cette, pour durant ledit temps cesser d'une part & d'autre toute guerre en quelque maniere que ce soit, les conditions qui s'ensuivent ; c'est à sçavoir, que les gens de guerre estans devant ladite Place d'Ancenis, avec leurs appareils & habillemens de guerre, se desempareront, leveront & tireront hors de nostredit pays, sans souffrir durant cette abstinence estre fait par aucun de leur party en nostredit pays aucun mal, dommage en personnes ne biens en quelque maniere que ce soit ; & aussi ne souffrirons estre fait par les nostres noftres, ne ferons efdits pays d'Anjou, le Maine & Poitou, par maniere de guerre, aucune prife, courfe, ne chofe préjudiciable; & en entendons & avons confenty que pendant ladite abftinence de guerre ne fera rien innové au logis & village d'Ancenis, qu'ils ont emparé & fortifié, ains demourera en fon eftat, fans que durant ledit temps il y foit rien fait, ny muroné aucune rupture ou fortification faite, ou autres emparemens, ains y pourront les gens de l'armée de mondit Seigneur le Roy dedans le temps de ladite abftinence retourner, ainfi que bon leur femblera, y ramener & raffeoir leur artillerie, à prefent y eftant, en l'eftat qu'elle eft à prefent, fans que par nous, ne les noftres ils en puiffent eftre empefchez. Toutes lefquelles chofes nous promettons tenir & faire tenir de point en point, moyennant que de la part de noftredit coufin foit ainfi fait & entretenu. Donné au Chafteau-Briant, le 21. d'Aouft 1468.

1468.

CXVIII.

Traité d'Ancenis entre le Roy & le Duc de Bretagne, par Jean, Duc de Calabre, chargé des pleins pouvoirs de Louis XI. (1).

JEAN, fils du Roy de Jerufalem, d'Arragon & de Sicile, &c. Duc de Calabre & de Lorraine. A tous ceux qui ces prefentes Lettres verront, Salut: Comme pour l'appaifement des differens qui à prefent ont cours entre Monfeigneur le Roy d'une part, Monfeigneur Charles, fon frere, & noftre très-cher & très-amé coufin le Duc de Bretagne d'autre; ayant efté faites plufieurs ouvertures pour le bien de paix, tant par nous pour la part de mondit Seigneur le Roy, comme ayant puiffance de luy, comme auffi par Guillaume Chauvin, Seigneur du Bois, Chancelier de Bretagne; Anthoine de Beauveau, Seigneur de Pinpean, & Meffire Michel de Partenay, Seigneur de Perigny, tous Confeillers, Chambellans de noftredit coufin, pour la part d'iceluy noftre Coufin, ayant pareillement pouvoir de par luy; defquels pouvoir la teneur s'enfuit: Loys, par la grace de Dieu, Roy de France. A tous ceux qui ces prefentes Lettres verront, Salut: Comme puis n'agueres aucunes ouvertures ayent efté faites de traiter, pacifier & accorder les differens d'entre nous, & noftre très-cher & très-amé neveu & coufin le Duc de Bretagne, aufquels traitez & pacification, par honneur & reverence de Dieu noftre createur, & éviter à l'effufion du fang humain, & la defolation du pauvre peuple, qui vray-femblablement, au moyen des differens, leur pourroient enfuir, ayons toujours efté comptens d'entendre toujours mettre Dieu & raifon de noftre part, parquoy foit befoin commettre aucuns grands & notables perfonnages de grande authorité, & à nous feurs & feables, & par qui plus convenablement lefdites matieres fe puiffent traiter envers chacune partie, à qui il peut toucher. Sçavoir faifons, que nous deuement & à plein acertenez des grands fens, vaillances, loyauté, bonne conduite & experience de noftre très cher coufin

Tiré des Recueils de M. l'Abbé Le Grand.

le

(1) Le Traité de Paix d'Ancenis fut ratifié par le Duc de Bretagne à Nantes, le 17. Septembre 1468. & par le Roy à Compiegne, le 18. Septembre 1468.

Tome III.

1468.

le Duc de Calabre & de Lorraine, qui est prochain parent de nous, & d'iceux grands Seigneurs, & a bien grand interest que lesdites matieres soient conduites & menées à bonne conclusion pour le bien de la Couronne, confiant entierement de luy, comme de nostre propre personne, à iceluy nostre cousin : Pour ces causes & autres à ce nous mouvans, avons donné & donnons plein pouvoir, accepté provision & mandement especial par ces presentes, de voir toutes ouvertures qui luy seront faites sur lesdites matieres, de pourparler, traiter & accorder avec nostre frere Charles, & nostredit nepveu & cousin de Bretagne, ou leurs commis & deputez ayans pouvoir suffisant sur l'accord & pacification finale desdits differens, de promettre, jurer, consentir, accorder, octroyer, appointer & conclure, pour & au nom de nous, tant sur le partage & appanage de nostredit frere, la seureté de luy, ses serviteurs & de son estat, que aussi sur toutes autres choses, dont pourront estre differences entre nous & nostredit nepveu de Bretagne, & generalement sur toutes les dependances desdites matieres, tout ce qu'il verra estre à faire & convenable, & sur ce bailler ses Lettres telles & en telles formes qu'il advisera, promettans par ces presentes en parole de Roy, & par la foy & serment de nostre corps, sur nostre honneur & l'obligation de tous nos biens, avoir agreable & tenir, garder & observer perpetuellement ferme & estable, sans enfraindre ne jamais venir au contraire de tout ce que par nostredit cousin sera fait, conclu, traité & appointé, comme se nous-mesmes l'avions fait, accordé, promis & juré en nostre propre personne, & lesdites choses jurer & promettre par serment solemnel, & sur ce bailler nos Lettres patentes de ratification, confirmatoires des sermens en la meilleure & plus autentique forme que faire se pourra, dès sitost que requis en serons : En tesmoin de ce nous avons signé ces presentes de nostre main, & à icelles fait mettre nostre grand Scel. Donné à Senlis, le vingt-deuxiesme jour d'Aoust, l'an de grace mil quatre cens soixante-huit, & de nostre Regne le huitiesme. Ainsi *Signé*, Loys. Par le Roy en son Conseil, MEURIN.

FRANÇOIS, par la grace de Dieu, Duc de Bretagne, Comte de Montfort, de Richemont, d'Estampes & de Vertus. A tous ceux qui ces presentes Lettres verront, Salut : Sçavoir faisons, que nous confians à plein ès sens, loyautez, prud'hommies & bonne diligence de nos bien amez & feaux Guillaume, Chancelier ; Anthoine de Beauveau, Seigneur de Pimpean, & Messire Michel de Partenay, Seigneur de Perigny, nos Chambellans & Conseillers, iceux & chacun d'eux avons instituez & establis, & par ces presentes instituons & establissons nos Procureurs, Ambassadeurs & deputez, quant afin d'eux transporter & aller au lieu où beau cousin de Calabre, & autres gens de Monseigneur le Roy en sa compagnie, ayans pouvoir suffisant de luy, se trouveront, ausquels nos Chancelier & les Conseillers dessus nommez, & aux deux d'eux, avons donné & donnons par ces presentes plein pouvoir de prendre, accepter, conclure, fermer & accorder avec nostredit Cousin de Calabre, & autres gens de Monseigneur le Roy, tout ce qu'ils verront estre à faire selon les ouvertures pour parlementez & traitez, qui seront faits & ouverts d'une part & d'autre, pour parvenir & accorder, & pacifier les differens qui ont

ont esté, & qui à present sont entre mondit Seigneur le Roy d'une part, & Monseigneur son frere, nous & nos alliez d'autre, promettans en bonne foy, & sur nostre honneur & en parole de Prince, avoir & tenir agréable, ferme & estable, tout ce que par nosdits Chancelier, Sire de Sillié & de Perigny, & les deux d'eux aura esté dit, traité, convenu, promis, passer, accorder, sans jamais aller à l'encontre en quelque maniere, ne pour quelque cause ou action que ce soit. Donné à Nantes le septiesme jour de Septembre, l'an mil quatre cens soixante & huit. Ainsi *Signé*, FRANÇOIS. Par le Duc de son commandement, MILET. Et sur icelles ouvertures nous & les dessusdits Chancelier, de Beauveau & de Partenay, nous soyons condescendus & accordez tant d'une part que d'autre, en la maniere contenuë ès articles cy-après touchez & inserez. Ce sont les points, articles, pourparlez entre Monseigneur le Duc de Calabre & Messeigneurs les Ambassadeurs du Duc, touchant l'appaisement des differens qui courent à present entre le Roy d'une part, & Monsieur son frere, & le Duc de l'autre.

Et premierement. Que touchant le partage & appanage de mondit Sgr. Charles, Mrs. le Duc & Connestable connoistront quel partage & appanage, & en quelle part du Royaume, & duquel revenu luy doit estre baillé, & au cas que ceux d'eux ne pourroient accorder, choisiront & nommeront un tiers, lequel ensemble avec eux en connoistra, & ce que les deux des trois en diront sera tenu par lesdites parties.

Item. Et le Roy de sa part sera tenu & obligé de donner à mondit Seigneur iceluy partage, que par mes susdits Seigneurs aura esté avisé; & ainsi mondit Seigneur son frere sera tenu iceluy accepter & prendre, & renoncer à tous autres partages ou appanage, qu'il pourroit prétendre à luy appartenir.

Item. Et auront temps le susdit Seigneur le Duc & Connestable de connoistre & adviser sur ledit partage l'espace d'un an, commençant au premier jour d'Octobre prochainement venant.

Item. Et afin que mondit Seigneur Charles durant le temps d'un an ait façon de soy entretenir ès pays & Seigneuries du Duc, où il pourra estre ledit temps durant, sans que aucune chose se puisse entreprendre contre sa personne ou ses serviteurs, pour la part du Roy, le Roy sera tenu luy faire delivrer par maniere de provision la somme de soixante mille francs en la façon qui s'ensuit; c'est à sçavoir par quartier, & du premier quartier luy sera fait payement en la Ville d'Angers pour tout le mois d'Octobre prochain venant, & puis en suivant durant ledit temps d'un an, de quartier en quartier.

Item. Et au cas que les dessusdits Duc & Connestable ne pourront connoistre dudit partage durant ledit an, pourront si à eux semblera allonger pour autre an, durant lequel auront la puissance de connoistre dudit appanage, comme dessus, & aussi durant ledit an, qui ainsi seroit allongé, le Roy fournira par quartiers à mondit Seigneur son frere ladite somme d'autres soixante mille francs pour son entretenement, & pour ce du temps que durera ladite prorogation.

Item. Et pource que à present le Duc n'est près de mondit Seigneur Charles, & le Duc ne peut promettre pour luy, aura le Duc le temps de quinze jours à conduire & faire accorder les fusdits points & articles à mondit Seigneur, & promettre le Duc sur foy & parole de Prince, de faire son loyal devoir, & faire consentir mondit Seigneur.

Item. Et au cas que mondit Seigneur ne se y voulsist consentir & accorder, comme dessus, le Duc demourera bon serviteur, parent & amy du Roy, & le servira, secourera & aydera envers tous & contre tous, qui sa personne & son Royaume voudront grever, & le semblable fera le Roy au Duc, & entretiendront toutes les choses contenuës en ces presens articles, & les appointemens faits à Paris & Caen entre le Roy & luy, sans que le Duc se mesle d'icy en avant en façon quelconque dudit partage ou appanage de mondit Seigneur Charles contre le vouloir du Roy.

Item. En celuy cas que mondit Seigneur Charles dedans le terme desdits quinze jours ne se y voudra accorder, le Duc sera tenu de faire incontinent vuider des Places de Caen & d'Avranches, tous ses serviteurs & subjets qui seroient esdites Places, afin que le Roy sans resistance les puisse recouvrer, & n'y donnera support, faveur ne ayde à personne quelconque, qui voulsist destourner ou empescher le Roy du recouvrement desdites Places.

Item. Et pardonnera le Roy à tous Manans & Habitans desdites Villes de Caen & Avranches, tous crimes & délits de leze-Majesté, ou autres ausquels ils pourroient avoir mespris contre le Roy, & leur en donnera bons & suffisans remedes & seureté; en façon que seurement & sans aucun reproche pourront demeurer en leur maison saufs & seurs de leur personne, biens & honneurs quelconques.

Item. Au cas que mondit Seigneur sera content dudit appointement & articles, & les ratifiera dedans ledit terme de quinze jours prochains venans, les dessusdites Places de Caen & Avranches seront mises par le Duc ès mains dudit Seigneur de Calabre, & ainsi par le Roy seront mises Saint-Lo, Coustances, Bayeux & Jauray, pour icelles tenir & garder au nom & pour la part du Roy & seureté que à mondit Seigneur Charles seront payés lesdits soixante mille francs, durant le temps que sondit partage ou appanage sera convenu & decidé par les dessusdits Seigneur, le Duc & Connestable, & le tiers ainsi que dessus, & puis cela fait les baillera franchement & quitte ès mains du Roy.

Item. Et dès à present sera cessations de toutes guerres & œuvres de fait entre le Roy & le Duc, tant par mer que par terre, & se levera l'armée du Roy du pays du Duc, & s'en ira en autre pays.

Item. En demeurera ledit Duc en possession & tenuë de toutes Places, Villes & Seigneuries, qu'il tient à present, & en outre luy seront rendus & restitués tous Chasteaux, Villes, Seigneuries, qui luy auroient esté prises durant les differences de maintenant.

Item. Et touchant les Chasteaux & Places d'Ancenis & de Champtocé, ils demeureront en la main de mondit Seigneur de Calabre, jusques à ce que Caen & Avranches soient mis en sa main, comme dessus dit, & ce fait, les rendra au Duc purement & quitte, & sera tenu le Duc, tandis que mondit Seigneur de Calabre les tiendra, n'entreprendre ne faire

faire œuvre de fait par foy, ne par autre fur lefdites Places.

Item. Et demeureront en leur fermeté tous appointemens, & obligé, accordé & paffé entre le Roy & le Duc, tant à Paris qu'à Caen, & feront de nouveau confirmés & ratifiés.

Item. Pour feureté defdites parties & de l'obfervation du contenu, tant en ces prefens articles & appointemens, que ceux de Paris & Caen, en donneront le Roy au Duc, & le Duc au Roy, leurs fcellez & promeffes, enfemble promeffes & fcellez des Seigneurs de leur Sang, Gens d'Eglife, Nobles & Univerfité, Capitaines & Gens de Guerre de leurs pays; lefquels fcellez feront mis en la main de mondit Seigneur de Calabre; c'eft à fçavoir, ceux du Duc de Bretagne dedans la Touffaint prochainement venant, & ceux du Roy dans la Chandeleur après enfuivant; & lors mondit Seigneur de Calabre delivrera ceux du Duc au Roy & de fon pays, & ceux du Roy au Duc; & les chofes deffufdites feront confirmées au Saint Siege Apoftolique, en foy foumettant lefdites parties pour l'obfervation des chofes deffufdites aux cenfures Ecclefiaftiques.

Item. Seront tenus le Roy, mondit Seigneur & le Duc, chacun de fa part, de pardonner & recevoir en grace tous leurs ferviteurs & fubjets qui auroient tenu le party de l'un ou de l'autre, & leur rendre tous leurs biens & honneurs, fans aucun reproche, pour en joüir comme paravant les differens. Sçavoir faifons, que lefdits articles deffus touchez & inferez, & tout le contenu en iceux, nous avons promis & accordé pour la part de noftredit Seigneur le Roy, & par vertu du pouvoir fur ce à nous donné, & promettons qu'il les ratifiera & entretiendra de point en point, & de ce baillera fes Lettres en forme deuë, toutesfois que meftier fera: En tefmoin de ce nous avons figné ces prefentes de noftre main, & fait fceller de noftre Scel. Donné au Bourg d'Ancenis, le dixiefme jour de Septembre, l'an mil quatre cens foixante-huit. *Signé*, JEHAN. *Et fur le reply.* Par Monfeigneur le Duc. *Et fcellé d'un grand Sceau de cire rouge fur queuë de parchemin.*

CXIX.

☞ *Pouvoir & commiffion donné par François, Duc de Bretagne, à Guillaume Chauvin, Sieur de Bouis, Chancelier dudit Duc, & autres pour aller vers le Roy de France traiter de la paix.*

FRANÇOIS, par la grace de Dieu, Duc de Bretagne, Comte de Montfort, de Richemont, d'Eftampes & de Vertus. A tous ceux qui ces prefentes Lettres verront, Salut: Comme n'aguères entre Monfeigneur le Roy, par fes commis de fa part, & nous par nos commis pour la noftre, ayent efté traitéz, fermés, accordés & conclus certains appointemens de paix finale fur les differens qui eftoient & pouvoient eftre entre mondit Seigneur le Roy pour fa part, & Monfeigneur Charles fon frere, & nous refpectivement d'autre, felon que par les Lettres fur ce faites & baillées, dattées du dixiefme jour de Septembre dernier, & bien à plein recité & declaré, recours à icelles fi meftier eft; & lefquelles Lettres, felon leur forme & teneur, ayons dès le dix-huitiefme jour dudit mois

Tiré des Recueils de M. l'Abbé Le Grand.

mois de Septembre, loués, ratifiés, confirmés & approuvés en tous points & articles, ainsi que par nos Lettres dattées du dix-huitiesme jour de Septembre peut apparoir. Sçavoir faisons, que pour & afin de presenter de par nous à mondit Seigneur le Roy nosdites Lettres de ratification & approbation desdits appointemens, & aussi pour en passer, & en outre besogner, traiter & conclure, & accorder pour & au nom de nous avec mondit Seigneur le Roy, & ceux qu'il luy plaira commettre, tout ce que par nos gens & commis, cy-après nommez, sera advisé & regardé estre convenable, tant sur les dépendances desdits appointemens de paix finale, dont devant est touché, que pour autres quelconques matieres concernant le bien de nous & de nostre pays ; nous à plein confians des sens, loyautez, prud'hommie & bonne diligence de nos bien amez & feaux Guillaume Chauvin, Sieur de Bouis, Chancelier de Bretagne, & Odet Daydie, Sieur de Lescun, nos Conseillers & Chambellans, iceux ensemblement avons instituez & establis, & par ces presentes instituons & establissons nos Procureurs, Ambassadeurs & Deputez, quant à fin de eux transporter & aller au lieu où sera mondit Seigneur le Roy, & leur donnons plein pouvoir & mandement especial, par ces mesmes presentes, de faire, prendre, accepter, conclure, fermer & accorder sur les matieres dessus recitées, leurs sequelles & despendantes, tout ce qu'ils verront estre convenable, promettons en bonne foy, & sur nostre honneur, & en parole de Prince, avoir & tenir ferme, estable & agreable tout ce que par nosdits Procureurs & Ambassadeurs ensemblement, sera ou aura esté au nom de nous, fait, promis, passé & accordé, sans jamais aller à l'encontre en quelque maniere, ne pour quelconque cause ou occasion que ce soit. Donné en

* Cette date n'est pas juste, je crois qu'il faut mettre, Octobre.

nostre Ville de Nantes, le douziesme jour de * Septembre, l'an mil quatre cens soixante-huit. Ainsi *Signé*, FRANÇOIS, avec paraphe. *Et plus bas est escrit*, Par le Duc de son commandement. *Signé*, RICHARD, avec paraphe. *Et scellé d'un Sceau de cire rouge.*

CXX.

Extrait du Procès Criminel de Charles de Melun.

Tiré des Recueils de M. l'Abbé Le Grand.

IL est accusé d'avoir destourné ou retenu la déposition de Regnauld de d'Arnesay, qui estoit entierement à la descharge d'Anthoine de Chabannes ; d'avoir empesché le Mareschal Rouault de sortir de Paris, quoique le Roy luy eust escrit que le lendemain il donneroit bataille au Comte de Charolois, & qu'il vinst avec deux cens lances, pour prendre l'ennemy par derriere, ce qui auroit assuré une victoire complete.

On l'accuse d'avoir eu trop de commerce avec les Princes ligués, pendant qu'ils estoient devant Paris, sans le sceu & congé du Roy ; ce qu'il nie. Il avoüe néantmoins que pendant les premieres treves il les a vus deux fois ; qu'il a donné un cheval au Duc de Bretagne, un mulet au Comte de Charolois ; trois muids de vin, sçavoir un à Monsieur Charles, un au Duc de Bourbon, & un au Duc de Bretagne, & que le Mareschal Rouault en avoit envoyé un au Comte de Charolois ; que
le

DE PHIL. DE COMINES. 15

le Roy luy témoigna qu'il n'eſtoit pas content qu'il euſt eſté vers les
ennemis ; & il avoue que depuis que le Roy luy a deffendu de les
veoir, il y a eſté encore une fois pour rendre reſponſe au Duc de
Bretagne.

1468.

Interrogé s'il n'a pas connoiſſance du ſcellé que Mr. le Comte du Maine a donné aux ennemis.

Il reſpond, qu'il eſt bien recors que le Roy diſt à luy qui parle, un jour à Paris, durant les diviſions, que Mr. du Maine ſon oncle avoit baillé ſon ſcellé aux adverſaires du Roy ; & demanda à luy qui parle, s'il en ſçavoit rien, & en fut il luy qui parle, fort eſbahy ; & dit que le Roy, dès qu'il fut de retour de Normandie, & Mr. du Maine avec luy, commanda à luy qui parle, qu'il falloit qu'il entretinſt le plus fort qu'il pourroit faire ſondit oncle, ſur tous les plaiſirs qu'il luy pourroit faire, & que c'eſtoit un homme d'eſtrange condition, & fort à entretenir, & qu'il avoit beaucoup perdu au grand Seneſchal de Normandie, qui le luy entretenoit bien, & que luy qui parle le ſçauroit bien faire ; & qu'il s'excuſa envers le Roy pour les autres affaires qu'il avoit en ladite Ville de Paris & ailleurs ; mais le Roy ce nonobſtant luy commanda d'entretenir Mr. du Maine, & luy faire tous les plaiſirs qu'il ſeroit poſſible de faire, en luy diſant que s'il perdoit ledit Mr. du Maine, il n'auroit plus devers luy perſonne de ſon Sang, & pour ce, qu'il eſtoit beſoin de l'entretenir, & que luy qui parle, fiſt au mieux qu'il peuſt ; & dit & afferme luy qui parle, par ſon ſerment, qu'il n'a baillé aucun ſcellé ne promeſſe auſdits Seigneurs adverſaires du Roy, ne à aucuns d'iceux ; & ſi n'a point ſceu autrement, que dit a cy-deſſus, que ledit Mr. du Maine ait baillé ſon ſcellé auſdits Seigneurs adverſaires ; & ſi n'a point ſceu que le Baſtard du Maine ait baillé ſon ſcellé auſdits adverſaires.

Le Lundy l'après-diſné fut interrogé ſur le vingt-cinquieſme article, ſçavoir quelles Lettres il avoit eſcrites à Mgr. Charles, & autres Seigneurs, pendant & durant les diviſions. Il dit que les Seigneurs eſtans à Eſtampes durant leſdites diviſions, Pariot, Seigneur d'Eſtrecy, eſcrivit à luy qui parle, par Chriſtophle de Bailleul, une Lettre par laquelle il mandoit, qu'il luy ſembloit qu'on trouveroit bien façon de tirer Mgr. Charles d'avec les Seigneurs, avec le Roy, leſquelles Lettres, luy qui parle, monſtra incontinent au Roy, & ſi fiſt parler ledit Chriſtophle au Roy, qui commanda à luy qui parle, de renvoyer ledit Chriſtophle par devers ledit Pariot, & qu'il eſcrivit de tenter toutes ſortes de moyens pour faire revenir ledit Monſeigneur Charles, & ſçavoir ce qu'il vouloit demander, & dit luy qui parle, que le Roy luy auroit donné la Guyenne pour l'avoir, & que luy Melun avoit monſtré les Lettres au Roy ayant que de les envoyer par Chriſtophle, que le Roy les approuva ; elles eſtoient addreſſées à Pariot, qui parla à Monſeigneur Charles dans un jardin à Eſtampes, & luy remonſtra qu'il ſeroit mieux avec le Roy ſon frere qu'avec tout autre ; & comme Pariot reſcrivit que Monſeigneur n'en paroiſſoit eſloigné, on fit repartir Chriſtophle avec promeſſe pour Patiot, que s'il réuſſiſſoit on luy donneroit le Chaſteau de Dourdan ; Melun monſtra ces Lettres au Roy dans ſon Oratoire en l'Egliſe de Sainte-Catherine où il entendoit la Meſſe ; Chriſtophle eut encore ordre de

bien

bien s'informer des projets des ennemis ; Chriſtophle porta ſes Lettres à Dourdan où eſtoit Pariot, qui luy diſt que les Seigneurs eſtoient partis d'Eſtampes & alloient vers Saint-Mathurin, qu'ils avoient fait des ponts pour paſſer la riviere de Seine. Et Melun nia avoir eſcrit à Mgr. Charles ; mais ne voulut s'en rapporter qu'au Roy, & nullement à Pariot, à Chriſtophle, à Jean Richer, à Michel Court, à Laurent Herbelot.

Il reconnoiſt qu'il a eu une paire d'heures & cinq cens eſcus pour un procès qu'il a fait gagner à Mr. le Comte du Maine ; qu'il a eu cent eſcus du Greffier du Parlement, pour le faire maintenir dans ſa Charge.

Interrogé quelles paroles le Duc de Bretagne luy diſt, & qu'il n'en mentiſt en rien ; diſt par ſon ſerment que ledit Duc luy diſt lors telles paroles, ou ſemblables : Mr. le Grand Maiſtre, vous eſtes beaucoup de gens de bien, vous voyez bien que voſtre Maiſtre ſe perd, que ne vous aſſemblez-vous, & s'il ne vous veut croire de ce que luy conſeillerez, ne ſçavez-vous pas bien le remede, & luy dire franchement, que s'il ne les vouloit croire, qu'ils ne ſeroient point perdus pour luy ; & vous-meſme, Mr. le Grand Maiſtre, le pourriez bien faire tout ſeul, car vous avez la maiſtreſſe porte de Paris en garde ; auſquelles paroles dire n'eſtoient que ledit Duc & luy qui parle, ſeulement. A quoy luy qui parle reſpondit, que ledit Duc ne diſoit pas mal, & que le cheval qu'il luy avoit donné eſtoit bien bon, mais qu'il avoit à Paris deux ſommiers dont l'un eſtoit bas empointé, gros & peſant, qui ne vouloit ouïr, entendre, ny aller en avant.

Interrogé qu'il entendoit par les deux ſommiers ; diſt qu'il entendoit pour l'Admiral de Montauban & pour le Sieur de Comminges, leſquels ne vouloient ouïr ny entendre pluſieurs matieres, pour trouver appointement avec leſdits Seigneurs ; & dit & afferme ſur ſon ame luy qui parle, qu'il ne cuidoit point que le Duc le diſt à mauvaiſe intention, mais cuidoit qu'il le diſt pour le bien & utilité du Royaume ; toutesfois il diſt qu'il croit & ſçait bien maintenant, que ledit Duc diſoit les choſes deſſuſdites de mauvais courage & à mauvaiſe intention, veu la fin à quoy il a veu qu'ils ont tendu ; & ajouſte qu'il ne l'a oſé dire au Roy, pource qu'il avoit juré & promis audit Duc de Bretagne le celer & tenir ſecret, & n'en rien reveler à perſonne ; & pria audit Prevoſt qu'il fuſt mis hors de la queſtion, & il diroit toute verité.

Ledit de Melun délié & mis hors de la queſtion & mené devant le feu, dit & afferma que la confeſſion par luy faite en ladite queſtion eſtoit veritable, & que quand il donna le cheval au Duc à Conflans, le Duc luy diſt qu'il voudroit bien avoir acheté un tel homme, comme luy qui parle eſtoit, & qu'il parleroit voulentiers à luy franchement, pourveu que de ce qu'il luy diroit il n'en revelaſt rien à perſonne ; ce que luy promiſt luy qui parle, & lors le Duc luy diſt mot pour mot ce qui eſt declaré cy-deſſus, & ce que luy-meſme a dit de l'Admiral & du Sieur de Comminges, & que la cauſe pour laquelle il n'en a rien dit au Roy, c'eſt qu'il ne ſçavoit comment les affaires tourneroient, & qu'il croyoit bien que les choſes n'iroient pas auſſi bien qu'elles ont eſté pour le Roy.

Puis

DE PHIL. DE COMINES. 17

1468.

Puis fur le fcellé du Comte du Maine, dit qu'il n'en fçait rien au vray, fi ce n'eſt qu'il en fut bruit lorſque l'accord fut fait entre le Roy & les Seigneurs.

Sur le fait de du Lau & de Poncet, dit qu'il a bien parlé avec eux de l'appointement, mais qu'il ne leur a pas parlé de ce que le Duc luy avoit dit.

Toute cette confeſſion ouïe, le Prevoſt fiſt donner un Preſtre à Charles de Melun, & mener de Chaſteau-Gaillard près de la Ville du Petit-Andely, où il luy fiſt trancher la teſte fur les neuf à dix heures du matin, & ſes biens confiſquez au Roy, le Mardy 22. d'Aouſt 1468.

Nota. Que le Roy fait declarer aux Commiſſaires par Baude Meurin, ſon Secretaire, qu'il n'a jamais envoyé Melun vers les Seigneurs, qu'au contraire il dit à tous ceux de ſa Maiſon de n'avoir communication avec eux; qu'il eſtoit très-mal content de la conduite de Melun, de du Lau, de Poncet de Riviere, mais que comme il eſtoit entre leurs mains, il falloit qu'il diſſimulaſt.

C X X I.

☞ *Extrait de la vie manuſcrite du Duc de Bourgogne, ſur le Traité de Peronne, fait entre le Roy Louys & le Duc Charles, & des Lettres que le Roy en envoya par les bonnes Villes de ſon Royaume.*

Tiré des Recueils de M. l'Abbé Le Grand.

Le Traité eſt cy-aprè. *numero* CXXIV.

TAndis que ces choſes ſe faiſoient, ainſi que dit eſt, au pays de Liege, & que le Roy ſe tenoit touſjours ſur la riviere d'Oiſe, & le Duc de Bourgogne à Peronne ſur la riviere de Somme, là où ils ſe tinrent juſqu'au mois d'Octobre que le Duc de Bourgogne prit traité avec le Roy, ne ſçait quel, mais par la diligence & peine que le Comte de Saint-Pol prit avec le Cardinal d'Angers, que de par le Roy & le Duc, tellement que pour plus aſſurer & conforter le traité, le Roy ſe partit de Noyon à privée-meſnée pour venir à Peronne, où le Duc eſtoit, & avoit le Roy avec luy le Duc de Bourbon, l'Archeveſque de Lyon, ſon frere, & ſi y eſtoient le Cardinal d'Angers, le Comte de Saint-Pol, & aucuns autres; devers lequel Roy le Duc envoya deux cens lances pour le conduire, & luy-meſme en ſa perſonne alla en ſon encontre, luy fit la reverence telle comme il la luy devoit faire; mais le Roy ne voulut onques ſouffrir qu'il deſcendiſt de ſon cheval, puis entrerent dans la Ville de Peronne, le Roy tenant ſa main ſur l'eſpaule du Duc, le dixieſme jour d'Octobre, & là le receut le Duc moult honorablement, & monſtroit lors le Roy au Duc grand ſigne d'amour, & tant grand honneur luy faiſoit, que merveille eſtoit à regarder; & finalement quand vint le quatorzieſme jour dudit mois d'Octobre, le Roy & le Duc jurerent enſemble ſur une partie de la Sainte vraye Croix de Noſtre-Seigneur, que le Roy portoit ſur luy, & qui avoit eſté au Roy Charlemagne, & dit le Roy en faiſant ſerment d'entretenir ladite paix, qu'il faiſoit ſur cette Sainte-Croix, en laquelle Jeſus-Chriſt receut mort & paſſion, que Charlemagne avoit conquis en ſon temps, ſur laquelle le Roy n'avoit onques fait ſerment qu'il ne tinſt, & s'il le parjuroit, que mal luy en vinſt.

Tome III. C *Voicy*

1468.

Voicy la copie d'une Lettre que le Roy envoya ès bonnes Villes de son Royaume.

CHers & bien aimez, vous pouvez avoir sceu que depuis certain temps en çà, certaines paroles ont esté tenuës entre nos Gens & ceux du Conseil de nostre frere de Bourgogne, pour parvenir à l'appointement des differens qui estoient entre nous & luy, & tellement y a esté procedé, que pour y prendre aucune bonne conclusion, sommes venus jusqu'en cette Ville de Peronne, auquel lieu, & après plusieurs ouvertures & parlemens qui ont esté entre nous & nostre frere, a tellement esté besogné aujourd'huy, graces à Dieu Nostre-Seigneur, nous & nostre frere, avons ès mains du Cardinal d'Angers, presens tous les Seigneurs de nostre Sang, Prelats, & autres notables personnes en grand nombre, tant de nostre partie, comme de la partie de nostre frere, juré paix finale bien & solemnellement sur la vraye Croix, & promis ayder, deffendre & secourir l'un l'autre à perpetuité & à jamais, & avec ce avons juré ès mains l'un de l'autre, & sur la vraye Croix dessusdite, le traité d'Arras sur les censures & contraintes en iceluy contenuës, & autres qui cordialement ont esté advisées, pour perdurablement demourer en grand confidence de paix & amitié; & incontinent ce fait, nostredit frere de Bourgogne a ordonné en rendant graces à Dieu nostre benoist Createur, faire par les Eglises en ses pays, & desja a fait faire son peuple & communauté, & pource que nostredit frere & cousin de Bourgogne a eu nouvelle que les Liegeois ont pris leur Evesque, nostre cousin, par lequel il est deliberé d'y remedier par toutes les manieres à luy possibles, il nous a supplié & requis en faveur dudit Evesque, qui est nostre prochain parent, & lequel en son bon droit sommes tenus de secourir, que nostre plaisir fust aller jusques ès marches de Liege, qui sont prochains d'icy, ce que luy avons accordé & octroyé, & menerons en nostre compagnie des gens de nostre ordonnance, dont nostre cousin le Connestable a la charge, en esperant de brief retourner, moyennant l'ayde de Dieu; & pource que les choses sont au bien de nous & de tous nos subjets, nous vous en escrivons presentement, pource que sommes certains que de ce serez bien joyeux, & afin qu'en faites pareille solemnité qu'en a fait nostre frere & cousin. Donné à Peronne, le quatorziesme jour d'Octobre, l'an 1468. Ainsi *Signé*, Loys. *Et plus bas*, Meurin.

CXXII.

☞ *Minutte de l'examen touchant la Lettre de seureté & sauf-conduit que le Duc Charles de Bourgogne donna au Roy pour aller à Peronne.*

Tiré des Recueils de M. l'Abbé Le Grand.

LETTRES patentes ou mandement donné sur les remonstrances du Procureur General pour faire examiner des tesmoins contre le feu Duc de Bourgogne, sans cependant se départir de la notorieté des crimes. Fait à Arras, le onze de May mil quatre cens soixante-huit. Disome.

Requeste

Requeste du Procureur General pour examiner les tesmoins sur la Lettre que le Duc de Bourgogne donna au Roy, en vertu de laquelle il alla à Peronne, & laquelle suit.

1468

Lettre du Duc de Bourgogne au Roy Louis XI. servant de sauf-conduit.

MOnseigneur, très-humblement en vostre bonne grace je me recommande; Monseigneur, se vostre plaisir est venir en cette Ville de Peronne pour nous entreveoir, je vous jure & promets par ma foy, & sur mon honneur, que vous y pouvez venir, demourer & sejourner, & vous en retourner seurement ès lieux de Chauny & de Noyon à vostre bon plaisir, toutes les fois qu'il vous plaira, franchement & quittement, sans ce qu'aucun empeschement de ce faire soit donné à vous, ny nuls de vos gens, par moy ne par autre, pour quelque cas qui soit ou puisse advenir. En tesmoin de ce j'ay escrit & signé cette cedule de ma main, en la Ville de Peronne, le huitiesme jour d'Octobre, l'an mil quatre cens soixante-huit. Vostre très-humble & très-obéyssant subjet, CHARLES.

Dépositions des Témoins.

Du 27. May 1478.

LEs tesmoins sur ce administrés sont Anthoine de Crevecœur, qui a dit qu'il est bien certain que la cedule est signée de la main du Duc de Bourgogne, & qu'il a plusieurs Lettres de luy ainsi signées, qu'il est prest à monstrer; qu'il croit que toute la Lettre mesme est escrite de la main du Duc. Philippe Martin, Escuyer, âgé de quarante ans, asseure que l'escriture & signature tout de la main du Duc. Jean Jacquelin, President de Bourgogne, âgé de soixante ans, a dit; qu'il luy semble que ladite cedule estre signée de la propre signature dudit Duc Charles de Bourgogne, & croit fermement que c'est la signature qu'il faisoit, & que mesme l'escriture d'icelle cedule est escrit de sa propre main.

Du 29. May.

MEssire Guillaume de Bitche, Chevalier, Sieur de Clery, âgé de cinquante-deux ans ou environ, Conseiller & Chambellan du Roy nostre Sire, & Gouverneur de Peronne, a dit, que sans difficulté elle est escrite & signée de sa main, & le sçait parce qu'il l'avoit escrite & signée en sa presence, & la bailla ledit feu Duc Charles de Bourgogne, à luy qui parle, pour envoyer au Roy; mais n'est pas bien souvenant à qui ladite cedule fut baillée, pour porter au Roy nostredit Seigneur; & est bien memoratif que bien peu de temps après ladite cedule envoyée, le Roy partit de là où il estoit & vint audit lieu de Peronne, & ledit qui depose, envoyé au devant de luy avec plusieurs autres jusqu'au lieu d'Alyes par le commandement dudit feu Duc de Bourgogne; en outre que ledit feu Duc de Bourgogne sçachant la venuë du Roy, luy vint au devant jusques environ la riviere de Doing, & de-là s'en allerent ensemble en ladite

Ville

PREUVES DES MEMOIRES

1468.

Ville de Peronne, & dist qu'il est bien certain que ladite cedule est escrite & signée de la main du feu Duc de Bourgogne, car il la luy vit escrire & signer, comme dit est, & luy-mesme, qui parle, en poursuivit l'execution.

Messire Guillaume de Clugny, Prothonotaire de nostre Saint Pere le Pape & Administrateur perpetuel de l'Evesché de Therouanne, âgé de cinquante-cinq ans, a dit, que ladite cedule, sans point de faute, est escrite & signée de la main du feu Duc Charles de Bourgogne, & le sçait, parce que dès l'an soixante-cinq il vint en son service, & l'a tousjours veu ainsi escrire & signer, & en a receu de par luy plusieurs Lettres & cedules, ainsi escrites & signées; & dit que depuis ledit temps, que luy qui dépose, a esté au service dudit Duc de Bourgogne, & auparavant iceluy, Charles de Bourgogne signoit en la forme qu'est signée ladite cedule; & environ l'an 1462. ledit Charles de Bourgogne mist un petit chiffre (1) derriere la lettre *C*. premiere lettre de son nom & signature, ce qu'il n'avoit accoustumé de faire auparavant; & luy demanda, ledit qui dépose, pourquoy il avoit ajousté à sa signature ledit chiffre, & il luy respondit qu'il l'avoit fait afin qu'il fust plus difficile à contrefaire.

Du 30. May.

Messire Anthoine, grand Bastard de Bourgogne, Chevalier, âgé de cinquante ans ou environ, a déposé presque la mesme chose. Philippe de Crevecœur, Seigneur des Querdes, âgé de quarante ans ou environ. Baudouin, Bastard de Bourgogne, âgé de trente-un an, dit qu'il sçait certainement. &c. FREXIER, (2).

CXXIII.

(1) Ce n'étoit pas un chiffre, mais une petite ligne perpendiculaire qui coupoit la lettre C. en deux parties presque égales.

(2) Toute cette piece est tirée des Recueils de M. l'Abbé Le Grand sur l'Histoire de Louis XI. & coté Registre 167. *Baluze*, ce qui fait croire que cet extrait de procedure est tiré des MSS. de M. Baluze, aujourd'hui dans la Bibliotheque de Sa Majesté. Je sçai que M. Duclos, dans son Histoire de Louis XI. regarde cette piece comme suspecte; cependant étant reconnuë par ceux mêmes qui étoient en état d'en juger, il est bien difficile de la croire supposée. Mais peut-être s'en est-il fait deux copies differentes, M. Duclos n'en disconvient pas; & je l'ai remarqué en quelques autres pieces de ce temps, de celles même qui se trouvent dans le Recueil de M. l'Abbé Le Grand. Et toutes les deux peuvent estre veritables, mais la plus énergique aura été envoyée par le Secretaire. C'est ce qui détermina Louis XI. à faire cette perilleuse démarche, dont il eut tout le loisir de se repentir. Et ce fut cette piece qui fut produite, pour faire la procedure, dont l'extrait est cy-dessus, lorsque le Roy attaqua en 1478. la mémoire du Duc de Bourgogne.

DE PHIL. DE COMINES. 21

CXXIII.

☞ *Depart du Roy Louis XI. pour Peronne, jusqu'au départ pour Liege.*

1468.

LE Dimanche neufiesme jour d'Octobre mil quatre cens soixante huit, arriva le Roy à Peronne, accompagné de Monseigneur de Bourbon & ses deux freres, Mr. de Beaujeu & Mr. de Lyon, Mr. le Connestable aussi, & Mr. du Perche, Monsieur de l'Aigle, Monsieur du Lyon & Mr. de Longueville. De gens d'Eglise, M. le Cardinal, Evesque d'Evreux, & M. d'Avranches, Confesseur du Roy, & vint au-devant du Roy, Monseigneur de Bourgogne, jusques à un quart de lieuë de ladite Ville, sur une petite Riviere, là où ils firent leurs embrassées & festimens, qui furent moult joyeux à un chacun, & de là s'en vinrent eux deux, tous devisans jusques en ladite Ville, & s'en vint loger le Roy en un Hostel auprès de la porte saint Nicolas, près du Chasteau ; & incontinent le Roy arrivé en son logis, vinrent Mr. Philippe de Savoye, Mr. Dulau, Messire Poncet de Riviere & Mr. d'Urphé, le Roy present aux fenestres de sondit logis, & vinrent descendre audit Chasteau, où ils furent jusques au soir, que le Roy voulut venir coucher au Chasteau, qu'il fit sçavoir qu'il ne viendroit point qu'ils ne s'en fussent allez : les iceux s'en allerent incontinent en leur logis auprès de la grande Eglise, & environ six heures du soir, s'en vint le Roy au Chasteau, où il souppa & coucha luy douziesme ou environ de sa famille ; le lendemain qui fut le Lundy & le Mardy, ensemble furent plusieurs près le Roy, M. de Bourgogne, M. le Cardinal & Messire Guillaume de Bitche ensemble, pour débatre & communiquer les affaires d'eux deux, & principalement pour la paix, tant fut declaré le vouloir de l'un & de l'autre, que le Roy manda à Mr. de Bourgogne, qu'il vouloit qu'il lui fist serment de le servir envers tous & contre tous, & par ainsi qu'il luy accorderoit tout ce que mondit Seigneur luy demanderoit, en remontrant que le Duc de Bretagne avoit fait ledit serment, à quoy respondit mondit Seigneur, que voulentiers il le feroit, si ledit Duc de Bretagne l'avoit fait, reservé encontre ses Alliez & ceux qui l'avoient servi, & principalement en cette matiere, dont le Roy ne fut pas bien content, que plus il ne pouvoit avoir du vouloir de Mr. le Duc, où il eut plusieurs alletregnations, & pendant le debat, vinrent nouvelles à mondit Sieur, que Mr. de Liege avoit été pris prisonnier en la Ville de Tongres, de la Commune de la Cité de Liege, & mené dans ladite Cité, dont moult fut troublé mondit Sieur le Duc, & fut envoyé ledit Messager devers le Roy, qui s'en esmerveilla fort, & de peur que mondit Sieur le Duc ne doutast qu'il fust occasion de ladite prise, jura la Pasque-Dieu, que se mondit Sieur de Bourgogne vouloit aller mettre le Siege en ladite Cité, qu'il iroit, & le fit sçavoir à mondit Sieur, ce qu'il ouyt très-voulentiers, en priant le Roy que se il voulsist, & comme se vint au Jeudy au soir, dont leur partement devoit estre le Vendredy matin, le Roy fit sçavoir à mondit Sieur, qu'il vouloit avoir sondit serment de le servir comme dessus, dont il eut même responfe, de quoy il ne fut pas bien

Tiré du MS. 1922 de Colbert dans la Bibliotheque de Sa M.

Il faut lire *altercations.*

C 3 content

1468.

content, & se voulut repentir de son voyage de Liege, qui estoit desja accordé & accepté, & comment se vint à l'heure du partir, & que le Roy vit qu'il n'y avoit nul remede qu'il ne faussist, ne qu'il ne teinsist sa promesse, pria à Messire Guillaume Bitche, qu'il pust parler à mondit Seigneur le Duc, lequel vint devers luy très-voulentiers & eux deux ensemble; le Roy luy remonstra comment son vouloir n'estoit point de passer oultre, mais voulentiers eust sçû, si mondit Seigneur eust voulu aucune chose attenter à l'encontre de sa personne, à quoy respondit qu'il n'y avoit personne en son Royaume que mieux le voulsist servir que luy, & qu'il estoit celuy qui vouloit exposer son corps & tout ce qu'il avoit vaillant pour le garder & preserver qu'il n'y eust aucun danger, dont le Roy fut très joyeux de la response, & se assura de parler, & luy dit, puisque ainsi est que vous avez tel vouloir, vous m'avez requis telle chose, &c. & je vous la accorde, par ainsi que nous ferons une paix ferme & stable entre nous deux, laquelle vous la jurerez & moy aussi, & puis je iray là où vous voudrez, & ferez ce que vous voudrez; laquelle chose concluë, jurerez ladite paix sur la vraye Croix de Charlemagne, pour estre d'oresnavant ferme & stable, en pardonnant & à un chacun, tant à petit que grand, & de tous les deux costez de ceux qui s'estoient meslez de ces matieres. Et cela fait, le Roy demoura en chambre pour dîner, & vint mondit Seigneur de Bourgogne en la Chapelle, où il ouyt ses Messes, & depuis les Messes dites, vint un Chevalier de Liege, lequel en confirmant les nouvelles, dist qu'il estoit eslargi, que sa foy de ceux de la Cité, & qu'il avoit laissé mondit Sieur de Liege en ladite Cité, au pallais où il estoit prisonnier ; mais lesdits Citoyens luy faisoient grande cher, en esperance de avoir leur Traité : nonobstant ce, incontinent fut conclu entre le Roy & mondit Sgr. de partir le Samedy après dîner, pour aller devant ladite Cité eux deux ensemble, à tout quatre cens Lances que Monsieur le Connestable doit mener & faire l'avant-garde, & ainsi fut fait, car iceluy jour eux deux ensemble vinrent coucher à Bapaumes, & le lendemain dîner au Mont saint-Eloy, pour s'en venir à Aire, où estoit Madame la Duchesse, & de-là parfournir ledit voyage devant ladite Cité.

CXXIV.

Traité de Paix entre le Roy Louis XI. d'une part, & Charles dernier Duc de Bourgogne d'autre, à Peronne le quatorziesme Octobre, 1468.

Tiré de l'Edition de M. Godefroy.

LOYS par la grace de Dieu, Roy de France. A tous ceux qui ces presentes Lettres verront, Salut : Comme depuis certain temps en çà plusieurs debats, questions & differends se soient meus entre nous & nostre très-cher & très-amé frere & cousin le Duc de Bourgogne, tant au moyen de ce que nostredit frere & cousin disoit que plusieurs troubles & empeschemens luy avoient esté faits & donnez par nous & nos Officiers, à l'encontre des transports que nous luy avons faits par le Traité de Conflans, depuis iceluy Traité, & autrement : Et mesmement que le Traité de paix fait à Arras entre feu nostre très cher Seigneur & pere, & feu nostre oncle Philippe Duc de Bourgogne, que Dieu pardonne, n'avoit pas esté par nous entretenu & accompli en aucuns points ; tellement

ment qu'à l'occasion des choses dessusdites, & autres moyens & rapports tenus & faits, les courages de nous & de nostredit frere & cousin ont esté esmus en diffidence, & ont causé rumeur de guerre & d'hostilité parmy le Royaume entre nous & nostredit frere, en telle maniere que nos sujets n'ont osé converser ès pays de nostredit frere, ne les siens ès nostres. Et à ce moyen, & autrement ont esté faites grandes assemblées de gens de guerre, tant de nostre part que de la sienne, & si avant y a esté procedé, & les choses si prestes & preparées, qu'elles estoient disposées à toute guerre, si ce n'eust esté la grace de Dieu: & que pour obvier aux grands maux, dommages & inconveniens qui s'en fussent ensuivis de part & d'autre, plusieurs Nobles & notables hommes de nostre Royaume, de tous estats, se sont travaillez & entremis envers nous & nostredit frere & cousin, de trouver aucuns bons moyens pour faire cesser toutes voyes de fait, & d'appointer & appaiser lesdites questions & differends;& par ce moyen conclure,nourrir & entretenir,& garder bonne, seure, parfaite, finale & perpetuelle paix entre nous, nos Pays & subjets,& nostredit frere & cousin, ses pays & subjets: à laquelle fin, & pour à ce que dit est parvenir, nous ayons envoyé au mois de Septembre dernier passé, nos Ambassadeurs en la Ville de Ham en Vermandois,auquel lieu nostredit frere ait pareillement envoyé de ses gens & Ambassadeurs, lesquels de sa part ont mis avant les doleances qu'il avoit touchant lesdits Traitez d'Arras & de Conflans & les transports, & autres remonstrances, desquelles nostredit frere & cousin se douloit, complaignoit & requeroit y avoir provision. Sur quoy plusieurs communications ont esté tenues, & bonnes & grandes ouvertures faites par lesdits Ambassadeurs d'un costé & d'autre, & ladite journée continuée & remise en cette Ville de Peronne, en laquelle nous & nostredit frere nous sommes trouvez,auquel lieu derechef par ceux de nostre Conseil, lesdites doleances, remonstrances & requestes de nostredit frere & cousin, avec aucuns de son Conseil, ont esté debatuës bien à plein. Et finalement avons sur icelles donné & accordé les provisions & responses telles, en la forme & maniere que particulierement est contenu sur chacune doleance, remonstrance, & requeste de nostredit frere & cousin, escrites à la fin de ces presentes. Sçavoir faisons, que nous desirans de tout nostre cœur obvier aux grands esclandres, dommages & inconveniens qui eussent pû, & pourroient advenir au moyen desdites differences & diffidences d'entre nous & nostredit frere, voulans pourvoir à ce que nos subjets puissent vivre en bonne paix, repos & tranquilité soubs nous, considerans aussi la proximité de lignage & d'affinité, en quoy nous atteint nostredit frere & cousin. Et pour la grande & singuliere affection que nous avons & desirons avoir à luy, & le bon & parfait desir, vouloir & affection que sçavons & cognoissons que semblablement il a de nous complaire, & faire service, ainsi que de sa propre bouche il nous a dit: Avons aujourd'huy avec nostredit frere & cousin fait, conclu, accordé, promis & juré sur la vraye Croix, ès mains de nostre très-cher & feal ami le Cardinal d'Angers, & en la presence de plusieurs de nostre Sang & lignage, & d'autres nobles & notables hommes, tant de nostre part que de nostredit frere & cousin, & par la teneur de cestes, promettons & jurons bonne paix, amour & union & concorde

concorde perdurablement, & demeurer à toujours esdites paix, amour, union & concorde, sans jamais par quelque voye, moyen, querelle ou occasion que ce soit, ou puisse estre, faire, donner, procurer par nous, ne par autre, guerre, mal, deplaisir, grief, prejudice, ne dommage à nostredit frere & cousin, ses pays & sujets : & en outre avons promis & juré solemnellement, & sur ladite Croix promettons & jurons par cesdites presentes d'entretenir, garder & observer à tousjours ledit Traité d'Arras, le contenu en iceluy, ledit Traité de Conflans & tout ce qu'il contient, entant que toucher peut à nostredit frere & cousin, & tous les dons & transports que lors & depuis luy avons faits; lesquels Traitez d'Arras & de Conflans, entant qu'iceluy de Conflans peut toucher à nostredit frere & cousin, & aussi lesdits dons & transports nous tenons, & voulons estre tenus pour icy repetez, cognoissans & affirmans sçavoir & avoir d'iceux Traitez & dons, & de tout le contenu ès Lettres qui en sont faites, vraye & bonne souvenance ; promettons aussi & jurons entretenir & garder toutes les provisions & responses faites & données sur lesdites doleances, remonstrances & requestes de nostredit frere & cousin, declarées en la fin de cestes, comme dit est, & icelles, & chacune d'icelles faire mettre à deuë execution, le tout selon leur forme & teneur: Et nonobstant cette presente paix & reunion, & le contenu esdits Traitez d'Arras & de Conflans, nous à la requeste de nostredit frere & cousin, avons de nostre certaine science consenti & accordé, consentons & accordons par la teneur de cestes pour nous, nos hoirs & successeurs, que nostredit frere & cousin puisse tant & si longuement qu'il luy plaira garder & entretenir, & faire garder & entretenir par tous ses vassaux & sujets, toutes les alliances, & aussi les Traitez de tréve, & l'entre-cours de la marchandise qu'il a faits & passez avec le Roy Edoüart nostre ennemi & adversaire, & le Royaume d'Angleterre, pour la defense & seureté de sa personne, de son Estat, de ses successeurs, de ses pays & sujets, & aussi icelle alliance & Traité que nostredit ennemy & le Royaume d'Angleterre ont faits avec nostredit frere & cousin, sans que nostre dit frere & cousin, sesdits successeurs ou sesdits sujets en puissent estre repris, blasmez ne reprochez. Mais neanmoins nostredit frere ne donnera ausdits Anglois ayde en leurs querelles, pour envahir ou endommager nous & nos sujets en nostre Royaume, ne aussi nos pays ou Royaumes; & ne baillera faveur de passer par ses pays pour guerroyer, grever ou nuire à nous, nos pays & sujets en aucune maniere. Et par cesdites Paix nous avons declaré & declarons toutes entreprises, voyes de fait, & autres choses perpetrées & advenues de tout le temps passé à cause des differends qui ont esté entre nous & nostredit frere & cousin, tant par les Citez & Villes de nostredit Royaume, comme par nos serviteurs & sujets, & ceux de nostredit frere & cousin, de ses Alliez, & de leursdits serviteurs & sujets, ou qui ont servy ou tenu le party d'iceluy nostre frere & cousin, & de sesdits Alliez, qui seront & voudront estre compris en cette paix, pour non faites & pour non advenues, & sans qu'à l'occasion d'icelles aucune chose en puisse estre demandée, querellée, ou imputée ores ne pour le temps advenir, en quelque maniere que ce soit: mais entant que mestier seroit, lesdites choses avons abolies & abolissons

DE PHIL. DE COMINES.   25

1468.

aboliflons par ces prefentes, confentans & accordans en outre par ce prefent Traité que toutes & chacunes les Seigneuries, Places, Terres, heritages & poffeffions quelconques, prifes, occupées, faifies ou empefchées d'une part & d'autre, & autres chofes perpetrées & advenuës du temps paffé à l'occafion defdites differences, font & feront renduës & reftituées pleinement, franchement & quittement à ceux à qui elles appartiennent, lefquels y pourront rentrer, les prendre & apprehender de leur propre authorité, fans aucune œuvre ou myftere de Juftice, ne autre confentement avoir ou requerir de nous, ne de noftredit frere & coufin ; & avec ce, ferons bailler & expedier nos Lettres de main-levée & d'abolition, particulierement pour les fubjets de noftredit frere, & pour ceux qui l'ont fervi & tenu fon party, ou qui ont fervi ou tenu le party de fefdits Alliez, qui les voudront avoir : & fpecialement à la requefte de noftredit frere & coufin, voulons & confentons qu'à noftre très-cher & très-amé frere & coufin Philippe de Savoye, feront renduës & delivrées les Places & Chafteaux, Villes & Terres, qui de par nous & nos gens ont efté prifes & empefchées ès Comtez de Beaugié, pays de Breffe & autres Terres & Seigneuries aupartenantes à noftredit frere & coufin Philippe de Savoye, ou à fes ferviteurs & fubjets, & iceux fes ferviteurs & fubjets pris & empefchez, ou mis à rançon par la guerre, delivrez francs & quittes d'icelle rançon. Et feront noftre très-cher & très-amé frere & coufin le Duc de Savoye, lequel Duc & Maifon de Savoye nous tenons auffi pour noftre Allié, & noftre très-chere & très-amée fœur la Ducheffe de Savoye, & nos très-chers & amez freres & coufins l'Evefque de Geneve, ledit Philippe, le Seigneur de Romont, & tous les autres Alliez de noftredit frere & coufin de Bourgogne, leurs fubjets, ceux qui les ont fervis, ou tenu leur party, compris en cette prefente Paix & Traité, fi compris y veulent eftre : auquel cas, fi compris y veulent eftre, & dont lefdits Alliez feront tenus de faire declaration en dedans un an, ils & chacun d'eux jouyront de l'effet de ce prefent Traité, & du contenu en ces prefentes. Si toutesfois nos Alliez, ou ceux de noftredit frere & coufin, ou aucun d'eux, ne vouluffent en ladite paix eftre compris, nous neanmoins & noftredit frere & coufin, & chacun de nous, demeurons entiers en toutes nos alliances, lefquelles nous avons refervées & refervons par ces prefentes, fans par ce prefent Traité à icelles, entant qu'à nous ou à luy toucher peut, prejudicier aucunement; laquelle paix & lefdits Traitez d'Arras & de Conflans, entant qu'iceluy de Conflans à nous & à noftredit frere & coufin toucher peut, les dons & tranfports par nous à luy faits, enfemble les provifions & refponfes par nous données & octroyées fur les doleances, remonftrances & requeftes de noftredit frere & coufin, & tout le contenu en cettes, nous avons promis & juré, promettons & jurons de bonne foy fur noftre honneur & en parole de Roy, & fous l'obligation de tous nos biens prefens & advenir pour nous, nos hoirs & fucceffeurs, entretenir, garder & accomplir à noftre loyal pouvoir, fans jamais ores, ne pour le temps advenir faire ne venir, ne fouffrir faire, ne venir au contraire, directement ou indirectement en maniere quelconque : & avec ce au cas que par nous ou par autre de noftre fceu ou confentement, directement ou indirectement ladite Paix fe-

Myftere, je crois qu'il faut lire *Myniftere*.

Tome III.   D   roit

roit enfrainte, ou contrevenu au contenu en ces presentes, & esdits Traitez d'Arras & de Conflans, entant qu'à nostredit frere & cousin iceluy Traité de Conflans peut toucher, ou esdits transports, dons & provisions par nous faits à nostredit frere & cousin, ou que fussions refusans, ou en demeure de faire mettre nostredit frere & cousin en possession paisible, & jouyssance des choses contenuës & declarées esdits Traitez, & ès Lettres desdits transports & dons, ou de tout, entant qu'à nous peut toucher, & ce qui est accomplissable, de nostre part executer ou faire executer duëment, selon la forme & teneur de ces presentes, & des Lettres que sur lesdites provisions à nous aujourd'huy octroyées, ou que par nous fust fait ou donné aucun destourbier ou empeschement à l'encontre & au contraire desdits Traitez, transports, dons, provisions & autres choses, ou l'une d'icelles, en ces presentes declarées, nous avons consenti, traité & accordé, consentons, traitons & accordons à nostredit frere & cousin, pour luy, ses hoirs & ayans cause, que ils, leurs vassaux & subjets soient, & demeurent quittes & absous perpetuellement & à tousjours, des foy & hommage, services & sermens de fidelité, de toute obéyssance, sujetion, ressort & souveraineté, qui par luy, ses hoirs & ayans cause, & sesdits vassaux & subjets, nous sont & seront deus, à cause des Duché, Comtez, Pays, Terres & Seigneuries qu'il tient ou tiendra cy-après de nous, à cause de nostredite Couronne, & de nostre Royaume, & sous la dessusdite peine, à sçavoir que nostredit frere & cousin, ses hoirs & successeurs, ses feaux & subjets qu'il a & aura en nostredit Royaume, seront quittes & absous perpetuellement desdites foy & hommage, services & sermens de fidelité, d'obéyssance, ressort, & souveraineté, nous avons promis & juré, promettons & jurons, que les provisions par nous accordées à nostredit frere & cousin cy-après declarées, qui sont en prompte & preste execution, desquels de datte d'aujourd'huy avons fait expedier nos Lettres, nous ferons icelles nos Lettres verifier & enteriner par ceux, & où il appartiendra, & sans aucun delay, & tout le contenu en icelles duëment executer; & par ceux de nos Officiers qu'il appartiendra mettre nostredit frere & cousin en paisible possession & jouyssance des choses contenuës & declarées esdites responses & Lettres de provisions accordées sur les doleances & & remonstrances de nostredit frere & cousin. Et au regard des autres provisions, qui ne se peuvent mettre prestement à execution, fors que par delivrance des Lettres, lesquelles aussi nous avons fait expedier de la datte d'aujourd'huy, nous avons promis & promettons sous la mesme peine, de faire enteriner lesdites Lettres entant que mestier est, & de faire & procurer estre fait de nostre part, & entant qu'à nous toucher peut que en dedans trois ans ensuivant la datte de cettes : & lequel temps nous & nostredit frere & cousin pourrons concordablement, & de l'assentement de nous & de luy, prolonger. Les procès & differends desquels est faite mention esdites responses, provisions & Lettres, seront appointez, decidez & determinez à fin deuë par les Commissaires, arbitres, superarbitres, ou autres qu'il appartiendra selon la forme & teneur d'icelles responses, provisions & Lettres : Et tout ce que par lesdits Commissaires, arbitres, superarbitres ou autres qu'il appartiendra, sera appointé, jugé

jugé & determiné d'entretenir, accomplir, garder & obferver fi avant
que nous touchera & toucher pourra, & ce que appointé, jugé, & decidé fera, executer dans fix mois, & pour tous delays, après le jour &
enfuivant le jour de la prononciation defdits Jugemens, decifion ou appointemens, & auffi executer ou faire executer, accomplir, entretenir,
garder & obferver tout ce que nous fommes tenus, devons & avons
promis de faire, contenu & declaré efdits Traitez, tranfports, dons &
provifions, & en ces prefentes : fans de noftre cofté, entant que à nous
touche ou peut toucher, y faire, donner, ou fouffrir faire ou donner
aucun deftourbier ou empefchement : & fi par nos Officiers ou autres,
pour & au nom de nous aucun deftourbier, retardement ou empefchement fuft donné à noftredit frere & coufin ès chofes deffufdites, ou aucunes d'icelles, nous, & fous la mefme peine promettons & jurons que
dedans un an après, que de la part de noftredit frere & coufin en ferons
requis & fommez, le ferons reintegrer, reparer, & le tout remettre en eftat
dû & tel qu'il appartiendra, felon la forme & teneur defdits Traitez,
tranfports, dons, & Lettres defdites provifions. Et outre plus, avons
confenty & accordé, confentons & accordons que les Princes de noftre
Sang, tels que voudra nommer & avoir noftredit frere & coufin, jureront
& promettront fur leur foy & honneur d'entretenir & garder ladite paix,
& tout le contenu en cettes, fans rien faire, ne fouffrir faire au contraire ; & qu'ils & chacun d'eux affifteront & ferviront noftredit frere &
coufin à l'encontre de nous en leurs perfonnes, de toute leur puiffance,
& de leurs pays & fubjets, aux cas que par nous, ou par autre de noftre fceu & confentement ladite Paix foit enfrainte, ou contrevenu au
contenu en cettes. Et dès maintenant leur commandons & expreffement
enjoignons d'ainfi le faire, & en bailler leurs Lettres & fcellez en forme
deuë à noftredit frere & coufin, fans delay, contredit ou difficulté, &
declarons qu'au cas de ladite infraction & du contrevenement à cefdites
prefentes, lefdits Princes feront & demeureront quittes, abfous &
exempts envers nous & nos fucceffeurs de tous fermens, devoirs & fervices, que par eux ou leurfdits fubjets nous font deus : & dès maintenant pour lors audit casles en quittons, abfolvons & exemptons, & leur
commandons & ordonnons par la teneur de cettes, qu'ils, fans mefpren-
dre, envers nous & nofdits fucceffeurs, fervent audit cas noftredit frere
& coufin contre nous comme dit eft, & defquels confentement, ordonnance, abfolution & quittance, nous promettons bailler nos Lettres à
noftredit frere, pour chacun defdits Princes qu'il nommera, requerra,
& voudra avoir pour fa feureté, & pour l'obfervation, entretenement
& accompliffement des chofes deffufdites : & de chacune d'icelles nous
avons renoncé & renonçons par ces prefentes à tous privileges donnez à
nous, aux Roys, & à noftre Royaume de France, & dont pourrions ufer,
pour non eftre contraints par les cenfures de l'Eglife, ou autrement, &
auffi à toutes difpenfations que pourrions obtenir de noftre faint Pere,
des faints Conciles generaux, ou d'autres Conftitutions, Edits Royaux,
ou Ordonnances quelconques faits ou à faire, contraires ou prejudicia-
bles à ces prefentes, ou aucunes d'icelles, & à toutes exceptions que
nous ou nos fucceffeurs pourrions alleguer, tant de fait comme de droit,

                 D 2   &

1468.

& autrement, & mesmement à l'exception du droit qui dit que la generale renonciation ne vaut, si la speciale ne precede, & tout sans fraude, barat ou malengin : & avec ce, nous avons soubmis & soubmettons nous, nos hoirs, nos biens & les leurs, à la jurisdiction & cohertion Ecclesiastique, à sçavoir de nostre saint Pere, du saint Siege Apostolique, des saints Conciles generaux à venir, pour par nostredit saint Pere, ledit saint Siege & Conciles generaux, & par chacun d'eux estre contraints par toutes censures d'Eglise, à sçavoir d'excommuniement, agravation, reagravation, interdit en nostredit Royaume, & autres nos Terres & Seigneuries, & plus avant en la forme, & ainsi que la censure d'Eglise se pourra estendre, lequel nostre saint Pere & ses successeurs nous nous avons eslu, eslisons & acceptons nostre Juge, pour cognoistre & decider tous differends qui pourroient estre à cause de ce present Traité.

S'ensuivent les doleances, remonstrances & requestes de nostredit frere & cousin, avec les provisions & responses par nous à luy accordées sur chacune d'icelles.

Ce sont les remonstrances & doleances faites par les Ambassadeurs de Monsieur le Duc de Bourgogne, les responses faites de la part du Roy à la journée tenuë à Ham en Vermandois, le Mercredy vingt-uniesme jour du mois de Septembre, l'an mil quatre cens soixante-huit, & entretenuë jusques au Jeudy, vingt-neufiesme jour dudit mois ensuivant : & depuis continuée & remise en la Ville de Peronne, en ce present mois d'Octobre audit an soixante-huit. Et premierement, touchant les Fiefs & hommages des Comtez de Ponthieu, & autres deça & delà la riviere de Somme, & des trois Prevostez de Vimeu, Beauvoisis & Foulloy, transportées par le Roy : lesquels Fiefs & hommages ont esté demonstrez appartenir à mondit Sieur, à cause dudit transport, par plusieurs raisons, & pour ce supplient que le plaisir du Roy soit en ce non bailler empeschement aucun à mondit Sieur, ains le laisser paisiblement jouyr dudit droit, & qu'il puisse contraindre les refusans ainsi qu'il est accoustumé, & en tel cas faire se doit.

Villes sur la Somme

Sur ce a esté respondu de par le Roy, qu'il declarera lesdits Fiefs & hommages appartenir à mondit Sieur, comme les autres choses contenuës audit transport, & en toutes les Terres specifiées audit article, & que les vassaux qui n'ont encore fait le serment de fidelité & hommage, le fassent en la maniere accoustumée, pour servir mondit Sieur, ainsi que la nature & condition du Fief le requiert, reservé contre le Roy ; &, de ladite declaration, le Roy baillera ses Lettres Patentes, par lesquelles il deschargera, & sous la reservation dessusdite, les vassaux des hommages & sermens d'iceux, & qui doivent à cause desdites Terres : & avec ce, mandera à tous Officiers qu'il appartiendra, qu'ils fassent cesser tous troubles & empeschemens au contraire, & ausdits vassaux tenans lesdits pays, qu'ils entrent en la foy & hommage de mondit Sieur, & luy fassent ledit serment de fidelité en la maniere & reservation dessus declarée.

Tailles & Aydes.

Item. Touchant les Tailles & Aydes desdites Prevostez, esquelles aucuns Officiers du Roy ont mis certains empeschemens, & avec ce Guillaume Lamoureux a esté einstitué par le Roy Eslû esdites Prevostez, en desappointant

desappointant quant à ce l'Eslû d'Amiens, contre la forme desdits transports : & pour ce a convenu remonstrer que mondit Sieur ne soit troublé ne empesché touchant lesdites Aydes, & autres droits à luy competens esdites Prevostez. Et en outre, qu'il plaise au Roy faire cesser tous les troubles & empeschemens, faits à l'occasion des Lances & Tailles des Gens-d'armes & francs-Archers en icelles Prevostez, & ledit Eslû remis en son Office, pour iceluy exercer esdites Prevostez.

Sur ce de par le Roy a esté respondu, que mondit Sieur jouyra desdites Prevostez, & en levera tous les profits, & jouyra des droits Royaux tout ainsi & par la mesme forme & maniere qu'il doit jouyr des Prevostez Royales estans sur ladite riviere du costé d'Amiens. Et aussi cesseront les Tailles mises sus pour les Lances, francs-Archers & autres Gens-d'armes, sans que desdites Aydes, Tailles de Gens-d'armes, ne autres profits venans des droits Royaux, y soit rien pris ou demandé de la part du Roy, & sera à la nomination de mondit Sieur, & à l'institution du Roy restably l'Eslû d'Amiens. Et d'oresnavant les Mandemens pour imposer lesdites Aydes seront baillez sans delay ou difficulté, & en baillera le Roy ses Lettres en forme deuë.

1468.

Et pour ce que la matiere du Grenier de Grand-Villiers depend desdits transports, à ce propos ont esté remonstrées les forces, violences, troubles & empeschemens faits audit Grenier, & és Officiers de mondit Sieur le Duc illec, par les Officiers du Roy, tant au pourchas de ceux de Beauvais, comme autrement, dont a esté requis reparation : & que telle provision y soit faite, que d'oresnavant lesdits troubles & empeschemens cessent.

Greniers de Granvillers

Sur quoy esté respondu, que le Roy fera cesser lesdits troubles & empeschemens mis audit Grenier, tant aux pourchas de ceux de Beauvais comme autrement : & sur ce baillera ses Lettres Patentes de provision telles qu'il appartiendra ; le tout selon la forme des Lettres dudit transport.

Item. Touchant les Terres & Seigneuries de Mortagne transportées à mondit Sieur, esquelles & à ses Officiers instituez par le Roy à sa nomination, sont faits journellement plusieurs troubles & empeschemens, contre le contenu des Lettres dudit transport. Sur quoy ont lesdits Ambassadeurs fait les remonstrances à ce pertinentes, & requis qu'il soit mandé au Bailly de Tournay, & de Tournesis, & à son Lieutenant, & autres Officiers du Roy, se deporter desdits troubles & empeschemens, & en laisser jouyr mondit Sieur paisiblement & ses Officiers, selon la forme dudit Traité d'Arras, & lesdits transports de ce faits, & aussi selon le contenu des Lettres, specialement sur ce par le Roy octroyées

Mortagne,

Sur ce a fait respondre le Roy, qu'il est content que mondit Sieur jouysse desdites Terres & Seigneuries de Mortagne, & qu'il nomme tous Officiers pour les cas Royaux, & qu'à sa nomination soient par le Roy instituez : & mandera au Bailly & autres Officiers de Tournay & Tournesis eux deporter desdits troubles & empeschemens, le tout selon le contenu desdits Traitez d'Arras, & des Lettres de transport, & non autrement.

Item. A esté remonstré au regard de la Prevosté de Saint-Quentin, des Terres & lieux estans delà la riviere de Somme, que l'on dit & nomme

S. Quentin,

l'Exemption

l'Exemption de ladite Prevosté, que Maistre Georges Duret en poursuivant l'entherinement des Lettres sur ce octroyées par le Roy à mondit Sieur le Duc, bailla l'original d'icelles de bonne foy à Maistre Jean de Reilhac, lesquelles depuis n'ont esté rendues, pour ce est demandé restitution d'icelles. Mondit Sieur le Duc de Bourgogne s'est deporté audit article de l'effet desdites Lettres, & du droit qu'il avoit en ladite exemption, au profit du Roy : & ce au moyen de certains dons faits par le Roy à mondit Sieur, & dont ils ont esté & sont d'accord. Mais pour ce que assez tost après lesdits transports, le Roy & mondit Sieur estans à Villiers-le-Bel, fut supplié le scel de Salins avoir cours en Masconnois, laquelle chose le Roy avoit octroyée, si le dommage de ce n'excedoit quatre mille francs. Sur ce point a esté remonstré qu'en ensuivant ledit don, & ayant égard que de toute ancienneté iceluy sel de Salins a eu cours en Masconnois; & que illec la Gabelle du sel doit appartenir à mondit Sieur par le Traité d'Arras, & plusieurs autres causes au long déclarées, il plaise au Roy permettre le cours du sel de Salins audit Masconnois, ainsi que dit est : & defendre le cours du sel de Pequais, pour lequel la Gabelle aura esté receuë au Pont saint-Esprit, ou ailleurs, au profit du Roy : & rendre les dommages & interests de mondit Sieur, montans à plus de cent mille francs, à compter de ce que eust valu à mondit Sieur ladite Gabelle, depuis que ledit Traité d'Arras fut fait, jusques à present.

Sel de Salins.

Le Roy a accordé les Greniers à sel à mondit Sieur de Bourgogne ès Comtez de Mascon, & pays de Masconnois, & ès lieux & Villes Royaux enclavez en iceux, pour luy, ses hoirs & successeurs, Comtes & Comtesses de Mascon, comme il appert par ses Lettres Patentes sur ce expediées.

Le second point concerne les matieres dependantes du Traité d'Arras, & premierement au regard de l'imposition foraine, laquelle se devoit lever ès extremitez du Royaume, & par ledit Traité doit appartenir à mondit Sieur en ses pays ; sur quoy lesdits Ambassadeurs ont fait deux doleances & remonstrances.

Impositions foraines.

La premiere, que mondit Sieur est troublé en la perception dudit droit.

La seconde, de ce qu'on la veut lever ès lieux non accoustumez, & l'on contraint les Marchands à bailler caution en forme non accoustumée : & mesmement, qu'est chose bien nouvelle & bien estrange, les Officiers du Roy s'efforcent de lever le droit de ladite imposition des denrées & marchandises que l'on descend ès pays de Bourgogne, Bar-sur-Seine, Auxerrois, Artois & esdites Terres transportées, comme si fussent Terres de l'Empire, où esquelles les Aydes n'eussent cours, & specialement audit Auxerrois, des biens appartenans à ceux de ladite Comté, & en icelles menés des lieux voisins. Pour ce ont requis que ladite nouvelleté soit ostée, & que mondit Sieur jouysse de sondit droit selon la forme dudit Traité, & que lesdits Marchands ne soient contraints à bailler ladite caution autrement, que d'ancienneté ils ont fait, à sçavoir de descharger les denrées en aucuns lieux du Royaume, ou que les Aydes ayent cours.

Cautions des Marchands.

Sur cet article a esté dit de par le Roy, qu'il est & sera content que la caution qui se baille par les Marchands à cause de l'imposition foraine, soit en la *la forme & maniere de toute ancienneté obfervée, à fçavoir de defcharger les denrées en aucun lieu du Royaume, auquel les Aydes ayent cours de par le Roy, fuppofé que mondit Sieur par l'Octroy du Roy prenne à fon profit icelles Aydes, fans les faire cautionner de vendre & diftribuer lefdites denrées ès pays du Royaume auquel lefdites Aydes ont cours, comme le pays d'Artois, auffi & autres pays appartenans & tranfportez par le Traité d'Arras, & autrement à mondit Sieur, & efquels pays lefdites Aydes ont cours, le tout fans fraude. Toutesfois, fi cy-après appert, que d'ancienneté telle n'eftoit la maniere de cautionner, le tout fera reduit à la forme & façon de faire, qui fe trouvera par les Ordonnances Royaux anciennes, & autrement avoir efté gardé & obfervé. Et à cette fin, & pareillement quant à la Duché de Bourgogne, en laquelle mondit Sieur pretend femblable nouvelleté avoir efté faite, feront deputez deux Commiffaires, l'un par le Roy, & l'autre de la part de mondit Sieur de Bourgogne; lefquels deux Commiffaires verront lefdites Ordonnances Royaux & enquerreront quant à l'ufance & autrement, la verité: & le tout vû, en ordonneront & appointeront felon qu'ils trouverront eftre à faire de raifon, fans renvoy ou appellation: & abregeront, decideront & deffiniront lefdits Commis lefdits differends en dedans un an prochain pour tous delays: & avec ce, fera le Roy ofter tous troubles, nouvelletez & empefchemens, & confent que mondit Sieur jouyffe du droit de ladite impofition foraine ès pays du Royaume à luy tranfportez felon que par le Traité d'Arras faire fe doit. Et feront toutes appellations mifes par les fujets de mondit Sieur de fes Villes d'Arras, Saint-Omer, Hefdin, Terrouenne, Auxerre & autres, à caufe de ce que l'on leur a voulu faire bailler ladite caution autrement qu'en ladite maniere accouftumée d'ancienneté, mifes au neant, fans amende & fans defpens: & auffi tous procès meus & encommencez quant au principal à l'occafion deffufdite, & ce qui en depend, tant en la Cour de Parlement, devant les Gens des Comptes, comme pardevant les Generaux, qu'ailleurs, tenus en eftat & furfeance jufques à ce que lefdits Commiffaires auront lefdits differends appointez, le tout fans prejudice du droit du Roy & de mondit Sieur de Bourgogne. Et au regard du droit des hauts paffages, qui eft d'autre nature, les Commiffaires cy-après advifez, auront pouvoir d'y appointer & d'en faire jouyr mondit Sieur, ainfi que par ledit Traité d'Arras appartiendra en & par toutes les Terres Royales appartenantes à mondit Sieur par ledit Traité d'Arras, & auffi ès Terres delà & deçà la riviere de Somme, appartenantes à mondit Sieur par le don & tranfport à luy fait par le Roy.*

Item. Touchant les enclaves de la Duché de Bourgogne, & auffi touchant aucunes Villes & villages des Comtez de Mafconnois, Auxerrois, & de Bar-fur-Seine, defquels mondit Sieur ne jouyt pas entierement, ne par la maniere qu'il doit felon la forme dudit Traité, & les appointremens depuis fur ce rendus, lefdits Ambaffadeurs ont requis que mondit Sieur foit mis en paifible poffeffion defdites Villes, villages & autres droits tranfportez par ledit Traité d'Arras, pour en avoir & lever les profits, & que reftitution luy foit faite defdits profits efchus & perçus par les Officiers Royaux, depuis ledit tranfport fait & les empefchemens y mis: Et à cette fin, lefdits Ambaffadeurs de mondit Sieur ont requis que l'on ordonne & commette quatre notables Commiffaires, deux
de

Enclaves du Duché de Bourgogne.

1468. de la part du Roy, & deux de la part de mondit Sieur, auſquels ſera commis & ordonné qu'ils ſe tranſportent ès lieux, dont ils ſeront requis de la part de mondit Sieur, pour eux informer ſommairement des droits pretendus par mondit Sieur, ſi desja information n'en eſtoit faite : & ſi information en eſt faite à ſuffiſance, qu'elle ſoit preſtement vûe, & ſur icelle faite declaration des droits de mondit Sieur, pour l'en faire jouyr incontinent & réellement, ſelon que par la forme dudit Traité d'Arras appartiendra, ſans y garder aucune forme de procès ou de figure de Jugemens, ne en faire relation ny renvoy au Roy, ne à aucuns autres Officiers quels qu'ils ſoient, & nonobſtant appellations.

Sur cet article a eſté de par le Roy reſpondu, qu'il ſera content d'ordonner de ſa part quatre Commiſſaires pour beſogner eſdites matieres, & les decider avec quatre Commiſſaires qui ſeront nommez de la part de mondit Sieur; & ſi leſdits huit Commiſſaires n'y veulent ou pouvoient vaquer, les ſix, à ſçavoir trois du coſté du Roy, & trois du coſté de mondit Sieur y pourront vaquer. Et ſi les ſix n'y veulent ou peuvent vaquer, les quatre, à ſçavoir deux d'un chacun coſté, y pourront & devront vaquer & beſogner ſelon la forme declarée audit article.

Greniers à Sel.

Item. Au regard des troubles & empeſchemens mis ès Greniers appartenans à mondit Sieur par ledit Traité d'Arras, & contraintes faites à pluſieurs ſes ſubjets ès pays de Bourgogne, Maſconnois, Charrolois, Bar-ſur-Seine & Auxerrois, de prendre ſel ailleurs qu'eſdits Greniers, contre la forme dudit Traité d'Arras, & à ſon grand intereſt & dommage. Pourquoy ont leſdits Ambaſſadeurs requis que ſemblablement, il y ſoit pourvû, & tellement que leſdits troubles & empeſchemens doivent ceſſer.

Sur quoy a eſté reſpondu, que, comme deſſus eſt touché, le Roy veut que mondit Sieur jouyſſe de tout ce qui luy doit appartenir, à cauſe dudit Traité d'Arras : & que tous troubles & empeſchemens faits ès Greniers de mondit Sieur, & contraintes de ſes ſujets à prendre ſel ailleurs, contraires audit Traité, ſoient oſtez : & pour mettre la choſe à deuë execution, leſdits Commiſſaires ſe tranſporteront ſur les lieux, & ſommairement enquerront de la verité, & y tiendront telle & ſemblable forme & maniere qu'en l'article precedent, & puis en feront jouyr mondit Sieur, ſi faire ſe doit, & ſans renvoy ou appellation, comme dit eſt.

Maſconnois, S. Gengon, Auxerrois & Bar-ſur-Seine.

Item. Et pareillement iceux Ambaſſadeurs ont fait remonſtrances & requeſtes touchant aucunes Terres, lieux & villages eſtans des Bailliages & reſſorts de Maſconnois & de Saint Gengon, & aucunes autres de la Comté d'Auxerrois, & les autres de Bar-ſur-Seine, appartenans à mondit Sieur par le Traité d'Arras, lequel eſt empeſché en la jouyſſance d'iceux.

Sur cet article auſſi a eſté reſpondu, que dès maintenant, le Roy declare qu'il veut que mondit Sieur jouyſſe des villages & reſſorts deſdits Bailliages de Maſcon, de ſaint Gengon, & auſſi des reſſorts & villages d'Auxerre & de Bar-ſur-Seine, ſelon le contenu dudit Traité d'Arras, nonobſtant tous empeſchemens y mis au contraire : & à cette fin leſdits huit Commiſſaires, les ſix ou les quatre, en la maniere deſſus declarée, auront commiſſion par Lettres du Roy & de mondit Sieur, pour entendre, vaquer & beſogner

en

DE PHIL. DE COMINES. 33

en cette matiere, & la decider ainsi que de raison, & par ledit Traité d'Arras appartiendra, & par la forme & maniere qu'il est declaré au huitiesme article precedent, & en la response faite sur iceluy.

1468.

Item. Que mondit Sieur est troublé & empesché en la jouyssance de plusieurs Fiefs & hommages à luy appartenans à cause dudit Traité esdites Comtez, & Bailliages de Mascon, de S. Gengon & Auxerre, & en leurs ressorts: specialement du pays de Beaujollois, qui doit ressortir au Bailliage de Mascon, dont lesdits Ambassadeurs ont fait doleances & remonstrances, afin qu'il y fust pourvû, & qu'il en eust pû paisiblement jouyr.

Beaujollois.

Sur quoi a esté dit de par le Roy, que comme dessus est declaré en cas semblable, le Roy ne veut empescher mondit Sieur en la jouyssance des choses contenuës en cet article, si ils luy competent par ledit Traité d'Arras : ains veut que soit donné forme pour l'en faire jouyr, si faire se doit. Et pourtant le Roy est content, que pareillement lesdits Commissaires aillent sur les lieux, & sommairement & sans figure de procès s'informent, pour après y appointer, & le tout determiner & executer, dont auront pouvoir & authorité nononobstant comme dessus, en ensuivant le contenu dudit huitiesme article, & la response faite sur iceluy.

Et au regard des autres points & articles contenus & declarez audit Traité d'Arras : Iceux Ambassadeurs ont requis au nom de mondit Sieur, que ceux qui seront trouvez non accomplis, ou esquels l'on a donné empeschement, & que mondit Sieur n'en aura eu la connoissance, que lesdits Commissaires ordonnez en la maniere dessusdite, ayent pouvoir d'enquerir sommairement & sans procès, & sans autre renvoy, delay, ou difficulté, l'en faire jouyr nonobstant toutes contradictions & appellations, comme dessus est dit.

Articles du Traité d'Arras non executez.

Sur cet article a esté respondu de par le Roy, qu'il est content que mondit Sieur jouysse des choses contenuës & declarées audit Traité d'Arras, & pour appaiser tous les differends qui pourroient estre tant à cause dudit Traitté que des dependances d'iceluy, y mettre une fin le plustost que faire se pourra, seront ordonnez lesdits huit notables Commissaires, à sçavoir, quatre de la part du Roy, & autant de la part de mondit Sieur: ausquels, ou aux six, ou aux quatre d'eux, sera donné plein pouvoir & authorité, touchant les differends & matieres declarées audit Traité, pour veuës les informations & procès desja faits, & les informations qu'il semblera estre à faire, les titres & enseignemens qui se bailleront d'un costé & d'autre: & aussi par inspection des lieux sommairement, & sans forme de procés en appointer, juger & determiner, & leur jugement mettre à execution duë, & faire jouyr mondit Sieur de ce qu'ils trouveront à luy appartenir, à cause dudit Traité & des dependances d'iceluy, nonobstant contradictions appellations quelconques, & sans en faire aucun renvoy. Et si mestier est, commettront aucuns qui enquerront la verité, & promettra le Roy dès maintenant, non muer lesdites forme & procedure, & en donner ses Lettres Patentes en forme duë: & pourveu que si lesdits Commissaires n'y veulent ou peuvent vaquer, les six, à sçavoir trois du costé du Roy, & trois de la part de mondit Sieur y pourront vaquer : & si lesdits six n'y peuvent vaquer, les quatre, à sçavoir deux d'un chacun costé, y vaqueront & besogneront, comme dit est.

Tome III.   E   Le

34 PREUVES DES MEMOIRES

1468.

Le tiers point principal, concerne les choses competans à mondit Sieur le Duc, à cause de ses Seigneuries qu'il tient tant au Royaume que hors iceluy.

Limites, Comté de Bourgogne, Ressort de S. Laurent.

Et premierement touchant les limites du Royaume, de la Comté de Bourgogne, & des Terres du ressort de Saint Laurent, qu'iceux Ambassadeurs ont fait remonstrances des procès sur ce faits, pour le fait desdites Limites, requerans que Commissaires notables & agreables à mondit Sieur soient ordonnez de la part du Roy, & mondit Sieur de sa part en ordonnera en tel & semblable nombre que fera le Roy, pour juger & determiner lesdits differends, sans en faire renvoy, nonobstant contradiction ou appellation quelconque.

Sur quoy a esté dit que le Roy est content que huit Commissaires soient ordonnez, ayans plein pouvoir d'appaiser les differends desdites limites du Royaume, & de la Comté de Bourgogne, & desdites Terres du ressort de saint Laurent, à sçavoir, quatre de la part du Roy, & quatre de la part de mondit Sieur, ès mains desquels seront mis les procès faits pour les juger par diffinitives: & s'ils ne sont parfaits & instruits, les parferont & instruiront comme il appartiendra, pour les juger & decider, si par autre moyen ils ne peuvent estre appointez.

Limites, Flandres, Artois.

Item. Et entant que touche les limites des Pays & Terres appartenantes à mondit Sieur, joignantes aux Comtez de Flandres & d'Artois, & autres pays du Royaume: pour le fait desquelles limites aucuns procès ont esté meus, au moyen d'aucunes appellations relevées par aucuns particuliers en la Cour de Parlement, requierent lesdits Ambassadeurs, qu'il plaise au Roy tenir & mettre en surseance tous lesdits procès, à cause du fait desdites limites, pendans, meus, & à mouvoir, sans y estre procedé, ne aucun exploit fait par ladite Cour, ne autres Officiers de lad. Cour, jusques à long-temps, comme de douze ans, afin que sans procès & sommairement aucune voye soit advisée sous le bon plaisir du Roy & de mondit Sieur: par laquelle, ce qui sera en difficulté touchant lesdites limites, puisse estre appointé à moindres frais, que fait n'a esté au procès desdites limites du Comté de Bourgogne.

Sur cet article, le Roy sera content de bailler surseance de huit ans, sans par le moyen de ladite surseance prejudicier ne deroger au droit de ressort, qui peut ou doit competer au Roy, ne ladite surseance tirer à quelque possession ou consequence en aucune maniere, contre le droit du Roy & de mondit Sieur: & que quand la matiere cherra en procedure, qu'elle soit appointée par Commissaires commis, comme dessus est touché, des autres Commissaires.

Les quatre Loix de Flandres exemptées de la Cour de Parlement.

Item. Ont iceux Ambassadeurs de mondit Sieur fait doleances des appellations que l'on reçoit des appointemens & jugemens faits par les quatre principales Loix de Flandres contre les Loix & privileges dudit pays, en troublant sur ce mondit Sieur en la jouyssance toute notoire: mesmement au fait de la marchandise, sur laquelle icelui pays de Flandres est principalement fondé, & pourtant ont requis sur ce leur estre pourveu.

Touchant cet article le Roy a ordonné & declaré par ses Lettres Patentes, lesdites quatre principales Loix de Flandres estre franches & exemptes de la Cour de Parlement, & de ses Officiers quelconques: & que par droit de ressort ne pourront & ne devront d'oresnavant estre attraites ne evoquées en ladite Cour, ne ailleurs au Royaume, & dudit ressort a fait don. & transport à mondit Sieur le Duc & à ses Successeurs Comtes & Comtesses de Flandres, selon le contenu desdites Lettres, & ainsi qu'elles le declarent plus à plein.

1468.

Item. Ont remonstré que selon le droit du pays de Flandres, la Cour de Parlement ne doit recevoir aucunes appellations des autres Loix & Juges de Flandres, omisso medio, car le ressort doit premier appartenir à mondit Sieur le Duc, & ne doit point mondit Sieur estre travaillé de requerir le renvoy à ladite Cour, comme l'on fait pour les ressorts des autres pays du Royaume. Car l'on ne doit bailler aux sujets de Flandres reliefvement en cas d'appel, si l'appellation ne procede immediate du Jugement du Comte, ou de la Chambre de son Conseil en Flandres; & pour ce a esté requis, qu'il plaise au Roy sur ce donner ses Lettres Patentes de provision en forme duë.

Appellations de Flandres.

Sur cet article a esté respondu de par le Roy, qu'il est content que du contenu audit article soit fait selon les droits & coustumes desdits pays, & ainsi qu'a esté de long-temps observé, & que tous troubles & empeschemens faits au contraire soient ostez.

Item. A esté faite remonstrance par lesdits Ambassadeurs, des troubles & empeschemens faits ès appellations esmises ès causes de ressort, ès Terres & Chastellenies de l'Isle, Douay & Orchies, en la Chambre du Conseil en Flandres, contre toutes bonnes raisons & moult evidentes, dont mondit Sieur a esté en paisible jouyssance de très-longtemps sans aucune difficulté, excepté depuis peu de temps en çà, qu'aucune contradiction y a esté mise; requerant sur ce, que lesdits troubles & empeschemens si notoires dussent cesser, attendu que lesdites Chastellenies de leur premiere & ancienne condition, ont esté de la Comté de Flandres, & depuis que le Roy les a tenuës, en faisant & traitant le mariage de feu le grand Duc Philippe, Bisayeul de mondit Sieur, elles furent reunies & rejointes audit Comté de Flandres, pour les tenir par le Comte en un seul Fief avec ledit Comté.

Ressort de l'Isle, Douai & Orchies.

Le Roy a accordé & accorde, que d'oresnavant aucunes appellations ne soient receuës en la Cour de Parlement, des causes des Loix & Justices des Chastellenies de Lisle, Douay, Orchies: mais se releveront lesdites appellations prealablement en la Chambre du Conseil en Flandres, ou devant le Gouverneur de Lille, ou celuy d'eux, devant qui lesdites appellations de leur droit ordinaire, & sans moyen, doivent & ont accoustumé d'ancienneté ressortir, & estre premierement relevées. Et pareillement a esté accordé par le Roy, que les appellations qui sont interjettées dudit Gouverneur de Lisle, & de ses Sentences & Jugemens, soient relevées en premier lieu en la dite Chambre de Flandres, de laquelle Chambre, ou des Sentences, Jugemens ou appointemens d'icelle s'il en est appellé, les appellations seront relevées & discutées en la Cour de Parlement.

Item. Pour ce que le Roy, ne sa Cour de Parlement, n'a aucun interest si Monsieur ou son grand Conseil, des causes de ses subjets au Royaume, cognoist en l'Empire. Et è contra, consideré que l'appellation & le ressort par ce, ne sont empeschez, pour plusieurs raisons & bonnes considerations, par lesdits Ambassadeurs remonstrées, ont prié & requis,

Terres d'Empire.

E 2 qu'en

1468.

qu'en ce ne soit fait par le Roy ou ses Officiers, aucun trouble ou empeschement : & que les ressorts, souveraineté, & autres droits, tant du Roy que de mondit Sieur, y soient gardez.

Sur quoy le Roy a fait respondre, qu'il est & sera content que mondit Sieur ou son grand Conseil cognoisse des causes des pays & subjets estans au Royaume en l'Empire, sauf la declinatoire des parties, & de celles de l'Empire ou Royaume, le tout sans prejudice des souveraineté & ressort du Roy, quant à ce qui est du Royaume, & des droits & souveraineté competans à mondit Sieur, en ce qui est de l'Empire ; & durera ledit consentement tant que vivront le Roy & mondit Sieur de Bourgogne.

4000 liv. sur le Vermandois.

Item. Touchant les quatre mille livres de rente annuelle, appartenante à mondit Sieur, à cause de ses predecesseurs Comtes de Hainault & d'Ostervant, sur la recepte de Vermandois, appartenant au Roy, & dont les arrerages sont dûs de plusieurs années ; sur quoi lesdits Ambassadeurs ont fait plusieurs grandes remonstrances, & ont requis jouyssance de ladite rente & payement des arrerages, comme raison est.

Sur cet article le Roi a fait respondre, qu'il est content que les Lettres faisans mention desdits quatre mille livres de rente, soient vûes par lesdits Commissaires commis, lesquels auront pouvoir d'y appointer & determiner, & en faire la raison à mondit Sieur, & icelle mettre à duë execution sans renvoy ou appellation.

Sermens exigez en Bourgogne.

Item. Iceux Ambassadeurs ont fait doleances & remonstrances des contraintes faites ès sujets & serviteurs de mondit Sieur, natifs, aucuns en sa Comté de Bourgogne, ès Terres situées hors du Royaume, les autres de la Duché de Bourgogne, & autres pays de mondit Sieur, à faire nouvel & non accoustumé serment de servir le Roy envers & contre tous, & specialement contre mondit Sieur, sans avoir égard à ce que lesdits sujets sont vassaux de mondit Sieur ; & mesmement les aucuns natifs du Comté de Bourgogne : Et pour ce qu'ils en ont esté delayans, jaçoit qu'ils ayent ja fait le serment de fidelité en la forme accoustumée : & qu'ils ont esté prest de servir selon la nature & qualité de leurs Fiefs. Toutesfois Monsieur de Chastillon & autres Officiers du Roy, ont procedé contre eux par plusieurs induës & deraisonnables voyes, tant de main-mises en leurs Terres & Seigneuries, & perception des fruits, profits & emolumens d'icelles, assauts fait en aucunes desdites Terres, comme en Terres d'ennemis, que confiscation de corps & de biens, & ont appliqué lesdits fruits à leur singulier profit. Et qui plus est, ledit Sieur de Chastillon a ainsi procedé à l'encontre de mondit Sieur le Duc, à cause de la Seigneurie de Fouvans, laquelle luy appartient.

Fouvans.

Au contenu en cet article, & ès articles suivans 21, 22, 23. & 24. le Roy est content que toutes telles voyes declarées esdits articles cessent d'oresnavant à l'encontre des sujets & serviteurs de mondit Sieur, & que la main mise ès Terres desdits sujets & serviteurs de mondit Sieur, à l'occasion specifiée audit article, soit entierement levée, & qu'ils en jouyssent ainsi qu'ils faisoient paravant. Et quant aux fruits d'icelles reçus par ledit Sire de Chastillon, ou autre les arrests & prises faites tant par Terre que par mer, des subjets de mondit Sieur, exprimées esdits articles, les pertes & dommages ensuivis, que restitution en soit faite : Et pour y ordonner forme, le Roi commettra perfonne notable, auquel les Commis de mondit Sieur feront apparoir des chofes deffufdites ; lequel Commis de par le Roy aura pouvoir, de pourvoir & appointer touchant lefdites reparations & reftitutions ; & les appointemens & ordonnances on executera fans appel ou renvoy : & avec ce, le Roy mandera delivrer tous prifonniers franchement, & donnera feureté pour tous les fujets des pays de mondit Sieur, de pouvoir feurement aller, converfer & pefcher fans empefchement : au Vidimus de laquelle feureté, foy fera adjouftée, & pareillement reftitution fera faite, & feureté baillée aux gens, ferviteurs & fujets du Roi, endommagez & emprifonnez par les gens de mondit Sieur de Bourgogne : Et en outre, le Roy a accordé, que les vaffaux & fujets de mondit Sieur, demeurans & refidens en fes pays, & auffi fes ferviteurs domeftiques qui ont Terres, Fiefs & Seigneuries au Royaume, à caufe defquelles ils doivent fervice, quand le Roi fait mandement general en fon Royaume, pour la defenfe d'icelui, ne feront contraints à faire ledit fervice en leurs propres perfonnes : mais feront quittes & defchargez d'icelui fervice parmy baillant & delivrant par chacun d'eux autre perfonne, une ou plufieurs, habiles & en point pour fervir, ainfi & comme la nature & condition des Fiefs le requierent : & femblablement fera fait au regard des fujets, vaffaux & ferviteurs du Roi.

 Item. En outre, ledit Sieur de Chaftillon & autres Officiers du Roy ont mis dehors Langres les gens d'Eglife ayans illec Benefices, pour ce qu'ils eftoient natifs des pays de mondit Sieur le Duc, & publiquement defendu que eux, & autres natifs des pays de mondit Sieur, ne puiffent demeurer ès lieux de leurs benefices, ne ailleurs en fon Royaume. Benefices.

 Sur ce le Roi eft content, que les gens d'Eglife natifs des pays de mondit Sieur, puiffent retourner ès lieux de leurs Benefices, & d'iceux paifiblement joüir ; & que les fruits perçus à caufe de leur abfence, faite à l'occafion declarée audit article, feront entierement reftituez par ceux qui les ont reçus. Et de ce aura pouvoir ledit Commiffaire ordonné par le Roi, d'y appointer comme deffus.

 Item. Mondit Sieur de Chaftillon & autres Officiers du Roy, ont pris les biens de ceux de Valenciennes ès foires de Rheims, & d'autres plufieurs notables Marchands & fujets de mondit Sieur, en paffant par la Champagne, & fait plufieurs arrefts de perfonnes fur les Gens de l'Hoftel de mondit Sieur, & autres fes ferviteurs, Officiers & fubjets : A fçavoir, Monfieur de Ternant, Guillaume de Villiers, Maiftre Jean Jacquelin, le Receveur d'Auxois, Jean Gormont & autres, aufquels n'a efté fait reftitution de leurs pertes, interefts & dommages. Avec ce, par aucuns Officiers du Roy, fuft arrefté fans caufe Maiftre Jean de Janly, envoyé par mondit Sieur le Duc devers Monfieur de Calabre & le Roy d'Arragon, à caufe de leur differend, & dont fut fait grande injure à mondit Sieur le Duc, & audit Janly intereft & dommage, ainfi qu'il a efté remonftré au long par les deputés de mondit Sieur le Duc. Prifes de biens & perfonnes.

 Sur ce a efté refpondu ainfi qu'au vingtiefme article precedent.

 Item. Lefdits Ambaffadeurs ont requis, que telles voyes & contraintes nouvelles & non raifonnables, quant aux fubjets de mondit Sieur le Duc, d'orefnavant deuffent ceffer ; que ladite main-mife ès Terres des fubjets de mondit Sieur, foit entierement levée, & en telle maniere qu'ils

1468.

qu'ils puissent jouyr & user paisiblement ainsi qu'ils faisoient paravant, de leursdites Terres & Seigneuries; & que les fruits & emolumens d'icelles receus, soient entierement restituez : & aussi les pertes, interests & dommages, à l'occasion dessusdite, & lesditsGens d'Eglise demeurer à Langres & ailleurs, sur leurs Benefices, & jouyr des fruits d'iceux comme raison est.
Sur ce a esté respondu comme sur l'article precedent.

Restitutions.
Semblablement soit faite restitution entierement des biens pris ausdits subjets de mondit Sieur, tant de Hollande, Zelande, Brabant & Flandres, depuis peu de temps en çà, dont lesdits Deputez de mondit Sieur le Duc ont fait de grandes doleances & remonstrances, afin que lesdits biens fussent restituez, & les corps prisonniers mis à delivrance : & avec ce fust restitution faite de leurs pertes, interests & dommages, & mander par Lettres Patentes de cesser d'oresnavant de ces voyes de fait & hostilité,

Pesche du Harencs.
Et pour lesquels lesdits subjets de mondit Sieur ont eu grands dommages, pour l'empeschement qu'ils ont eu en la pescherie du harenc, tant au pays de Hollande, Zelande, Brabant, que Flandres & Boulogne, & pour avoir preste provision pour le fait de ladite pescherie qui se passe, qu'il plaise au Roy octroyer ses Lettres de seureté pour tous les subjets des pays de mondit Sieur, afin qu'ils puissent seurement pescher & estre sur la mer : & que au *Vidimus* desdites Lettres de seureté, foy soit adjoustée. Car il est à douter que les provisions qui seroient à prendre de Mr. l'Admiral ou de son Lieutenant, ne soient trop longues : & que par ce moyen la haranguison se passera & se perdra entierement pour cette année.
Sur ce a esté respondu comme sur l'article precedent.

Aydes de Chastel-Chinon.
Aussi ont iceux Ambassadeurs de mondit Sieur demonstré le don à luy fait par le Roy, des Aydes de Chastel-Chinon, & dont appert par ses Lettres verifiées, & lequel don estoit de six ans entiers, mais mondit Sieur n'en a jouy qu'un an ou deux ans. Pourquoy a esté requis, que le plaisir du Roy fust, mander à Messieurs les Generaux, de faire jouyr mondit Sieur desdites Aydes, le temps de six ans.
Sur cet article le Roi est content, que mondit Sieur de Bourgogne jouisse des Aydes pour le terme de six ans, deduit le temps qu'il en a jouï, tout selon la teneur au surplus des Lettres du don declaré audit article, & ainsi le commandera aux gens de ses Finances.

Evocations.
Avec ce, par plusieurs bonnes causes & remonstrances, ont iceux Ambassadeurs de mondit Sieur requis, qu'il plaise au Roy evoquer les causes pendantes en sa Cour de Parlement, entre Jean Boutilhac, & Messire Christien & Jean de Digonne freres, laquelle fut faite pour le temps des divisions, & par ordonnance de mondit Sieur le Duc, Maistre Jacques de la Galée, & Messieurs de Lalaing & de Montigny, Guerard le Febvre, & ceux de Bruges, & le Procureur du Roy joint esdites causes, évoquer devant luy : & après, en ensuivant l'abolition faite à Conflans, & le contenu des Lettres, autresfois par le Roy sur ce octroyées, faire entretenir lesdites Lettres d'abolition, & pour plusieurs bonnes causes, par lesdits Deputez au long demonstrées.
Sur cet article le Roi est content d'évoquer les causes declarées audit article, devant lui ou son grand Conseil, ou devant les Commis à la reforma-

tion de la Justice universelle de son Royaume, & dont Monsieur le Chancelier de France est l'un : Et au regard de la cause de Jean Boutilhac, & le Procureur du Roi joint à l'encontre de Monsieur Christien & Jean de Digonne, à cause de la prise dudit Boutilhac, en ensuivant le Traité de Conflans, & l'abolition sur ce faite, renvoyer lesdits de Digonne, & imposer silence audit Boutilhac & Procureur : Et au regard des causes desdits de Lalaing, pource que lesdites causes dependent des matieres des limites dessusdites, esquelles a esté baillé surseance, donner main-levée de leurs biens arrestez & empeschez à cette occasion, & que d'iceux biens qui sont ès mains des Commis, ou de ceux qui les doivent, & qui escherront cy-après, ils jouyssent paisiblement, jusques à ce que par lesdits Commissaires commis, ladite question des limites soit appointée & decidée selon la forme dessusdite, pourveu qu'eux, & tous leurs biens demeureront obligez & executables, pour fournir & accomplir ce qu'il appartiendra de leur part, le Jugement desdits Commissaires donné & rendu en cette partie. Et quant aux appellations interjettées par Guerard le Febvre, ou autres, des Jugemens & Sentences de ladite Loi de Bruges, elles seront mises au neant, & les Parties renvoyées devant ladite Loi, ainsi & que selon le contenu des Lettres octroyées par le Roi, touchant l'Exemption des quatre principales Loix de Flandres, faire se doit.

1468.

Limites.

Loix de Flandres.

Item. Qu'il plaise au Roy de bailler ses Lettres Patentes, par lesquelles toute poursuite soit interdite à tousjours, au Sieur de Thorcy & ses hoirs, & ayans cause, touchant certain Arrest par luy obtenu contre feu le Sieur de Saveuse, contre la teneur du Traité d'Arras ; lequel Arrest a esté depuis qu'il fut donné mis en surseance, jusques au trespas du feu Roy, & par le Roy qui est à present jusques à quinze ans, à commencer en l'an soixante.

Surseance pour les Loix de Flandres.

Le Roi respond, que ladite surseance de quinze ans s'entretiendra, & qu'après lesdits quinze ans expirez, encore sera tenue l'execution dudit Arrest en surseance, sans aucunement estre executé, jusques à vingt ans en ensuivans : & neantmoins dès maintenant, & aussi lesdits vingt ans passez, le Roi & mondit Sieur demeureront quant à ce, & du droit qui à chacun d'eux doit competer, en leur entier.

Item. Ont esté faites remonstrances & doleances au long par lesdits Ambassadeurs de mondit Sieur le Duc, touchant la denegation des mandemens en cas d'appel, & autres provisions de Justice ès Officiers & sujets de mondit Sieur ; & mesmement quand ses Officiers ont appellé & requis provision pour la conservation de sa Justice & Seigneurie, & de ses droits, requerant sur ce d'oresnavant convenable provision leur estre faite.

Appellation.

Sur cet article, le Roy commandera à tous ses Officiers, mesmement à ceux qui tiennent ses Chancelleries, que bonne & briefve Justice soit faite aux subjets de mondit Sieur, & que toutes Lettres & Mandemens de Justice en cas d'appel, ou autrement, leur soient octroyées sans difficulté, & tellement qu'un chacun cognoisse que le Roi veut les subjets de mondit Sieur estre bien & en bonne Justice traitez.

Item. Ont lesdits Ambassadeurs requis qu'il plaise au Roy, faire mondit Sieur jouyr des Terres, Seigneuries & droits par luy transportez, & de luy bailler nouvelles Lettres de ratification desdits transports : & que par

Terres transportées.

1468.

par icelles Lettres, les troubles & empeſchemens faits au contraire, ſoient declarez nuls & de nulle valeur, ou au moins rappellez & mis au neant, & tellement que mondit Sieur puiſſe demeurer paiſible jouyſſant du contenu aux Lettres d'iceluy tranſport.

Le Roi ſera content de confirmer tous les tranſports par lui faits à mondit Sieur, ſelon leur forme & teneur, & tout le Traité de Conflans, entant que à mondit Sieur peut toucher, & de ce en bailler ſes Lettres Patentes en forme dûë & contenant les clauſes à ce appartenantes : & que leſdites Lettres ſeront verifiées & enregiſtrées par tout où il appartiendra.

Dommages & intereſts,

Item. Ont requis qu'il plaiſe au Roy, avoir eſgard aux grands dommages & intereſts ſoutenus par mondit Sieur & ſes ſubjets, au moyen des troubles & empeſchemens faits de la part du Roy ès cas & en la maniere cy-deſſus declarez, que l'on pourroit loyalement eſtimer à plus de deux cens mille eſcus d'or.

Sur ce point a eſté dit, que des intereſts & dommages des ſubjets de mondit Sieur, le Roi fera faire reſtitution, comme deſſus a eſté reſpondu & declaré : Et pareillement aux ſubjets du Roi ſera faire mondit Sieur le Duc reſtitution, ainſi que cy-devant eſt exprimé.

Appellations du Duché de Bourgogne.

Item. Plaiſe au Roy defendre au Bailly de Sens, de non recevoir d'oreſnavant les appellations, ny bailler reliefment en cas d'appel, aux ſujets du Duché de Bourgogne, attendu que ladite Duché eſt la premiere Pairie de France, à cauſe de laquelle, mondit Sieur & ſeſdits ſubjets, ne doivent par appel ſortir ailleurs qu'en Parlement, ſi bon ne leur ſemble.

Le Roi a accordé ledit article.

Juriſdiction en Bourgogne.

Item. De non empeſcher d'oreſnavant les Bailly, Juges & Officiers de mondit Sieur audit Duché, de prendre connoiſſance des ſubjets d'iceluy Duché, ſous ombre que leſdits ſubjets ſe ſont Bourgeois de la Villeneuve-le-Roy, & qu'il ſoit defendu audit Bailly de Sens, & à tous autres, de bailler gardes & debitis aux ſubjets de mondit Sieur en ſondit Duché, ſous couleur de ladite Bourgeoiſie.

Le Roi a auſſi accordé le contenu audit article.

Scel du Duché de Bourgogne.

Item. Qu'il plaiſe au Roy octroyer ſes Lettres Patentes, & declarer par icelles, que toutes executions qui ſe feront par vertu du ſcellé dudit Duché, portent main garnie ſelon & en enſuivant le privilege dudit ſcellé, & nonobſtant appellations à faire, & ſans prejudice d'icelles.

Le Roi ſemblablement a accordé le contenu audit article.

Complaintes.

Item. Et ſemblablement, que toutes complaintes en cas de nouvelleté, qui ſeront données par mondit Sieur en ſondit Duché, & autres ſes pays, tenus du Royaume, ou par Juges eſdits pays, qui peuvent & ont accouſtumé bailler leſdites complaintes, ſoient executées & fournies reaulment & de fait, & par les Executeurs d'icelles, nonobſtant quelconques appellations & ſans prejudice d'icelles.

Auſſi le Roi a accordé le contenu en icelui article.

Digrandes, Mallay, S. Guillain-du Cray.

Item. Jaçoit que les de villages Digrandes, Mallay, ſaint Guillain-du-Cray & autres joignans à iceux, ſoient nuëment du Duché de Bourgogne, appartenans à mondit Sieur, & reſſortiſſans au Bailliage * d'Oſtun : Toutesfois les Officiers du Roy ſe ſont entremis de les faire reſſortir à Lyon,

* ou Autthun.

tant

tant en Justice comme en Aydes, au prejudice de mondit Sieur: & aussi contre le Traité d'Arras; par lequel tous les profits & droits Royaux ès Bailliages de Mascon & de saint Gengon doivent appartenir à mondit Sieur, car si le Roy avoit esdits villages aucun droit, ce seroit à cause desdits Bailliages de Mascon & de saint Gengon tant seulement, & pour ce, feu Monsieur le Duc en fit complaintes à feu le Roy Charles, & depuis au Roy qui est à present: & fut advisé, que Messire Guichard Bastier, Juge mage dudit Lyon, s'informeroit de la verité, & l'information vûë, y seroit appointée: laquelle information a esté faite par ledit Messire Guichard. Et pourtant requierent lesdits Ambassadeurs, que ladite information soit vûë & visitée par lesdits Commissaires, qui seront ordonnez pour les autres matieres dessus declarées, pour après appointer & restablir mondit Sieur sur le fait desdits villages, dont il a esté desappointé à tort & sans raisonnable cause, au cas toutesfois que ladite information soit suffisante pour ce faire: autrement y soit procedé par lesdits Commissaires, en la maniere dessusdite. Mascon, S. Gengon.

Sur cet article a esté respondu, que ladite information sera mise ès mains desdits huit Commissaires, pour en faire selon le contenu audit article, & ainsi que de raison appartiendra.

Item. Et pour ce qu'il y a aucuns articles, qui ne se peuvent presentement executer, mais convient qu'ils soient vuidez, decidez & determinez par Commissaires, qui seront ordonnez par le Roy & mondit Sieur par main commune, & que pour ce faire convient aussi avoir temps convenable: Et pourra estre, que jaçoit que lesdits Commissaires ayent ample pouvoir du Roy & de mondit Sieur, pour determiner les affaires & matieres à eux commises; neantmoins pour les difficultez qui pourroient survenir entre eux, tant en la connoissance, comme à faire la declaration du droit des parties, & en l'execution réelle, qui se devroit faire, lesdites matieres demeureroient en delay. S'il plaist au Roy, il baillera & fera expedier ses Lettres, & mondit Sieur les siennes, par lesquelles sera accordé d'une part & d'autre, que audit cas iceux Commissaires, s'ils sont en discord & differend, pourront eslire & choisir un Super-arbitre, personne suffisante qu'ils adviseront, non estre suspecte ou favorable à l'une des parties ne à l'autre; auquel Super-arbitre, ils communiqueront & declareront leurs difficultez & differends: & après qu'il aura esté du tout instruit, il declarera son opinion selon sa conscience, & sans quelconque faveur: & selon icelle, sera jugé & appointé selon l'advis de ceux desdits Commissaires qui seront de l'advis dudit Super-arbitre, nonobstant la contradiction des autres, sauf tousjours la plus grande & saine partie en nombre de personnes & d'opinions desdits Commissaires, par l'advis de laquelle plus saine partie, en nombre de personnes, la chose se decidera, determinera & demeurera valable, tout ainsi que si par tous lesdits Commissaires, & d'un commun accord, elle avoit esté faite: Et encore si iceux Commissaires ne peuvent accorder entre eux d'eslire ledit Super-arbitre, en ce cas, ceux du Roy seront tenus de nommer deux personnes notables, & ceux de mondit Sieur seront tenus d'en nommer deux autres; & lesquels ainsi nommez, ne seront natifs ou sujets du Roy, ny de mondit Sieur, ny aussi suspects aux parties: Desquels quatre ainsi eslus Commissaires pour les articles contestez.

Tome III. F

eſlus & choiſis, ſera l'un eſlû par ſort & giſt de fortune, ſans fraude, barat, ny malengin ; & celuy à qui ſurviendra & eſcherra ledit ſort ſera & demeurera Super-arbitre, pour faire en cette partie en la maniere que dit eſt, & ſi les Commiſſaires qui ſeront ordonnez pour le Roy, ne ſont d'accord à conſentir de choiſir & eſlire le Super-arbitre en la maniere devant déclarée : en ce cas les Commiſſaires de mondit Sieur le pourront faire ſans ceux du Roy, & au contraire, ſi leſdits Commiſſaires de mondit Sieur n'en ſont d'accord, ceux du Roy le pourront ſemblablement faire ſans ceux de mondit Sieur. Et laquelle eſlection, & ce que par vertu d'icelle ſera fait ès matieres deſſuſdites, ſera auſſi valable, & ſortira tel effet, comme ſi par tous leſdits Commiſſaires d'un coſté & d'autre, & de commun accord, la choſe eſtoit faite. Et pourront leſdits Commiſſaires d'un coſté beſogner en cette matiere, au defaut & refus des autres Commiſſaires de l'autre coſté, & proceder avec ledit Super-arbitre, tout ainſi comme ſi tous leſdits Commiſſaires eſtoient enſemble : Et tout ce qui ſera fait, appointé & executé eſdites matieres en la maniere deſſuſdite, ſera & demeurera bon & valable perpetuellement & à tousjours : & leſquels Commiſſaires & chacun d'eux, jureront & feront ſerment ſolemnel de beſogner, vaquer & entendre ès choſes deſſuſdites, par la maniere que dit eſt, & de garder loyalement le droit de chacune partie, & d'y proceder ſans delay ou interruption, & ſans alleguer aucun eſſoyne, excepté de mort ou de maladie : au lieu duquel eſſoyne audit cas, ſera mis un autre Commis par celuy qu'il appartiendra, lequel Commis procedera avec les autres, ſelon la forme & maniere deſſuſdite.

Le Roi a accordé le contenu audit article.

Toutes les proviſions & réſponſes ſur chacun article, ainſi que cy-devant ſont eſcrites, ſpecifiées & declarées, ont eſté accordées & acceptées par le Roy & mondit Sieur le Duc de Bourgogne, eux deux eſtans en la Ville de Peronne, le quatorzieſme jour d'Octobre, l'an mil quatre cens ſoixante-huit. Si donnons en Mandement à nos amez & feaux Chancelier, & Gens de noſtre grand Conſeil, les Gens de noſtre Parlement, Gens de nos Comptes, Treſoriers de France, Generaux de la Juſtice, Baillifs, Senechaux, & à tous autres nos Juſticiers & Officiers quelconques, preſens & advenir, leurs Lieutenans, & à chacun d'eux endroit ſoy, & ſi comme à luy appartiendra, que le contenu en ces preſentes, & auſſi ès articles & appointemens cy deſſus ſpecifiez & declarez, ils en entretiennent, gardent, obſervent & accompliſſent, & par ceux qu'il appartiendra, faſſent entretenir, garder, obſerver & accomplir de point en point inviolablement & ſans faire ne ſouffrir faire aucune choſe au contraire : & meſmement auſdits Gens de noſtre grand Conſeil, & auſdits Gens de noſtre Parlement, Gens de noſtre Comptes, Treſoriers & Generaux de la Juſtice, que ceſdites preſentes, & tout le contenu en icelles, & eſdits appointemens, ils publient & enregiſtrent, & les faſſent publier & enregiſtrer par tout où il appartiendra ; nonobſtant quelconques Ordonnances par nous faites ou à faire, de non aliener ou mettre hors de nos mains le Domaine de noſtre Couronne, les peines & adſtrinctions indictes, & ſermens faits par les Gens de noſtre-

dit

DE PHIL. DE COMINES. 43

1468.

dit Parlement, lesdits Gens des Comptes, & autres nos Officiers quelconques, & lesquels ils ont pû faire en general & en particulier, sous quelconques formes de paroles qu'elles soient faites ou escrites, parlesquelles l'on voudroit ou pourroit empescher l'effet, accomplissement & entretenement de cesdites presentes, & desdits appointemens : Et lesquelles Ordonnances, restrinctions, promesses, obligations & sermens; Nous pour le bien de paix, ne voulons deroger ne prejudicier aux choses dessusdites, & desdites promesses, fermens & autres obligations que nosdits Officiers pourroient avoir envers nous, au contraire de ce que dit est, nous les tiendrons & tenons par cesdites presentes, & en accomplissant le contenu en icelles, pour quittes & suffisamment deschargez : Et pour ce que de cesdites presentes l'on pourra avoir affaire en plusieurs lieux, nous voulons qu'au *Vidimus* d'icelles, fait sous Scel Royal, & collationné & signé par l'un des Greffiers de nostredit Parlement, ou de ladite Chambre des Comptes, foy soit adjoustée comme à l'original. En tesmoin de ce, nous avons signé ces presentes de nostre main, & à icelles fait mettre nostre Scel, Donné audit lieu de Peronne, le quatorziesme jour d'Octobre, l'an de grace mil quatre cens soixante-huit, & de nostre Regne le huitiesme. *Sic signatum*, LOYS, & sur le reply : Par le Roy en son Conseil de la Loere. *Lecta, publicata & registrata, præsente & consentiente Procuratore generali Regis, Parisiis in Parlamento, secundâ die Martii, anno millesimo quadringentesimo sexagesimo octavo*, BRIMAT. *Extractum à Registris Ordinationum regiarum in Curia Parlamenti registratarum,* DU TILLET, *Collatio facta est.*

CXXV.

☞ *Ratification du Traité de Peronne, par Charles, Duc de Bourgogne*

CHARLES, par la grace de Dieu, Duc de Bourgogne, de Lothier, de Brabant, de Limbourg, & de Luxembourg, Comte de Flandres, d'Artois, de Bourgogne, Palatin, Haynault, de Hollande, de Zelande & de Namur, Marquis du saint Empire, Seigneur de Suse, de Salins, de Malines. A tous ceux qui ces presentes Lettres verront, Salut : Comme par le Traité & reunion de paix perpetuelle aujourd'huy faite & jurée par Monseigneur le Roy, & nous, entre autres choses ait esté promis, juré & accordé que toutes & chacunes les Seigneuries, Places, Terres, heritages & possessions quelconques, prises, occupées, saisies, ou empeschemens d'une part & d'autre, du temps passé, à l'occasion des differends passez, sont & seront rendues & restituées pleinement, franchement & quittement à ceux à qui elles appartiennent, lesquels y pourront entrer, les prendre & apprehender de leur propre autorité, sans aucun œuvre ou ministere de Justice, ne autre consentement avoir ou requerir de mondit Seigneur le Roy, ne de nous, & que par mondit Seigneur le Roy, seront baillées Lettres de main-levée pour nos subjets, & pour ceux qui nous ont suivi ou tenu nostre party, & aussi seront par nous baillées Lettres pour les subjets de mondit Seigneur le Roy,

Tiré des Recueils de M. l'Abbé Le Grand.

F 2

Roy, qui l'ont fuy ou tenu son party, ainsi que ces choses sont plus amplement contenuës & declarées ès Lettres dudit Traité de paix. Sçavoir faisons, que nous voulans de nostre part entretenir & garder ce que par nous a esté promis & juré, pour ces causes avons consenty & consentons, que toutes les Seigneuries, Places, Terres, heritages & possessions quelconques, prises, occupées, saisies ou empeschées de nostre part à l'occasion desdits differens, soient renduës & restituées pleinement & quittement à ceux à qui elles appartiennent, & qu'ils y puissent entrer, les prendre & apprehender de leur propre autorité, sans aucun œuvre ou ministere de Justice, ne avoir autre consentement de nous; & desdites Seigneuries, Places, Terres, heritages & possessions, ainsi empeschées de nostre cousté, quelles qu'elles soient, & de chacune d'icelles, avons ostée & levée, ostons & levons du tout, par ces presentes, nostre main & tous autres empeschemens, que à l'occasion desdits y ont ou pourront avoir esté mis au profit de ceux à qui elles appartiennent, sans ce que aucun empeschement leur y soit d'oresnavant fait, mis ou donné à l'occasion desdits. Si donnons en mandement à tous nos Baillifs, & autres Justiciers & Officiers, ou à leurs Lieutenans, & à chacun d'eux, se comme à luy appartiendra, que les hommes & subjets de mondit Seigneur le Roy, à qui ce peut toucher, & chacun d'eux, ils fassent, souffrent & laissent jouir de nos presens consentemens, mainlevée & octroy, pleinement & paisiblement, en les faisant & souffrant jouir de leursdites Terres, Seigneuries, heritages & possessions, ainsi qu'ils faisoient paravant, & se aucun empeschement ou destourbier leur estoit fait au contraire, si l'ostent ou fassent oster, & mettre sans delay au premier estat & deu; car ainsi l'avons accordé, prouvé & octroyé; & pource que de ces presentes l'on pourra avoir affaire en plusieurs lieux, nous voulons que au *vidimus* d'icelles, fait sous scel authentique, foy soit adjoustée comme à ce present original. En tesmoin de ce nous avons fait mettre nostre Scel à ces presentes. Donné à Peronne le quatorzieme jour d'Octobre, l'an de grace mil quatre cens soixante-huit.

CXXV*.

Ratification dudit Traité de Peronne, de l'an 1468. fait par le Roi Louis XI. avec les verifications dudit Traité aux Parlement, Chambre des Comptes & Cour des Aydes de Paris.

Tiré de l'Edition de M. Godefroy.

LOYS, par la grace de Dieu, Roy de France. A tous ceux qui ces presentes Lettres verront, Salut: Comme le quatorziesme jour du mois d'Octobre dernier passé, en la Ville de Peronne, entre nous d'une part, & nostre très-cher & très-amé frere & cousin le Duc de Bourgogne, d'autre part, pour les causes à plein contenuës, specifiées & declarées en nos autres Lettres cy-après inserées, ait esté faite, concluë & accordée, promise & jurée sur la vraye Croix, ès mains de nostre tres-cher & feal amy le Cardinal d'Angers (1), & en la presence de plusieurs

de

---

(1) Qui trahissoit le Roi. *Amice ad qui venisti*, a dit le Seigneur à Judas.

de noſtre Sang & lignage, & d'autres nobles & notables hommes tant de noſtre part, que de noſtredit frere & couſin, bonne paix, amour, union & concorde perdurablement, & de demeurer à tousjours eſdites paix, amour, union & concorde, & auſſi ayent eſté accordées pluſieurs choſes au long declarées & ſpecifiées eſdites Lettres deſquelles la teneur enſuit de mot à mot : *Louys, par la grace de Dieu, Roy de France. A tous ceux qui ces preſentes Lettres verront, &c.* comme depuis certain temps, &c. *Suit le Traité de Peronne 1468. 14. Octobre.*

1468.

Et par nous ait eſté dit & accordé à noſtredit frere & couſin ledit Traité de Paix, & tout le contenu en iceluy vouloir confirmer, & de ce en bailler nos Lettres patentes ſcellées de noſtre grand Scel. Sçavoir faiſons, que nous deſirans de tout noſtre cœur entretenir bonne paix, amour, union & concorde entre nous & noſtredit frere & couſin, & en icelle perſiſter & perſeverer de noſtre part, à l'honneur de Dieu, & ſoulagement de nous, de noſtre Royaume & de nos ſubjets. Veu par nous & aucuns des Princes de noſtre Sang, & les Gens de noſtre grand Conſeil eſtans lez-nous, leſdites Lettres & tout le contenu en icelles, & ſur tout le contenu, avec eux, & autres nobles & notables hommes de noſtre Royaume, eu meur advis & grande déliberation de Conſeil, & pour pluſieurs cauſes & conſiderations à ce nous mouvans, & de noſtre certaine ſcience, pleine puiſſance & autorité Royale, pour nous, nos hoirs & ſucceſſeurs, Royaumes, Pays, Terres, Seigneuries, vaſſaux & ſubjets, ledit Traité de Paix, réunion & accord fait entre nous & noſtredit frere & couſin, le Duc de Bourgogne; & tout le contenu eſdites Lettres faites dudit Traité, avons loué, greé, ratifié, confirmé & approuvé, louons, greons, ratifions, confirmons & approuvons; & d'abondant, en cas que beſoin eſt, & dereſchef, faiſons, paſſons, accordons & concluons par ces meſmes preſentes, pour nous, noſdits hoirs & ſucceſſeurs, Royaume, Pays, Terres & Seigneuries, avec noſtredit frere & couſin, pour luy, ſeſdits hoirs & ſucceſſeurs, ledit Traité de Paix, union & accord, & tout le contenu ès Lettres d'iceluy, promettans de bonne foy, & en parole de Roy, & ſous l'obligation de tous nos biens preſens & à venir, pour nous, nos hoirs & ſucceſſeurs, tenir, garder, entretenir & accomplir perpetuellement & à tousjours, ſans fraude, deception ou malengin, ledit Traité de Paix, & de toutes les choſes ſpecifiées & declarées eſdites Lettres, & chacune d'icelles, ſans jamais faire, ne venir, ne ſouffrir faire ou venir au contraire, directement ou indirectement, couvertement ou en appert, en quelque maniere que ce ſoit, ſur les peines & cenſures contenuës & declarées audit Traité; nous ſoumettans quant à ce, aux cenſures, cohertions, contraintes & peines declarées eſdites Lettres audit Traité. Si donnons en mandement à nos amez & feaux, les Gens de noſtre Parlement & de nos Comptes, Treſoriers de France, Generaux, tant ſur le fait & gouvernement de nos Finances, que ſur le fait de la Juſtice de nos Aydes à Paris, que cette preſente confirmation, ratification, approbation, octroy, vous publiez, verifiez & entheriniez, & faſſiez publier, verifier & entheriner par tout où il appartiendra, & icelle entretiennent, gardent & obſervent; & par tous nos Baillifs, Prevoſts, Seneſchaux & autres nos Juſticiers, Officiers & ſubjets quelconques,

46 PREUVES DES MEMOIRES

1468.

conques, qui ce regardera, & le faffent entretenir, garder & obferver inviolablement & à tousjours, fans enfraindre, ne faire ou fouffrir faire aucune chofe au contraire, nonobftant quelconques ordonnances, mandemens, conftitutions & édits Royaux, deffenfes, peines, aftrictions & fermens faits par nos Officiers au contraire; car ainfi nous plaift-il & le voulons eftre fait: En tefmoin de ce, nous avons fait mettre noftre Scel à ces prefentes. Donné en noftre Ville d'Amboife le quatorziefme jour de Mars, l'an de grace mil quatre cens foixante-huit, de noftre Regne le huitiefme. *Signé fur le repli*, Par le Roy, BOURÉ. *Et fcellé du grand Sceau de cire jaune à double queuë*: Et fur ledit reply il y a, *Lecta, publicata & regiftrata, præfente & confentiente Procuratore Generali Regis, Parifiis in Parlamento, 18. die Martii, anno Domini 1469*. G. BRUNAT, *Similiter lecta, publicata & regiftrata, præfente & confentiente Procuratore Regis, in Camera Computorum, Parifiis, die menfe, & anno quibus fupra*, BADOUILLIER. *Pariter lecta, publicata & regiftrata in Camera Juftitiæ Juvaminum, præfente & confentiente Procuratore Generali Regis, fuper facto dictorum Juvaminum, die 19. Maii, anno quo fupra*. VIVIER.

CXXVI.

Remarques de M. Godefroy fur le Traité de Peronne.

Tiré de l'Edition de M. Godefroy.

Page 116. Philippe de Comines parlant de la promeffe faite par le Roy Louys XI. au Duc de Bourgogne, de tenir le Traité de Paix accordé entre eux, n'entre pas dans le détail des actes, qui en furent paffez à Peronne.

Cela a donné occafion à Mr. de Varillas de cenfurer cet Auteur (1), & d'avancer hardiment qu'il l'a convaincu de fauffeté par des pieces authentiques du Tréfor des Chartes, & du Recueil de Lomenie, dans lefquels il prétend, qu'il y a *vingt-deux traitez* faits à Peronne, dont il donne un détail à fa maniere.

Ce feroit une belle découverte pour l'Hiftoire, que *vingt-deux traitez*, quand le public n'en connoît qu'un; mais malheureufement, ces prétendus traités font de l'invention de Mr. de Varillas, qui donne ce nom à des actes faits pour l'execution du Traité de Peronne.

Les differens entre le Roy Louys XI. & Charles, Duc de Bourgogne, avoient efté examinez par des Commiffaires, dans une conference tenuë exprès dans la Ville de Ham en Vermandois, depuis le 21. jufques au 29. Septembre 1468.

Les Commiffaires du Duc avoient donné dans cette conference des articles, fur lefquels les Commiffaires du Roy avoient donné leurs réponfes, & ces réponfes auroient efté acceptées fi la conclufion n'en avoit efté remife à l'entrevuë de ces Princes.

L'extrêmité, où le Roy fe trouva réduit dans le Chafteau de Peronne, ne

(1) A la fin de l'argument du quatriéme Livre de l'Hiftoire de Louis XI. édition de Paris, *in-quarto*, en 1689. & à la page 378.

ne luy permit pas de refuser aucune chose au Duc, & ce Prince ne se contenta pas de la promesse faite par le Roy, de le laisser joüir de plusieurs droits qu'il luy avoit cedez par provision, il voulut encore avoir des Lettres patentes pour s'en mettre en possession.

Le Roy s'engagea de donner ces Lettres, & le temps n'estant pas suffisant pour les expedier, on convint de les dater du jour de l'acceptation du Traité, qui fut passé le 14. Octobre 1468.

Toutes ces circonstances se trouvent expliquées dans le preambule du Traité de Peronne, les articles proposez & répondus à la Conference de Ham y sont inserez au long, les Lettres patentes données en conséquence, & que Mr. de Varillas voudroit faire passer pour autant de Traitez, ne sont que de simples Commissions pour mettre à execution quelques-uns de ces articles.

Philippe de Comines n'a pas esté absolument obligé de rapporter toutes ces particularitez ; il suffit pour sa justification, qu'il n'ait rien escrit sur ce sujet de contraire à la verité ; & quand il auroit manqué en quelque chose, il n'appartenoit pas à Mr. de Varillas de le calomnier, luy qui a mis plus de faussetez que de lignes dans le recit qu'il a fait du contenu aux prétendus vingt-deux traitez de Peronne.

☞ C'est avec grande raison que dans les Remarques precedentes sur le Traité de Peronne, on a reproché à Mr. de Varillas d'avoir voulu faire passer pour autant de Traitez differens les Lettres & commissions données par le Roy Louys XI. pour l'execution de plusieurs articles de ce Traité : Il n'estoit point necessaire de citer le Tresor des Chartes & le Recueil de Lomenie pour preuve de cette prétendue découverte ; ces Lettres & commissions n'ont point esté tenuës secretes, elles ont esté pour la pluspart enregistrées au Parlement de Paris ; cela se justifie par neuf de ces Lettres, qui sont les seules que l'on a trouvées jusques à present, & qui suffiront, comme on croit, pour faire revenir de leur sentiment ceux qui auroient pû se laisser prevenir en faveur de la decouverte des prétendus vingt-deux Traitez de Peronne.

CXXVII.

Permission du Roy Louis XI. à Charles, Duc de Bourgogne, pour établir des Greniers à Sel à Mascon, & autres lieux du Masconnois.

A Peronne, le 14. Octobre 1468.

LOYS, par la grace de Dieu, Roy de France : Sçavoir faisons à tous presens & à venir : Que comme du vivant de feu nostre très-cher Seigneur & Pere, que Dieu absolve, & aussi depuis que sommes venu à la Couronne, plusieurs remonstrances, requestes & doleances ayent esté faites, tant de la part de feu le Duc Phelippe de Bourgogne, nostre oncle, dernier trespassé, que Dieu pardoint, comme de nostre très-cher & très-amé frere & cousin Charles, Duc de Bourgogne, fils & heritier de feu nostre oncle, touchant le cours du sel de Salins en la
Ville

Tiré de la même Edition.

Ville de Maſcon, Pays & Comté de Maſconnois, & ès lieux & villes Royaux enclavez en iceux pays & Comté, qui par le traité d'Arras furent tranſportez à noſtredit feu oncle, en tous droits de Gabelle de ſel, & autres profits appartenans au droit des Greniers; mais par aucuns Commis de feu noſtredit Seigneur & Pere, fut en ce mis certain empeſchement à noſtredit feu oncle, en reboutant ledit ſel de Salins eſdites Villes, pays, Comté & enclaves de Maſconnois, en y baillant cours au ſel de Peccaye, qui ſe gabelle à noſtre profit au Pont-Saint-Eſprit, duquel empeſchement noſtredit frere & couſin s'eſt pluſieurs fois complaint & dolu à nous, en remonſtrant que du vivant de feu noſtredit Seigneur & Pere, & du temps du Roy Charles VI. noſtre ayeul, que iceluy feu noſtre oncle de Bourgogne avoit tenu ladite Comté de Maſcon, ledit ſel de Salins avoit eu cours audit Maſcon, pays & Comté de Maſconnois & eſdites enclaves, ſuppoſé ores que nos Officiers y ayent donné empeſchement, & qu'ils envoyaſſent audit Maſconnois & lieux deſſuſdits du ſel de Peccaye, en quoy feu noſtredit oncle diſoit eſtre à dommagé & intereſſé de grandes ſommes de deniers, & d'autre part noſtredit frere de Bourgogne nous a remonſtré que de ce il nous fit requeſte au lieu de Villers-le-Bel, après ſon departement de Conflans, laquelle requeſte luy accordaſmes; & pource que depuis noſtredit accord iceluy noſtre frere n'en a peu avoir ne obtenir nos Lettres patentes, il nous a dereſchef fait parler de ladite matiere, requerrant le vouloir ſur icelle pourveoir de noſtre grace : Pour ce eſt-il que nous, ces choſes conſiderées, voulans en cette partie complaire à noſtredit frere & couſin, en faveur meſmement de la paix & réunion perpetuelle aujourd'huy faite & jurée par nous & luy, ayans ſouvenance de noſtredit don, & afin que noſtredit frere & ſes hoirs & ſucceſſeurs, Comtes & Comteſſes de Maſcon, puiſſent jouïr dudit Grenier à ſel audit Maſconnois perpetuellement & à touſjours, & le recompenſer des intereſts que il, & feu noſtredit oncle ont eus, en tant qu'ils n'ont joy du profit de ladite Gabelle du ſel de Peccaye, depuis ledit traité d'Arras juſques à preſent, avons octroyé, conſenty & accordé, & de noſtre certaine ſcience, pleine puiſſance & authorité Royale, conſentons, octroyons & accordons à noſtredit frere & couſin de Bourgogne, pour luy, ſes hoirs & ſucceſſeurs, Comtes & Comteſſes de Maſcon, en luy donnant congé & licence de grace eſpeciale, pour luy, ſeſdits hoirs, ſucceſſeurs & ayans cauſe, que d'oreſnavant & à touſjours perpetuellement ils puiſſent ordonner mettre ſus & entretenir Greniers à ſel, un ou pluſieurs eſdites Villes de Maſcon, pays & Comté de Maſconnois, & ès lieux & Villes Royales, enclavez en iceux, & leſdits Greniers faire fournir de ſel de Salins, & d'autre ſel que bon leur ſemblera, & ſur iceluy ſel ordonner & lever à leur profit tel droit de gabelle qu'il leur plaira tauxer & ordonner en iceux Greniers, ainſi que noſtredit frere peut faire ès Greniers de ſondit Duché de Bourgogne, & de contraindre les ſubjets dudit pays, Comté & enclaves à prendre ſel eſdits Greniers & non ailleurs ſur peine de l'amende, nonobſtant appellations, oppoſitions ou contradictions quelconques; & en outre, de noſtredite plus ample grace, interdiſons & deffendons par ceſdites preſentes, perpetuellement & à touſjours, le

cours

cours dudit fel de Peccaye, & tout autre fel, tant de Provence, de nos Royaume & Dauphiné, que autres, lesquels fels ne pourront avoir descharge, cours, ne distribution esdites Villes, pays & Comté de Masconnois, & enclaves d'iceux, fauf le fel de ladite faulnerie de Salins, & autre fel que nostredit frere & cousin, fesdits hoirs & successeurs, Comtes & Comtesses de Mascon, voudront avoir & donner cours esdits Comté, pays & enclaves dessusdits, en abolissant & mettant du tout au néant tous appointemens, exploits, troubles & empeschemens faits & mis au contraire, & mesmement du vivant de feu nostredit Seigneur & Pere, & depuis son trespas, en quelque maniere que ce soit ; & ce present don & octroy avons fait & faisons à nostredit frere & cousin, pour luy, fesdits hoirs & successeurs, en augmentation & accroissement des don & transport faits à nostredit feu oncle, de ladite Comté de Mascon tenuë en foy & hommage de nostre Couronne ; lesquels don, octroy, consentement, interdiction & abolition, nous promettons de bonne foy & en parole de Roy, pour nous, nos hoirs & successeurs, entretenir, garder & observer à nostredit frere & cousin, & à fesdits hoirs, successeurs & ayans cause, Comtes & Comtesses de Mascon, inviolablement & à tousjours, sans faire ne souffrir estre fait, directement ou indirectement, aucune chose au contraire : Si donnons en mandement à nos amez & feaux Conseillers, les Gens de nostre Parlement & de nos Comptes à Paris, aux Generaux sur le fait de nos Finances, & autres nos Officiers qu'il appartiendra, & à chacun d'eux en droit soy, que le contenu en ces presentes ils entretiennent, verifient & fassent enregistrer, & en fassent, souffrent, & en laissent joyr & user pleinement & perpetuellement nostredit frere & cousin, fesdits hoirs & successeurs, sans leur faire, mettre ou donner, ne souffrir estre fait, mis ou donné quelconque destourbier ou empeschement au contraire ; car ainsi nous plaist, & le voulons estre fait, nonobstant quelconques coustumes, ordonnances, constitutions Royaux, & autres choses au contraire : Et afin que ce soit chose ferme & estable à tousjours, nous avons fait mettre nostre sel à ces presentes, fauf en autres choses nostre droit, & l'autruy en toutes. Donné à Peronne, le quatorziesme jour d'Octobre, l'an de grace mil quatre cens soixante & huit, & de nostre Regne le huitiesme. Ainsi *Signé*, Par le Roy en son Conseil, DE LALOERE. Et plus bas, *visa*.

CXXVII*.

Exemption accordée par le Roy Louis XI, aux quatre Loix du Pays de Flandres ; sçavoir, Gand, Bruges, Ypres & le Franc de Bruges, du ressort du Parlement de Paris.

A Peronne, le 14. Octobre 1468.

LOYS, par la grace de Dieu, Roy de France. Sçavoir faisons à tous presens & à venir : Comme de la part de nostre très-cher & très-amé frere & cousin le Duc de Bourgogne, aux journées & conventions tenuës par aucuns nos Deputez, de nostre part, & les siens d'autre, pour

Tiré de l'édition de M. Godefroy.

pour l'appaisement de plusieurs questions & differens estans entre nos Officiers & les Officiers de nostredit frere, pour raison & à cause des droits de Ressort au Comté de Flandres, & autrement, nous ait esté remonstré que ledit Comté de Flandres soit une Pairie ancienne de nostre Royaume, noblement tenuë par iceluy nostre frere en grands droits, prérogatives, libertez & franchises, & en laquelle Comté ont accoustumé de hanter, frequenter & resider gens de toutes nations pour fait de marchandise ; sur lequel fait de marchandise le pays de Flandre est principalement fondé, & aussi pource que ledit pays est d'autre langue que Françoise, & que les gens y residans sont singuliers en maniere de vivre au fait de Police & d'administration de Justice, & qu'ils sont differens aux autres pays, provinces & contrées de nostre Royaume, & que pour ces considerations ledit pays de Flandres a esté d'ancienneté, & doit estre gouverné en toute autre maniere que les autres pays de nostredit Royaume, & mesmement au regard des droits de Ressort, & de la connoissance des causes & procès que nos Officiers, à sçavoir, la Cour de nostre Parlement, nos Baillifs Royaux & autres, par nos Lettres de commission & autrement, entreprennent journellement audit pays en attrayant à eux la connoissance par appellation, reformation & autrement, des causes, procès, keures, ordonnances, chef, sentences, arrests de personnes & de biens, exploits & autres appointemens que font & donnent les quatre principaux Loix de Flandres ; à sçavoir, Bailly, Eschevins des deux Bancs de Gand, Bailly, Escoutette, Bourguemaistres, Eschevins & Conseil de Bruges, Bailly, Escoutette, Advoué, Eschevins & Conseil d'Ypres, & les Bailly, Criekoudre, Bourguemaistre & Eschevins du Franc, parquoy les estrangers, les marchands y frequentans & les habitans audit pays sont travaillez & empeschez par longs & somptueux procès en ladite Cour de Parlement & ailleurs, & constraints à cette cause de abandonner leurs besognes & affaires, & de laisser la frequentation dudit pays, tant pource que ceux des nations estrangeres qui n'ont affaire audit pays, que pour leur marchandise, ne sont point gens de procès & ne s'y connoissent, comme pource que les aucuns n'y peuvent hanter sans sauf-conduit ou seureté, requerrant iceluy nostre frere & cousin, que veuillons entretenir & garder ledit Comté de Flandres en ses franchises & libertez par luy prétenduës en cette partie touchant l'exemption dudit Ressort, & avoir regard aux choses dessusdites, & en tant que mestier est sur ce impartir nostre grace : Pource est-il que nous, ces choses considerées en faveur du fait de marchandise, qui est le bien commun de nostredit Royaume, pour l'augmenter & accroistre, & que ledit Comté de Flandres soit entretenu en sesdites libertez & franchises, attendu qu'il est assis en l'extremité d'iceluy nostre Royaume, propice & necessaire pour la deffense d'iceluy ; ayant aussi regard & consideration aux grands services, plaisirs & curialitez que avons receu de la Maison de Bourgogne, & en faveur de nostredit frere & cousin, & de la paix & réunion, que avons faite & jurée à ce jour-d'huy, de nostre certaine science, puissance & autorité Royale, eu sur tout, bon, meur advis & deliberation de conseil, avons pour nous, nos hoirs & successeurs Roys de France, ordonné & declaré, ordonnons & declarons

declarons que perpetuellement & à tousjours lesdites quatre Loix principaux de Flandres; c'est à sçavoir, les Baillifs, Escoutettes, Bourguemaistres, Eschevins, Advoué & Conseil de Gand, de Bruges, d'Ypres & du terroir & pays du Franc, estre franches, quittes & exemptes de nous, de nostredite Cour de Parlement, & de tous autres nos Officiers quelconques, & que par droit de Ressort, soit par voye d'appellation, supplication, reformation, évocation, ou par quelconque autre voye que ce soit, à requeste de partie ou autrement, lesdites Loix & les personnes d'icelles, ne pourront & ne devront d'oresnavant estre actrais ne évoquez devant nous en ladite Cour de Parlement, ne ailleurs en nostredit Royaume, & de nostre plus amplé grace, par privilege especial, perpetuel & irrevocable, avons remis & quitté, remettons & quittons à nostredit frere & cousin, & à ses hoirs & successeurs, Comtes & Comtesses de Flandres, à toujours tout tel droit de Ressort & de recours que pouvoit, peut ou doit à nous & à nostredite Cour, & autres nos Officiers, appartenir, touchant les jugemens, chefs, sentences, appointemens, keures & ordonnances desdites quatre Loix en tous cas, & pour quelconque cause que ce soit, sans y rien retenir de nostre part; & avec ce voulons, & de nostre autorité Royale ordonnons que lesdites quatre Loix, & les personnes particulieres d'icelles Loix, soient & demeurent, seront & demeureront subjetes à nostredit frere & cousin, & à ses successeurs, Comtes & Comtesses de Flandres, seul & pour le tout, sans appel ou reformation, à nous, à nostredite Cour de Parlement, ne à quelconques autres nos Juges de nostredit Royaume, en donnant à nostredit frere & à sesdits successeurs, Comtes & Comtesses de Flandres, autorité & pouvoir de tenir, & par toutes les voyes & manieres que bon expedient luy semblera, faire tenir en Justice lesdites quatre Loix & les personnes d'icelles Loix, & de faire executer tous jugemens, appointemens de chefs de cens, toutes sentences, arrests de personnes & de biens, exploits, keures & ordonnances qui seront prononcées, faites ou données par lesdites Loix, & sans ce que nostredit frere ou sesdits successeurs puissent en ce estre empeschez ou délayez à requeste de partie ou autrement, par appellations, recours, reclamations, réformations ou évocations à faire à nous & à nos successeurs, Roys de France, à ladite Cour de Parlement, ne à autre Officier de nostredit Royaume, de quelque autorité qu'il soit. Voulons en outre & consentons que se aucunes provisions en forme d'appel, de supplication, réformation, ou autre provision qu'elle puist estre, estoient obtenuës de nous, de nostredite Cour de Parlement, ou d'autres Juges de nostredit Royaume, contre & au préjudice du contenu en cestes, qu'il n'y soit aucunement obéy, ne obtemperé, & lesquelles provisions dès maintenant pour lors avons déclaré & declarons nulles & de nulle valeur, & non devoir estre obéyes, ne sortir effet, & avons aboly & mis au néant, abolissons & mettons au néant tout les procès meus en nostredite Cour de Parlement, procedans des sentences ou appointemens desdites Loix, ou qui sont pour execution d'icelles, soit par voye de supplication, appellation, reformation, évocation ou autrement, & voulons les parties estre renvoyées pardevant les Loix, desquelles lesdites appellations ont procedé, pour mettre à deuë execution lesdites sen-

1468.

tences : Si donnons en mandement à nos amez & feaux Conseillers, les Gens de nostre Parlement & de nos Comptes à Paris, aux Generaux sur le fait de nos Domaines & Finances, & autres nos Officiers qu'il appartiendra, & à chacun d'eux endroit soy, que le contenu en ces presentes ils entherinent, verifient & fassent enregistrer où il appartiendra, & en fassent, souffrent, & laissent joyr & user pleinement & perpetuellement nostredit frere & cousin, sesdits hoirs & successeurs, sans leur faire, mettre ou donner, ne souffrir estre fait, mis ou donné quelconque destourbier ou empeschement au contraire ; car ainsi nous plaist & le voulons estre fait, nonobstant quelconques coustumes, ordonnances, constitutions Royaux, & autres choses au contraire ; & afin que ce soit chose ferme & estable à tousjours, nous avons fait mettre nostre Scel à ces presentes, sauf toutes voyes en toutes autres choses, nos droits, Seigneuries & Souveraineté, & aussi le droit d'autruy en toutes. Donné à Peronne, le quatorziesme jour d'Octobre, l'an de grace mil quatre cens soixante-huit, & de nostre Regne le huitiesme. Ainsi *Signé*, Par le Roy en son Conseil, DE LA LOERE. Et plus bas, *visa*.

CXXVII**.

Surséance accordée par le Roi Louis XI. pendant le terme de huit années à Charles Duc de Bourgogne, de tous les procès étans au Parlement de Paris, au sujet des limites de Flandres & d'Artois.

A Peronne, le 14. Octobre 1468.

Tiré de l'Edition de M. Godefroy.

LOYS, par la grace de Dieu, Roy de France. A tous ceux qui ces presentes Lettres verront, Salut : Comme à la journée & assemblée n'agueres tenuë en la Ville de Ham en Vermandois, & depuis en la Ville de Peronne, entre nos gens & Ambassadeurs, & ceux de nostre très-cher & très-amé frere & cousin le Duc de Bourgogne, plusieurs doleances, requestes & remonstrances ayent esté faites de la part de nostredit frere & cousin, & entre autres ait esté mis avant le fait des limites des pays & terres appartenans à nostredit frere & cousin, joignans ès Comtez de Flandres & d'Artois, & autres pays du Royaume; pour le fait desquelles limites aucuns procès ont esté meus, au moyen de certaines appellations relevées par aucuns particuliers en nostre Cour de Parlement, requerans de la part de nostredit frere & cousin, que nostre plaisir soit tenir & mettre en surcéance tous lesdits procès à cause du fait desdites limites pendans, meus & à mouvoir, sans y estre procedé, ne aucun exploit fait par nostredite Cour, ne autres nos Officiers, jusques à longtemps, comme de douze ans, afin que sans procès & sommairement, aucune voye soit advisée sous le bon plaisir de nous & de nostredit frere & cousin, par laquelle ce qui sera en difficulté touchant lesdites limites puisse estre appointé à moindres frais, que n'a esté fait au procès des limites du Comté de Bourgogne ; surquoy & afin de complaire en cette partie à nostredit frere & cousin, nous avons mis & de grace especiale, par ces presentes, mettons en surcéance lesdits procès meus & à mouvoir à

cause

cause des limites, sans ce qu'il y soit procedé en aucune maniere par ladite Cour de nostre Parlement, ne autres nos Officiers quelconques, durant le temps & terme de huit ans, à compter du jour & date de cestes, sans toutesfois par le moyen de ladite surcéance prejudicier ne deroger au droit de Ressort, qui nous peut & doit competer & appartenir, ne que icelle surcéance soit par nostredit frere & cousin tirée à quelque possession ou conséquence en aucune maniere, contre nostre droit & celuy de nostredit frere & cousin ; & quand la matiere cherra en procedure, nous consentons & accordons dès maintenant par cestes qu'elle soit appointée par Commissaires communs, qui seront ordonnez par nous & nostredit frere & cousin. Si donnons en mandement à nos amez & feaux Conseillers, les Gens de nostredit Parlement, & à tous nos autres Justiciers & Officiers à qui ce peut & pourra toucher & regarder, que le contenu en ces presentes ils enthérinent, & de ladite surcéance, durant le temps dessusdit, fassent, souffrent & laissent jouir & user paisiblement nostredit frere & cousin, sans proceder esdits procès meus & à mouvoir à cause desdites limites, ne faire, ne souffrir faire aucune chose au contraire de nostredite surcéance ; car ainsi nous plaist-il estre fait : En tesmoin de ce nous avons fait mettre nostre Scel à cesdites presentes. Donné en la Ville de Peronne, le quatorziesme jour d'Octobre, l'an de grace mil quatre cens soixante-huit, & de nostre Regne le huitiesme.

CXXVII***.

Consentement du Roi Louis XI. que pour les appellations des Loix du Païs de Flandres, il en soit fait selon le droit & coustumes de ce Pays.

A Peronne, le 14. Octobre 1468.

LOYS, par la grace de Dieu, Roy de France. A tous ceux qui ces presentes verront, Salut : Comme à la journée & assemblée n'agueres tenuë en la Ville de Ham en Vermandois, & depuis en la Ville de Peronne, entre nos gens & Ambassadeurs, & ceux de nostre très-cher & très-amé frere & cousin le Duc de Bourgogne, plusieurs doleances, requestes & remonstrances ayent esté faites de la part de nostredit frere & cousin ; & entre autres choses ait esté remonstré, que selon le droit du pays de Flandres, nostre Cour de Parlement ne doit recevoir aucunes appellations des Loix & Juges dudit pays de Flandres, autres que les Loix des quatre principaux membres d'iceluy pays, *omisso medio*, & le Ressort doit premier appartenir à nostredit frere & cousin, & ne doit point estre travaillé de requerir le renvoy en nostredite Cour, comme l'on fait pour les Ressorts des autres pays du Royaume, & ne doit-on bailler aux subjets de Flandres relievement en cas d'appel, se l'appellation ne procede immediate du jugement du Comte, ou de sa Chambre du Conseil en Flandres (1), en nous requerans vouloir sur ce pourveoir à nostredit

Tiré de l'Edition de M. Godefroy.

(1) Cette Chambre avoit été érigée à Lille en 1385, & transferée en 1409, en la Ville de Gand, où elle subsiste encore.

noſtredit frere & couſin : Sçavoir faiſons, que nous voulans en ce complaire à iceluy noſtre frere & couſin, avons octroyé, conſenty & accordé, octroyons, conſentons & accordons par ces preſentes à noſtredit frere & couſin, que touchant les deſſuſdites appellations, ſoit fait d'oreſnavant ſelon les droits, couſtumes dudit pays de Flandres, & ainſi qu'il a eſté long-temps obſervé, & que tous troubles & empeſchemens faits au contraire ſoient oſtez & levez, & leſquels par ces preſentes nous meſme oſtons & levons. Si donnons en mandement à nos amez & feaux Conſeillers, les Gens de noſtre Parlement, aux Bailiffs de Vermandois, d'Amiens, de Tournay, de Tourneſis, & à tous nos autres Juſticiers & Officiers, ou à leurs Lieutenans, & à chacun d'eux, ſi comme à luy appartiendra, que noſtre preſente declaration & ordonnance, ils gardent & faſſent garder & entretenir ſelon ſa forme & teneur, ſans faire ou ſouffrir eſtre fait aucune choſe au contraire; ainçois ſe fait en eſtoit en aucune maniere, ſi l'oſtent ou faſſent oſter & mettre ſans délay au premier eſtat & deu ; car ainſi nous plaiſt-il, & voulons eſtre fait : En teſmoin de ce nous avons fait mettre noſtre Scel à ceſdites preſentes. Donné audit lieu de Peronne, le quatorzieſme jour d'Octobre, l'an de grace mil quatre cens ſoixante-huit, & de noſtre Regne le huitieſme.

CXXVII****.

Accord fait par le Roi Louis XI. au Duc de Bourgogne, que les appellations des cauſes ès Païs de Lille, Douay & Orchies, iront au Conſeil de Flandres ou au Gouverneur de Lille, & de ce Gouverneur à ce Conſeil, & de là au Parlement de Paris.

À Peronne, le 14. Octobre 1468.

Tiré de l'Edition de M. Godefroy.

LOYS, par la grace de Dieu, Roy de France. A tous ceux qui ces preſentes Lettres verront, Salut : Comme à la journée & aſſemblée n'agueres tenuë en la Ville de Ham en Vermandois, & depuis en la Ville de Peronne, où nous ſommes venus en perſonne, avec nos gens & Ambaſſadeurs, & ceux de noſtre très-cher & très amé frere & couſin le Duc de Bourgogne, pluſieurs remonſtrances, requeſtes & doleances ayent eſté faites & miſes avant de la part de noſtredit frere & couſin, pour ſur icelles avoir & obtenir de nous proviſions convenables, & entre autres choſes, que les Chaſtellenies de Lille, Douay & Orchies, de leur premiere & ancienne condition, ont eſté de la Comté de Flandres ; & combien que par aucun temps elles ayent eſté ès mains des Roys de France, toutes voyes en faiſant & traitant le mariage du Duc Philippe, fils du Roy Jehan & de la Comteſſe Marguerite de Flandres, leſdites Chaſtellenies furent réunies & rejointes audit Comté de Flandres, pour les tenir par le Comte en un ſeul Fief, avec ladite Comté, au moyen de laquelle réunion, toutes appellations, cauſes des jugemens faits par les Officiers de noſtredit frere & couſin en icelles Chaſtellenies, doivent & ont accouſtumé de reſſortir par degré, ou par moyen devant luy, ou en

ſa

DE PHIL. DE COMINES.

1468.

sa Chambre de Conseil en Flandres, & de ce luy & ses predecesseurs ont esté en possession & paisible jouïssance, sans quelque difficulté jusques puis peu de temps en çà, que nostredit frere & cousin a esté troublé & empesché en ce que dit est, au moyen de ce que les Gens de nostre Parlement, & autres nos Officiers, ont receu les appellations d'aucuns appellans d'iceux Juges esdites Chastellenies, & leur ont baillé relievement en cas d'appel, sans vouloir faire renvoy desdites causes d'appel, ainsi que de la part de nostredit frere & cousin a esté dit, & à son grand prejudice & dommage, & de ses droits, prérogatives & jouïssance desfusdits, requerant sur ce luy estre pourveu de nostre grace & remede convenable. Sçavoir faisons, que nous voulans en cette partie complaire à nostredit frere & cousin, en faveur mesmement & par consideration de la paix & réunion perpetuelle aujourd'huy faite & jurée entre nous & luy, le voulans aussi entretenir & conserver en ses droits & prérogatives, à iceluy nostre frere & cousin le Duc de Bourgogne, avons accordé & accordons, que d'oresnavant aucunes appellations procedans de Loix & Justices desdites Chastellenies de Lille, Douay & Orchies, ne soient receuës en nostre Cour de Parlement, mais se relieveront lesdites appellations préalablement en la Chambre du Conseil en Flandres, ou devant le Gouverneur de Lille, ou celuy d'eux devant qui lesdites appellations, de leur droit ordinaire & sans moyen, doivent & ont accoustumé d'ancienneté ressortir, & estre premierement relevées; & pareillement avons accordé & accordons à nostredit frere & cousin, que les appellations qui seront interjettées dudit Gouverneur de Lille, & de ses sentences & jugemens, soient relevées en premier lieu en ladite Chambre de Flandres, de laquelle Chambre, ou des sentences, jugemens ou appointemens d'icelle, s'il en est appellé, les appellations seront relevées & discutées en nostredite Cour de Parlement. Si donnons en mandement à nos amez & feaux Conseillers, les Gens de nostre Parlement, au Baillif d'Amiens, & à tous nos autres Justiciers, Officiers, ou à leurs Lieutenans, & à chacun d'eux, si comme à luy appartiendra, que nostre presente surcéance, voulenté & octroy, ils gardent & fassent garder & entretenir de point en point selon sa forme & teneur, sans faire, ne souffrir estre faite aucune chose au contraire; ainçois se fait estoit en aucune maniere, si l'ostent ou fassent oster & mettre sans delay au premier estat & deu; car ainsi nous plaist-il estre fait: En tesmoin de ce nous avons fait mettre nostre Scel à ces presentes. Donné à Peronne, le quatorziesme jour d'Octobre, l'an de grace mil quatre cens soixantehuit, & de nostre Regne le huitiesme. *Et sur le reply, d'un costé, est escrit*, Par le Roy en son Conseil, DE LA LOERE. Et de l'autre : *Lecta, publicata & registrata præsente & consentiente Procuratore Generali Regis Parisius in Parlamento, secunda die Martii 1468.* Et Signé, BONNAT. *Pariter lecta & publicata, Ambasiæ in magno Consilio, Procuratore Regis præsente & consentiente die vicesima prædicti mensis Martii.* Signé, ROLAND.

L'année ne commençoit alors qu'à Pâques.

CXXVII***.**

Main-levée accordée par le Roi Louis XI. de la saisie des biens des vassaux du Duc de Bourgogne.

A Peronne, le 14. Octobre 1468.

Tiré de l'Edition de M. Godefroy.

NOs Nicolaus Galli, *in legibus Licentiatus Domini nostri Regis & Domini Ducis Burgundiæ, Consiliarius, custosque, sigilli communis Regii in Ballivia & Judicatura regia Matisconis constituti, notum facimus universis præsentes Litteras inspecturis & audituris, quod nos vidimus, tenuimus & legimus, videriqùe teneri, ac legi fecimus, per dilectum nostrum & fidelem Johannem du Bois, auctoritate Regia Notarium publicum, & Curiæ nobilis & potentis, viri Domini, Ballivi & judicis Regii Matisconensis, juratum, quasdam Regias Litteras in cera alba & cauda duplici impendenti sigillatas, sanas & integras non abrasas, cancellatas seu viciatas, sed omni prorsus vitio & suspicione, ut prima facie constabat carentes nobis, pro parte honorabilis viri Procuratoris ejusdem Dominii Ducis præsentatas & exhibitas, quarum tenor sub hac verborum serie scribitur & est talis:* Loys, par la grace de Dieu, Roy de France. A tous ceux qui ces presentes Lettres verront, Salut : Comme à la journée & assemblée n'agueres tenuë en la Ville de Ham en Vermandois, & depuis en la Ville de Peronne, entre nos gens & Ambassadeurs, & ceux de nostre très-cher & très-amé frere & cousin le Duc de Bourgogne, plusieurs remonstrances, requestes & doleances ayent esté faites & mises avant de la part de nostredit frere & cousin, pour sur icelles avoir & obtenir de nous provisions convenables ; & entre autres choses ait esté fait plainte de ce que plusieurs des subjets & serviteurs de nostredit frere & cousin, qui ont Terres & Seigneuries sous nous, les aucuns natifs de son Comté de Bourgogne & des Terres situées hors du Royaume, & les autres, du Duché de Bourgogne, & autres ses Pays & Seigneuries, ont esté contraints par aucuns nos Officiers à faire serment nouvel & non accoustumé, de nous servir envers & contre tous, & especialement contre nostredit frere & cousin, sans avoir regard à ce que lesdits subjets sont ses vassaux, & les aucuns natifs de sondit Comté de Bourgogne ; & pource qu'ils en ont esté dilayans, jaçoit ce qu'ils en ayent desja fait le serment de fidelité en la forme accoustumée, & qu'ils ont esté prests de servir selon la nature & qualité de leurs fiefs, toutesfois le Seigneur de Chastillon & autres nos Officiers ont procedé à l'encontre desdits vassaux, subjets & serviteurs de nostredit frere & cousin par voyes indeuës & déraisonnables, tant de main-mises en leurs Terres & Seigneuries, perception des fruits, profits & émolumens d'icelles, assauts faits en aucunes de leurs places, ainsi que en Terres d'ennemis, comme de confiscations de corps & de biens, & ont appliqué lesdits fruits à leur singulier profit ; & qui plus est, ledit Seigneur de Chastillon a procedé par la maniere dite à l'encontre de nostredit frere & cousin à cause de sa Seigneurie de Foüvans, lesquelles procedures, voyes & manieres de faire ont

DE PHIL. DE COMINES.

1468.

ont esté & sont au très-grand grief & dommage de nostredit frere & cousin, & de sesdits vassaux, subjets & serviteurs, requerant provision & remede sur ce : Sçavoir faisons, que nous, ces choses considerées, avons ordonné & declaré, ordonnons & declarons par ces presentes, que d'oresnavant semblables contraintes & procedures cesseront à l'encontre desdits vassaux, subjets & serviteurs de nostredit frere & cousin, & que la main-mise ès Terres desdits vassaux, subjets & serviteurs de nostredit frere & cousin, à l'occasion dessusdite, soit entierement levée & ostée, & qu'ils en jouïssent, ainsi qu'ils faisoient paravant ; laquelle main-mise, par cesdites presentes, nous levons & ostons, en mettant au néant & révoquant toutes declarations, confiscations qui s'en sont ensuivies, & tous procès, sentences & exploits faits à cette cause, voulans & consentans qu'ils jouïssent de leursdits biens, & que ceux qui à cette occasion sont empeschez en leurs personnes, soient mis, & lesquels nous mettons à pleine délivrance ; ordonnons en outre, que les fruits & revenus d'icelles receus & perceus par ledit Seigneur de Chastillon ou par autres, soient rendus & restituez à ceux qu'il appartiendra, ensemble les pertes & dommages ensuis, & pour y donner forme & mettre à execution nostredite ordonnance, & a par nous [esté] commis personne notable, auquel les commis de nostredit frere & cousin feront apparoir des choses dessusdites, lequel commis de par nous aura puissance de pourveoir & appointer touchant lesdites réparations & restitutions, & aussi de la delivrance de tous prisonniers ; & seront ses appointemens & ordonnances, en cette partie, executées sans appel ou renvoy ; & en outre avons accordé & accordons, que les vassaux & subjets de nostredit frere & cousin demeurans & residans en son pays, & aussi ses serviteurs, domestiques, qui ont Terres, Fiefs & Seigneuries en nostre Royaume, à cause desquelles ils devoient service quand nous faisons mandement general en nostre Royaume pour la deffense d'iceluy, ne seront contraints à faire ledit service en leurs propres personnes, mais seront quittes & deschargés d'iceluy service parmy, baillant & delivrant par chacun d'eux autre personne, une ou plusieurs habiles & en point, pour servir ainsi & comme la nature & condition des Fiefs le requierent ; & semblablement sera fait par nostredit frere & cousin au regard de nos vassaux, subjets & serviteurs. Si donnons en mandement à nos amez & feaux Conseillers, les Gens de nostre Parlement, à tous Baillifs & autres nos Justiciers ou Officiers, ou à leurs Lieutenans, & à chacun d'eux, si comme à luy appartiendra, que nos presentes ordonnance, voulenté & declaration ils entretiennent & gardent, & fassent entretenir & garder de point en point, sans enfraindre, sans faire ne souffrir estre faite aucune chose au contraire ; car ainsi nous plaist-il & voulons estre fait. En tesmoin de ce nous avons fait mettre nostre Scel à cesdites presentes. Donné à Peronne, le quatorziesme jour d'Octobre, l'an de grace mil quatre cens soixante & huit, & de nostre Regne le huitiesme. *Sic signatum in anteriori parte plica dictarum Regiarum Litterarum.* Par le Roy en son Conseil, J. DE LA LOERE. *Et in ipsa plica etiam scribitur, lecta, publicata & registrata præsente & consentiente Procuratore Generali Regis Parisius in Parlamento, die secunda mensis Martii,*

Tome III. H

PREUVES DES MEMOIRES

1468.

tii, millesimo quadringentesimo octavo, sic signatum, G. BOUVAT. *Insuper etiam subscribitur similiter, lecta, publicata & registrata præsente & consentiente Procuratore Regis, in Camera Compotorum Parisius, die quarta dicti mensis Martii, anno quo supra, sic signatum,* T. BADOUILLIER. *A tergo verò dictarum Litterarum etiam scribitur, lecta & publicata Ambasiæ in magno Consilio Procuratore Regis, præsente & consentiente, vicesima die mensis Martii, millesimo quater centesimo sexagesimo octavo, sic signatum,* ROLAND. *In cujus visionis testimonium, nos custos sigilli communis Regii præfati ad fidelem relationem memorati Johannis* du Bois, *Notarii Regii, qui nobis regias Litteras præscriptas vidisse, tenuisse & legisse sanas & integras, ut prædicit, retulit, cui quo ad hæc & majora fidem plenariam adhibemus & indubiam Litteras præsentes devidimus, seu transumpto sigilli communis Regii prædicti appensione fecimus communiri: Datum quantum ad eandem visionem, die septima mensis Junii, anno Domini millesimo quater centesimo sexagesimo nono, præsentibus ad eandem visionem Guillelmo* de Bresille, *Laurentio* Blanchard *& Bertrando* Gentil, *testibus ad hæc vocatis & rogatis: Collatio facta per me Johannem* du Bois, *Clericum auctoritate Regia publicum Notarium, Curiæque Domini Baillivi & Judicis Regii Matisconis, juratum de præsenti vidimus, seu transumpto ad proprium originale regiarum Litterarum in eodem vidimus insertarum teste meo manuali signo, sic signatum,* J. DU BOIS.

CXXVII******.

Deffenses du Roi Louis XI. à son Bailly de Sens d'accorder des mandemens en cas d'appel, aux habitans du Duché de Bourgogne.

A Peronne, le 14 Octobre 1468.

Tiré de l'Edition de M. Godefroy.

Nos Nicolaus Galli, *in legibus Licentiatus Domini Regis, & Domini Ducis Burgundiæ, Consiliarius custosque sigilli communis Regii, in Baillivia & Judicatura Regia, Matisconis constituti, notum facimus universis præsentes Litteras inspecturis & audituris, quod nos vidimus, tenuimus & legimus atque per dilectum nostrum, & fidelem Johannem* du Bois *auctoritate Regia, Notarium publicum legi, teneri, atque videri fecimus, quasdam Regias Litteras sigillo magno regio in cera alba & cauda duplici impendenti sigillatas, nobis, pro parte honorabilis, viri Procuratoris ejusdem Domini Ducis præsentatas & exhibitas sanas & integras, tam in sigillo, quam in scriptura non abrasas, cancellatas, seu in aliqua sui parte viciatas, sed prorsus omni vitio & suspicione, prout prima facie nobis & eidem Notario regio apparuit carentes, quarum tenor sub hujusmodi tenore habetur & est talis:* LOYS, par la grace de Dieu, Roy de France. A tous ceux qui ces presentes Lettres verront, Salut: Comme à la journée & assemblée n'agueres tenuë en la Ville de Ham en Vermandois, & depuis en la Ville de Peronne, où nous sommes trouvez, & nostre très cher & très-amé frere & cousin le Duc de Bourgogne en personne, entre nos gens & Ambassadeurs, & ceux de nostredit frere & cousin, plusieurs remonstrances, requestes & doleances ayent esté

faites

faites & mises avant de la part de nostredit frere & cousin, pour sur icelles avoir & obtenir de nous provisions convenables; & entre autres choses, que à cause de sondit Duché, qui est la premiere Pairie, & au moyen de laquelle il est premier Pair & Doyen des Pairs de nostre Royaume, luy compete & appartient, & à ses Baillifs, Juges & Officiers d'iceluy Duché, la connoissance, décision & détermination de toutes causes & procès d'entre ses subjets, sans ce qu'il soit licite à aucuns nos Baillifs & Officiers d'en prendre connoissance par ressort en matiere d'appel ou autrement, sauf seulement le ressort par appellation en nostre Cour de Parlement; mais ce nonobstant, nostre Baillif de Sens puis aucuns temps en çà s'est avancé de bailler mandemens, en cas d'appel des sentences & appointemens rendus par ces Baillifs, & autres Justiciers & Officiers de nostredit frere & cousin en son Duché de Bourgogne, en foulant par ce par multiplication des ressorts ses subjets dudit Duché de Bourgogne, au grand interest de justice & diminution des droits, prérogatives, préeminences & noblesses de nostredit frere & cousin, & de son Duché de Bourgogne, contre raison, en nous suppliant le vouloir sur ce pourveoir de remede convenable, & de grace, se mestier est. Sçavoir faisons, que nous voulans garder & entretenir les droitures, prérogatives, préeminences & noblesses de nostredit frere & cousin, & de sondit Duché de Bourgogne, sans aucune diminution, ains plustost les accroistre & augmenter, en faveur mesmement de la paix & réunion perpetuelle aujourd'huy faite & jurée entre nous & luy, avons ordonné & declaré, ordonnons & declarons par ces presentes de grace especiale, se mestier est, que d'oresnavant ledit Baillif de Sens cessera de bailler les susdits mandemens en cas d'appel aux subjets dudit Duché de Bourgogne, & de recevoir lesdites appellations, en deffendant par cesdites presentes audit Baillif de Sens, ou à son Lieutenant present ou à venir, que contre nostre presente ordonnance & declaration, ils ne fassent attempte d'oresnavant aucunement, sauf toutes voyes en nostredite Cour de Parlement le ressort & connoissance desdites appellations. Si donnons en mandement à nos amez & feaux Conseillers, les Gens de nostredit Parlement, au Baillif de Sens, & à tous nos autres Justiciers & Officiers, ou à leurs Lieutenans, & à chacun d'eux, si comme à luy appartiendra, que nostre presente ordonnance & declaration ils gardent & fassent garder & entretenir de point en point selon leur forme & teneur, sans faire, ne souffrir estre fait aucune chose au contraire; ainçois se fait estoit en aucune maniere, si l'ostent ou fassent oster, & mettre sans delay au premier estat & deu; car ainsi nous plaist-il estre fait : En tesmoin de ce nous avons fait mettre nostre Scel à cesdites presentes. Donné à Peronne, le quatorziesme jour d'Octobre, l'an de grace mil quatre cens soixante & huit, & de nostre Regne le huitiesme. *Sic signatum in anteriori parte plicæ, dictarum regiarum Litterarum*, Par le Roy en son Conseil, J. DE LA LOERE. *Et inferiori parte dictæ plicæ scribitur : Lecta, publicata & registrata præsente & consentiente Procuratore Generali Regis Parisius in Parlamento, secunda die Martii, millesimo quadringentesimo sexagesimo octavo, sic signatum*, G. BOUVAT. *In cujus visionis testimonium, nos custos prænominatus ad fidelem relationem dicti Johannis* du Bois, *Notarii*

Regii

Regii, qui nobis eafdem regias litteras, præfcriptas, fanas & integras, tenuiffe, legiffe, atque vidiffe retulit, & cui quoad hæc & majora fidem plenariam adhibemus & indubiam præfentibus Litteris, eifdem figillum commune Regium duximus apponendum. Datum & actum quoad eandem vifionem, die feptima menfis Junii, anno Domini milleſimo quadringenteſimo ſexageſimo nono, præfentibus ad hæc Laurentio Blanchard, Guillelmo de Brefille & Bertrando Gentilz, teſtibus ad hæc vocatis & rogatis, ſic ſignatum. Collatio facta eſt per me Johannem du Bois, Clericum auctoritate Regii publicum Notarium, Curiæque, Domini Baillivi & Judicis Regii Matiſconis juratum de præſenti vidimus, ſeu tranſumpto ad proprium originale regiarum Litterarum in eodem vidimus inſertarum, teſte meo manuali ſigno, J. DU BOIS.

CXXVII ********

Défenſes du Roi Louis XI. à ſes Baillifs de Sens & de Villeneuve-le-Roy, de prendre connoiſſance des procès des habitans du Duché de Bourgogne, quoique Bourgeois de Sens & de Villeneuve-le-Roy.

À Peronne, le 14. Octobre 1468.

Tiré de la même édition.

NOs Nicolaus Galli, in legibus Licentiatus, Domini noſtri Regis, & Domini Burgundiæ Ducis Conſiliarius, cuſtoſque ſigilli communis Regii, in Ballivia & Judicatura Regia Matiſconenſi conſtituti, notum facimus univerſis præſentes Litteras inſpecturis & audituris, quod nos vidimus, tenuimus & legimus, atque per dilectum noſtrum & fidelem Johannem du Bois, auctoritate Regia Notarium publicum legi teneri, atque videri fecimus, quaſdam Regias Litteras, ſigillo magno Regio in cera alba & cauda duplici impendenti ſigillatas, ſanas & integras tam in ſigillo, quam in ſcriptura nobis, pro parte honorabilis viri Procuratoris ejuſdem Domini Ducis præſentatas & exhibitas, non abraſas, cancellatas ſeu in in aliqua ſui parte viciatas, ſed prorſus omni vitio & ſuſpicione, prout primâ facie nobis & eidem Regio Notario, apparuit, carentes quarum tenor ſub hujuſmodi forma habetur & eſt talis : Loys, par la grace de Dieu, Roy de France. A tous ceux qui ces preſentes Lettres verront, Salut : Comme à la journée & aſſemblée n'agueres tenuë en la Ville de Ham en Vermandois, & depuis en la Ville de Peronne, où nous ſommes venus en perſonne, entre nos gens & Ambaſſadeurs, & ceux de noſtre très-cher & très-amé frere & couſin le Duc de Bourgogne, pluſieurs remonſtrances requeſtes & doleances ayent eſté faites de la part de noſtredit frere & couſin, pour ſur icelles avoir & obtenir de nous proviſions convenables ; & entre autres nous ait eſté remonſtré que à cauſe de ſon Duché de Bourgogne, qui eſt premiere Pairie de noſtre Royaume, & au moyen de laquelle il eſt premier Pair & Doyen des Pairs, luy compete & appartient la connoiſſance, juſtice & judicature ſur tous ſes ſubjets dudit Duché, en telle maniere qu'il n'eſt licite à aucuns de nos Baillifs, ou autres Juges ou Officiers de prendre cour & connoiſſance en aucune maniere des cauſes, procès, queſtions ou debats d'entre ſeſdits ſubjets de ſondit Duché de
Bourgogne,

DE PHIL. DE COMINES.

1468.

Bourgogne, ne iceux faire appeller devant eux en quelque maniere que ce soit, sauf & reservé tant seulement le ressort, en cas d'appel, en nostre Cour de Parlement, ce nonobstant nostre Baillif de Sens, sous ombre & couleur de ce que aucuns desdits de nostredit frere & cousin se disent bourgeois de la Villeneuve-le-Roy, leur baille mandemens en forme de garde & autres, & par ce moyen attrait & veut attraire à luy la connoissance desdites causes & procés, questions & debats d'entre lesdits subjets de nostredit frere & cousin, de sondit Duché de Bourgogne, à la grande foule & diminution de ses droits, prééminences, prérogatives & noblesses, & au très-grand grief & dommage de sesdits subjets, en nous suppliant le vouloir sur ce pourvoir de remede convenable & de grace, se mestier est. Sçavoir faisons, que nous, les choses dessusdites considerées, voulans nostredit frere & cousin le Duc de Bourgogne entretenir en sesdits droits, prérogatives, prééminences & noblesses, & luy complaire en cette partie; en faveur mesmement de la paix & réunion perpetuelle aujourd'huy faite & jurée entre nous & luy, avons octroyé, consenty & accordé, & par ces presentes, de grace especiale, en tant que mestier est, octroyons, consentons & accordons à nostredit frere & cousin, que d'oresnavant par nostredit Baillif de Sens, Prevost de la Villeneuve-le-Roy, ou autres nos Baillifs ou Officiers quelconques, ne sera fait, ne donné aucun empeschement aux Baillifs, Juges & Officiers de nostredit frere & cousin en sondit Duché de Bourgogne, à prendre connoissance des subjets d'iceluy Duché, sous ombre que lesdits subjets se font bourgeois de ladite Villeneuve-le-Roy; & avec ce avons ordonné & consenty, ordonnons & consentons que d'oresnavant par ledit Baillif de Sens, ou autres nos Justiciers & Officiers, ne seront baillées aucunes Lettres de garde ou *debitis* aux subjets de nostre frere & cousin en sondit Duché, sous couleur de ladite Bourgeoisie; & avons deffendu & deffendons par ces presentes, ausdits Baillif de Sens, Prevost de la Villeneuve-le-Roy, & autres nos Justiciers & Officiers, que contre nostredite presente ordonnance & octroy, ils ne fassent aucune chose au contraire. Si donnons en mandement à nos amez & feaux Conseillers, les Gens de nostre Parlement, que nos presens accord, octroy & consentement ils gardent, & fassent garder & entretenir de point en point, selon leur forme & teneur, sans faire, ne souffrir estre faite aucune chose au contraire; ainçois se fait estoit en acune maniere, si l'ostent ou fassent oster, & mettre sans delay au premier estat & deu; car ainsi nous plaist-il estre fait : En tesmoin de ce nous avons fait mettre nostre Scel à ces presentes. Donné à Peronne, le quatorziesme jour d'Octobre, l'an de grace mil quatre cens soixante-huit, & de nostre Regne le huitiesme. *Sic signatum in unteriori parte plicæ dictarum Regiarum Litterarum*, Par le Roy en son Conseil, J. DE LA LOERE. *Et in inferiori parte ipsius plicæ scribitur id quod sequitur, lecta, publicata & registrata præsente & consentiente Procuratore Generali Regis Parisius, in Parlamento, secunda die Martii, millesimo quadringentesimo sexagesimo octavo, sic signatum*, G. BOUVAT. *Item subscribitur similiter, lecta, publicata & registrata præsente & consentiente Procuratore Regis in Camera Computorum Parisius, die quarta dicti mensis Martii, anno quo supra, sic signa-*

62   PREUVES DES MEMOIRES

1468.

tum T. DE BADOUILLIER. Et à tergo ipsarum Litterarum scribitur, lecta & publicata Ambasiæ in magno Consilio Procuratore Regis, præsente & consentiente, vicesima die mensis Martii, millesimo quadringentesimo sexagesimo octavo, sic signatum, ROLANT. In cujus visionis testimonium nos custos prænominatus ad fidelem relationem dicti Johannis du Bois, Notarii Regii, qui nobis easdem Regias Litteras præscriptas, sanas, integras tenuisse, legisse, atque vidisse retulit, & cui quoad hoc & majora fidem plenariam adhibemus & indubiam præsentibus Litteris, idem sigillum commune regium duximus apponendum: datum & actum, quoad eamdem visionem, die septima mensis Junii, anno Domini millesimo quadringentesimo sexagesimo nono, præsentibus ad hæc Laurentio Blanchard, Guillelmo de Bresille & Bertrando Gentilz, testibus ad hæc vocatis & rogatis: Collatio facta est per me Johannem du Bois, Clericum auctoritate Regia publicum Notarium Curiæque, Domini Ballivi & Judicis Regis Matisconensis, juratum de præsenti vidimus, seu transumpto ad proprium originale Regiarum Litterarum, in eodem vidimus insertarum, teste meo manuali signo, sic signatum, J. DU BOIS.

CXXVII********.

Déclaration du Roi Louis XI, que les executions commencées en vertu du Scel du Duché de Bourgogne, portant main-garnie, auront leur effet.

A Peronne, le 14. Octobre 1468.

Tiré de la même Edition.

NOs Nicolaus Galli, in legibus Licentiatus Domini nostri Regis, & Domini Ducis Burgundiæ, Consiliarius, custosque sigilli communis Regii in Ballivia & Judicatura Regia Matisconensi constituti, notum facimus, quod nos vidimus, tenuimus atque legimus, atque per dilectum nostrum, & fidelem Johannem du Bois, publicum auctoritate Regia Notarium, videri, teneri, ac de verbo ad verbum legi facimus, quasdam Regias Litteras in cera alba & cauda duplici impendenti sigillatas nobis, pro parte honorabilis viri Procuratoris ejusdem Domini Ducis præsentatas & exhibitas, sanas & integras, non vitiatas, cancellatas seu abrasas, sed prorsus omni vitio & suspicione carentes, ut prima facie apparuit quarum tenor talis est: LOYS, par la grace de Dieu, Roy de France. A tous ceux qui ces presentes Lettres verront, Salut: Comme à la journée & assemblée tenuë en la Ville de Ham en Vermandois, au mois de Septembre dernier passé, entre nos gens & Ambassadeurs, & ceux de nostre très-cher & très-amé frere & cousin le Duc de Bourgogne, & laquelle journée & assemblée, en entretenant icelle, ait esté remise en cette Ville de Peronne, où nous sommes trouvez & nostredit frere en personnes, plusieurs remonstrances, doléances & requestes nous ayent esté faites de la part de nostredit frere & cousin, pour sur icelles avoir & obtenir provisions convenables ; & entre autres choses, que jaçoit ce que entre les droits & prérogatives que luy competent en son Duché de Bourgogne, à cause duquel il est premier Pair & Doyen des Pairs de France, il ait Chancelier audit Duché, & en sa

Chancellerie

Chancellerie ait Scel authentique, sous lequel l'on a accoustumé louer & passer tous contrats entre parties contrahans, qui pour leur seureté le requierent, & lequel Scel de toute ancienneté a & porte par son privilege, execution précise & main-garnie, & que plusieurs debiteurs obligez sous ledit Scel, ou leurs heritiers, pour éviter ou dilayer le payement & droits de leurs creanciers, appellent souvent à nous & à nostre Cour de Parlement; pour reverence desquelles appellations, combien qu'elles soient contre le privilege dudit Scel, les executeurs deputez pour executer tels debiteurs & obligez, & aussi lesdits creanciers, pour doubte de mesprendre, defferent à telles appellations au grand préjudice de nostredit frere & de sondit Scel, & au grand dommage desdits creanciers, requerrant sur ce nostre provision de justice & grace, en tant que mestier est. Sçavoir faisons, que nous desirans nostredit frere & cousin estre entretenu en ses droits & prérogatives, & aussi que ne voulons, au moyen de telles appellations, le bon droit des creanciers estre empesché ou retardé, de nostre certaine science, grace especiale & autorité Royale, en tant que mestier est, avons declaré & declarons, que d'oresnavant toutes executions, qui se feront par vertu dudit Scel dudit Duché de Bourgogne, pour tenir main-garnie, selon & en suivant le privilege dudit Scel (1) & nonobstant appellations quelconques, & sans préjudice d'icelles. Si donnons en mandement à nos amez & feaux Conseillers, les Gens de nostre Parlement, que cette nostre presente declaration ils gardent & fassent garder & entretenir de point en point, selon sa forme & teneur, sans faire, ne souffrir estre fait aucune chose au contraire; ainçois se fait estoit en aucune maniere, si l'ostent ou fassent oster, & mettre sans delay au premier estat & deu; car ainsi nous plaist-il estre fait : En tesmoin de ce nous avons fait mettre nostre Scel à ces presentes. Donné à Peronne, le quatorziesme jour d'Octobre, l'an de grace mil quatre cens soixante & huit, & de nostre Regne le huitiesme. *Sic signatum in anteriori parte plicæ dictarum Regiarum Litterarum*, Par le Roy en son Conseil, J. DE LA LOERE. *Et in inferiori parte, ipsius plicæ scribitur : Lecta, publicata & registrata præsente consentiente Procuratore Generali Regis Parisius in Parlamento, secunda die Martii, millesimo quadringentesimo sexagesimo octavo, sic signatum*, G. BOUVAT. *In cujus visionis testimonium, nos custos sigilli communis Regii, prædicti ad fidelem relationem ejusdem, Notarii Regii, qui præmissas Litteras regias vidisse, tenuisse, atque legisse sanas & integras, ut præfertur nobis retulit & cui quoad præmissa & majora fidem plenariam adhibemus & indubiam præsentes Litteras de vidimus, ejusdem sigilli appensione facimus communiri. Datum quantum ad eandem visionem, die septima mensis Junii, anno Domini millesimo quadringentesimo sexagesimo nono, præsentibus Guillelmo de Bresille, Laurentio Blanchard & Bertrando Gentilz, testibus ad hæc vocatis & rogatis. Collatio facta est per me Johannem du Bois, Clericum auctoritate Regia publicum Notarium, Curiæque Domini Ballivi & Judicis Regii Matisconensis, juratum de præsenti vidimus, seu transumpto ad proprium originale*

---

(1) Il paroît qu'il y a faute dans la copie, & qu'on doit ajoûter le mot, *s'exécuteront*, & ôter le mot, *&*.

nale Regiarum Litterarum, in eodem vidimus infertarum, teste meo manuali signo, J. DU BOIS.

CXXVIII.

☞ *Observations touchant le Traité de Peronne, contenant plusieurs particularités depuis 1468. jusqu'en 1471.*

Tiré des Recueils de M. l'Abbé Le Grand.

APrès les Estats tenus à Tours, en Caresme 1468. l'Evesque, Duc Langres, Pair de France, & le Sieur de Monstreuil, & autres en leur compagnie, furent ordonnez deputez de par lesdits trois Estats, du consentement & bon plaisir du Roy, pour aller devers le Duc de Bourgogne, & le prier & requerir, que de par lesdits trois Estats, comme celuy en qui lors ils avoient confiance, qu'il aimoit, vouloit & desiroit entierement & parfaitement le bien de la Couronne & le salut du Royaume, & qu'ils sçavoient bien que le Roy l'avoit très-agréable, & qu'il aimoit & desiroit plus, que ledit Duc de Bourgogne se meslast d'appointer les differens qui estoient entre le Roy & Monsieur son frere, à present Duc de Guyenne, & pareillement entre le Roy & Mr. de Bretagne, que nul autre; qu'il voulsist prendre en sa main toutes les differences, & soy employer à l'appaisement d'icelles, & qu'il se voulsist joindre & adherer avec lesdits trois Estats; & lesquels trois Estats se joindroient avec luy pour adviser les façons & manieres comment, par raison & selon Dieu, honneur & conscience, on pourroit appointer lesdites matieres, & escrivoient que par ce moyen, bonne paix & concorde en ensuivroit, & tant d'autres biens, que ce ne seroit pas seulement le salut du Royaume, mais redonderoit au bien de toute la Chrestienté, en l'honneur & gloire perpetuel dudit Duc de Bourgogne & de sa Maison; & avec ce luy fut offert de par lesdits trois Estats, qu'en adherant avec eux, touchant les matieres dessusdites, de l'aimer, porter & soustenir par iceux trois Estats, de corps & de biens, & de tout ce qu'il leur seroit possible, & de eux employer en toute chose qui seroit au bien & honneur, profit & utilité, & seureté de luy & de ses pays, Terres & Seigneuries; & eut le Roy toutes ces choses dessusdites agreables, & de son consentement & bon plaisir, furent dites & offertes audit Duc de Bourgogne, & l'en assurerent lesdits Ambassadeurs, en ayant de ce expresse charge du Roy; lesquelles choses neanmoins ledit Duc ne voulut accepter, leur fit respondre ce que bon leur sembla par son Chancelier, comme il est contenu par le Procès Verbal desdits Ambassadeurs; & de plus, respondit luy-mesme plusieurs estranges choses contre le Roy, qui ne sont pas dignes d'estre rapportées, & plusieurs autres des principaux Seigneurs du Royaume; & entre autres, que le Roy avoit traité avec les Anglois afin de destruire le Duc de Bretagne, s'il fust parvenu à son intention avec les Anglois; & nonobstant les prieres des trois Estats, & le consentement du Roy, le Duc se mist ès champs avec grosse armée & & passa la riviere de Somme. Le Roy pour n'en pas venir à une guerre ouverte, envoya ses Ambassadeurs à Ham en Vermandois avec ceux du Duc; & consentit ensuite que le Cardinal d'Angers allast à Peronne

trouver

JEAN BALUE.
Cardinal.
Mort à Ancone en Italie au Mois d'Octobre 1491.

A Paris chez Odieuvre M.d d'Estampes rüe Danjou Dauphine la deuxieme porte Cochere.

DE PHIL. DE COMINES.

trouver le Duc, où ces deux conspirerent plusieurs choses à l'encontre du Roy; le Cardinal escrivit & dit de bouche à Sa Majesté plusieurs choses pour la persuader, qu'elle n'avoit pas de meilleur serviteur que le Duc, qu'il la serviroit envers & contre tous; que si elle vouloit venir à Peronne, le Duc en passeroit par tout où il voudroit, & luy donneroit telle seureté qu'il jugeroit à propos.

1468.

Le Roy alla à Peronne, où il fut mal & deshonnestement traité, comme il est notoire quasi par toute la Chrestienté, & furent les portes du Chastel de la Ville fermées au desceu du Roy, tellement que nul n'en pouvoit issir; & furent dites au Roy & à ses gens, par ledit Duc de Bourgogne & ses gens, plusieurs estranges & mal gracieuses paroles, sonnans & denotans menaces, peurs & craintes, & dont le plus constant homme du monde eust eu cause raisonnable de douter, qui estoit bien claire infraction du Traité de Conflans; & estant le Roy en cette crainte, & tous ses gens avec luy, il convint qu'il accordast audit Duc de Bourgogne toutes les choses qu'il voulut avoir & demander: & à chacune fois que l'on remonstroit que les matieres n'estoient pas raisonnables, les gens dudit Duc respondoient, il faut qu'il se fasse, car Mgr. le veut & l'a ainsi ordonné, & contraignirent le Roy, ledit Duc de Bourgogne & ses gens, à la même heure, à commander exploits, Lettres patentes de cas particuliers à l'appetit dudit Duc de Bourgogne, là où le Roy dit & declara, que de sa certaine science il avoit ainsi octroyé & accordé, comme lesdites Lettres le portoient; & toutes-fois il n'ouït jamais parler des cas particuliers, ainçois plus d'un mois après ou environ, à Bruxelles & és marches de par-delà, lesdits cas particuliers furent traitez, recitez & escrits, & sont tous iceux cas declarez ès Lettres dudit fait de la part du Roy, ce qui prouve le crime & la desobéyssance & damnable volonté dudit Duc.

Ce sont celles que l'on vient d'imprimer, n. CXXVII. &c.

On estoit convenu que le lendemain le Duc feroit serment & hommage au Roy, le Duc l'avoit juré sur la vraye Croix, presens le Cardinal d'Angers, le Duc de Bourbon, le Connestable, &c. Il en fut requis, presence des mesmes tesmoins, & il n'en fit rien. Le Roy neanmoins ne laissa pas de commander l'enregistrement du Traité, & qu'il fust observé de point en point; au contraire le Duc de Bourgogne, qui avoit promis au Roy de luy donner les scellez de treize à quatorze personnes, telles que Sa Majesté les voudroit nommer; le Roy les nomma, & le Duc n'executa pas ce qu'il avoit promis.

Depuis & pendant le Traité, le Duc & le Cardinal conspirerent ensemble de prendre le Roy & Monsieur de Guyenne, le Duc esperant par là se faire Roy, & le Cardinal Pape.

Par le mesme Traité de Peronne, le Duc avoit promis de travailler pour ramener le Duc de Guyenne; cependant il fit le contraire, & envoya faire à Monsieur de Guyenne ouvertures & offres grandes & apparentes, afin que la bonne amour, bienveillance, cordiale dilection, qui est depuis, graces à Nostre-Seigneur, entre le Roy & mondit Sieur de Guyenne, son frere, ne se fist jamais & ne vinst à aucun effet.

L'appointement fait, il a tâché de brouiller ces Princes, a envoyé offrir son alliance aux Ducs de Guyenne & de Bretagne, & les inviter

Tome III.   I   de

de se joindre à Edoüard de la Marche, alors usurpateur du Royaume & de la Couronne d'Angleterre, lequel devoit descendre en Normandie, la conquerir avec l'ayde desdits Seigneurs, & ensuite la donner à Monsieur de Guyenne, qui luy donneroit la Guyenne en eschange.

Dans le temps que le Duc de Bretagne s'accommodoit avec le Roy, le Duc de Bourgogne luy envoya faire les propositions que dessus.

Le Duc de Bourgogne avoit promis par le Traité de Peronne de demeurer fidele au Roy, de faire reconnoistre sa justice en ses pays, & de renoncer à l'alliance des Anglois ; cependant outre l'alliance contractée auparavant par mariage, il l'a renouvellée, pris l'Ordre de la Jarretiere, fait les sermens accoustumez dans cet Ordre, & porte la Croix rouge, qui est l'Enseigne d'Angleterre ; il a fait crier que les Officiers n'eussent à mettre à execution aucun arrest dans ses pays ; de sorte que Galleron Denys, Sergent à Cheval au Chastelet, estant allé à Bruges pour executer un Arrest du Parlement, il le fist arrester & tinst quatre mois prisonnier ; il fist arrester pareillement Maistre Guillaume de la Haye, President des Requestes du Palais, qui depuis la prison de Galleron estoit allé par ordre de la Cour faire executer ledit arrest, & ne les relâcha l'un & l'autre qu'ils n'eussent renoncé audit Exploit ; il a fait couper la teste à Vanburen, à Pierron Lequien, natif de Selonnes, qui estoit Abbé de Saint Denis, pour avoir demandé & obtenu du Roy permission d'informer contre des subjets du Duc, qui l'avoient cruellement maltraité, & fit faire amende honorable aux Commissaires nommez pour informer.

Sous ombre de la querelle que ledit Duc avoit contre le Comte de Warwic & le Duc de Clarence, à qui le Roy avoit donné retraite en son Royaume ; il est venu faire guerre mortelle sur les frontieres, a escrit Lettres fort injurieuses contre le Roy au Parlement de Paris, aux Gens de son Conseil à Rouen, pource que, disoit-il, les gens de Warwic & Clarence avoient pris quelques Vaisseaux sur ses subjets. Le Roy neanmoins luy avoit fait dire que tout ce qui seroit trouvé en nature luy seroit rendu, & le reste payé selon l'estimation : En effet, le Roy avoit nommé l'Admiral, le President Boulenger, Yvon du Fou, son Chambellan, pour informer & dédommager ensuite les subjets du Duc, & leur faire rendre leurs Navires & partie de leurs marchandises.

Il y avoit procès aux Requestes du Palais pour quelques effets restez à Blois de la succession du feu Jean de Saveuse, Serviteur de Mr. d'Orleans ; le fils dudit Saveuse se plaignant qu'on ne luy rendoit pas justice en France, obtint du Duc Charles de Bourgogne des Lettres de represailles, & saisit & fit vendre beaucoup de biens appartenans à des François, ce procès estant encore indécis.

Guillaume Picard, General des Finances en Normandie, avoit fait assembler les Vaisseaux & biens qui appartenoient aux subjets du Duc de Bourgogne, pour les remettre à ceux à qui ils appartenoient, & avoit notifié au Comte de Warwic, qu'il ne pourroit joüir du sauf-conduit s'il vendoit aucuns Navires ou effets des Bourguignons en France, & le Comte avoit promis de n'en point vendre, & avoit donné pour cautions & pleiges les Seigneurs Grey & Stafford. Le Roy avoit en mesme temps envoyé Guillot Pot, Baillif de Vermandois, & Fournier, Conseiller au Parlement,

Parlement, vers le Duc pour luy donner advis de toutes choses. Le Duc ne voulut leur donner responfe qu'en prefence de son Conseil & de tous les Ministres estrangers, & eux assemblez declara aux Ambassadeurs du Roy, qu'il ne se contentoit nullement des offres que le Roy luy faisoit, qu'il ne vouloit point de satisfaction ny d'équivalent, & qu'il prétendoit se faire justice : En effet, il amassa vingt-cinq ou trente Navires, du port en tout de sept à huit mille tonneaux, dont il donna le commandement au Sieur de la Vere, avec ordre de se joindre à la Flotte que les Anglois avoient mise en mer, & confisqué pour plus de quatre cens mille escus d'effets appartenans aux subjets du Roy ; lorsque la Flotte parut sur les costes, Guillaume Picard envoya un Trompette à ceux qui la commandoient pour leur declarer qu'il avoit ordre de restituer ce qui avoit esté pris ; mais les Anglois & les Bourguignons, sans avoir égard aux Loix de la guerre, tuerent le Trompette d'un coup de fauconneau ; surquoy les Princes, Seigneurs, Gens d'Eglise, Nobles, Marchands & gens de tous estats, supplierent & requirent le Roy, que pour le bien de la chose publique il voulust mettre provision à toutes ces choses, ne les pouvant bonnement taire ny dissimuler.

Et de plus, ceux d'Amiens & de Saint Quentin ayant esté advertis que le Duc vouloit leur envoyer grosse garnison, pour les fouler & gouverner à sa fantaisie, ils eurent recours à luy, comme à leur legitime Souverain, le prierent de les recevoir, offrans de se mettre entre ses mains.

Et le Roy considerant qu'elles estoient de l'ancien Domaine de sa Couronne, qu'il les avoit achetées, que le Duc avoit enfraint & violé en plusieurs manieres le Traité de Conflans & celuy de Peronne ; Sa Majesté considerant les grands maux & inconveniens qui pouvoient arriver de laisser ces Places entre les mains du Duc de Bourgogne, & ayant égard à la bonne volonté & fidelité de ses subjets desdites Villes, les prit en sa main, ce qu'il pouvoit faire par toutes les raisons cy-dessus alleguées.

De quoy le Duc de Bourgogne prit occasion de declarer la guerre au Roy, & de commettre plusieurs cruautez & inhumanitez contre les subjets du Roy, & d'exercer toutes sortes de rigueurs.

Toutefois les gens du Duc de Bourgogne vinrent à Honnefleur ou Harfleur, brusterent cinq des Vaisseaux qui avoient esté pris, en emmenerent deux, & brusterent deux autres Navires Bretons, & tuerent le Trompette qui leur alloit signifier que les Commissaires estoient venus pour leur restituer ce qui avoit esté pris.

Depuis firent avec les Anglois une descente à la Hogue Saint Wast, brusterent plusieurs maisons au Village de Gueneville, tuerent quelques personnes, arracherent les Armes du Roy, criant vive Bourgogne & le Roy Edoüard, & firent plusieurs descentes depuis au mesme lieu.

De plus, le Duc saisit & confisqua pour plus de trois à quatre cens mille escus de marchandises & biens appartenans aux subjets du Roy.

A donné des saufs-conduits aux subjets du Roy, a permis aux siens d'en prendre du Roy ; a accordé à Jacques de Saveuses des Lettres de represailles sur les subjets du Roy.

Et enfin a declaré qu'il renonçoit au Traité de Peronne, & a fait

1468.

1468. fçavoir à Jean Vanloc, Lieutenant de Calais, qu'il eſtoit, & feroit tousjours bon ami des Anglois.

CXXVIII*.

1470. Princes & autres déſchargez des Promeſſes qu'ils avoient fait à Charles dernier Duc de Bourgogne, contre le Roy Louis XI.

Declaration de Louys XI. contre Charles dernier Duc de Bourgogne, ſur l'avis des Princes de ſon Sang, & autres Notables, aſſemblez à Tours, par laquelle il eſt declaré, que leſdits Notables auroient eſté d'avis que à cauſe des conſpirations dudit Duc de Bourgogne contre ledit Roy Louys XI. il eſtoit quitte & deſchargé des promeſſes, qu'il luy auroit faites par le Traité de Peronne, & autrement : Et que ſes Terres & Seigneuries luy devoient eſtre confiſquées. Et par meſme moyen les Princes furent declarez quittes & deſchargez des Scellez & Promeſſes, que du ſceu dudit Roy Louis ils luy auroient faites. A Amboiſe, L'an mil quatre cens ſoixante-dix, le trois Decembre.

Tiré de l'Edition de M. Godefroy.

LOYS par la grace de Dieu, Roy de France. A tous ceux qui ces preſentes Lettres verront, Salut : Pource que de la part de noſtre Procureur general, & des Princes & Seigneurs de noſtre Sang, Gens d'Egliſe, Nobles, Marchands & autres perſonnes de divers eſtats de noſtre Royaume, nous a eſté remonſtré que depuis aucun temps en çà, noſtre couſin le Duc de Bourgogne mauvaiſement, & comme deſobeïſſant & entreprenant grandement à l'encontre de nous & de noſtre Souveraineté, a mis ſus pluſieurs gens en armes, & a tout grand nombre de gros navires garnis d'habillemens de guerre, fait partir de ſes pays, & venir ès Havres, en nos Pays & Duché de Normandie, où ils ſe ſont efforcez faire divers invaſions & voyes de fait contre nous, nos ſubjets & bienveillans, en proferant les plus rudes, injurieuſes & outrageuſes paroles qu'ils pouvoient de noſtre perſonne, ſans eux en vouloir deporter, pour quelque requeſte ou remonſtrance qui leur fuſt faite : mais en continuant leurs mauvaiſes & damnables entrepriſes, deſcendirent à terre à bannieres eſlevées & deſployées, & par grande hoſtilité, armez & embaſtonnez, vindrent courir ſus à nos gens & ſubjets, bouterent le feu ès navires & maiſons, tuerent & meurtrirent les aucuns, & les autres prirent & firent priſonniers, en intention de vouloir appliquer & uſurper à eux la Seigneurie & tout le pays, ſi nos loyaux & feaux à l'ayde de noſtre Seigneur n'y euſſent reſiſté. Et avec ce, nous a eſté remonſtré comme ledit Duc de Bourgogne en demonſtrant vouloir, de demeurer noſtre perpetuel ennemi, & de la Couronne, a pris la Jarretiere & Ordre de noſtre ancien ennemi, Edoüard de la Marche, Anglois, & porte ſon Enſeigne, qui eſt la Croix rouge, & avec luy a fait & contracté diverſes Alliances induës & à luy non permiſes, & contraint nos ſubjets ſes vaſſaux à luy faire ſerment, & promeſſe de le ſervir envers & contre tous, ſans vouloir que en ce aucunement noſtre perſonne fuſt exceptée. Et qui plus eſt, avoit eſcrit ledit Duc de Bourgogne à ceux de Calais certaines Lettres, par leſquelles il declare evidemment le mauvais, damnable & deteſtable vouloir qu'il dès pieça eu, & a de preſent à nous & à la Couronne de France, & à la grande & ſinguliere amour, & affection qu'il

a

a euë aufdits Anglois, afin que tousjours ils profperaffent : Nous a efté auffi par les deffufdits expofé, que fans caufe raifonnable, ledit Duc de Bourgogne en contrevenant à la feureté par luy baillée à tous venans à la Foire d'Anvers, a fait prendre reaument & par œuvre de fait les biens, deniers, denrées & marchandifes qu'on a peu trouver, que nos fubjets avoient menez & achetez à ladite Foire d'Anvers, & ailleurs en fes pays. Et depuis enore fans connoiffance de caufe, & fans demander ne faire demander juftice à nous, ne à nos Juges, ainfi qu'il eft tenu de faire, comme noftre vaffal, jufticiable & fubjet, a donné, & contre toute forme de Juftice, Lettres de marques à un nommé Jacques de Saveufes Chevalier, fur nofdits fubjets, a mandé vendre & adenerer leurs marchandifes, pour reftituer ledit de Saveufes de certains biens qu'il difoit eftre demeurez en la Ville de Blois, de la fucceffion de feu Jean de Saveufes, laquelle il maintient luy devoir appartenir : jaçoit ce que à caufe de icelle fucceffion foit procès pendant indecis aux Requeftes de noftre Palais à Paris : & que defdits biens l'on ne peut pretendre quelque querelle fur les biens de nofdits fubjets, à qui la matiere ne touche en rien, avec plufieurs autres entreprifes fur les droits & authoritez de la Couronne de France, & noftre Seigneurie. Et en ce & autrement traitant & pourchaffant par maintes mauvaifes & iniques voyes plufieurs maux, feditions, guerres, rebellions & defobeiffances contre noftredit Royaume, & la chofe publique d'iceluy, & dont fi provifion n'y eftoit donnée, fe enfuivroient inconveniens irreparables, & la fubverfion de la Juftice, & de toute la paix & tranquillité d'iceluy Royaume : Et avec ce, ledit Duc de Bourgogne n'a fait, tenu, ne accomply plufieurs chofes que par Traitez il eftoit tenu de faire, & qu'il avoit folemnellement promifes & jurées. Parquoy raifonnablement nous & tous les Princes & Seigneurs de noftre Sang font quittes & déliez du tout de l'effet, & contenu efdits Traitez : Requerans, & pour donner exemple à tous autres, que par nous fût fur ce pourveu de remede convenable, & tel que au cas appartient. Et combien qu'après lefdites remonftrances ayons longuement differé, & patiemment toleré lefdits outrages : toutesfois pour ce que de plus en plus les plaintes fe continuoient, au moyen que de la part dudit Duc de Bourgogne, les déteftables maux fe multiplioient & accroiffoient de jour en jour, avons, pour en ces matieres proceder par grande & meure deliberation de Confeil, fait affembler en noftre Ville de Tours aucuns des Princes & Seigneurs de noftre Sang, Prelats, Comtes, Barons & autres Nobles, & gens Notables & de Confeil : c'eft à fçavoir, noftre très-cher & très-amé oncle, le Roy de Sicile, noftre très-cher & très-amé frere & coufin le Duc de Bourbon, noftre très-cher & très-amé fils & coufin le Marquis du Pont, noftre très-cher & amé coufin le Comte d'Eu, noftre très-cher & amé coufin l'Archevefque & Comte de Lyon, nos très-chers & amez coufins les Comtes de Guife & du Perche, Baron de Beanjeu, & Comte Dauphin d'Auvergne, noftre très-cher & amé coufin le Comte de Saint-Paul, Connestable de France, le Chancelier, noftre très-cher & amé coufin le Comte de Dunois, & nos amez & feaux coufins & Confeillers l'Evefque & Duc de Langres, Pair de France, les Evefques d'Avranches, de Soiffons & de Valence, le Comte de Vaudemont,

mont, le Comte de Dampmartin grand Maiſtre d'Hoſtel, le Sire de Rohan, les Sires de Loheac & de Gamaches, Mareſchaux de France, le Comte de Rouſſillon Admiral de France, les Sires de Chaſtillon, de Craon, de la Foreſt, de Briquebec, de Maulevrier grand Seneſchal de Normandie, de Curſol, du Lude, Maiſtre Jean le Boulanger Preſident, Jean de Lorraine, Gaſton du Lyon, Seneſchal de Thoulouſe, Guy Pot, Chevalier Bailly de Vermandois, Jehan de Sallezart Chevalier Sire de Saint Juſt, Guillaume Couſinot Chevalier Seigneur de Monſtreüil, Selehadin d'Anglure, Seigneur de Nogent . . . . . N . . . . de Beaumont, Sieur de Breſuire, Jean du Fou grand Eſchanſon, Olivier de Bron, Seigneur de la Morandaye, Triſtan l'Ermite Chevalier, Prevoſt des Mareſchaux, May de Houlfort Bailly de Caën, Maiſtre Jean de Ladrieſche, Preſident de nos Comptes & Treſorier de France, Pierre Doriole, & Jean Hebert Generaux de France, Jean de Ponpaincourt Preſident deſdits Comptes, Pierre Poignant, Jacques de Baternay, Regnault de Dormans, Adam Fumée, Simon Davy & Jean Berard Maiſtre des Requeſtes ordinaires de noſtre Hoſtel, Guillaume Compains, Pierre Salat, Pierre Gruel Preſident du Dauphiné, Aubert de Vaily Rapporteur de noſtre Chancelerie, Jean Chouart Lieutenant civil, Bernard Lauret noſtre Advocat en noſtre Cour de Parlement à Thoulouſe, Louys Aſtales, Jehan du Molin, Charles Eſtars * Chevalier, & Guillaume de Ceriſay Greffier de noſtre Cour de Parlement à Paris : Es preſences deſquels bien au long particulierement, & à la verité leſdites deſobeiſſances, maux, entrepriſes, griefs, forces & malveillances ont eſté récitées, & à toutes fins longuement & grandement debatuës & arguées, ainſi que ſelon droit & raiſon appartient, & tellement & ſi evidemment que d'iceux nul n'en pouvoit avoir ou prétendre ignorance. Et ce fait, & les matieres entenduës, & ce que à icelles ſervir pouvoit comme Traitez, Lettres, ſcellez & appointemens veus & leus publiquement, demandée opinion à un chacun de ce que ſelon Dieu, raiſon & juſtice, touchant les choſes deſſuſdites, nous devions & eſtions tenus de faire. Et conſideré que deſdits faits en la graigneur partie la verité eſt ſceuë & cognuë par notorieté de fait, & par ce qu'il en eſt fâme publique & commune renommée, & que pluſieurs des opinans ont à l'œil veu & cognu partie deſdites entrepriſes, invaſions, voyes de fait, deſobeyſſances, infidelitez & outrages, & ſemble à tous concordablement & ſans diſcrepance ou diverſité aucune ; & ainſi l'a dit chacun par ſon opinion & en ſa conſcience, que par diſpoſition de tout droit, & auſſi par honneur & ſelon raiſon que nous eſtions, & ſommes quittes & deſchargez de toutes promeſſes & autres choſes, dont au moyen des Traitez de Peronne & autrement ledit Duc de Bourgogne pourroit dire, pretendre ou maintenir, nous avoir, eſté tenu & obligé, & qu'il avoit envers nous très-grandement meſpris & offenſé, en faiſant les hoſtilitez, deſobeyſſances, invaſions, voyes de fait, entrepriſes induës, & autres griefs & torts par luy perpetrez ; & que à l'occaſion d'iceux toutes ſes Terres & Seigneuries ſont & doivent à nous eſtre forfaites & acquiſes, & que pourtant nous qui ſommes le Chef & Souverain Protecteur de la Couronne de France, & des droits Royaux. Veu les ſermens que nous avons faits comme Roy à noſtre * Sacre, ne pouvons

*ou des Eſtars.

* Voyez le Ceremonial françois ; tome I. page 76. * 172.

pouvons, ne devons honnestement dissimuler ne differer d'en faire punition : mais à icelle proceder vigoureusement, & à puissance & autorité Royale, comme contre rebelles, desobeyssans, & malveillans à nous & à la Couronne de France appartient : offrans d'eux-mesmes & sans requeste aucune nosdits oncle Roy de Sicile, Duc de Bourbon frere, & autres nos cousins, Barons & Seigneurs, chacun particulierement & en son endroit, veu l'enormité des outrages dessusdits, nous y servir, aider & secourir de leurs personnes, & de toutes leurs puissances : laquelle opinion & deliberation concordable par devers nous rapportée, nous considerans que en consistoire publique, & ès presences l'un de l'autre elle avoit esté faite & declarée, pour de plus en plus, & de mieux en mieux estre conseillé en cette partie, & nous y conduire par très-meur & parfait advis & conseil, requismes à tous ceux qui de cette deliberation estoient, que derechef voulsissent penser à la matiere, & après que encore y auroient meurement pensé, retourner chacun à part luy & de son liberal arbitre, & devant Tabellions publics en dire ce que en honneur & conscience, & sans faveur quelconque leur sembleroit, & que nous voulsissent loyaument conseiller de ce que nous aurions à faire, & depuis par divers intervales ès presences desdits Tabellions ont dit, opiné, deliberé, & nous ont conseillé comme dessus, & sans varier & changer en aucune maniere comme par lesdits Tabellions nous a esté relaté & rapporté : ouy lequel rapport pour ce qu'estions souvenans que de nostre congé par nosdits oncle, frere, neveu & cousins, & autres certains scellez avoient esté baillez audit Duc de Bourgogne mesmement par nosdits oncle, frere & neveu, nous pour de toutes parts honneur garder, & nous mettre en devoir & en la presence de nostredit oncle Roy de Sicile, à qui le cas touchoit, ordonnasmes que conseil & deliberation fussent tenus, si nostredit oncle, nostredit frere de Guyenne, nostredit neveu de Bretagne, & autres nos freres & cousins estoient quittes des scellez qu'ils, par nostre sceu, avoient baillez audit Duc de Bourgogne : & afin d'y deliberer seurement & sainement, nous feismes plus acertes, & meurement debattre ladite matiere que n'avions de nostre fait propre, lire, & exposer le contenu dudit scellé par le double d'iceluy & iceux tous, & par opinion unique, & d'un commun accord & deliberation, dirent, opinerent, delibererent & prirent sur leurs consciences, present nostredit oncle le Roy de Sicile, & lesdits Tabellions, que iceluy nostre oncle, nostre frere de Guyenne, nostre neveu de Bretagne & autres estoient par honneur & selon raison, quittes, francs, deliez, deivrez & deschargez de leursdits Scellez, & en leur entier & liberal arbitre, comme ils estoient devant iceux baillez. Desquelles deliberations, advis & consaulx ont esté ces presentes Lettres octroyées : Ausquelles nous avons fait mettre & apposer nostre Scel. Donné à Amboise, le tiers jour de Decembre, l'an de grace mil quatre cens soixante-dix : Et de nostre Regne, le dixiesme : & signé par le Roy en son Conseil. A. ROLAND. Et est escrit sous le reply. *Ego Thomas de Mardeaux, Clericus Redonensis Diœcesis oriundus, in Legibus Licentiatus, auctoritate Apostolica Notarius juratus, & Tabellio publicus, Principum, Prælatorum, Comitum, Nobilium & Consiliariorum deliberationibus & opinionibus prænarratis,*

prænarratis, una cum venerabilibus Notariis publicis scriptis præsens fui, illasque fieri vidi & audivi, instrumentaque publica, secundùm quæ hæc coram nobis Notariis gesta sunt, confeci. Idcirco huic Litterarum Regiarum margini Signum meum consuetum, in testimonium veritatis, una cum signis & subscriptionibus dictorum Notariorum subscriptorum apposui, requisitus & rogatus. Ainsi signé, DE MARDEAUX. *Ego Petrus de Rennes, Clericus Andegavensis Diœcesis oriundus, in Legibus Baccalaureus, publicus autoritate Apostolicá Notarius & Tabellio juratus, Principum, Prælatorum, Comitum, Nobilium & Consiliariorum deliberationibus & opinionibus prænarratis, una cum venerabilibus Notariis publicis suprà & infrà scriptis præsens fui, illasque fieri vidi & audivi, instrumentaque publica, secundùm quæ hæc singula coram nobis Notariis gesta sunt, confeci. Ideoque huic Litterarum Regiarum margini signum meum consuetum, & in testimonium veritatis, una cum signis & subscriptionibus dictorum Notariorum apposui, requisitus & rogatus.* Ainsi signé DE RENNES. *Ego Guillermus Saintier, Clericus Turonensis, in Decretis Baccalaureus, auctoritate Apostolicá Notarius juratus & Tabellio publicus, Principum, Prælatorum, Comitum, Nobilium & Consiliariorum deliberationibus & opinionibus prænominatis, una cum venerabilibus Notariis publicis suprà scriptis præsens fui, illasque fieri vidi & audivi, instrumentaque publica, secundùm quæ hæc singula coram nobis Notariis gesta sunt, confeci ; ideo huic Litterarum regiarum margini signum meum consuetum in testimonium veritatis, una cum signis & subscriptionibus dictorum Notariorum apposui requisitus & rogatus.* Ainsi signé SAINTIER. Et signées sur le reply, Par le Roy en son Conseil, ROLAND. Sur le dos : *Copie de la Declaration faite à Amboise par le Roy, le tiers jour de Decembre* 1470.

CXXIX.

<small>Tel est le Titre du MS.</small>

☞ *Remarques touchant le Traité de Peronne, le Roy semblablement conclut & ordonna qu'il fût veu, & tant des choses qui avoient esté promises de la part du Duc de Bourgogne, que de la part du Roy, & desquels Traitez la teneur s'ensuit.*

<small>Tiré du Volume 167. de Baluze, aujourd'hui dans la Bibliotheque de S. M.</small>

LOYS par la grace de Dieu, &c. *Il n'est pas rapporté.*
Ensuite après la Lettre faite de la part du Duc de Bourgogne.
CHARLES, *elle n'est pas rapportée.*
Pour lequel Traité mieux entendre, tant de la maniere comme il fût fait, & les causes pourquoy ; comme aussi de ce que touche les infractions, qui y ont esté faites de la part dudit Duc de Bourgogne, fut recité en ladite assemblée, comme après les trois Estats tenus à Tours en caresme, l'an mil quatre cens soixante-sept. L'Evesque & Duc de Langres, Pair de France, le Sire Monstreüil & autres en leur compagnie, furent ordonnez & deputez de part lesdits trois Estats du consentement & bon plaisir du Roy, pour aller devers ledit Duc de Bourgogne, & le prier & requerir de par lesdits trois Estats, comme celuy en qui ils avoient confiance, qu'il aimoit, vouloit & desiroit entierement & parfaitement le bien de la Couronne, & le salut du Royaume ; qu'ils sçavoient bien

que le Roy l'avoit très-agreable, & qu'il aimoit & desiroit plus, que ledit Duc de Bourgogne se meslast d'apointer les differens qui estoient entre le Roy & Monsieur son frere, à present Duc de Guyenne; pareillement entre le Roy & Monsieur de Bretagne, que nul autre; qu'il voulsist prendre en sa main toutes les differences, & soi employer à l'appaisement d'icelles; & qu'il se voulsist joindre & adherer avec lesdits trois Estats, & lesquels trois Estats se joindroient avec luy, pour adviser les façons & manieres, comment par raison & selon Dieu, honneur & conscience, on pourroit appointer lesdites matieres, & esperoient que par ce moyen, bonne paix & concorde en ensuivroit, & tant d'autres biens; que ce ne seroit pas seulement le salut du Royaume, mais redonderoit au bien de toute Chrestienneté, & à l'honneur & gloire perpetuelle dudit Duc de Bourgogne & de sa Maison; & avec ce, luy fut offert de par lesdits trois Estats, qu'en ce adherant avec eux touchant les matieres dessusdites, de l'aimer, porter & soutenir par iceux trois Estats, de corps, de biens & de tout ce qui leur seroit possible & d'eux employer en toutes choses qui seroient au bien, honneur, profit, utilité & seureté de luy & de ses pays, Terres & Seigneuries, & eut le Roy toutes les choses dessusdites agreables, & de son consentement & bon plaisir furent dites & assertées audit Duc de Bourgogne; & l'en assurerent lesdits Ambassadeurs, ayans de ce expresse charge du Roy, lesquelles choses neantmoins ledit Duc de Bourgogne ne voulut accepter, ainçois leur fit respondre par son Chancelier ce que bon leur sembla, touchant les matieres qui luy avoient esté ouvertes & les choses qui luy avoient esté dites & offertes; ainsi que plus à plein est contenu & declaré au procès-verbal desdits Ambassadeurs.

Et non content ledit Duc de Bourgogne de ladite responce faite par sondit Chancelier, prit luy-même les paroles, & dit & recita de sa bouche plusieurs estranges choses à l'encontre & au prejudice du Roy, & à sa grand'foule & charge qui ne sont pas dignes d'estre recitées, ne n'appartiennent à nul subjet de dire de son Souverain, & entre autres, que le Roy avoit fait traiter & pourchasser avec les Anglois de destruire mondit Sieur de Bretagne & autres Seigneurs du Royaume, & que s'il eust parvenu à son intention avec lesdits Anglois, il eust detruit ledit Mr. de Bretagne, & d'autres Seigneurs aussi.

Et en continuant en son mauvais vouloir qu'il avoit à l'encontre du Roy, ne tarda gueres après nonobstant les prieres, requestes & offres, qui luy avoient esté faites par lesdits Estats, du bon plaisir & consentement du Roy, & dont il estoit assuré que le Roy avoit la chose plus agreable que de nul autre, & l'entretiendroit de sa part, qu'il se mist incontinent sur les champs en armes, & assembla le plus grand estat que possible luy fut, & non pas seulement des Nobles & autres Gens de guerre des pays qui luy estoient eschus par la succession de son pere, mais mesme de ceux qui luy avoient esté baillez & transportez par le Roy, en gages, dont dessus est faite mention, & passa la riviere de Somme pour venir courir sus au Roy, & prit champs à l'encontre de luy, pour luy faire guerre ouverte. Voyant le Roy lesquelles choses, & les inconveniens qui pouvoient venir, se guerre commençoit contre luy par ledit Duc de Bourgogne & autres ses Alliez, chercha & pourchassa tous les moyens licites & honnestes,

74 PREUVES DES MEMOIRES

1468.

nestes qu'il pût trouver, pour obvier que guerre ne fust, & que bon appointement se trouvast entre luy & ledit Duc de Bourgogne, & que par ce moyen le pauvre peuple du Royaume peust vivre & demourer en repos & tranquillité; & premierement envoya ses Gens à Ham en Vermandois, là où ceux dudit Duc de Bourgogne pareillement vindrent, pour traiter & appointer entre luy & ledit Duc de Bourgogne, sur les differends qui estoient entre eux.

Après ce, consentit le Roy, que le Cardinal d'Angers, lequel pour lors il cuidoit luy estre seur, feal & leal, allast devers ledit Duc de Bourgogne à Peronne, afin de trouver aucun bon appointement entre luy & ledit Duc de Bourgogue. Mais sitost que lesdits Duc de Bourgogne & Cardinal eurent parlé ensemble, ils conspirerent & machinerent plusieurs choses à l'encontre de la personne du Roy, l'honneur & l'utilité de la Couronne & du Royaume; & pour icelles choses mettre à execution, & tenir le Roy mieux à leur plaisir, icelui Cardinal d'une part escrivit au Roy, & luy fit sçavoir de bouche plusieurs choses, qui luy avoient esté dites de par ledit Duc de Bourgogne, au bien, honneur & avantage du Roy, & que ledit Duc de Bourgogne avoit singuliere amour & affection au Roy, & plus qu'à nul autre Prince & Seigneur vivant, & qu'il n'avoit Seigneur ne Maistre que luy, & qu'il se pouvoit tenir seur de luy; qu'il le serviroit envers tous & contre tous, & qu'il avoit voulenté de faire pour luy plus que pour tous les autres, & que seurement il se pouvoit fier en luy de toutes choses, & que quand il luy plairoit venir au lieu de Peronne, ledit Duc de Bourgogne se gouverneroit & feroit tellement envers luy, qu'il auroit cause de s'en louer & estre content; & qu'afin qu'il ne fist aucun doute en ce, & qu'il peust seurement venir,

Ces Lettres sont cy-dessus, pag. 19.

ledit Duc de Bourgogne luy envoyoit ses Lettres, par lesquelles il asseuroit le Roy qu'il pouvoit venir seurement & franchement audit lieu de Peronne, & le recueilleroit le plus honnestement, & luy feroit toute la meilleure chere qu'il pourroit.

Lesquelles choses venuës à la connoissance du Roy, lequel avoit singuliere fiance ausdits Duc de Bourgogne & Cardinal, en la confiance & pour l'occasion des choses dessusdites, vint audit lieu de Peronne, là où il fut aussi mal & deshonnestement traité, comme il est notoire quasi par toute la Chrestienneté, & furent les Portes du Chastel & de la Ville fermées au-dessus du Roy, tellement que nul n'en pouvoit issir, & furent dites au Roy & à ses Gens, par ledit Duc de Bourgogne & ses Gens, plusieurs estranges & mal gracieuses paroles, sonnans & denotans menaces, peurs & craintes, & dont le plus constant homme du monde eust eu cause raisonnable de douter, qui estoit bien claire infraction du Traité de Conflans dont dessus a esté parlé; & estant le Roy en cette crainte, & tous ses gens avec luy, il convint qu'il accordast audit Duc de Bourgogne,

Neuf de ces Lettres sont imprimées cy-dessus nᵒ. CXXVII. &c.

toutes les choses qu'il voulut avoir & demander; & à chacune fois que l'on remonstroit que les matieres n'estoient pas raisonnables, les Gens dudit Duc de Bourgogne respondoient: il faut qu'il se fasse, car Monsieur le veut, & l'a ainsi ordonné; & contraignirent le Roy, ledit Duc de Bourgogne & ses Gens, à la mesme heure, à commander trente-six Lettres patentes de cas particuliers à l'appetit dudit Duc de Bourgogne, là, où le Roy dit & declara, que de sa certaine science il avoit ainsi oc-

DE PHIL. DE COMINES.

troyé & accordé, comme lesdites Lettres le portoient, & toutesfois il n'oyt jamais parlé des cas particuliers ; ainçois plus d'un mois après ou environ, à Bruxelles & ès marches de par de-là, lesdits cas particuliers furent traitez, recitez & escrits, & sont tous iceux cas declarez, & Lettres du Traité fait de la part du Roy, qui est bien claire desmontrance de la force, violence & contrainte qui adoncques fut faite au Roy par ledit Duc de Bourgogne, de la mauvaise & damnable volonté que ledit Duc de Bourgogne avoit au Roy, à la Couronne & au Royaume, & du crime, delit & offense, qu'à l'occasion de ce que dit est, furent commis & perpetrez par ledit Duc de Bourgogne, à l'encontre du Roy, sa Couronne & sa Majesté Royale.

Item. Et ces choses faites, pour monstrer par autre maniere qu'il n'avoit aucun bon vouloir au Roy, à la Couronne, ne d'entretenir chose qu'il eust promise ne jurée au Roy mesme, par ledit Traité par luy fait avec le Roy audit lieu de Peronne, combien qu'il eust esté dit par iceluy Traité, que ledit Duc de Bourgogne devoit faire hommage & serment de fidelité des Terres & Seigneuries qu'il tenoit de luy, & qu'il eust juré sur la vraye Croix en la presence dudit Cardinal d'Angers, de Messieurs les Duc de Bourbon, Connestable, & autres plusieurs Seigneurs & Gens notables, qui là estoient, que le lendemain il feroit lesdites foy & hommage au Roy, & que ledit Traité portast expressement, qu'au cas que par ledit Duc de Bourgogne ou autres de son sceu & consentement, directement ou indirectement ledit Traité seroit enfraint, ou contrevenu au contenu d'iceluy & des Traitez d'Arras & de Paris, entant qu'il pourroit toucher le Roy & luy, ou qu'iceluy Duc de Bourgogne fust refusant ou en demeure d'accomplir & executer duëment de sa part les choses contenuës & declarées esdits Traitez, ou que par luy fust fait ou donné aucun destourbier ou empeschement à l'encontre & au contraire d'iceux Traitez, iceluy Duc de Bourgogne consentoit, traitoit & accordoit au Roy pour luy, ses hoirs & ayans cause, que la Duché de Bourgogne & toutes les Contrées, Pays, Terres & Seigneuries qu'il tenoit ou tiendroit en cy après du Roy, de sa Couronne & de son Royaume, fussent, appartinssent & demourassent au Roy & à ses hoirs & ayans-cause, comme à luy commises & acquises perpetuellement & à tousjours. Neantmoins en venant directement contre lesdits Traité & serment, quand le lendemain il fut requis de par le Roy & en la presence dudit Seigneur & des autres Seigneurs dessus nommez, de faire lesdites foy & hommage, ainsi qu'il l'avoit juré & promis, il refusa de ce faire, & depuis ne le fit.

Item. Combien que le Roy en tout & par tout luy eust entretenu le contenu audit Traité, & luy eust baillé toutes les Lettres & provisions qu'il voulut demander touchant iceluy, & ordonné & commandé à Monsieur son Chancelier & Gens de son grand Conseil, aux Gens de sa Cour de Parlement & de sa Chambre des Comptes, Tresoriers de France & autres ses Officiers, qu'ils gardassent & fissent en tous cas de point en point le contenu en icelles ; toutesfois ne fut-il pas ainsi fait de la part dudit Duc de Bourgogne ; car jaçoit ce que ledit Duc de Bourgogne fut tenu de bailler au Roy les Scellez des Seigneurs de son Sang & lignages, ses subjets, tels que le Roy les voudroit nommer & avoir : que ledit Duc

75

1468.

K 2 de

de Bourgogne entretiendroit ledit Traité de Peronne, & que le Roy en euſt nommé pluſieurs juſques au nombre de treize ou quatorze, neantmoins ledit Duc de Bourgogne n'en a aucuns baillez, quelque requeſte ne demande qui luy en ait eſté faite, ne baillé Mandement ou Lettres cloſes ne Patentes, ne feiſt commandement ou prieres à ſeſdits parens d'ainſi le faire, ce qui n'a pas ainſi eſté fait de la part du Roy, lequel ſitoſt que ledit Duc l'a voulu requerir ou faire requerir, il bailla ſes Lettres Patentes & cloſes touchant ladite matiere, telles qu'il voulut avoir.

Item. Suppoſé que de raiſon tout homme qui fait contrat avec autruy, & jure & promets de l'entretenir & garder, doit eſtre en vouloir & propos de ainſi le faire, autrement ledit Traité eſt nul & de nul effet & valeur : ce nonobſtant, dès avant que ledit Traité de Peronne fuſt fait, ledit Duc de Bourgogne & le Cardinal d'Angers firent conſpiration enſemble, tant en faiſant ledit Traité qu'après, de prendre le Roy, lequel fut à cette cauſe traité à Peronne comme chacun ſçait ; & depuis icelluy Traité fait, leſdits Duc & Cardinal traiterent enſemble de rechef, comment ils pourroient prendre & avoir le Roy & mondit Sieur de Guyenne en leurs mains, & ſe devoit ledit Duc de Bourgogne faire Roy, & promettoit audit Cardinal, de tenir la main, & eſtre moyen de le faire Pape, & en ce propos eſtoit ledit Duc de Bourgogne en eſpecial, pour ſe faire Roy dès avant le Traité de Peronne, en faiſant icelluy, & depuis qu'il fut fait, ainſi que dit eſt, qui eſt bien claire demonſtration, comme ledit Traité de Peronne eſtoit nul, & ne pouvoit valoir ne ſubſiſter ; & poſé qu'aucune choſe puſt valoir, ce que non, ſi l'avoit-il bien clairement enfraint par les moyens deſſuſdits.

Item. Et en outre tantoſt ce qu'il fiſt auroit moyen pour ouvrir Traité & appointement avec mondit Sieur de Guyenne ſon frere, & qu'il penſoit que ledit Duc de Bourgogne y deuſt aider & ſervir, ainſi qu'il luy avoit fait ſçavoir, icelluy Duc de Bourgogne faiſant tout le contraire, & envoya vers Monſieur le Duc de Guyenne, pour empeſcher qu'il euſt aucun appointement avec le Roy, en luy faiſant ouvertures & offres grandes & apparentes, afin que l'amour, bienveillance & cordiale dilection qui eſt de preſent, graces à noſtre Seigneur, entre le Roy & mondit Sieur de Guyenne ſon frere, ne ſe fiſt jamais, ne vinſiſt à aucun bon effet.

Et non content de ce, & après que l'appointement a eſté fait entre le Roy & mondit Sieur de Guyenne ſon frere, & qu'ils ſont venus en tel amour, union, concordance & bienveillance, que chacun peut voir & connoiſtre, icelluy Duc de Bourgogne a de rechef voulu, & s'eſt efforcé de mettre queſtion & diviſion entre le Roy & mondit Sieur ſon frere, & envoyé gens exprès devers ledit Monſieur de Guyenne, pour ſe offrir qu'ils s'alliaſſent enſemble ledit Monſieur de Guyenne, icelluy Duc de Bourgogne, & ledit Duc de Bretagne, & qu'ils prinſiſſent l'alliance d'Edoüard de la Marche, pour lors, uſurpateur du Royaume & de la Couronne d'Angleterre, ancien ennemi & adverſaire du Roy, de la Couronne de France & du Royaume, & qu'il feroit deſcendre les Anglois en Normandie, & que leſdits Seigneurs luy aideroient à la conqueſte, & que ce fait, ils la bailleroient à mondit Sieur de Guyenne, en leur baillant ladite Duché de Guyenne.

Item.

Item. Et estant ledit Monsieur de Bretagne en difference avec le Roy, & du temps que les appointemens se traitoient entre le Roy & mondit Sieur de Bretagne, ledit Duc de Bourgogne envoya devers ledit Duc de Bretagne, pour l'advertir & exhorter qu'il ne prinsist autre appointement avec le Roy, & qu'iceluy Duc de Bourgogne estoit content de renouveller les alliances qu'il avoit avec ledit Monsieur de Bretagne, & qu'eux deux se joignissent avec ledit Edouard de la Marche, & les Anglois de sa part, & qu'ils garderoient bien le Roy, qu'il ne luy porteroit aucun dommage.

1468.

Item. Par ledit Traité de Peronne, il estoit en convenance promis & juré entre le Roy & ledit Duc de Bourgogne, qu'iceluy Duc de Bourgogne garderoit & observeroit le Traité d'Arras & le Traité de Paris, entant qu'il touchoit le Roy & luy, par lequel il estoit dit, & aussi par ledit Traité de Peronne, qu'iceluy Duc de Bourgogne seroit, & vouloit estre & demeurer, bon, vray & loyal subjet & serviteur du Roy, & obéyr & faire obéyr en ses Terres, Pays & Seigneuries, à la Cour de Parlement, & aux autres Justices dudit Seigneur, & que par tout il auroit son ressort & sa souveraineté, ainsi qu'il appartenoit, & que d'ancienneté il avoit esté accoustumé de faire, & ne prendroit Traité ne alliance avec les Anglois, anciens ennemis du Roy & du Royaume, sans le congé, licence & consentement du Roy ; & neantmoins, outre les premieres alliances par mariage ou autrement, que ledit Duc de Bourgogne avoit faites & prises avec ledit Edouard de la Marche, & les autres Anglois ses adherans & fauteurs, ennemis & adversaires du Roy & du Royaume, ainsi que dessus est dit, iceluy Duc de Bourgogne a de nouvel, & depuis le Traité de Peronne, fait & pris nouvelles alliances avec ledit Edouard de la Marche, a pris l'Ordre de la Jarretiere, fait les sermens accoustumez de garder les choses contenuës ès chapitres faits touchant ledit Ordre ; pareillement ledit Duc de Bourgogne, pour se monstrer encore plus vray Anglois, a pris l'Enseigne de la Croix Rouge, laquelle il porte & fait porter par ses Gens, qui est l'Enseigne ancienne d'Angleterre & des Anglois, anciens ennemis & adversaires du Royaume.

Avec ce il a fait faire defenses par cry public, que l'on ne donnast en ses pays aucune obeyssance aux Officiers du Roy, pour quelconque Mandement dudit Sgr. Arrests ou autres choses, & que l'on ne permist lesdits Officiers du Roy, faire aucuns exploits en ses Terres & Seigneuries, mais s'ils y vouloient aucune chose executer, qu'on les renvoyast devers luy, pour en ordonner à son bon plaisir, qui est bien mal entretenir les Traitez & appointemens dessusdits.

Item. Et est arrivé à cette cause, pource qu'un nommé Galerant Denys, Sergent à cheval au Chastelet de Paris, alla à Bruges, pour executer un Arrest du Parlement, ledit Duc de Bourgogne le fist destenir prisonnier bien estroitement, l'espace de quatre mois, pour laquelle cause & parfaire ledit Arrest, Maistre Guillaume de la Haye, President des Requestes du Palais, y fut envoyé, lequel ledit Duc de Bourgogne fist arrester en ladite Ville de Bruges, auquel de la Haye convint, avant qu'il pust jamais partir dudit Arrest, qu'il renonçast audit exploit ; & au regard dudit Sergent, il luy convint faire le semblable avant qu'il fust delivré, ou autre-

PREUVES DES MEMOIRES

1468.

ment il ne l'euſt point eſté ; & avec ce, fut banni des pays du Duc de Bourgogne, condamné en grande amende, & luy couſta beaucoup d'argent, tant par la maniere de rançon qu'autrement, avant qu'il peuſt partir.

Pareillement, un nommé Pierrart le Quien, de la Ville de Soleſmes, ſubjet & appartenant à l'Abbé de Saint-Denys en France, pour ce qu'il avoit obtenu Lettres du Roy pour faire information de certaines battues & énormes mutilations, qui luy avoient eſté faites, & apprehendé les malfaiteurs, & qu'il euſt obtenu Commiſſaires pour mettre à execution leſdites Lettres; iceluy le Quien & leſdits Commiſſaires, furent pris par l'ordre dudit Duc de Bourgogne, & tranſportés par ſon exprés commandement au pays de Hainaut, hors le Royaume, où ils ont eſté longtemps detenus priſonniers ; & à la fin ont eſté contraints de faire amende honnorable audit Duc de Bourgogne, à cauſe dudit Exploit, & ledit le Quien a eſté publiquement decapité pour ledit cas en la Ville de Valenciennes.

Item. Un nommé . . . . natif du pays de Picardie, lequel avoit obtenu remiſſion du Roy, de certains cas par luy commis & perpetrez, dont procès eſtoit pendant par-devant le Bailly d'Amiens, & depuis devolu par Appel en la Cour de Parlement à Paris, a eſté par l'Ordonnance dudit Duc de Bourgogne & ſa Juſtice, nonobſtant leſdites remiſſion & Appel, pendu & eſtranglé au Gibet.

Item. Y a pluſieurs autres cas énormes & deteſtables qui ont eſté commis & perpetrez par l'ordonnance & commandement dudit Duc de Bourgogne, & par les Gens de ſa Juſtice, de ſon ſceu & conſentement, ou au moins n'y a donné aucune proviſion, ne fait punition des delinquans, leſquels cas ſont directement contre & au prejudice du Roy, de ſon reſſort & de ſa ſouveraineté, & en enfraignant leſdits Traitez d'Arras, Conflans & Peronne, & les promeſſes & ſermens ſur ce faits par ledit Duc de Bourgogne, qui ſont plus à plein & plus particulierement deſignez & ſpecifiez quand meſtier ſera.

Item. Il eſtoit accordé & en convenancé par ledit Traité de Peronne, & juré & promis de la part dudit Duc de Bourgogne, que pour quelconque querelle ou occaſion ne moyen que ce fuſt, ledit Duc de Bourgogne ne donneroit, ne procureroit guerre, mal, deſplaiſir, prejudice ne dommage au Roy ne à ſes pays & ſubjets; & neantmoins ſoubs ombre de l'inimitié & de la querelle que ledit Duc de Bourgogne pretendoit avoir à l'encontre du Comte de Warwic & du Duc de Clarence, auſquels à leur requeſte, il avoit donné ſeureté & ſauf-conduit pour venir en ſon Royaume, ainſi que tous Princes ſouverains, de grace & par liberalité, peuvent & ont accouſtumé de faire à leurs ennemis, quant ils les en requierent, eſt venu en la terre & ès franchiſes du Roy faire guerre mortelle à l'encontre du Roy & de ſes ſubjets, pour ce ſeulement que leſdits Comte de Warwic & de Clarence, ſous ombre de la ſeureté & ſauf-conduit du Roy, s'eſtoient venus retraire en ſes pays, en enfraignant leſdits ſaufs-conduits du Roy, & par ce, commettant crime de Leze-Majeſté, & pareillement leſdits Traitez d'Arras, Conflans & Peronne, par leſquels il a promis & juré eſtre bon, vray & loyal ſubjet & ſerviteur du Roy.

Et pour deſcendre aux cas particuliers après pluſieurs Lettres rigoureuſes, malgracieuſes, & contenans pluſieurs deshonneſtes & deraiſonnables

nables langages escrites au Roy, à sa Cour de Parlement à Paris, aux Gens de son Conseil, à Rome & ailleurs, à cause de certaines prises que les Gens de la compagnie desdits Duc de Clarence & Comte de Warwic avoient comme disoit ledit Duc de Bourgogne, faites sur ses subjets & en ses pays, desquelles prises & du dommage que ledit Duc de Bourgogne maintenoit luy avoir esté fait par les dessusdits, combien que le Roy n'en fust aucunement tenu selon le droit & raison & bonne justice, neantmoins ledit Sgr. signifia & fit signifier audit Duc de Bourgogne, afin qu'il n'eust cause de se douloir à l'occasion dessusdite, qu'il vouloit que reparation & restitution fust faite, de ce qu'on y pourroit trouver en nature, & de ce qui ne seroit trouvé en nature selon la juste valeur & estimation ; & pour ce faire, ordonna & commit Monsieur l'Amiral, & Monsieur Maistre Jean Boulanger, President en sa Cour de Parlement, & Messire Yvon du-Fou, Chevalier, son Conseiller & Chambellan, ausquels il chargea d'eux informer de toutes les pertes, plaintes & doleances que les damnifiez de la part dudit Duc de Bourgogne voudroient dire & mettre en avant, touchant les choses dessusdites, pour en estre fait restitution, ainsi que dessus est dit, & les desdommager ou faire desdommager de toutes leursdites pertes & dommages qu'ils auroient eus & soufferts à l'occasion dessusdite : lesquels President & du-Fou firent ladite information, & trouverent que les dommages & pertes dessusdites tant en Navires qu'en marchandises, ne montoient que de cinq à six mille francs, dont ils offrirent faire reparation ; mais ce nonobstant, les gens dudit Duc de Bourgogne estans en armes en certains Vaisseaux, vindrent mettre le feu ès Navires, estans près de Honfleur dedans la franchise du Roy, & allerent brûler cinq des Navires qui avoient esté admenez & pris ès pays dudit Duc de Bourgogne, & en admenerent autres deux, & avec ce, brûlerent deux Navires de Bretagne, & tuerent un Trompette qui leur alloit signifier avant le feu par eux boutté, que les Commissaires du Roy estoient venus pour leur faire faire restitution, & qu'ils n'usassent de voyes de fait. Ce nonobstant, lesdits Commissaires du Roy, c'est à sçavoir, l'Amiral, le President & du Fou, firent rendre & restituer aucuns Navires estans à Dieppe, & autres denrées & marchandises qui avoient esté prises par lesdits Anglois ausdits subjets dudit Duc de Bourgogne, qui disoient avoir esté damnifiez, & leur eussent lesdits Commissaires tout fait rendre & restituer ; mais ceux de l'armée dudit Duc de Bourgogne ne voulurent souffrir ausdits damnifiez, venir demander ce qui estoit à eux, disans qu'ils en auroient bien autre recompense du Roy, dont Jean de Bossu, l'un desdits Capitaines, ainsi qu'il appert par Cedule, [*qu'il*] signa de sa main.

Et ils descendirent en la terre du Roy, & s'efforcerent d'y faire & porter dommage, comme en terres des ennemis, portans la Croix rouge & les enseignes d'Angleterre, & crians Vive Bourgogne & le Roy Edoüard, ainsi qu'ennemis ont coutume de faire l'un contre l'autre.

Après ces choses, lesdits gens de l'armée dudit Duc de Bourgogne, estans en la compagnie des gens dudit Edoüard de la Marche, s'en vinrent à la Hogue Saint Wast, pour invader les gens du Roy & desdits Duc de Clarence & Comte de Warwic, qui estoient là à sauf-conduit, &

descendirent

1468.

descendirent en un Village nommé Queneville, auquel ils bruslerent plusieurs maisons, tuerent gens, & firent autres grands & execrables maux, & arracherent les armes du Roy, qui estoient affichées en un huys en disant plusieurs vilaines & déshonnestes paroles dudit Sieur, & criant, comme dessus, Vive Bourgogne & le Roy Edoüard.

Item. Et pource qu'au bruit dessusdit, les gens de guerre de la partie du Roy, qui estoient près de-là pour la deffense du pays, vinrent à puissance & les rechasserent, lesdits Bourguignons & Anglois retournerent en Angleterre pour eux rafraischir, & ne tarda guerres que derechef ils retournerent à la Hogue Saint Wast, là où ils firent plusieurs descentes d'emblée, bruslerent plusieurs Navires & maisons, & firent plusieurs autres maux & dommages, criant Vive Bourgogne & le Roy Edoüard, comme dessus ; pareillement sous la couleur & occasion que dessus ; c'est à sçavoir, pour la querelle que ledit Duc de Bourgogne se disoit avoir contre lesdits Duc de Clarence & Comte de Warwic, a pris ou fait prendre & arrester des biens & marchandises des subjets du Roy, demourans en ses Terres & Seigneuries, & des autres Seigneurs à luy obéyssans, jusqu'à la valeur & estimation, comme l'on dit, de trois à quatre cens mille escus ; lesquels biens il a depuis declarez estre forfaits & confisquez à luy, comme biens d'ennemis, & les a fait adjuger en la presence d'aucuns desdits Marchands, lesquels à grand peine & en grand peur, crainte & doute, se sont pû sauver, & les deniers issus desdites marchandises, iceluy Duc de Bourgogne les a pris & appliquez à luy.

Item. Un nommé Raoulin Courtevoye, demeurant à Quillebeuf sur Seine, & Pierre Penon, demeurant à Rouen, ont esté pris sur la mer avec leurs biens & marchandises, par les gens du Sieur de Palme, & le Maistre Portier de l'Escluse, & par ledit Duc de Bourgogne, ou ses Officiers, & luy estant à Bruges, ont esté declarez audit lieu de Bruges prisonniers de bonne guerre, leurs denrées & marchandises estre de bonne prise, & eux rançonnez à grand somme de deniers selon leur estat, lesquels leur a convenu payer avant partir de prison.

Semblablement les Hollandois, subjets dudit Duc de Bourgogne, ont pris deux Navires de Dieppe, & les biens qui estoient dedans, & les ont pris & butinez, comme de prise de guerre, & destiennent encore prisonniers les Maistres, Marchands & Matelots dudit Navire.

En outre ledit Duc de Bourgogne narrant par ses Lettres de sauf-conduit données à un nommé Guillaume de l'Hopital, Marchand demeurant à Reims, qu'à cause de l'arrest, que par ses Lettres patentes, il a ordonné estre fait des biens & marchandises des Marchands de France, pour la restitution de ses subjets endommagez par les gens du Duc de Clarence & Comte de Warwic, & leurs adherans, qu'il repute ses ennemis, pour la doute qu'iceluy de l'Hopital faisoit aller par les pays dudit Duc de Bourgogne, iceluy Duc de Bourgogne donne seureté audit de l'Hopital accompagné de six personnes, pour aller seurement par ses Terres & Seigneuries, & sejourner ; laquelle seureté contient toute forme de sauf-conduit de guerre ; en quoy appert clairement qu'en deux choses il y a infraction dudit Traité de la part dudit Duc de Bourgogne,

l'une

l'une en baillant fauf-conduit comme à ennemy, l'autre en declarant, que pour la querelle qu'il fe dit avoir encontre le Duc de Clarence & le Comte de Warwic ; il a fait prendre les biens des fubjets du Roy, qui eft directement contre les propres mots dudit Traité ; particulierement auffi il a donné congé à fes fubjets de prendre fauf-conduit du Roy, tout ainfi que l'on a accouftumé de faire en temps de guerre, d'ennemy à ennemy.

Le Duc de Bourgogne auffi à la requefte & au pourchas de Meffire Jenet de Saveufe, fans garder aucune forme de droit, mais en defconnoiffant le Roy eftre fon Souverain, & tout ainfi que l'on a accouftumé de faire de voifin à voifin, a baillé marque & raifonnable audit de Saveufe fur les fubjets du Roy ; & à cette caufe, du fceu & confentement dudit Duc de Bourgogne, plufieurs biens appartenans aux fubjets du Roy eftans ès pays du Duc de Bourgogne dedans le Royaume, ont efté pris, vendus & adherez, & les deniers baillez & delivrez audit de Saveufe, comme l'on a accouftumé de faire en marque raifonnablement & felon la difpofition des droits jugez & octroyez.

Lefquelles chofes, deffus dites, declarées & fpecifiées, qui font veritables & fe monftreront, & prouveront dûëment, quand meftier fera, donnent & monftrent bien clairement, quand meftier fera, à entendre à tous ceux qui ont veu, connoiffent & entendent les traitez & appointemens deffufdits d'Arras, Conflans & Peronne, que ledit Duc de Bourgogne les a enfraints & rompus ; & eft venu directement à l'encontre de la forme & teneur d'iceux, en foy parjurant & rendu indigne de pouvoir requerir, ne demander aucune chofe par vertu & occafion defdits Traitez.

Item. Et auffi ledit Duc de Bourgogne, par plufieurs fes Lettres, a dit & declaré qu'il tient & repute lefdits Traitez rompus, & qu'il n'en demande, ne n'a intention de demander aucune reparation, mais qui plus eft, par Lettres efcrittes & fignées de fa main, envoyées à Meffire Jean Wenloch, Anglois, Lieutenant de Calais, avec certaine inftruction, il dit & declare efdites inftructions, que ledit de Wenloch eft affez averti de la bonne amour & entiere affection qu'il a tousjours euë au Roy & Royaume d'Angleterre, & fubjets d'iceluy, & pour icelle entretenir, quand il a veu le Roy Henry le fixiefme eftre demis de fon Royaume, & que le Roy Edoüard fut par les fubjets dudit Royaume accepté à Roy & Souverain Seigneur, il fit alliance par mariage avec le Roy Edoüard, &c.

CXXIX*.

☞ *Lettre de M. de Reilhac, fur le Traité de Peronne & le départ pour Liege.*

Monfieur le Controlleur, je vous certifie que j'ay à ce matin efté prefent, lorfque Monfieur de Bourgogne & le Roy, fur la Croix de Saint Charlemagne, tous deux ont juré la paix en très-bonne & honnefte façon, & en bon vouloir, comme il me femble.

Le Roy s'en va demain avec Monfieur de Bourgogne en Liege, & y va

Tiré des Recueils de M. l'Abbé Le Grand.

va de très-bon cœur, & incontinent qu'il y aura apparence que Monsieur de Liege soit lâché, qui est prisonnier, le Roy s'en retournera, & par ce que je puis entendre n'y a nul doute en sa personne.

Demain à Bapaumes & de-là en Liege; au regard de vous, sur mon ame, je ne vous conseille y venir; je vous feray sçavoir des nouvelles plus à plein, & sur ce vous dis Adieu. Escrit à Peronne, ce Vendredy treiziesme jour d'Octobre. Vostre Serviteur, REILHAC.

Pour Dieu, envoyez nous Maistre André Briçonnet, puisque la paix est criée, il peut bien venir; je suis arrivé à l'heure que j'eusse voulu avoir esté perdu en Jerusalem; mais, Dieu mercy, le Maistre & les serviteurs sont en seureté.

L'hommage se fera sur chemin, si ainsi a esté promis & juré.

CXXX.

Lettre d'Anthoine de Loisey, Licentié en Loix, à Monsieur le President de Bourgogne, contenant la relation de la prise de la Ville de Liege, par Charles, Duc de Bourgogne, le Roi Louis XI. present, le penultiesme jour d'Octobre 1468.

Tiré des Recueils de M. l'Abbé Le Grand.

CEtte Cité de Liege fut prise d'assaut par Monseigneur le Duc de Bourgogne & ses gens, le Roy estant present avec mondit Seigneur Dimanche passé penultiesme jour du mois d'Octobre, entre dix & onze heures avant midy, & furent nos gentils Bourguignons les premiers entrans, qui eurent les premiers horions, desquels mondit Seigneur est très-content, pource qu'ils ont l'honneur, mais ils ont esté mal partis du butin; car nosdits Bourguignons, parce qu'ils entrerent les premiers, furent commis d'eux tenir ensemble sur le grand Marché au Perron tout ledit Dimanche, pour attendre, & ne furent logez jusques le lendemain, & entre deux les Picards & autres des pays de par-deça, butinerent les meilleures bagues; après ce que les Bourguignons furent entrez, & que l'on eut crié Ville gagnée, mondit Seigneur entra dedans, & avec luy tous ses gens, crians vive Bourgogne, & après le Roy, qui vint sur ledit Marché, criant aussi luy-mesme, vive Bourgogne; l'on a butiné toute ladite Cité, chascun en son quartier, & les Bourguignons outre le pont devers la riviere, qui est la nostre, mais que Monsieur le Mareschal, qui est à l'Eglise de Saint Paul : toutes les Eglises, ainsi que la Cité, ont esté pillées, reservé Saint Lambert, qui est la grande Eglise, que mondit Seigneur a reservée; le Mercredy avant ledit assaut, les Liegeois saillirent hors la Cité, à une levée sur le logis de mondit Seigneur, & firent très-vaillamment, car ils vinrent jusques à la chambre de mondit Seigneur, & tuerent beaucoup de nos gens, & comme l'on dit, environ deux cens, que uns que autres, tant des Bourguignons, François, Savoyards, Picards, que autres; mais il n'y a nul de grand nom qui soit mort, car la pluspart sont pages & varlets, & entre autres que je connoissois, a esté mort Louys du Pin, qui se tenoit avec Monsieur l'Abbé de Saint Benigne, trespassé, & le Bastard de Ruspe, & des Savoyards & François plus que d'autres; & le Samedy paravant & avant

ce

ce que mondit Seigneur & les Picards fuſſent arrivez avec noſdits Bourguignons, & qu'ils avoient deſja fouragé Tongres, leſdits Liegeois en
grand nombre vinrent courir aux champs ſur noſdits Bourguignons, mais
ils furent bien ſervis & reboutés ; car noſdits Bourguignons les rechaſ-
ſerent juſques ès portes de la Cité, & tuerent deſdits Liegeois bien de
cinq à ſix cens ; le Jeudy auſſi devant ledit aſſaut, noſdits Bourguignons
vinrent loger ès Fauxbourgs de la Cité ; & dès ledit Jeudy juſques au
Dimanche dudit aſſaut, ſe firent pluſieurs eſcarmouches, eſquelles on
tua pluſieurs deſdits Liegeois, & y eut bleſſé beaucoup de nos gens,
tant de ſerpentines, couleuvrines, que de trait, & autrement, mais il
n'y a point de danger de mort, deſquels bleſſez eſt Mr. d'Aique, Mr. de
Beauchant, Mr. de Clermont, & autres Gentilshommes qui ſont bleſſez
tant ſeulement ès jambes ; l'on a bien tué deſdits Liegeois, tant à l'aſſaut, qu'ès eſcarmouches, que à l'entrepriſe qu'ils firent, environ de trois
à quatre mille, comme l'on dit, par-deçà ; ils s'en ſont bien fuys &
allez en faiſant ledit aſſaut de ſix à ſept mille, qui ſont tirez devers
Dinant & contre Mezieres ſur Meuſe, comme l'on a rapporté à mondit
Seigneur. *Item*. L'on a fait à cette fois environ deux cens Chevaliers,
tant de nos Bourguignons du Duché, que du Comté de Bourgogne,
que de Savoye & de Maſcon, deſquels ſont, pour ceux de Dijon, Meſſire Guillaume de Villers, Meſſire Philippe de Seury, neveu de Monſieur
le Baillif de Dijon ; Meſſires Guillaume-Henry de Guyot de Leon, Guyot
de Saulx, Bernard de Fleury, & autres que je ne ſçaurois nommer. Le
Roy ſe départit Mercredy ſecond jour du preſent mois de Novembre de
cettedite Cité, & ſe tira contre Huy : mondit Seigneur le convoya &
pluſieurs autres Seigneurs, & aujourd'huy ſon Premier Preſident & autres, ſes Conſeillers & Officiers s'en vont à Saint Tron devers le Conſeil de mondit Seigneur, pour illec beſogner des beſognes entre le Roy
& mondit Seigneur ; j'ay entendu que le Traité devant Paris, en tant
qu'il touche mondit Seigneur, tiendra, & avec ce, mondit Seigneur
aura à perpetuité pour luy & les ſiens, les Terres & Villes que l'on appelle rachetées ou engagées, ſelon qu'elles ſont compriſes audit Traité
de Paris. Je me travailleray avant que je retourne, de ſçavoir jour à la
verité, ſe faire & prendre ; car je doute qu'il ne me faille aller audit
Saint-Tron, pource que mondit Seigneur m'a ja dit par deux fois, atten-
dez, & qu'il ne peut croire que ladite guerre ſoit en Breſſe, & auſſi
qu'il veut eſcrire autres choſes par-delà, & vous advertir plus avant de
ſes beſognes & nouvelles ; l'on ne ſçait encore à la verité, ſe noſtre armée deſdits Bourguignons s'en retournera par-delà, ou ſe elle ira ailleurs ; car l'on a aujourd'huy crié, que nul ne ſe départît ſans prendre
congé de ſon Capitaine à peine de la hart ; avec le Roy ſont & ont eſté
Monſieur de Bourbon, Meſſieurs de Lyon, de Liege & de la Belliere, Monſieur le Conneſtable, Monſieur de Craon & pluſieurs autres, avec mondit Seigneur, les Seigneurs de par-deçà, & ceux de Bourgogne ; l'on ne
beſogne preſentement aucune choſe en Juſtice, ſinon que tous les jours
on fait noyer & pendre tous les Liegeois que l'on trouve, & de ceux
que l'on a fait priſonniers, & qui n'ont point d'argent pour eux ran-
çonner : Ladite Cité eſt bien butinée, car il n'y demeure rien qu'après

L 2   feu,

1468.

feu, & pour experience je n'ay peu finer une feuille de papier pour vous escrire au net, ainsi qu'il appartient, & que je suis tenu & voudrois bien faire, mais pour rien je n'en ay peu recouvrer que en un vieux lieu. L'on dit que mondit Seigneur ne départira point d'icy jusques à Mardy prochain, ce que il veut faire de ladite Cité, encore n'en est-il nouvelles, combien que il a fait crier, que toutes femmes & enfans s'en allassent où bon leur semblera, & que chacun fist partir son butin dehors ladite Cité; j'ay entendu, combien que je ne le sçay pas de vray, que ladite Cité sera accourtée & diminuée devers le costé de la riviere; il y a eu des prisonniers beaucoup, desquels on reçoit argent à force, & s'en vont. Escrit en ladite Cité de Liege, le Jeudy au soir, troisiesme jour du present mois de Novembre 1468.

CXXX*.

Autre Extrait de la vie du Duc de Bourgogne: Comment la Cité de Liege fut prise d'assaut, & y porta le Roy l'Enseigne de Saint Andrieu.

Tiré des Recueils de M. l'Abbé Le Grand.

AU temps dessusdit fut une comette au Ciel, ayant queuë comme une lance de long flamboyant, comme une chandelle pâle en la partie de Septentrion près d'Occident; laquelle tendoit tout droit au pays de Liege, là où le Roy de France & le Duc de Bourgogne estoient allez, comme je diray tantost: de cette comette disoient les Clercs qu'elle signifioit mort d'aucun Prince ou destruction de pays, si comme il advint en Liege tantost après ; car le seiziesme jour dudit mois d'Octobre audit an LXVIII. se partirent de Peronne le Roy de France, à une partie de son ordonnance, & le Duc de Bourgogne, avec son armée qui estoit grande & terrible pour aller au pays de Liege, auquel pays ja venus & entrez grand noblesse des gens du Duc du pays de Bourgogne avec Messire Philippe de Savoye, fils du Duc de Savoye, lesquels, comme l'on disoit communement, avoient en leur compagnie de treize à quatorze cens lances, ou hommes d'armes, & pouvoient estre de neuf à dix mille chevaux: Le Roy de France avoit mandé aller avec luy en Liege sa grand garde, & la petite garde d'hommes d'armes & d'archers pour estre avec luy; en tirant en Liege le Roy voulut faire un pelerinage à Nostre-Dame de Haulx, & y alla à petite compagnie, tandis que son Connestable menoit ses gens d'armes avec le Duc de Bourgogne; & son pelerinage fait, il se remist en chemin avec les autres.

De Haulx; c'est-à-dire, de Halle.

CXXXI.

Fondation faite aux Augustins de Tournay, par le Roy Louis XI.

DE PAR LE ROY.

Tiré des Recueils de M. l'Abbé Le Grand.

NOS amez & feaux pour la singuliere & fervente devotion, que avons à Dieu & à la très-glorieuse Vierge Marie, nous avons ordonné fonder en l'Eglise des Augustins de Tournay, aucun service estre fait

fait & celebré pour nous ; c'est à sçavoir, que les Religieux, Prieur & Couvent des Augustins dudit Tournay seront tenus d'oresnavant par chacun jour durant le cours de nostre vie, en celebrant leur grand Messe après la Patenostre, & avant le premier *Agnus Dei*, dire une antienne de la Conception Nostre-Dame, & une oraison de mesme, & une autre oraison pour nous, & après nostre deceds, à semblable lieu & heure dire un *De profundis* & une oraison pour le salut de nostre ame ; & iceluy faire escrire & enregistrer ès Livres & Matrologues de leur Eglise à perpetuelle memoire ; & de faire ledit service, nous ont lesdits Religieux, Prieur & Couvent, baillé Lettres d'obligation sous les Sceaux dudit Couvent, ainsi qu'il appartient en tel cas ; pour lequel service faire & continuer, ayons octroyé à iceux Religieux, qu'ils puissent & leur loise tenir & posseder, tant de ce qui leur a esté ou pourra estre donné & aumosné, comme de ce qu'ils pourront acquerir au Bailliage de Tournay & Tournesis, le nombre de deux cens livres tournois d'annuelle & perpetuelle revenuë, tant en fonds de terre, comme en rentes hors Justice & Jurisdiction, sans ce qu'ils nous en soient tenus payer aucun amortissement, & lequel nous leur avons donné & quitté, ainsi que plus à plein est contenu & declaré ès Lettres sur ce par nous à eux octroyées ; lesquelles ils vous ayent presentées, & d'icelles requis l'entherinement, à quoy n'avez voulu obtemperer, ains avez retenu lesdites Lettres, sans les leur vouloir restituer ; & pource que nostre vouloir & plaisir est que nostredite fondation soit entretenuë, & que lesdits Religieux jouyssent entierement du don par nous à eux fait : A cette cause, nous voulons & vous mandons très-expressément, sur tant que nous desirez obvier & complaire, que sans quelque dissimulation ou difficulté, toutes excusations cessans, vous entheriniez & expediez pleinement lesdites Lettres par nous octroyées ausdits Religieux ; car pour rien ne voudrions que ledit service par nous ordonné estre fait en l'honneur de Dieu & de sa très-glorieuse Mere, fut discontinué ou interrompu, & ne vous arrester à quelques ordonnances faites sur le fait de nostre Domaine ; car, veu la situation du lieu, la devotion que avons à l'Eglise des Augustins de Tournay, & autres grandes causes qui à ce nous meuvent, nous avons conclu que la chose sortisse son plein effet ; si y veuillez faire par maniere qu'il ne nous faille plus vous en escrire. Donné aux Montils-lez-Tours, le dernier jour de Decembre. LOYS.

CXXXII.

Certificat de ceux du Conseil de Flandres à Gand, que la porte de Saint-Lievin & deux autres portes de cette Ville estoient fermées aux jours marquez.

A Gand, le dernier Decembre 1468.

NOUS, les Gens du Conseil de Mgr. le Duc de Bourgogne, de Brabant, de Limbourg & de Luxembourg, Comte de Flandre, ordonnez en Flandres, certifions à tous qu'il appartiendra, que aujourd'huy, datte de cestes,

Tiré de l'Edition de M. Godefroy.

à la priere & requeste d'aucuns Deputez de ceux de la Loy de cette Ville de Gand, pour verifier que la porte d'icelle Ville à saint Bavon, par laquelle l'on souloit aller dudit Gand le droit chemin vers Anvers & Replemonde, appellée Spittaelpoorte, est de tous points close, fermée & murée, aucuns de nous accompagnez de Messire Loys d'Escornay, Chevalier, haut Bailly de Gand, nous sommes transportez à ladite porte, tant par dedans comme par dehors, laquelle avons veuë & trouvée entierement close, & remachonné de briques & pierres, & le pont levé, tellement que par icelle, l'on ne pouvoit, ne ne peut aucunement issir ne entrer, passer ne repasser. *Item*, le jour d'hier à la requeste & priere comme dessus, pour verifier que la porte de ladite Ville, appellée Petrecellepoorte, par laquelle l'on va dudit Gand vers Courtray & Oudenarde, fut close & fermée Jeudy dernier passé, vingt-neuviesme jour du present mois, nous avons oy & examiné par serment, Jehan Meeren, Portier de ladite porte, âgié de soixante-quinze ans, Jehan de Heve, de quarante-huit ans, Gilles Seys, de soixante-quinze ans, Oste Acchelis, de cinquante-deux ans, Gilles Vander Haghe, de cinquante ans, Michiel de Clerc, de trente-sept-ans, Jacques Seys, de trente-sept ans, Andry Vanden Eechoute, de soixante-quatre ans ou environ, gens dignes de foy & credence, qui ont dit & affermé pat leurs sermens sur ce solemnellement faits, & premiers ledit Jehan Meeren Portier, que Mercredy dernier passé, environ huit heures en la nuit, il ferma ladite porte, & la tint ainsi close & fermée tout le Jeudy, & jusques à environ cinq heures du matin dudit jour d'hier, que la cloche du jour sonna, & tous les autres tesmoins dessus nommez, demourans dehors au plus près de ladite porte, excepté ledit Michel de Clerc, qui demeure au plus près d'icelle dedans la Ville, affermerent par leursdits sermens, que icelle porte ils virent tout ledit jour de Jeudy close & fermée, sans que ce jour aucuns pouvoient entrer, ne issir par icelle à pié, à cheval ne autrement, qu'il soit venu à leur cognoissance, & que ceux desdits tesmoins qui avoient à faire en ladite Ville, prirent leur chemin par la porte vers saint-Pierre, appellée Euverpoorte. *Item*, pour verifier que ledit jour de Jeudy, la porte de ladite Ville, appellée la porte de saint-Lievin, par laquelle l'on va de Gand à Grantmont, & aussi vers Audenarde, parmy le terroir d'Alost, estoit close & fermée; nous à la requeste comme dessus, avons oy & examiné par serment Jehan de Vrieze, âgié de soixante-quatre ans, Jehan le Peistre, de soixante ans; Ghiselbrecht le Piestre, de trente-quatre ans; Bauduin de le Damme, de trente-quatre, & Josse Bogard, de quarante-quatre ans ou environ, gens dignes de foy & credence, tous demourans au plus près de ladite porte de saint Lievin, lesquels ont dit, deposé & affermé par serment, que ledit Jeudy ils virent ladite porte close & fermée, tellement que ceux qui vouloient issir la Ville par illecq convenoit aller par la Keiser poorte, ainsi que l'on va de Gand vers Alost, & que ceux desdits deposans qui estoient dehots icelle Ville, & y vouloient entrer, convenoit pareillement aller à icelle Keiser porte; en tesmoin de verité, Nous avons le scel aux causes de la Chambre du Conseil en Flandres, fait mettre à ces presentes. Données à Gand, le dernier jour de Decembre, l'an mil quatre cens soixante-huit, *ainsi signé*, Y. VAERNEWYC. Le

DE PHIL. DE COMINES. 87

Le Duc de Bourgogne leur avoit donné des Lettres, pour leur permettre d'ouvrir les portes contestées, & reprendre les Bannieres, ainsi il ne se contenta pas d'un simple certificat, pour asseurance de la fidelité d'un peuple qui s'estoit souvent revolté, il en exigea une renonciation en forme, qui luy fut donnée par les Eschevins & les Doyens des Mestiers, & il cassa le privilege que le Roy Philippe le Bel leur avoit accordé en mil trois cens-un, pour l'election de leurs Eschevins, ainsi qu'on peut voir par les deux actes suivans.

1468.

CXXXIII.

Renonciation faite par les Eschevins des deux bancs, & les Doyens des Mestiers de la Ville de Gand à leurs bannieres, à l'ouverture de trois de leurs portes, au Privilege qui leur avoit esté accordé par le Roy de France, pour l'élection de leurs Eschevins, à l'exemption des confiscations & autres droits dont ils jouïssoient.

1469.

A Gand, le 2. Janvier 1468.

NOUS, Roland de Wedegrate, Phelippe Serfanders, Jehan van den Moure, Olivier de Grave, Josse vander Muelen, Bauduin de Goutere, Josse van Melle, fils Jehan; Jehan Alaerts fils, Maistre Monfrant, Lievin Trebast, Pierre de Zuttere, Josse Lammins, Jehan vanden Eede, & Jehan Sammele, Eschevins de la Keure; Bauduin Rim, Lievin van Leins, Vincent Meyeraert fils Jacques, François Baert, Nicolas de Ghier, Bauduin Neve, George de Zeverne, Phelippe de Zadeleere, Jehan Wullebrant, Jehan vander Haghe, Lievin Roffins, Lievin de Groete, & Jacques Annaert, fils Simon Eschevins des Parchons; Mathis Pedaert, grand Doyen; Lievin de Bels, Doyen des Tisserans, Josse van Melle, fils George; Jacques Cauwerie, Jehan vanden Nieuwenlande, Jehan van Huerne, Jacques van den Hende, François vanden Velde, Jehan Witte, Justaes Daneels, Michiel Dapre, Jehan van Pollaer, Jehan de Smet, Luc Nueble, Lambrecht Hieble, Justaes Roelins, Jacques de Zaghere, Lievin Brunel, Jehan vanden Moere, Adriaen Willems, Jehan vanden Bundre, Josse Pollert, Jehan Clais, Jehan van Ymbeke, Lievin vanden Poele, Pierre Lauwers, Jehan de Rob, Lievin van Biervliet, Guillaume van Materne, Jehan Alaert, Henry vanden Vackere, Pierre vanden Ackere, Jehan Dullaert, Jehan vanden Poele, Cornille Diedolf, Mathis Ghifelins, Jehan vanden Winkele, Jehan Raes, Lennoot Thierbault, Jehan Clinke, Jehan de Ghier, Lievin Stuuaert, Guillaume vande Velde, Simon van Miggherode, Jehan Medeghane, Jehan de Wilde, Barthelemi vanden Winkele, Lievin vanden Speye, Jehan de Mey, Gilles Nants, Jacques Onghenade, Jehan vander Schelden, Arthuer van Rooden, Henry vanden Hessche, & Simon Merghut, petits Doyens des Mestiers, Pierre van Hauwaert, Josse Vanstrect, Guillaume de Steppere, Godeffroy de Wale, Simon vander Heiden, Jacques de Ryke, Nicolas Ramart, Jacques Sergant, Jehan Damere, Mathis Reins, Arnoult de Heve, Jehan vanden Bossche, Jehan Goetghebuer, Loys Plante,

Tiré de l'Edition de M. Godefroy.

1469.

Plante, George vander Steltraten, Henry Wanters, Gheerolf de Tholnare, Paquier de Tucman, Rogier de Tollenaere, Lievin de Keistere, Pietre vander Gracht, Henry Baudins & Jacques de Haze, Jurez des Wicz desdits Tisserans, Jehan de Vechtere, Gilles vanden Leene, Jehan Douerdadeghe, & Marc van Halfackere, Doyens des cinq Mestiers unis & conjoints avec lesdits Tisserands de la Ville de Gand, tant pour nous comme pour & au nom des Bourgeois, manans & habitans, & toute la Communauté de ladite Ville, pour ce assemblez en la maniere accoustumée : faisons sçavoir à tous presens & advenir, que comme à l'occasion de ce que depuis la grace & remission à nous accordée par nostre très-redoubté Seigneur & Prince Monseigneur le Duc de Bourgogne, de Brabant, de Lembourg & de Luxembourg, Comte de Flandres, &c. des offenses par nous commises, tant par la commotion faite en ladite Ville le lendemain de sa premiere & joyeuse entrée en ladite Ville, que autrement, nous soyons contrevenus, & ayons entrepris en plusieurs & diverses manieres alencontre du Traité de Gavre, en nous rendant ingrats & mecognoissans de ladite remission, & mesmement entant que par subreption, obreption, impression & autrement, que duëment nous ayons obtenu de nostredit très-redouté Seigneur de pouvoir avoir d'oresnavant banniere, & aussi l'ouverture des trois portes d'icelle Ville, l'une desquelles portes, à sçavoir, la porte nommée l'Hospital-poorte, par ledit Traité avoit esté condamnée estre murée à tousjours, & les autres deux portes : à sçavoir, la Petrecelle-porte & la porte saint-Lievin, estre closes tous les Jeudis de chacune Semaine, ainsi que par iceluy Traité peut plus à plein apparoir, & avec ce pour les abus qui se commettoient au fait de la creation & renouvellement de la Loy de ladite Ville, selon & en suivant certain privilege accordé & octroyé par feu le Roy Philippe, la maniere de laquelle creation & aussi de l'assemblée des Colaces par façon & maniere de trois membres, c'est à sçavoir, de la Bourgeosie, Mestiers & Tisserans de ladite Ville estoient cause de nourrir, & engendroient plusieurs dissentions & divisions en icelle Ville, dont plusieurs grands & innumerables maux & inconveniens se sont ensuis au grand detriment & prejudice d'icelle Ville, & à la très-grande desplaisance de nostredit très-redouté Seigneur, à laquelle cause il a pris & conçû envers nous & sadite Ville de Gand à grande indignation, si est-il que nous a grand & meure deliberation sur ce eüe entre nous pour ce assemblez en la maniere accoustumée, comme dit est, desirans recouvrer la benigne grace de nostredit très-redouté Seigneur, & obvier ausdits inconveniens, avons de nostre certaine science pour nous & nos successeurs consenti & promis, consentons & promettons par ces presentes les choses qui s'ensuivent : premierement de rendre & delivrer à iceluy nostre très-redouté Seigneur, en telle maniere que son plaisir sera, toutes les bannieres des Mestiers, Wycs desdits Tisserans, ensemble desdits cinq Mestiers à eux unis & conjoints en ladite Ville, & toutes autres bannieres qui sont en icelle, appartenans ausdits Mestiers en general & en particulier, desquels soubs ombre du consentement sur ce par la maniere dite, obtenu de nostredit très-redouté Seigneur, nous avons usé au desplaisir d'iceluy nostre très-redouté Seigneur, & au contraire dudit Traité de Gavre, & dès maintenant

DE PHIL. DE COMINES.

maintenant confentons, que jamais nous n'en pourrons ufer, ne faire ou eflever aucunes nouvelles bannieres, en renonçant audit octroy * fur ce obtenu de noftredit très-redouté Seigneur, comme deffus eft dit. *Item*, promettons faire murer & tenir clofe à toufjours l'une des portes de ladite Ville, à fçavoir ladite Hofpital-poorte, laquelle eft condamnée par ledit Traité, & les deux autres portes tenir clofes au jour de la femaine declaré en iceluy Traité, le tout felon & en enfuivant le mefme Traité, fans que jamais nous puiffions femblablement ayder de l'octroy obtenu de noftredit très-redouté Seigneur touchant l'ouverture continuelle defdites portes. *Item*. Et pour obvier aux inconveniens advenus à l'occafion de la maniere du renouvellement de la Loy de ladite Ville de Gand, felon & en enfuivant la teneur dudit privilege du Roy Phelippe, nous avons confenti & accordé, confentons & accordons par exprès pour nous & nofdits fucceffeurs, par cefdites prefentes comme deffus, que la Loy de ladite Ville, & ce qui en depend, fera d'orefnavant & à toufjours par noftredit très-redouté Seigneur & fes fucceffeurs, Comtes & Comteffes de Flandres, ou leurs Commis par chacun an créée & renouvellée, en y ordonnant & eftabliffant les perfonnes à ce convenables à fon plaifir, Bourgeois de Gand, & au nombre & temps accouftumé, declaré audit privilege, ainfi qu'il peut & a accouftumé de faire en fes autres Villes de Flandres, fans eftre tenu ou devoir proceder à ladite creation d'icelle Loy par Eflifeurs, ne en la forme declarée audit privilege du Roy Phelippe, ne auffi avoir regart quant à ce à l'ufance qui s'en eft enfuye, & lequel privilege nous avons remis & remettons ès mains de noftredit très redouté Seigneur, pour en eftre fait & ordonné felon fon plaifir & voulenté, touchant ledit renouvellement & creation de ladite Loy. *Item*. Et pour obvier aufdits inconveniens & commotions qui adviennent à l'occafion de la maniere de l'affemblée defdits trois Membres & des Colaces de ladite Ville, nous avons femblablement confenti & accordé, confentons & accordons par cefdites prefentes, que les affemblées generales que l'on appelle Colaces, qui d'orefnavant fe feront pour les affaires du Prince, du pays ou de ladite Ville, fe feront ainfi & par telle fourme & maniere qu'il plaira à noftredit très-redouté Seigneur, ordonner & declarer par fes Lettres Patentes, lefquelles nous feront expediées fur ce, fans plus avant icelles Colaces faire par l'affemblée & nomination defdits trois Membres, lefquels & à la diftinction & la diverfité d'iceux, nous confentons & accordons eftre du tout aboly & mis au neant, & tous les habitans de ladite Ville eftre & demourer fous un corps & communauté, pour faire lefdites affemblées & Colaces tant feulement. *Item*. Avons encore confenti & accordé, confentons & accordons comme deffus, que tous ceux qui cy-après s'avanceront de tenir confeil à part, faire affemblées ou commotions, dont pourroient foudre armées, ou qui les fçauront, & ne les donront à cognoiftre au Bailly & à ceux de la Loy de ladite Ville, eux appellez & convaincus pardevant noftredit Seigneur ou fon Confeil, fourferont perdront outre & pardeffus la punition corporelle, en quoy ils feront condamnez, telle franchife qu'ils auront en icelle Ville, foit de bourgeoifie, franchife de Meftiers ou de Tifferans, & avec ce confifquerons au profit de noftredit très-redouté Seigneur ou fefdits fucceffeurs, tous & quelconques

1468.

* Voyez les deux permiffions du 28. Juillet 1467. cy-deffus, n°. CII. & CIII. tom. 2. pag. 618. 629.

Tome III.   M   conques

90   PREUVES DES MEMOIRES

1468.

Sauf à nous, ajoutez, à conserver.

Trouveront, je crois qu'il faut tourneront.

conques leurs biens, meubles & heritages, nonobſtant le privilege à ladite Ville octroyé, par lequel tous les Bourgeois ſont francs & exempts de confiſcation, auquel privilege quant à ce cas nous avons renoncé & renonçons, ſauf à nous ledit privilege en autres cas, comme il appartiendra par raiſon; & s'il advient que Dieu ne veuille, 'que aucuns des Meſtiers de ladite Ville, deſdites Wycs, des Tiſſerans ou deſditscinq Meſtiers s'avancent ou ingerent de faire armée ou courſe à banniere deſployée ou autre enſeigne, ſe ce n'eſt du commandement ou conſentement du Bailly & de la Loy d'icelle Ville, ceux dudit Meſtier, outre & pardeſſus la punition criminelle requiſe en tel cas, ſourferont & confiſqueront ſemblablement toutes leurs keures, franchiſes, privileges & libertez d'icelui Meſtier ou Wycs, & ceux dudit Meſtier ou Wycs, qui en telles & ſemblables commotions, ſe trouveront devers leſdits Bailly & ceux de la Loy, pour les ſecourir & ayder à reſiſter à icelles commotions, jouyront ſeulement deſdits privileges, franchiſes & libertez du meſme Meſtier, & au ſurplus, quant à tous les autres points & articles contenus oudit Traité de Gavre, contre leſquels le Procureur general de noſtredit très-redouté Seigneur pourroit maintenir que ſoyons contrevenus, & ayons aucunement meſpris, nous avons accordé & promis, accordons & promettons par ces meſmes preſentes, ſe fait l'avions, ce que ne cuidons avoir fait; de l'amender à l'Ordonnance de noſtredit très-redouté Seigneur; nous oys & le tout reparer & remettre au premier eſtat deu, tout ainſi que ledit Traité le contient, lequel nous avons auſſi promis & promettons garder & entretenir d'oreſnavant inviolablement en tous ſes points & articles, ſauf tant ſeulement le point du renouvellement de la Loy, auquel nous avons renoncé, comme par ces preſentes cy-devant eſt faite mention, & à faire & accomplir toutes les choſes deſſuſdites & chacune d'icelles avons obligé & obligeons tous & quelconques les biens du corps de ladite Ville, enſemble auſſi les corps & biens des Bourgeois, manans & habitans en icelle, tant en general comme en particulier, en nous ſoubmettant pour ce à toutes Cours eſpirituelles & temporelles, par leſquelles Cours & chacune d'icelles, nous voulons & conſentons eſtre convenus & contraints pour l'obſervance & entretenement du contenu en ceſdites preſentes, ſans nous pouvoir ayder d'aucunes franchiſes, privileges ou libertez, auſquelles quant à ce, & à toutes autres exceptions & cautelles, nous avons renoncé & renonçons par la teneur d'icelles. En teſmoin & verité de ce, nous avons fait mettre le ſcel des obligations & contrats de ladite Ville de Gand à ces preſentes, faites & données le deuxieſme jour de Janvier, l'an mil quatre cens ſoixante-huit. Ainſi ſigné, J. DE SURITERE. J. DE LOE.

C'eſt l'an 1469. ſelon le nouveau ſtyle.

CXXXIV.

CXXXIV.

Privilege accordé par Philippe Roy de France, à ceux de la Ville de Gand, pour l'election des Eschevins & Conseillers de cette Ville, avec l'acte de la cassation dudit Privilege, faite par ordre de Charles, Duc de Bourgogne.

Le Privilege à Senlis, en Novembre 1301. L'Acte de cassation à Gand, le 8. janvier, 1468.

PHELIPPE par la grace de Dieu, Roy de France. Nous faisons à sçavoir à tous presens & advenir, que comme grands discors, dissensions, grands questions, & malles veillances, & haines grands & perilleuses ayent longuement esté en nostre Ville de Gand entre ceux de Gand, c'est à sçavoir, entre les trente-neuf, par qui la Ville estoit gouvernée, avant que la guerre commencast en Flandres, & grant partie de ceux du commun d'autre, & pour lesdits descors qui tant longuement ont duré, que treize desdits trente-neuf sont morts, & que moult de dommages soient advenus en ladite Ville, en faisant grands despens en plaidoyant en nostre Cour & en autres Cours, & moult de grands perils & dommages de personnes & de biens, si que ladite Ville a esté en peril d'estre destruite & perdue, se brief remede n'y fust mis, & pour ce, nous qui fumes Seigneur de la Ville, à qui il appartient de contretier à iceux perils, & de mettre remede en tieux cas en nos Villes & entre nos soubjets, avons maintesfois par nous & par nos Gens traitez plusieurs voyes sus ce & emprès moult de Traitez, la Dieu merci, devant nostre Gent à Lille, en nos renengues de Flandres, qui offrirent à rendre & faire droit entre les parties, voudrent & octroyerent li Eschevin qui la vindrent & les Procureurs des francs Marchands de Gand, que de tous descors qui estoient ou pouvoient estre entre eux & les autres de la Ville, fust sus le fait de l'eschevinage, fus contes, fus administrations, debtes, injures, dommages & sus tout leur estat, nous en faisons & ordenissons à nostre voulenté, l'autre partie en celle mesme fourme, volent, octroyent & requerant & souppliant que nous voulsissons lesdits descors prendre sur nous, & en faire nostre volenté & ordener, lesquelles choses nos gens qui là estoient, reçurent pour nous & en nom de nous, & depuis nul ne l'ait contredit ne dissenti, & nous à qui il appartient à mettre sus ce remede. Volens & desirans mettre pais en ladite Ville, & fins ès descors qui ont esté entre les parties, & pource que ladite Ville, laquelle nous avons moult à cœur, puisse vivre, estre gouvernée en pais, & demourer en bonne tranquillité, avons fermé & establé lesdits octroys, & les avons reçus à en dire & faire nostre volenté, & à en ordener & eu sus tout conseil diligent, appensement & regard, disons, prononçons & ordonnons sus ce par nostredit, & par nostre volenté en la maniere qui s'ensuit. *Premierement*, que li Estat & li Gouvernement de l'eschevinage de nostre Ville de Gand soient faits & demenez à tousjours, mais en telle maniere & non autrement, c'est à sçavoir, que les bonnes gens de la Ville de Gand, esliront & prendront, & nommeront chacun an quatre prodes hommes

Tiré de l'Edition de M. Godefroy.

Sumes, tiré du latin *sumus*, c'est-à-dire, *sommes*.

Prodes, c'est-à-dire *pruses*.

& nous ou nostre commandement, qui là sera autres quatre prodes hommes des plus souffisans & des plus profitables à leur escient, qu'ils pourront des Bourgeois de la Ville, lesquels huit en telle maniere eslus, ne devront appartenir l'un à l'autre de plus près que ou tiers degré, & esliront les huit devant dit par leurs sermens, vingt & six prodes hommes de la Ville à leur povoir, les plus souffisans pour la Ville gouverner celle année selon l'usage de la Ville, & les partiront par deux treizeinnes, & ne pourront iceux huit partir par leurs sermens du lieu, où ils seront assemblez pour eslire lesdits vingt-six, ne nul ne pourra à eux parler jusques à tant que ils ayent esleu lesdits vingt-six, & partis en deux treizeinnes, & se il advenoit que li huit devant dits ne se pussent accorder de eslire les vingt-six, la plus grande partie de eux pourroit le faire, & ce fait, iceux huit ou la plus grant partie de eux presenteront en la maison de Eschevins ces vingt-six partis en deux treizeinnes à iceluy qui en la Ville sera de par nous se aucuns y est, lequel pourra eslire les quieux que il voudra des deux treizeinnes, pour demourer Eschevins de ladite Ville celle année, & les autres treize demoureront Conseillers de la Ville celle année, & s'il advenoit que audit jour n'eust aucun en ladite Ville de par nous, ou se iceluy qui seroit là de par nous ne pouvoit ou ne vouloit par aucune cause ou par empeschement ce faire li devant dit huit eliseurs ou la plus grande partie de eux feroient à celle fois ce que celi qui de par nous seroit là ou devroit estre, devroit ou pourroit faire de celle chose, & ce feront ils au plus loyalement que ils pourront par leurs sermens, & iceluy mesme jour ou ainçois qu'ils partent du lieu, & est à sçavoir que li treize Conseillers cognoistront & jugeront de formortures & se entremettront de appaiser tant seulement, & li treize Eschevins cognoistront & jugeront de toutes autres choses appartenans au gouvernement de la Ville, pour raison de l'Eschevinage, & ne pourront estre en aucune des deux treizeinnes, cousin germain ou plus prochain ensemble. Et près du chief de l'an, les vingt-six dessusdits esliront le jour qui nommez sera cy-dessous par leurs sermens quatre prodes hommes & nous ou nostre commandement, ou cil qui en la Ville sera pour nous les autres quatre les plus souffisans que ils pourront, qui esliront les vingt-six qui gouverneront ladite Ville en la fourme dessusdite, & s'il advenoit que à iceluy jour ne eust en ladite Ville aucun de par nous pour eslire les quatre dessusdits, ou se celi qui de par nous y seroit, ne povoit ou ne vouloit par aucunes cause ou empeschement ce faire, li vingt-six dessusdits auroient povoir de eslire les huit dessusdits à celle fois, qui les vingt-six esliront en la maniere dessusdite, & nul des huit qui esliront les vingt-six, ne pourra estre des huit la premiere année ensuivant, & ne pourront cil qui auront esté Eschevins estre esleus Eschevins de la Ville jusques à deux ans après, ne ceux qui auront esté Conseillers jusques à un an après: & est à sçavoir que le jour de eslire sera tousjours mès trois jours devant la my-Aoust, & après ce cil qui auront esté celi an Eschevins conteront puis la fin de leur année devant les Eschevins & les Conseillers nouviaux & devant le commun, present celi qui là sera pour nous le tiers jour emprès la my-Aoust en la maniere que li est contenu en la chartre de la Ville faite sur ce & li veille de la feste de la my-Aoust,

fenira

DE PHIL. DE COMINES.

1468.

fenira leur Eschevinage & l'Office des Conseillers de celuy an, & les nouviaux esleus commenceront leurs Offices le jour de la my-Aoust, & ainsi ordonnons, disons, voulons & commandons estre fait; tenu & gardé à tousjours-mès, sans venir encontre par nul engin, ne par autre maniere, & est à sçavoir que nous, les privileges de la Ville de Gand, quant aux autres choses dont il n'est cy-dessus ordonné, confirmons, sauf ce que s'il y a aucuns points qui ne soient raisonnables ne profitables à la Ville de Gand dessusdite, ils seront ostez ou corrigez par le Conseil de nos Gens & des prodes-hommes de la Ville devant dite, & que ce soit ferme & estable à tousjours, nous avons fait mettre nostre Scel à ces presentes Lettres. Ce fut fait à Senlis, l'an de grace mil trois cens & un au mois de Novembre. Ainsi Signé, *facta est collatio Dolæ per Thesaurarium Andegavensem*. Et au dos desdites Lettres est escrit ce qui s'ensuit : Aujourd'huy huitiesme jour de Janvier mil quatre cens soixante-huit, ce present privilege a esté par les Deputez, Doyens des Mestiers, & autres Jurez & Deputez de la Ville de Gand, presenté & delivré à mon trèsredouté Seigneur Monsieur le Duc de Bourgogne, de Brabant, de Lembourg & de Luxembourg, Comte de Flandres, &c. pour en faire son bon plaisir, & après de leur consentement, a fait mondit Seigneur, par Monsieur de Goux, son Chancelier, casser & chanceller ledit privilege, en la presence de Reverend Pere en Dieu, Mr. Loys de Bourbon, Evesque de Liege; Messire Philippe de Savoye, Comte de Baugé; Messire Adolphe de Cleves, Sieur de Ravestein; Monsieur le Duc de Sommerset, Messire Loys de Chalon, Seigneur de Chasteauguyon; Messire Hugues de Chalon, son frere, Seigneur d'Orbe; Messire Anthoine, Bastard de Bourgogne, Comte de la Roche en Ardenne; Messire Pierre de Beauffremont, Comte de Charny; Messire Charles de Chalon, Comte de Joigny, les Seigneurs Darcy, de Crequy, de la Roche, de Clessy, & grant nombre d'autres Barons, Chevaliers, Escuyers, Gens de Conseil, & autres de tous estats, moy present, J. Gros.

Je crois qu'il faut, *mal-engin*.

CXXXV.

☞ *Traité de l'échange de l'appanage de Guyenne, au lieu de celuy de Normandie, fait entre le Roy Louis XI. & Charles son frere par l'entremise du Duc de Bretagne, en Avril 1469. verifié le 27. Juillet audit an.*

LOYS, par la grace de Dieu, Roy de France. Sçavoir faisons à tous presens & à venir; que comme tantost après nostre advenement à la Couronne, nous eussions baillé à nostre très-cher & très-amé frere Charles, pour partie de son appanage, les pays & Duché de Berry, & depuis sur plusieurs differences & voyes de fait meus entre nostredit frere, & autres Seigneurs de nostre Sang & nous; & pour icelles appaiser, eussions esté requis en grande puissance de la part desdits Sieurs de bailler à nostredit frere le pays & Duché de Normandie, & que pour obvier aux grands dangers & inconveniens où les choses estoient, lors fismes & accordasmes & en baillasmes nos Lettres, qui furent expediées en nostre

Tiré des Recueils de M. l'Abbé Le Grand.

noſtre Cour de Parlement, & en la Chambre des Comptes; mais tantoſt après, conſiderans le grand exceſſif appanage fait & baillé à noſtredit frere, en luy faiſant le bail & tranſport dudit Duché de Normandie, euſſions recouvré & mis en noſtre main, reaument & de fait, ledit pays & Duché de Normandie, & à cette occaſion s'y ſoient meus de grands rumeurs, queſtions & differences entre noſtredit frere & nous, dont s'eſtoient & ſe pouvoient enſuir pluſieurs grandes eſclandres, voyes de fait, & autres inconveniens en noſtre Royaumes, pour leſquelles appaiſer & pacifier, noſtre très-cher & très-amé neveu le Duc de Bretagne, & aucuns autres Seigneurs & notables hommes ſe ſont travaillez, tant envers nous, qu'envers noſtredit frere, & ont fait pluſieurs ouvertures pour parvenir à ladite pacification; & avons eſté requis de la part de noſtredit frere de luy bailler, octroyer & delivrer pour ſondit appanage le pays & Duché de Guyenne, & autres pays, droits & revenus cy-après declarez: Nous deſirans bonne paix & union eſtre faite entre nous & noſtredit frere, afin de obvier aux dangers & inconveniens que ſe fuſſent peu venir à cauſe deſdites queſtions & differences, & pour nourrir bonne paix, amour & concorde entre nous & luy, & à ce qu'il ait de quoy maintenir ſon eſtat, ainſi qu'il appartient à noſtre ſeul frere, & qu'il ſe puiſſe mieux employer au ſervice de nous, & à la tuition & deffenſe du Royaume, à quoy il eſt diſpoſé & enclin de tout ſon cœur, ainſi qu'il nous a fait ſçavoir, voulans luy complaire & obtemperer à la requeſte, qui de ſa part nous a eſté ſur ce faite; à iceluy noſtre frere avons baillé, cedé & tranſporté & delaiſſé, baillons, cedons, tranſportons & delaiſſons de noſtre certaine ſcience, grace eſpeciale & autorité Royale, pour ſondit appanage, le pays & Duché de Guyenne, en tant que ledit pays & Duché s'eſtend & comporte, outre la riviere de la Charente, generalement & univerſellement, le pays & Seneſchauſſée d'Agenois, le pays & Seneſchauſſée de Perigord, le pays & Seneſchauſſée de Quercy, Comté & Seneſchauſſée de Xaintonge, la Ville & Gouvernement de la Rochelle, & le pays & Bailliage d'Aulnix, avec toutes les appartenances & dependances, tant en Citez, Villes, Chaſteaux, Foreſts, Fleuves, Rivieres, Ports, Havres, tant de mer, que d'eaux douces, naufrages, droits & hommages, fiefs & arriere-fiefs, hommes, vaſſaux & ſubjets, avec tous les droits, profits & revenus que y avons & prenons, & pourrions avoir & prendre, tant ordinairement, qu'extraordinairement, generalement & univerſellement, ſans aucune choſe y reſerver ny retenir, ſauf ſeulement le reſſort pour appel, la foy & hommage, & les hommages de la Comté de Foix & de la Comté d'Armagnac, ainſi qu'il eſt par après declaré; & pourra noſtredit frere commettre & ordonner Receveurs, Eſleus & autres Officiers, pour les deniers & finances extraordinaires, tels que bon luy ſemblera, ainſi comme nous pourrions faire; & auſſi eſtablir & ordonner Chambre des Comptes pour l'audition, cloſture & affinement des comptes des Receveurs deſdits pays, de tous deniers & recettes, tant ordinaires qu'extraordinaires; & pareillement pourra exiger & mettre ſus Chambre des Generaux de la Juſtice, des Aydes, & y commettre & ordonner tels Officiers que bon luy ſemblera, pour connoiſtre, diſcuter & determiner de toutes queſtions &

procès

procès venans & procedans des Tailles & Aydes, & autres deniers extraordinaires desdits pays, pour desdits Duché, Terres & Seigneuries dessusdites jouïr & user en tout droit & prérogative de Pairie & appanage de France, par nostredit frere & ses hoirs masles, & les hoirs masles de sesdits hoirs masles, descendans d'eux en loyal mariage, sans aucune chose y reserver ny retenir à nous, fors seulement les foy & hommages & le Ressort en nostre Cour de Parlement à Paris, des appellations venans & procedans des grands Cours, qui seront tenus de par nostredit frere esdits pays & Seigneuries par nous à luy transportées ; & pourra nostredit frere ordonner, establir & faire tenir ses grands jours en tel lieu de sesdits pays, Terres & Seigneuries, ainsi par nous à luy baillées & transportées, que bon luy semblera, & iceux faire tenir toutes fois par tel nombre de Presidens & Conseillers qu'il voudra, ausquels grands jours ressortiront & pourront ressortir par appel, les causes d'appel de tous les pays & Seigneuries, lesquels, à cause dudit appanage, luy avons baillées & transportées, sauf aussi & reservé les foy & hommages de la Comté d'Armagnac & de la Comté de Foix ; mais au regard de toutes les autres Terres & Seigneuries, que les Comtes d'Armagnac & de Foix tiennent en fief des pays & Seigneuries par nous baillées & transportées à nostredit frere pour sondit appanage ; nous voulons & entendons par lesdits Comtes d'Armagnac & de Foix en fassent hommage à nostredit frere selon la nature des fiefs ; & pour faire la delivrance & bail desdits pays, Terres & Seigneuries, Citez, Villes, Chasteaux & Forteresses, & de tous les droits & appartenances d'icelles, comme dit est dessus : nous baillismes nos Lettres de commission à Commissaires notables, qui feront ladite delivrance, & en bailleront la possession à nostredit frere, ou à ses gens & commis dedans la fin du mois de May prochain venant, & au cas qu'il y auroit aucunes choses à parfaire & accomplir dedans ledit temps, nous ferons & accomplirons, ou ferons faire & accomplir dedans le quinziesme jour de Juin prochain après ensuivant, au plus tard ; toutes & chacunes lesquelles choses dessus declarées, nous avons promis & promettons de bonne foy, & en parole de Roy ; & avons juré & promis, jurons & promettons sur les saintes reliques de la vraye Croix, & autres par nous touchées, & sous les censures & jurisdictions & cohertions du S. Siege Apostolique, à quoy nous nous sommes soumis faire tenir & accomplir de point en point selon leur forme & teneur, sans jamais faire, venir, ne procurer estre fait directement ou indirectement aucune chose au contraire ; moyennant & parmy ce que nostredit frere de sa part renoncera à tout droit d'appanage & partage, que luy pouvoit ou pourroit competer & appartenir à cause de la succession de nostre très-cher Sgr. & pere, & de feuë nostre très-chere Dame & mere, le Roy & la Reine, que Dieu absolve, & d'iceux il se departira, sans jamais quelque chose y demander, & especialement renoncera aux appanages par nous à luy autrefois faits des Duché de Berry & de Normandie, & à tout le droit qu'il pourroit pretendre en iceux ; & nous rendra & restituera toutes les Lettres, titres & enseignemens qu'il a desdits appanages, & des droits qui en dépendent : Lesquelles en baillant ces presentes, nostredit frere mettra & baillera reaulment & de fait, és mains de nostre très-cher & très-amé neveu le Duc

de

1468.

de Bretagne, lequel promettra & s'obligera sous son scellé les nous rendre & restituer, ou à nos Commis & Deputez, incontinent que nostredit frere, ou gens de par luy auront eu la possession desdits Duché de Guyenne, & autres pays, Villes, Terres & Seigneuries dessus declarées. Si donnons en mandement, par ces presentes, à nos amez & feaux les Gens tenans & qui tiendront nostre Parlement, les Gens de nos Comptes & Tresoriers, & les Generaux sur le fait de nos Finances, & à tous nos autres Justiciers & Officiers, ou à leurs Lieutenans presens & à venir, & à chacun d'eux, si comme à luy appartiendra, que nostredit frere & sesdits hoirs masles, comme dit est, ils fassent, souffrent & laissent jouïr & user pleinement & paisiblement desdits Duché de Guyenne, ensemble des autres, pays, Villes, Terres, Places & Seigneuries dessusdites, avec les revenus, appartenances & appendances quelconques, tant ordinaires qu'extraordinaires, ainsi que dessus est declaré, & que nous en pourrions faire se icelles choses estoient en nostre main, sans luy faire, ne souffrir estre fait, mis ou donné aucun empeschement au contraire: Mandons aussi à tous les vassaux & subjets dudit Duché de Guyenne, & autres Terres & Seigneuries dessusdites, par nous baillées & transportées à nostredit frere, que à iceluy nostre frere ils fassent la foy & hommage, serment, obéyssance, & autres devoirs en quoy ils luy pourroient estre tenus, desquels, en les luy faisant, nous les avons quittez & deschargez par ces presentes, en tant que à chacun d'eux appartient & peut appartenir, sauf & reservé à nous les hommages de la Comté d'Armagnac & de la Comté de Foix, comme dit est dessus; & par ce present transport, ledit Duché de Guyenne, avec les autres pays & Seigneuries dessusdites, en tant que eux ou aucuns d'eux auroient joints, incorporez & unis à la Couronne & à nostre Domaine, nous les en avons desjoints & separez, separons & desjoignons, & voulons que nostredit frere & sesdits hoirs masles les tiennent & possedent, & en jouïssent d'oresnavant en la maniere deuëment dite, nonobstant quelque union, que les temps passez en ait esté ou puisse avoir esté faite à la Couronne de France, ordonnances, édits ou declaration sur ce faites, privileges donnez, ou autres choses qui pourroient venir au contraire, lesquelles nous ne voulons, ne entendons deroger à ce present appanage, transport & cession, ne porter aucun prejudice à nostredit frere; ainçois iceux revoquons, cassons, annullons en tant que mestier est; & afin que ce soit chose ferme & estable à tousjours, nous avons fait mettre nostre Scel à ces presentes, sauf en autres choses nostre droit, & l'autruy en toutes. Donné à Amboise, au mois d'Avril, l'an de grace mil quatre cens soixante-neuf après Pasques, & de nostre Regne le huitiesme. *Sic signatum*, Par le Roy, J. BOURÉ. *Visa & super plica, lecta, publicata & registrata præsente Procuratore Generali Regis, & non contradicente, Parisius in Parlamenio, vigesimâ-septimâ die Julii, anno millesimo quadringentesimo sexagesimo nono, signatum* G. BRUNAT.

Collatio facta est cum originali.

Commission

DE PHIL. DE COMINES.

CXXXVI.

1469.

☞ *Lettres du Roy Louis XI. pour confirmer & ratifier l'échange d'appanage de Guyenne, par luy donné à Charles de France, son frere.*

LOYS, par la grace de Dieu, Roy de France. A tous ceux qui ces presentes Lettres verront, Salut : Comme pour pacifier les questions & differences meuës entre nostre très-cher & très-amé frere Charles & nous, à cause de son partage & appanage, à cause de la succession & eschoite de feu nostre très-cher Seigneur & Pere, & feuë nostre tres-chere Dame & Mere, le Roy & la Reyne, que Dieu absolve, nous ayons baillé & transporté & delaissé à nostredit frere, pour tout son droit dudit partage & appanage, la Duché de Guyenne, en tant qu'elle se comporte, & extant de la riviere de la Charente, les Pays & Seneschaussées de Quercy, Agenois, Perigord; la Comté, Pays & Seneschaussée de Xaintonge; la Ville & Gouvernement de la Rochelle, & le Pays & Bailliage d'Aulnix, avec leurs appartenances, appendances & dependances, ainsi que ces choses apperent plus à plein par nos Lettres sur ce faites & scellées en lacs de soye & cire verte, données en ce mois d'Avril; en faisant & baillant lequel appanage ayons promis & accordé à nostredit frere luy faire expedier & verifier lesdites Lettres par nostre Cour de Parlement, & par nostre Chambre des Comptes, des Tresoriers & Generaux : Sçavoir faisons, que nous voulans user de bonne foy envers nostredit frere, & luy faire, tenir & accomplir tout ce que luy a esté fait, promis & accordé en cette partie, & luy en bailler nos Lettres ; à iceluy nostre frere avons promis & promettons de bonne foy, & en parole de Roy, & par la foy & serment que devons à Dieu, & sous l'obligation de tous nos biens presens & à venir, que nous ferons publier, verifier & enregistrer, tant en nostredite Cour de Parlement, que en la Chambre de nos Comptes, & des Tresoriers & Generaux, lesdites Lettres de partage & appanage dedans la Saint Jean-Baptiste prochain venant, sans aucune contradiction ou difficulté : En tesmoin de ce nous avons fait mettre nostre Scel à ces presentes. Donné à Amboise au mois d'Avril, l'an de grace mil quatre cens soixante-neuf, après Pasques, & de nostre Regne le huitiesme. Ainsi *Signé*, Par le Roy, J. Bouré.

Collationné à l'original, le troisiesme jour de May mil quatre cens soixante-neuf, par moy, Rolant.

Tiré des Recueils de M. l'Abbé Le Grand.

Apostille du Secretaire du Roy Louys XI. qui suit la piece.

Cette Lettre a esté faite & emplieé en un blanc-scellé du Scel du Roy, & signée de ma main, lequel le Roy me commanda envoyer à Nantes à Maistre Jean Dauvet, par mon Clerc Martin Chatoire, ne jamais n'en vis minute, ne autre chose sauf cette copie signée de Maistre Adam Rolant, & ce je certifie estre vray par ma foy & sur mon honneur.

CXXXVII.

☞ *Commission de Louis XI. à Maistre Jehan de Poupaincourt, President en la Chambre des Comptes, pour faire verifier au Parlement & Chambre des Comptes, le partage & appanage de Guyenne, & le delivrer à Charles de France son frere, après avoir retiré de luy les appanages de Berry & de Normandie ; & Lettres de renonciation d'iceluy à tous autres droits, du 10. Juillet 1469.*

1469.

Tiré des Recueils de M. l'Abbé Le Grand.

LOYS, par la grace de Dieu, Roy de France. A nostre amé & feal Conseiller & President en nostre Chambre des Comptes, Maistre Jehan de Poupaincourt, Salut & dilection : Comme puis peu de temps en çà, nous avons par nos autres Lettres patentes, scellées en lacs de soye & cire verte, baillé, cedé & transporté & delaissé à nostre très-cher & très-amé frere Charles, Duc de Guyenne, pour tout son droit de partage & d'appanage ladite Duché de Guyenne, avec la Comté de Xaintonge, & autres Terres & Seigneuries plus à plein declarées en nosdites autres Lettres, & sous les conditions & modifications contenuës en icelles, & pource qu'il est denotté qu'elles soient leuës, publiées & verifiées, tant en nostre Cour de Parlement, que en nostre Chambre des Comptes à Paris, & que voulons & desirons que ladite lecture, publication & verification soit faite, sans aucun empeschement ou contradiction ; nous, pour ces causes, & pour la grande & bonne confiance que nous avons de vos sens, suffisance, loyauté, prudhommie & bonne diligence, aussi afin que les Gens de nostredite Cour de Parlement & de nostredite Chambre des Comptes, & nos Advocats & Procureurs en icelles soient à plein informez de nostredite volonté & intention sur ce, & qu'ils n'ayent cause de contredire ou empescher ladite lecture, publication & verification de nosdites Lettres de partage & appanage, & pour autres causes & considerations à ce nous mouvans, voulons & vous mandons, que incontinent vous vous transportiez, tant en icelle nostre Cour de Parlement, que en nostredite Chambre des Comptes à Paris, & illec faites lire, publier & verifier icelles nos Lettres dudit partage & appanage de nostredit frere, selon leur forme & teneur ; & ce fait, prenez & retenez lesdites Lettres devers vous, sans en faire aucune delivrance à iceluy nostredit frere, ne à aucuns de ses gens, ou autres quelconques, jusques à ce que de la part de nostredit frere vous ayent esté baillées & renduës, pour & au nom de nous les Lettres de partage & appanage, qui ja pieça luy furent par nous baillées, tant de la Duché de Berry, comme depuis de nostre pays & Duché de Normandie, avec Lettres de renonciation d'iceluy nostre frere en bonne forme & suffisant de tous les droits de partage & appanage qu'il pourroit avoir & pretendre, tant de la succession de feu nostre très-cher & très-amé pere, & de nostre très-chere & très-amée Dame & mere, que Dieu absolve, que autrement, en quelque maniere que ce soit ou puisse estre, lesquelles Lettres de partage & appanage de nosdits Duchez de Berry & de Normandie, & aussi celles de ladite renonciation, qui sera faite par nostredit frere, ainsi que dessus est dit, vous serez tenu de nous apporter &

bailler

bailler en nos mains, ou celles que nous avons baillées à iceluy nostredit frere, de sondit partage & appanage de ladite Duché de Guyenne, Comté de Xaintonge, & autres Terres & Seigneuries declarées en icelles, de ce faire vous donnons plein pouvoir, autorité, commission & mandement especial, & mandons & commandons à nos amez & feaux Conseillers, les Gens de nostredite Cour de Parlement & des Comptes à Paris, qu'ils vous obéyssent, & fassent & accomplissent de point en point tout ce que par vous leur sera dit & exposé de nostre part, touchant les choses dessusdites. Donné à Tours le dixiesme jour de Juillet, l'an de grace mil quatre cens soixante-neuf, & de nostre Regne le huitiesme. *Sic signatum*, Par le Roy, BOURÉ.
Collatio facta est cum originali.

CXXXVIII.

Acte de la nomination faite au Chapitre de l'Ordre de la Jarretiere de Charles, Duc de Bourgogne, pour Chevalier de cet Ordre (1).

A Vindsor, le 13. May 1469.

EDWART, par la grace de Dieu, Roy d'Angleterre & de France, Seigneur d'Irlande, & Souverain de l'Ordre du Gartier, fondé & estably en l'honneur de la Benoiste Vierge Marie, Nostre-Dame, & du glorieux Martir Saint George, en nostre Chasteau de Vindsor. A tous ceux qui ces presentes verront ou orront, Salut : Sçavoir faisons, que nous estans assemblez avec nos Compaignons dudit Ordre par maniere de Chapitre, en nostre Palais de Westmunster, le vingt-sixiéme jour du mois de Mars dernier passé, ayans très-grands & bons considerations aux hauts biens, grands vertus, la très-haute noblesse du sang, prochaineté de lignage & d'alliance, & de la grande benivolence, amitié, ligue & confederations, par lesquelles nous & très-haut & puissant Prince, & nostre très-cher & très-amé frere Charles, par la grace de Dieu, Duc de Bourgogne, sommes fermement liez, conjoints & actraints l'un à l'autre, mesmement aux très-grands prouësses & vaillances que connoissons estre en sa très-noble personne, veuës tous les Estatuts & Ordonnances de l'Institution dudit Ordre, & par especial le contenu du dix-

Tiré de l'Edition de M. Godefroy.

(1) Quoique le Duc de Bourgogne ait été admis dans l'Ordre de la Jarretiere le 13. Mai 1469. cependant le Roi Edoward ne députa pour lui porter l'Ordre, le Sieur de Duras, Gascon, que le 10. Janvier 1470. comme on le voit dans l'*Appendix* de l'Histoire de l'Ordre de la Jarretiere. Le Duc le reçut en ceremonie le 4. Fevrier suivant, & en donna son certificat le même jour. Ainsi on ne peut pas reprocher au Roi Louis XI. d'avoir accusé mal à propos, au commencement des Lettres, le Duc de Bourgogne d'avoir pris l'Ordre de la Jarretiere, puisqu'effectivement le Roi d'Angleterre l'avoit admis dans cet Ordre, & que réciproquement ce Duc avoit nommé ce Roi à l'Ordre de la Toison d'Or.

Il a été marqué dans le Supplément, qui est au Tome IV. de cette édition, que le 31. Janvier 1469. suivant l'ancienne maniere de commencer l'année à Pâques, le Seigneur de Duras apporta l'Ordre de la Jarretiere au Duc de Bourgogne, qui étoit lors en la Ville de Gand; les deux Lettres suivantes serviront à prouver ce point d'Histoire à ceux qui y trouveroient quelque doute.

1469.

dix-neuviefme Chapitre, dont la teneur est telle : *Item. Il est accordé, que si aucun de ladite Compaignie meurt, que ledit Souverain, ou son deputé fasse après sa mort, luy certifié parmy tous les Compaignons estans en Angleterre, qui pourront venir sçavoir par ses Lettres qu'ils soient devant luy, ou qu'il luy plaira assigner lieu convenable dedans six semaines après la certification de la mort dessusdite ; lesquels ainsi assemblez, ou au moins six, outre le Souverain ou son deputé dessusdit, chacun d'iceux qui seront presens & venus à l'élection, nommera neuf des plus suffisans Chevaliers sans reproche, qu'il connoisse subjets du Souverain, ou autres, pourveu qu'ils ne tiennent son adverse partie.* Avons deuëment procedé à la nomination & élection dudit très-haut & puissant Prince nostre très-cher & très-amé frere Charles, Duc de Bourgogne, comme d'un très-honnoré & très-vaillant Chevalier, sans reproche audit Ordre du Gartier, & l'avons nommément esleu pour estre Compaignon & Chevalier dudit Ordre ; & supposé qu'il est deux fois Pair & Doyen des Pairs, & issu de la Maison de France, laquelle Maison tient maintenant la partie à nous contraire ; néantmoins considerans que nostredit frere est tenu & obligé à nous, pour luy, ses hoirs & successeurs, d'estre à tousjours & perpetuellement bon, vray, ferme & loyal amy, à nous & à nos successeurs Roys d'Angleterre, & de garder nostre personne & Estats contre tous, & de non aider aucuns de nos ennemis contre nous ; & outre ce, nostredit frere nous a promis qu'il, ses hoirs & successeurs à leur puissance, garderont perpetuellement & deffendront nostre Royaume d'Angleterre, & les pays & Seigneuries qui à nous appartiennent, ou à nous & à nos successeurs appartiendront en temps advenir, & mesmement nos subjets esdits nostre Royaume, pays & Seigneuries, demourans contre tous & chacun des adversaires, qui esdits Royaume, pays, Terres & Seigneuries, voudront porter ou inferer aucune force, violence, grief, ou dommage en maniere quelconque, & comme nous, pour nous, nos hoirs & successeurs, de nostre part sommes pareillement obligez, & avons promis à nostredit frere, ses hoirs & successeurs à tousjours. Si declarons par ces presentes en nostre Chapitre, aujourd'huy tenu en c'est nostredit Chasteau de Vindsor, pour nous, nos hoirs & successeurs, Roys d'Angleterre & Souverains dudit Ordre du Gartier, que ne pourrions opposer, ne mettre avant, ores ne au temps advenir, aucune chose contre ladite élection, ou contre sadite personne, à l'occasion desdits Estatuts & Ordonnances, ou autres causes dessusdites, & que ce nonobstant lesdites alliances, amitiez, confederations & traitez faits & passez d'entre nous, pour nous, nos hoirs & successeurs, nostre Royaume & subjets, d'une part, & ledit très-haut & puissant Prince, pour luy, ses hoirs, successeurs, pays, Seigneuries & subjets, d'autre part, demoureront tousjours bons & valables, selon le contenu des Lettres qui en sont faites : En tesmoin de tout ce que dit est, nous avons fait mettre à ces presentes nostre Signet, & le commun Scel dudit Ordre du Gartier. Donné audit Chapitre en nostredit Chasteau de Vindsor, le treiziesme jour de May, l'an de grace mil quatre cens soixante-neuf. Signé, EDWART. *Et plus bas.*

Et nous Chevaliers & Compaignons dudit Ordre du Gartier, dessus nommé, en tesmoignant tout ce qui est dessus contenu d'avoir ainsi esté

declaré

declaré, accordé & passé par le Roy nostre Souverain & nous, avons mis chacun a par soy nostre subscription & signe manuel à ces presentes, l'an & jour dessusdits. *Signés*, G. Clarence, R. Glouceftre, R. Waffelbik, Effex, Rybenys, Dowglas, Gerop, Bueneres, Sendeloy, Duras, J. Wenlock, & de Harecourt. *Scellé d'un Sceau en cire rouge, pendant à lacs de soye rouge & bleuë.*
Collationné sur l'original.

CXXXIX.

Projet des Lettres de Charles, Duc de Bourgogne, par lesquelles il nomme Edoüard, Roy d'Angleterre, pour Chevalier de l'Ordre de la Toison d'Or (1).

CHARLES, par la grace de Dieu, Duc de Bourgogne, de Lothier, de Brabant & de Lembourg, Comte de Flandres, d'Artois & de Bourgogne, Palatin de Hainaut, de Hollande, de Zellande & de Namur, Marquis du Saint Empire, Seigneur de Frise, de Salins, de Malines, & Souverain de l'Ordre de la Toison d'Or, fondé & establi à la gloire & louange du tout-puissant nostre Createur & Redempteur, en reverence de sa glorieuse Vierge & Mere, & à l'honneur de Monseigneur Saint Andrieu, glorieux Apostre & Martyr en nostre Ville de Dijon en nostre Duché de Bourgogne, en l'Eglise de nostre Chapelle des Ducs audit lieu de Dijon. A tous ceux qui ces presentes Lettres verront ou orront, Salut : Sçavoir faisons, que nous estans assemblez avec nos Compaignons dudit Ordre, par maniere de Chapitre, en . . . . &c. le . . . . jour du mois de . . . . derrain passé, ayans très-grans & bons considerations aux hauts biens, grans vertus, la très-haute noblesse du sang, prochaineté de lignage & d'alliance, & de la grande benivolence, amitié, ligue & confederations, par lesquelles nous & très-haut & très-puissant & très-excellent Prince, & nostre très-cher & très-amé frere Edoüard, par la grace de Dieu, Roy d'Angleterre, sommes fermement liez, conjoints & actraints l'un à l'autre, mesmement aux très-grans proüesses & vaillances, que connoissons estre en sa très-noble personne, veuës tous les estatuts & ordonnances de l'institution dudit Ordre, & par especial le contenu du cinquante-uniesme chapitre & la conclusion du soixante-sixiesme chapitre, dont les teneurs sont telles : *Item*. Et si ledit Chevalier esleu estoit grant Seigneur, parquoy il deust avoir grans occupations & affaires, ou demeurast, ou fust voyager en lieu lointain, dont fust à doubter de pouvoir personnellement prochain de comparoir devers le Souverain, s'il luy semble expedient, pourroit faire bailler au porteur de ses Lettres un Colier d'icelui Ordre, pour après ce que ledit Chevalier esleu aura accepté l'election, & d'estre accompagné audit Ordre, & non autrement presenter ledit Colier à iceluy Chevalier, par condition que de sadite acceptation & reception du Colier, il baillera ses Lettres audit porteur

Tiré de l'Edition de M. Godefroy.

---

(1) Quoique ce ne soit que le projet des Lettres de nomination du Roy d'Angleterre à l'Ordre de la Toison d'Or, il est certain qu'elles ont été executées, comme on le peut voir dans l'Histoire de cet Ordre.

102 PREUVES DES MEMOIRES

1469.

porteur, qui les rendra au Souverain, & par iceluy promettra de venir au prochain Chapitre, si faire le peut bonnement, & sinon à l'autre subsequent, ou devers le Souverain, pour jurer les points de l'Ordre le plustost que bonnement pourra ; tous lesquels points, conditions, articles & choses dessusdites, & chacunes d'icelles, que avons ordonné & establi, ordonnons & establissons, comme dit est ; nous, pour nous & nos hoirs & successeurs, Ducs de Bourgogne, Chefs & Souverains de nostre present Ordre & aimable Compagnie de la Toison d'Or, promettons tenir, garder & accomplir à nostre pouvoir, entierement, inviolablement & à tousjours ; & se ès choses dessus escrites, ou aucunes d'icelles avoit aucune obscurité, doute ou difficulté, nous en reservons & retenons à nous & à nosdits successeurs, Ducs de Bourgogne, Souverains dudit Ordre, la determination, interpretation & declaration, & de

C'est-à-dire éclaircir.

y ajouster, corriger, immuer & esclacier ; eu l'advis & deliberation de nos freres & Compaignons dudit Ordre, &c. avons deuëment procedé à la nomination & eslection dudit très-haut, très-puissant & très-excellent Prince, nostre très-cher & très-amé frere Edoüard, par la grace de Dieu, Roy d'Angleterre, comme d'un très-honoré & très-vaillant Chevalier, sans reproche audit Ordre de la Toison d'Or, & l'avons nommément esleu pour estre Compaignon dudit Ordre, & supposé qu'il est Roy de très-grant lieu, & de très-hauts & très-grans affaires, pourquoy il ne peut bonnement comparoir personnellement, ne venir accomplir, ne faire le serment, ne les ceremonies comprises & instituées ès chapitres & articles audit Ordre de la Toison d'Or, néanmoins considerans que nostredit frere est tenu & obligé à nous, pour luy, ses hoirs & successeurs d'estre à tousjours & perpetuellement bon, ferme, vray & loyal amy à nous & à nos successeurs, Ducs de Bourgogne, &c. & de garder nostre personne & Estat contre tous, & de non aider aucuns de nos ennemis contre nous ; & outre ce, nostredit frere nous a promis qu'il, ses hoirs & successeurs à leur puissance, garderont perpetuellement & deffendront nos pays & Seigneuries, que à nous appartiennent, ou à nous & nos successeurs appartiendront en temps advenir, & mesmement nos subjets esdits nos pays & Seigneuries, demourans contre tous & chacun des adversaires qui, esdits pays, Terres & Seigneuries, voudront porter ou inferer aucune force, violence, grief ou dommage en maniere quelconque ; & comme nous, pour nous, nos hoirs & successeurs, de nostre part sommes pareillement obligez à nostredit frere, ses hoirs & successeurs à tousjours : Si declarons par ces presentes en nostredit Chapitre aujourd'huy tenu en ceste nostre, &c. pour nous, nos hoirs & successeurs, Ducs de Bourgogne & Souverains dudit Ordre de la Toison d'Or, que à cette cause ne pourrons opposer ne mettre avant, ores ne en temps advenir, à l'occasion desdits estatuts & ordonnances, ne aucuns d'eux, aucune chose contre ladite eslection, ou contre sadite très-excellente personne au préjudice de son honneur, ne à derogation aucunement à son Regalité, estat du Roy, Souveraineté, Seigneurie, franchise, liberté ou pretense d'interest, qui à ces très-nobles progeniteurs ou à sa hautesse, ses hoirs & successeurs, peut appartenir pour aucun Royaume, Terre, Seigneurie, pays ou subjets, villes, chasteaux, que il a ou peut

avoir,

avoir, ou autres caufes deffufdits ; & que ce nonobftant lefdites alliances, amitiez, confederations & traitez faits & paffez d'entre nous, pour
nous, nos hoirs & fucceffeurs, nos pays & fubjets, d'une part, & ledit
très-haut, très-puiffant & très-excellent Prince, pour luy, fes hoirs, fucceffeurs, Royaume, pays, Seigneuries & fubjets, d'autre part, demoureront tousjours bons & valables felon le contenu des Lettres qui en font
faites : En tefmoin de tout ce que dit eft, nous avons fait mettre à ces
prefentes noftre Signet & le commun Scel dudit Ordre de la Toifon d'Or.
Donné audit Chapitre en noftredit, &c.

Collationné fur la minutte en parchemin.

1469.

CXL.

☞ *Abolition de Louis XI. à tous ceux qui avoient fuivi le Duc de Guyenne, fon frere.*

A Baugé, en May 1469. Verifiée le 27. Juillet fuivant.

LOYS, par la grace de Dieu, Roy de France : Sçavoir faifons à tous
prefens & à venir, que comme depuis le temps que noftre très-
cher & très-amé frere Charles, à prefent Duc de Guyenne, à la fubjec-
tion d'aucuns fe partit de noftre Ville de Poitiers pour aller en Bretagne
& s'efloigna de nous & de noftre compagnie, plufieurs grandes differences & divifions fe foient meuës en noftre Royaume, durant lefquelles
plufieurs des Seigneurs & Princes de noftre Sang fe font joints avec noftredit frere, & plufieurs de nos Officiers, tant Gens de noftre Confeil,
Gens de guerre, Capitaines & Gouverneurs des Places, francs-Archers,
Gens de nos ordonnances, & autres nos hommes, vaffaux & fubjets ;
& femblablement plufieurs qui ne font pas nos fubjets ont adheré avec
noftredit frere & lefdits Seigneurs, leur ayant donné obéyffance en Villes & Places où ils eftoient, & les aucunes d'icelles ayent livrées & baillées, confenty, traité & pourchaffé de livrer & bailler entre leurs mains,
& en ont tenu aucunes contre nous, fans nous en vouloir faire ouverture,
ny obéyffance ; quelque fommation qui leur en ait efté faite, ont fervy
noftre frere & lefdits Seigneurs en la guerre qu'ils ont faite à l'encontre
de nous, induit & fortrait aucuns de nos gens pour les y fervir ; ayent
offenfé, en prenant fans noftre congé & aveu, plufieurs de nos deniers,
tant de ceux qui ont efté ordonnez pour la folde & payement de nos gens
de guerre, qu'autrement ; auffi ont donné plufieurs faveurs, confeils,
aydes, tant auparavant ladite ouverture de guerre, que depuis touchant
plufieurs matieres qui ont efté traitées & pourchaffées contre nous à noftre préjudice ; & les aucuns d'iceux ayent amené noftredit frere à noftre
infceu hors de noftre compagnie, & l'ayent follicité & fait folliciter
d'adherer contre nous avec lefdits Seigneurs & Princes. Surquoy noftredit frere nous ait requis que tous les deffufdits & autres quelconques de
quelque eftat & condition qu'ils foient, qui ont adheré avec luy & lefdits Seigneurs & Princes, ou fe font mis à leur fervice, foient & demeurent quittes & defchargez, perpetuellement & à tousjours de toutes

Tiré des
Recueils de
M. l'Abbé
Le Grand.

les

les choses quelconques qu'ils pourroient avoir faites, delinqué, commis, perpetré, pourchassé, conspiré, consenty, soustenu & recellé contre nous & à nostre préjudice par maniere de guerre ou autrement, en quelque sorte que ce soit, ou pust estre, durant lesdites differences ou paravant icelles, & que toutes lesdites choses soient & demeurent abolies, sans qu'il soit besoin autrement les exprimer & declarer. Pourquoy nous voulans & desirans en ce complaire à nostredit frere, de nostre grace speciale, pleine puissance & autorité Royale, tous les cas dessus declarez, & autres quelconques, dont tous les dessusdits, & autres qui ont adheré avec nostredit frere & lesdits Princes, seroient ou pourroient estre trouvé chargez, avons aboly & abolissons, & mettons du tout au neant en oubly ; & voulons qu'ils soient tenus & reputez estre non faits & non advenus, par quelque personne qu'ils ayent esté commis, sans qu'il soit besoin autrement exprimer ny declarer lesdits cas, ny les personnes qui les auroient commis, & sans que jamais il leur puisse tourner à aucun blasme ny reproche, ny qu'on leur puisse aucune chose imputer ou demander en corps ne en biens, sous couleur de justice ou autrement, en quelque maniere que ce soit ; & avec ce avons voulu & voulons que tous ceux qui sont ou se trouveroient chargez des choses susdites, ou d'aucunes d'icelles, puissent retourner à tous & chacun leurs biens meubles estant en nature des choses, immeubles, heritages, Benefices Ecclesiastiques & possessions quelconques, tout ainsi & au point & estat qu'ils estoient au temps du partement de nostredit frere de nostre Ville de Poitiers, & que d'eux ils le puissent faire sans aucune solemnité ny ministere de justice ; & si les Places, Chasteaux, Forteresses, maisons & autres édifices avoient esté ou estoient démolis, abatus & desemparez par nostre commandement, ordonnance ou autrement, sous ombre desdites divisions, & durant icelles, nous voulons qu'ils & chacun d'eux les puissent refaire, remparer & redifier tout ainsi qu'ils estoient, & qu'ils en eussent peu faire paravant lesdites divisions ; & aussi qu'ils jouissent des droits de Seigneurie, Guet, & autres droits & prerogatives qui leur appartenoient à cause desdites choses ; & en outre voulons & nous plaist, que tous adjournemens, deffauts, procès, bannissemens, executions, sentences, arrests de decret, declarations, Arrests de nostre Cour de Parlement, jugemens, confiscations, commissions de fiefs, ou autres exploits de justice, & autres empeschemens quelconques qui auroient ou pourroient avoir esté faits contre tous les dessusdits & chacuns d'eux, leurs heritages, terres, possessions, benefices & biens quelconques, par absence ou deffaut d'avoir deffendu ou produit durant lesdites divisions, en quelque maniere que ce soit contre & à leur préjudice, soient de nul effet & valeur, & en tant que mestier est, les avons cassez & annullez, cassons & annullons, & mettons du tout au néant par ces presentes, sans qu'on leur en puisse obvier aucune prescription ou laps de temps encouru durant lesdites divisions & jusqu'à present ; & aussi que tous les dessusdits & chacun d'eux puissent resider & demeurer seurement en quelque lieu que bon leur semblera, soit en nostre Royaume ou dehors, sans que par nous ou nos Gens, Justiciers & Officiers, leur puisse estre donné à cause desdites choses dessusdites

aucun

aucun empefchement ou deftourbier, & les avons receus & recevons en noftre bonne grace, & voulons iceux eftre tenus & reputez comme nos bons & loyaux fubjets; & avec cela les avons pris & mis, prenons & mettons en noftre protection & fauvegarde, en impofant furtout filence perpetuel à noftre Procureur, & à tous autres : Et fi au temps advenir aucuns leur en difoient ou improperoient aucunes chofes, nous voulons qu'ils en foient punis comme tranfgreffeurs de l'Edit Royal, infracteurs du Traité de paix & de noftredite fauvegarde, & ce fous couleur defdits differents ou autrement; & fi nous avons fait aucuns dons, tranfports ou alienations d'aucuns biens, meubles, immeubles ou poffeffions d'aucuns des deffufdits, nous voulons lefdits dons ne fortir aucun effet, & les avons caffez, revoquez & annullez, caffons, revoquons & annullons par ces prefentes; & que d'iceux chacuns d'eux en jouiffent, & fe puiffent, ou leurs heritiers, bouter en leurs biens, meubles & immeubles qui feront en nature des chofes, en quelque part qu'ils foient, fans aucun miniftere de juftice; tout ainfi que fe lefdits dons n'avoient efté faits; & quelque empefchement qui pourroit avoir efté fait par juftice ou autrement, à l'occafion des chofes fufdites, voulons eftre levé & ofté, levons & oftons par ces prefentes, nonobftant lefdits dons & quelconques autres declarations ou executions par nous ou nos Jufticiers, faites en corps ou en biens de ceux qui en avoient efté trouvez chargez ou accufez, foit en general ou particulier, & quelques autres chofes faites au contraire. Si donnons en mandement par ces mefmes prefentes, à nos amez & feaux Confeillers, les Gens tenans & qui tiendront noftre Parlement, noftre Efchiquier de Normandie, les Gens de nos Comptes & Treforiers, & à tous nos autres Jufticiers, ou à chacun d'eux, fi comme à luy appartiendra, que ces prefentes faffent publier & enregiftrer, & du contenu en icelles laiffent, fouffrent, & fe meftier eft, en faffent jouïr & ufer paifiblement, tous & chacun à qui il peut toucher & appartenir, tant en general, qu'en particulier, fans leur faire, ny fouffrir leur eftre fait, mis ou donné en corps ny en biens aucun empefchement au contraire, ores ne pour le temps à venir; & lequel, fi fait, mis ou donné eftoit, voulons eftre mis à pleine delivrance & au premier eftat & deu. Et pour ce que plufieurs pourroient avoir affaire de cefdites prefentes, nous voulons qu'au *vidimus* d'icelles, fait fous Scel Royal, foy foit adjouftée comme à l'original defdites; & que le *vidimus* leur vaille comme fi chacun d'eux avoient de nous pris Lettre particuliere. Et afin que ce foit chofe ferme & eftable à toufjours, nous avons fait mettre noftre Scel à cefdites prefentes, fauf noftre droit & l'autruy en toutes chofes. Donné à Baugé au mois de May, l'an mil quatre cens foixante-neuf, & de noftre Regne le neuviefme. *Sic Signé*, Par le Roy en fon Confeil, ROLANT. *Vifa.*

Lecta, publicata & regiftrata, præfente Procuratore Generali Regis, & non contradicente, Parifius in Parlamento, vigefimâ-feptimâ die Julii, anno 1469. Sic fignatum G. BRUNAT.

CXLI.

☞ *Acte du serment fait par Charles de France, Duc de Guyenne, au Roy Louis XI. son frere, pour ce Duché.*

Tiré des Recueils de M. l'Abbé Le Grand.

JE jure sur la vraye Croix de Saint-Lo, cy presente, que tant que je vivray, je ne prendray ne feray prendre, ne ne feray consentant ne participant en façon que se puisse estre, de prendre la personne de Monsieur le Roy Loys mon frere, ne de le tuer, & s'aucune chose en savoye, que j'en avertiray mondit Sieur le Roy, & l'en garderay de tout mon povoir, comme je voudrois faire ma personne.

Plus, jure, comme cy-dessus, que tant que je vivray, sous quelconque couleur que ce soit, ou puisse estre de maladie, ou autrement je ne garderay, ne consentiray garder mondit Sieur & frere le Roy, qu'il ne fasse à son plaisir de son Gouvernement, de sa personne & serviteurs, Royaumes, Pays & Seigneuries, & l'en laisseray en sa franche liberté, ne sous ombre de tutelle, ne pour quelconque occasion ou couleur que ce soit, ne seray consentant de ce faire ; mais l'en garderay de tout mon povoir, sans y querre aucune excusation, & se j'en sçay aucune chose, je l'en advertiray & l'en garderay à mon povoir.

Plus, jure sur ladite vraye Croix que dessus, que tant que je vivray, je ne traiteray, pourchasseray, ne feray traiter ou pourchasser le mariage de moy & de la fille de beau-frere & cousin le Duc de Bourgogne, & ne tiendray ne feray tenir parolles ou pratiques, & à iceluy mariage * ne consentiray, ne la fianceray, ne épouseray, ne avec elle ne contracteray mariage, ne autre contrat, promesse ne esperance avec elle, ne touchant elle, que ce ne soit de l'exprès & especial congié & consentement de mondit Sieur le Roy Loys, mon frere, & de son bon gré & plaisir, & sans ce qu'il y soit contraint par quelque contrainte quelle qu'elle soit ou puisse estre, & mondit Sieur le Roy estant en son franc & liberal arbitre de sa personne & serviteurs & de son Royaume, Pays, Seigneuries & subjets, & sans ce que mondit Sieur le Roy y soit induit ou contraint pour doubte ou paour de guerre, assemblées de gens, rebellions de subjets, ou pour grant autorité ou puissance, en quoy mondit Sieur le Roy me voiroit, ou pour doute que on luy vouluft faire du mal à sa personne ou à sesdits serviteurs & Royaumes, Pays, Seigneuries ou subjets, ou aucunement directement ou indirectement, en quelque autre forme ou maniere que ce soit ; & pour obvier à toutes choses qui peuvent estre causes de mettre difference entre mondit Sieur le Roy & moy, à cause dudit mariage, je promets & jure comme dessus, que jamais je n'en presseray mondit Sieur le Roy, & ne luy en parleray ou feray parler en quelque maniere que ce soit plus d'une fois, en quel cas, s'il m'en refusoit, je promets & jure par le serment que dessus, que je n'en auray aucun mal-contentement ou rancune à l'encontre de luy, ne de ses serviteurs, & que à cette cause je ne

---

* On verra cependant cy-après, que Charles Duc de Guyenne a contrevenu à ce serment. Voyez cy-après *numero* CLXX. & CLXXI.

ne feray guerre quelconque, ne moyen pour y parvenir après le refus, ne pour m'en venger, & avec fe, que fe par moy, mondit Sieur le Roy eftoit induit ou contraint par aucunes des manieres deffufdites, a donner ledit confentement, que j'encoure particulierement fur ladite vraye Croix de Saint-Lo, ne plus ne moins, comme fe je n'en avois point eu le congié ou confentement.

1469.

CERTIFICAT DU SECRETAIRE DU ROY.

Le Samedy, dix-neuviefme jour d'Aouft, l'an mil quatre cens foixante-neuf, Monfieur Charles, Duc de Guyenne, fils du Roy, eftant en la Ville Xaintes, & en l'Hoftel Epifcopal d'icelle, a fait le ferment, fur la vraye Croix de Dieu, nommée de Saint-Lo lès-Angiers, portée audit lieu de Xaintes, par deux Prêtres de Saint-Lo, en la forme & manière qu'il eft contenu & declaré cy-deffus en ce prefent Efcript, mondit Sieur tenant en fa main cedit prefent Efcript, en le lifant de fa bouche, & mettant la main dextre fur & au droit du fuft de ladite vraye Croix, prefens à ce des Gens du Roy, Monfieur de Damp-Martin, grand-Maiftre d'Hoftel de France, Maiftre Pierre Doriolle, Confeiller dudit Sieur, & General de fes Finances; Monfieur de Bouchaige, & Jehan Bourré; & des Gens de mondit Sieur de Guyenne, Monfieur de Villars, Monfieur de Curton, Senechal de Guyenne; Patrix Foucart, Senechal de Xaintonges; Loys Sorbier, grand-Ecuyer d'Ecurie de mondit Sieur, & Maiftre Lorens Paumier, fon Secretaire. BOURRE'.

CXLII.

☞ *Extrait fur la Paix faite entre le Roy Louis de France, & Charles Duc de Berry fon frere, & de leur entrevue.*

AUDIT an 69, le huit de Septembre, qui eftoit le jour de la Nativité de la glorieufe Vierge Marie, s'accorderent enfemble, le Roy Louis de France, & Monfieur Charles fon frere; & pour eux trouver & parler enfemble, fut fait un Pont fur la riviere de Broil à l'endroit du Chaftel de Charon, ou lieu que l'on dit le Pont du Bron, & fut ce Pont fait de bâteaux, & au milieu du Pont, eftoit une Loge de bois, dedans laquelle Loge, avoit une barriere par le milieu à une fenestre quarrée où eftoient douze barreaux de fer, afin que le Roy & fon frere puiffent parler enfemble feurement, auquel lieu, en la veille Noftre-Dame, ils fe trouverent enfemble, accompagnés chacun de douze hommes; avec le Roy eftoit le Duc de Bourbon, le Sieur de Bueil, le Senechal de Poitou, & autres neuf fans épées & fans dagues, & avec eux, quatre Efcoiffois Archiers, fans arcs & fans trouffes; le furplus des Gens du Roy qui eftoient bien quatre mille hommes de cheval, eftoient demeurez pour l'Ordonnance là près, à un quart de lieuë; avec Monfieur Charles eftoient les Seigneurs de Villiers, de Malicorne, de Curton, l'Evefque d'Angiers, le Chancelier de Bretagne & autres; fes Archers, & autres gens qui eftoient environ fix cens chevaux, demeurerent bien loin du

Tiré des Recueils de M. l'Abbé Le Grand.

O 2 Pont

1469.

Pont : quand vint à approcher les deux freres l'un de l'autre, Monsieur Charles mist par trois fois le genouil à terre, & avoit sa teste nuë ; le Roy luy dist qu'il fust le bien venu, & quelqu'une des choses qu'il desiroit le plus, estoit de le voir ; & Monsieur Charles luy dist tout autant, & qu'il estoit prest de le servir à son povoir, luy suppliant qu'il voulsist mettre hors de son cœur les choses passées, & luy pardonner, & le avoir en sa bonne grace & pour bien recommandé : le Roy luy dist plusieurs fois qu'il se levast, & lors il se leva, en celle place dirent-ils l'un & l'autre plusieurs paroles douces & courtoises, & tousjours Monsieur Charles requeroit à son frere le pardon, dont luy dist le Roy, que tout luy estoit pardonné, & qu'il luy pardonnoit tout de bon cœur, & que pareillement il mist hors de son cœur toutes choses passées : là, furent maintes larmes pleurées par ceux qui les regardoient, & veirent ainsi concorder ensemble. Monsieur Charles requist plusieurs fois qu'il peust passer devers luy, mais pour ce qu'il estoit trop tard, le Roy ne le voulut souffrir jusqu'au lendemain qu'il seroit plus asseuré ; le lendemain furent mises planques sur la riviere, & passa Monsieur Charles devers le Roy son frere, & plus de trente fois se mist à genoux aux pieds du Roy, & de si bon cœur par semblant, qu'à grande peine pouvoient-ils parler l'un à l'autre, & lors, se mirent tous à crier, Noel, montrans & crians, en riant de la grande joye qu'ils avoient ; le jour en suivant ils s'assemblerent ensemble, & fut leur accord fait par telle maniere, que le Roy donna à son frere la Duché de Guyenne & tout le pays de Bordelois, de Poitou, & les dependances d'iceux pays pour son partage, & à les tenir de la Couronne de France par appanage : & audit an, le quinze de Novembre, la Comtesse de Saint-Paul trépassa de ce monde, en son âge de soixante-seize ans, en l'Abbaye du Vergier lès-Cambray, & fut son corps apporté & mis en terre, en l'Eglise & Abbaye de Cercamp.

CXLIII.

☞ *Traité de Coulanges entre le Roy Louis XI. & Charles Duc de Guyenne son frere, sur les differends des limites dudit appanage de Guyenne & autres, & exclusion des Comtez de Comminge, & de l'Isle Jourdan & d'Angoulême, laissant les Comtez d'Esterac, de Perdriac, de Moulasin & de Bigorre, du dix-huit Septembre mil quatre cens soixante-neuf. Verifié le quatre Decembre, audit an.*

Tiré des Recueils de M. l'Abbé Le Grand.

LOYS par la grace de Dieu, Roy de France. A tous ceux qui ces presentes Lettres verront, Salut : Comme puis aucun temps en çà, nous ayons baillé & transporté à nostre très-cher & très-amé frere, le Duc de Guyenne, le pays & Duché de Guyenne, & autres Pays, Terres & Seigneuries, ainsi qu'il est plus à plein specifié, contenu & declaré ès Lettres Patentes de son partage & appanage, sur par nous à luy octroyées ; & pour delivrer à nostredit frere ledit partage & appanage par nous ainsi à luy baillé, eussions commis certains Commissaires, ausquels les Gens & Officiers de nostredit frere eussent requis que par vertu & au moyen des Lettres dudit partage & appanage, ils leur voulussent bailler & delivrer

les

les Seigneuries de Rivieres & de Verdun, ainsi qu'elles s'estendent, le pays de Rouergue, le Comté d'Angoulême, & les Places & Parroisses des pays & Comté de Poitou & de Limosin, estant de la riviere de la Charente, ce que nosdits Commissaires n'eussent pas voulu faire par plusieurs moyens & raisons qu'ils alleguassent, disant toutes lesdites choses à nous competer & appartenir; & à cette cause nous ait nostredit frere très-humblement supplié & requis, que luy voulussions faire bailler & delivrer icelles choses, & l'en faire jouyr, & sur ce, declarer nostre bon plaisir; après laquelle requeste, ayons nous & nostredit frere d'un commun assentement commis certains Deputez d'une part & d'autre pour debattre les matieres, afin de sur ce trouver aucune bonne issue & expedient : & après les matieres debattuës par plusieurs & diverses journées, ayons sur toutes les demandes & questions que nous faisoit nostredit frere touchant les limites de sondit appanage, nous & iceluy nostre frere, transigé, pacifié, appointé & accordé, ainsi qu'il est plus à plein contenu & declaré à certain appointement qui a esté fait redigé par escript, & lû de mot à mot, ès presences de nous & de nostredit frere, & duquel appointement la teneur s'ensuit. Pour du tout pacifier la question que fait Monsieur de Guyenne, touchant le fait des limites des pays que le Roy luy a baillez, le Roy est content de bailler & donner à mondit Sieur les Seigneuries de Rivieres & de Verdun, compris les Comtez d'Esterac, de Perdriac, de Moulasin & de Bigorre, & non compris les Comtez de Comminge & de l'Isle en Jourdan, & leurs appartenances, ou ce qui desdites deux Comtez de Comminge & de l'Isle de Jourdan pourroit estre desdites Jugeries, non compris aussi tout ce qui est desdites Jugeries de la riviere de la Garonne, du Comté de Thoulouse : & commencera mondit Sieur à en jouyr au premier jour d'Octobre prochain venant, & par ce moyen, mondit Sieur se depart de toutes les autres questions que fait touchant lesdites limites. C'est à sçavoir, de la Comté d'Angoulême, qui demeure au Roy, tant en ressort, teneur, souveraineté, Tailles & Aydes, comme autrement, & pareillement du pays de Rouergue, & aussi d'aucunes Places, & partages qui sont des Pays & Comtez de Poitou & de Limosin, lesquelles mondit Sr. demandoit sous ombre de ce que ses Officiers disoient qu'elles estoient assises de la riviere de la Charente, toutes lesquelles choses demeurent au Roy, sans ce que mondit Sieur y puisse aucune chose demander, & baillera mondit Sieur au Roy, Lettres de non jamais faire question de quelconques limites, & le Roy à luy pareillement : Sçavoir faisons, que nous ayant agreable ledit appointement; iceluy avons loué, ratifié, confirmé & approuvé, louons, ratifions, confirmons & approuvons, ainsi, & par la forme & maniere qu'il est contenu audit appointement cy-dessus incorporé. Promettons en bonne foy & parolle de Roy, iceluy appointement avoir & tenir ferme & estable, sans jamais venir à l'encontre par quelque voye, forme & maniere que ce soit : Si donnons en Mandement à nos amez & feaux Conseillers, les Gens qui tiendront nos Cours de Parlement à Paris & à Toulouse, Gens de nos Comptes, Tresoriers & Generaux de nos Finances, Senechaux de Toulouse & de Carcassonne, & à tous nos autres Justiciers & Officiers, ou à leurs Lieutenans, & à chacun d'eux, si comme à luy appartiendra, que du contenu dudit appointement, ils & chacun d'eux en droit foy faffent & souffrent, & laissent nostredit frere & ses successeurs, jouyr & user pleinement & paisiblement selon la forme & teneur dudit appointement, en autres & semblables prerogatives, droits & dignitez qu'il fait des autres Terres & Seigneuries par nous à luy baillées pour sondit appanage, & tout aussi que les choses par nous à luy données & delaissées par ledit appointement, estoient contenuës & declarées ès Lettres d'iceluy appanage, sans en ce faire, mettre ou donner, ne souffrir estre fait, mis ou donné aucun arrest, aucuns destourbiers ou empeschement au contraire ; lequel se mis ou donné luy estoit, ostent & levent, & fassent le tout reparer & mettre au premier estat & deu. En tesmoin de ce, nous avons signé ces presentes de nostre main, & à icelles, fait mettre nostre Scel. Donné à Coulanges lès-Reaux, le dix-huitiesme jour de Septembre, l'an de grace mil quatre cens soixante-neuf, & de nostre Regne, le neuviesme. *Sic signatum*, LOYS. *Et in plicâ erat scriptum*, Par le Roy, Monsieur le Duc de Bourbon, le Comte de Dammartin, grand Maistre d'Hostel, l'Admiral, le Comte de Xancerres, les Sires de Craon, de Chastillon, de la Forest, du Lude, de Concressaut, & autres presens. DE CERISAY.

Lecta, publicata & regiftrata præfente Procuratore generali Regis, & non contradicente. Parifius, in Parlamento, quartâ die Decembris, anno millesimo quadringentesimo sexagesimo nono. Sic signatum, BRUNAT.
Collatio facta est. BRUNAT.

CXLIV.

☞ *Lettres du Roy Louis XI. portant revocation de tous privileges octroyés dans ledit appanage, depuis le decès du Roy Cherles VII.*

Tiré des Recueils de M. l'Abbé Le Grand.

LOYS par la grace de Dieu, Roy de France. A tous ceux qui ces presentes Lettres verront, Salut : Nostre tres-cher & tres-amé frere le Duc de Guyenne, nous a fait remonstrer, que puis nostre advenement à la Couronne, Nous à la requeste d'aucuns, avons donné plusieurs privileges, franchises & libertez à plusieurs Villes & Communautés des Pays & Seigneuries que puis n'a gueres nous avons baillés & transportez à nostredit frere pour son appanage & partage, & avec ce, quitté, remis, & donné plusieurs sommes de deniers que nous y estoient deuës par chacun an, & octroyé plusieurs exemptions, & fait plusieurs autres graces & liberalitez, tant en general que en particulier, aux Manans & Habitans des Villes & Pays que avions baillées à nostredit frere, sous ombre desquels privileges, franchises, libertez, dons, exemptions, graces & liberalitez, plusieurs des subjets de nostredit frere se sont voulus & veulent exempter de payer & contribuer à plusieurs choses, à quoy ils sont tenus & subjets, tant à cause de son Domaine comme autrement, & qui pourroit ce tolerer, seroit tourner en grande diminution du Domaine de nostredit frere, & de ses autres droits & devoirs, & pour ce, nous a iceluy nostre frere supplié & requis, que sur ce veuillons declarer nostre bon plaisir, &c. Sçavoir faisons, que nous voulans reduire les choses

qui

DE PHIL. DE COMINES.

1469.

qui au moyen defdits privileges & franchifes ont efté diftraites, à leur premier & ancien eftat, ainfi que raifon eft, bien advertie des caufes qui nous ont meus de donner lefdits privileges & franchifes, & fur ce [pris] advis & deliberation avec plufieurs des Sgrs. de noftre Sang, & aucuns de noftre grand Confeil, avons voulu, declaré & ordonné, voulons, declarons & ordonnons par ces prefentes, que noftre vouloir & intention a efté & eft, avoir baillé à noftredit frere les Pays, Terres & Seigneuries que luy avons baillées par fon partage & appanage, en l'eftat, forme & maniere qu'elles eftoient au temps du decès de feu noftre très-cher Seigneur & Pere que Dieu abfolve, & qu'elles vindrent en nos mains à noftre nouvel advenement à la Couronne, fans ce que au moyen defdits privileges, libertez & franchifes, aucune chofe puiffe en eftre enlevé ny diminué en aucune maniere, lefquels privileges enfemble, toutes les Lettres qu'en avons données & octroyées, & ce qui au moyen d'icelles s'en eft, ou pourroit eftre enfuy, nous avons irrité, revoqué, caffé, annulé, irritons, revoquons, caffons & annullons, & mettons du tout au neant, fans ce que ceux qui de nous ont obtenu lefdits dons & octroys, s'en puiffent ayder en Jugement, ne dehors en aucune maniere. Si donnons en Mandement à nos amez & feaux Confeillers les Gens qui tiendront noftre Parlement à Paris, & à tous nos autres Jufticiers & Officiers, ou à leurs Lieutenans prefens & advenir, & à chacun d'eux, fi comme à luy appartiendra, que cette prefente noftre Ordonnance, voulenté & declaration, ils tiennent, gardent & obfervent, & faffent tenir, garder & obferver de point en point felon fa forme & teneur, fans enfraindre, en contraignant à ce faire, & fouffrir tous ceux qu'il appartiendra, & qui pour ce, feront à contraindre par toutes voyes deuës & connuës pour nos propres befongnes & affaires, nonobftant oppofitions ou appellations quelconques; car ainfi nous plaift-il eftre fait. En tefmoin de ce, nous avons fait mettre noftre Scel à ces prefentes. Donné à Coulanges lès-Reaux, le dix-huitiefme jour de Septembre, l'an de grace mil quatre cens foixante-neuf, & de noftre Regne, le neuviefme. *Sic fignatum*, Par le Roy, Monfieur le Duc de Bourbon, le Comte de Dampmartin, grand Maiftre d'Hoftel, les Sires de Craon & de la Foreft, & autres prefens. De CERISAY. *Lecta, publicata & regiftrata, præfente Procuratore generali Regis, & non contradicente. Parifius, in Parlamento, quartâ die Decembris, anno milleſimo quadringenteſimo ſexageſimo nono. Sic fignatum*, G. BRUNAT. *Collatio facta eft cum originali.* BRUNAT.

CXLV.

☞ *Ratification faite par Charles, Duc de Guyenne, du Traité de Coulanges lès-Reaux, fait le dix-huit Septembre mil quatre cens soixante-neuf, avec le Roy Louis XI. son frere, pour raison des limites de son appanage de Guyenne, & renonciation a tous autres droits & pretentions, passées à Villeneuve la-Comtesse, le dix-huit & vingt-esme dudit mois de Septembre, mil quatre cens soixante-neuf.*

Tiré des Recueils de M. l'Abbé Le Grand

CHARLES, fils & frere de Roys de France, Duc de Guyenne, Comte de Xaintonge, & Sgr. de la Rochelle, à tous ceux qui ces presentes Lettres verront, Salut : Comme après le partage & appanage qu'il a plû à mon très-redouté Seigneur Mr. le Roy, nous bailler : nous ayons par nos Gens & Officiers, fait requerir aux Gens & Officiers, & Commis de mondit Sieur, que par vertu, & au moyen des Lettres des partage & appanage à nous baillées par mondit Sieur, il nous-voulsissent bailler & delivrer les Jugeries de Rivieres & de Verdun, ainsi qu'elles se comportent & estendent, le pays de Rouergue, le Comté d'Angoulesme, & plusieurs Places & Parroisses estant des Pays & Comtez de Poitou & de Limosin, scituées & assises de-là la Charente, ce que lesdits Commissaires ayent différé, disant lesdites choses competer & appartenir à mondit Sieur, & à cette cause luy ayons très-humblement supplié & requis que son plaisir fust de nous bailler & delivrer lesdites choses, & nous en faire jouyr : Sur quoy par mondit Sieur & nous ayent esté d'un commun assentement commis certains Deputez, pour debattre les matieres, afin d'y trouver aucun bon expedient, & après ce que lesdites matieres ont esté battuës par diverses journées, ayons mondit Sieur le Roy & nous sur toutes les demandes & questions que faisions & eussions pû faire au temps advenir à mondit Sieur & à ses successeurs, touchant les limites de nostredit partage & appanage, transigé, pacifié, accordé & appointé, ainsi qu'il est plus à plein contenu & declaré en certain appointement qui a esté redigé par escript & lû de mot à mot, ès presences de mondit Sieur & de nous, & lequel est incorporé dans les Lettres que nous a fait bailler mondit Sieur dudit appointement, desquelles Lettres, la teneur s'ensuit. LOYS par la grace de Dieu, Roy de France. A tous ceux qui ces presentes Lettres verront, Salut : Comme puis aucun temps en çà, nous ayons baillé & transporté à nostre très-cher & très-amé frere le Duc de Guyenne, le pays & Duché de Guyenne, & autres Pays, Terres & Seigneuries, ainsi qu'il est plus à plein specifié, contenu & declaré ès Lettres Patentes de son partage & appanage sur ce par nous à luy octroyées, & pour delivrer à iceluy nostre frere ledit partage & appanage par nous à luy ainsi baillé, eussions commis certains Commissaires, ausquels les Gens & Officiers de nostredit frere eussent requis, que par vertu & au moyen des Lettres dudit partage & appanage, ils leur voulsissent bailler & delivrer les Jugeries de Rivieres & de Verdun, ainsi qu'elles s'estendent, le pays de Rouergue, le Comté d'Angoulême, & les Places & Parroisses des Pays & Comtez de Poitou & du Limosin, estant de la riviere de la Charente, ce que nosdits Commissaires n'eussent

pas

pas voulu faire par plusieurs moyens & raisons qu'ils alleguoient, disans toutes lesdites choses à nous comperer & appartenir; & à cette cause, nous ait nostredit frere très-humblement supplié & requis, que luy voulsissions faire bailler & delivrer icelles choses, & l'en faire jouyr ; & sur ce, declarer nostre bon plaisir ; après laquelle requeste, ayons, nous & nostredit frere d'un commun assentement commis certains Depurez d'une part, & d'autre, pour debattre les matieres, afin de sur ce trouver aucune bonne issuë & expedient, & après les matieres debattuës par plusieurs & diverses journées, ayons sur toutes les demandes & questions que nous faisoit nostredit frere, touchant les limites de sondit appanage, nous & nostredit frere transigé, pacifié & appointé, & accordé, ainsi qu'il est plus à plein contenu & declaré en certain appointement qui a esté fait, redigé par escript , & leu de mot à mot ès presences de nous & de nostredit frere, & duquel appointement la teneur s'ensuit. Pour du tout pacifier la question que fait mondit Sieur de Guyenne, touchant le fait des limites des pays que le Roy luy a baillés ; le Roy est content de bailler & donner à mondit Sieur, les Jugeries de Riviere & de Verdun , compris les Comtez d'Esterac & de Perdriac, de Moulasin & de Bigorre, & non compris les Comtez de Comminge & de l'Isle en Jourdan, & leurs appartenances, ou ce que desdites deux Comtez de Comminge & de l'Isle en Jourdan pourroit estre desdites Jugeries, non compris aussi tout ce qui est desdites Jugeries deçà la riviere de la Garonne, du costé de Thoulouse, & commencera mondit Sieur à en jouyr au premier jour d'Octobre prochain venant, & par ce moyen, mondit Sieur se depart de toutes les autres questions, qu'il fait touchant lesdites limites : C'est à sçavoir, de la Comté d'Angoulême qui demeure au Roy, tant en ressort, teneur, souveraineté, Tailles & Aydes, comme autrement; pareillement du pays de Rouergue, & aussi d'aucunes Places & Parroisses, qui sont des Pays & Comtez de Poitou & de Limosin, lesquelles mondit Sieur demandoit, sous ombre de ce que ses Officiers disoient qu'elles estoient assises delà la riviere de la Charente, toutes lesquelles choses demeurent au Roy, sans ce que mondit Sieur y puisse aucune chose demander, & baillant mondit Sieur au Roy Lettres de non jamais faire question de quelconque limite, & le Roy à luy pareillement : Sçavoir faisons, que nous ayans agreable ledit appointement, iceluy avons loué, ratifié, confirmé & approuvé, louons, ratifions, confirmons & approuvons, ainsi que par la forme & maniere qu'il est contenu audit appointement cy-dessus incorporé, promettans en bonne foy & parole du Roy iceluy appointement, avoir & tenir ferme & estable, sans jamais venir à l'encontre par quelque voye, forme ou maniere que ce soit. Si donnons en Mandement à nos amez & feaux Conseillers les Gens qui tiendront nos Cours de Parlement à Paris & à Toulouse, Gens de nos Comptes, Tresoriers & Generaux de nos Finances, Senechaux de Toulouse & de Carcassonne, & à tous nos autres Justiciers & Officiers, ou à leurs Lieutenans, & à chacun d'eux, si comme à luy appartiendra, que du contenu audit appointement, ils & chacun d'eux en droit soy fassent, souffrent & laissent nostredit frere & ses successeurs jouyr & user pleinement & paisiblement selon la forme & teneur dudit appointement, en ce telles & semblables

1469.

semblables prerogatives, droits, dignitez qu'il fait des autres Terres & Seigneuries par nous à luy baillées pour fondit appanage, & tout ainsi que se les choses par nous à luy données & delaissées par ledit appointement, estoient contenuës & declarées ès Lettres d'iceluy appanage, sans en ce faire, mettre ou donner, ne souffrir estre fait, mis ou donné aucun arrest, emuy, destourbier ou empeschement au contraire, lequel se fait, mis ou donné luy estoit, ostent & levent, & fassent oster, reparer & mettre au premier estat & deu. En tesmoin de ce, nous avons signé ces presentes de nostre main, & à icelles fait mettre nostre Scel. Donné à Coulanges lès-Reaux, le dix-huitiesme jour de Septembre, l'an de grace mil quatre cens soixante-neuf, & de nostre Regne le neuviesme. Sçavoir faisons, que nous ayans l'appointement incorporé ès Lettres de mondit Sieur agreable, iceluy avons loué, ratifié & approuvé, louons, ratifions, confirmons & approuvons, promettons en bonne foy, en parole de Prince, sur nostre honneur, par la foy & serment de nostre corps, & sur l'hypoteque & obligation de tous nos biens presens & advenir, avoir & tenir ferme & estable ledit appointement, ainsi inseré ès Lettres de mondit Sieur cy-dessus transcriptes, sans jamais aller au contraire en quelque forme ou maniere, ne pour quelque cause ou occasion que ce soit, & avec ce, promettons comme dessus, & nous obligeons que jamais pour le fait desdites limites de nostredit partage & appanage, nous ne ferons aucune question ou demande à mondit Sieur ne à ses hoirs, quelle qu'elle soit, ne contreviendrons audit appointement, soit par grace de Pape, de Legats, de Prelats, relievement de Princes, ne autrement, ne y alleguerons, ne ferons alleguer erreur d'exception, induction ou circonvention, ne autre cause quelconque qui puisse empescher, ne par quoy puissions ou doyons contrevenir au contenu audit appointement; & d'abondant, avons exprés de nostre certaine science, bien conseillez & advertis de nostre fait, renoncé & renonçons à tous droits, causes, actions, noms, raisons, petitions ou demandes, pour le fait des limites de nostredit appanage, sans ce que jamais puissions aucune chose demander à mondit Sieur ne à ses successeurs, à cause de nostredit partage & appanage des fins & limites d'iceluy, & desquels partage & appanage ensemble des limites, & de tout ce qui a esté causé, eussions pû ou pourrions demander, nous en sommes tenus & tenons pour bien satifaits & contents; & en avons quitté & quittons entierement mondit Sieur & ses successeurs; & quant à l'entherinement & accomplissement d'iceluy appointement, & à toutes & chacunes les choses dessusdites, sans en quelque maniere y contrevenir, & soubmettons nous & nosdits successeurs aux censures Ecclesiastiques. En tesmoin de ce, nous avons signé ces presentes de nostre main, & fait sceller de nostre Scel. Donné à Villeneuve la-Comtesse, le vingtiesme jour de Septembre, l'an mil quatre cens soixante-neuf. *Sic signatum*, CHARLES. *Et suprà plicam*, Par Monsieur le Duc, le Comte de Villars, Evesque d'Angiers; le Sire de Curton, Maistre Macé Guervadon, General, & autres presens. *Sic signatum*, LE PAUMIER.

Collatio facta est cum originali.

CXLVI.

CXLVI.

☞ *Lettres de supplément du deffaut & omission de la signature d'un Secretaire en Finance.*

1469.

LOYS par la grace de Dieu, Roy de France. A nos amez & feaux Conseillers les Gens qui tiendront nos Cours de Parlement à Paris & Toulouse, Gens de nos Comptes, Tresoriers generaux de nos Finances, Senechaux de Toulouse & de Carcassonne ; à tous nos autres Justiciers & Officiers, ou à leurs Lieutenans, Salut & dilection. Nostre très-cher & très-amé frere le Duc de Guyenne, nous a fait exposer que par nos autres Lettres patentes attachées à ces presentes, sous le contre-Scel de nostre Chancellerie, & pour les causes en icelles contenuës, nous avons eu agreable, loué, ratifié, confirmé & approuvé certain appointement specifié & declaré esdites Lettres, fait entre nous & nostredit frere, touchant la question qu'il faisoit pour le fait des limites des pays que luy avons baillez, cedez & transportez pour son appanage, & aussi touchant autres pays, Terres, Places & Seigneuries qu'il nous demandoit ; par lequel appointement, nous avons esté contents de bailler & donner à nostredit frere les Jugeries de Riviere & de Verdun, compris les Comtez d'Esterac, de Perdriac, de Moulasin & de Bigorre, & non compris les Comtez de Comminge & de l'Isle en Jourdan, & leurs appartenances ; ou ce que desdits deux Comtez de Comminge & de l'Isle en Jourdan pourroit estre desdites deux Jugeries de-çà la riviere de la Garonne, du costé de Toulouse, & aussi nostredit frere s'est desisté de tous lesdits autres pays, Places, Terres & Seigneuries qu'il nous demandoit ; mais pour ce que nosdites Lettres d'icelle ratification ne sont pas signées de l'un de nos Secretaires en Finances, iceluy nostre frere doubte, que vous ou les aucuns de vous, fassiez difficulté de les verifier, requerant sur ce nostre provision; & pour ce que nous voulons icelles nos autres Lettres avoir & sortir leur plein & entier effet, nous vous mandons expressément, enjoignons, & à chacun de vous, si comme à luy appartiendra, que nosdites autres Lettres, dont dessus est faite mention, vous verifiez selon leur forme & teneur, tout ainsi que si elles estoient signées de l'un de nosdits Secretaires en Finance, sans y faire aucune difficulté pour cause de ladite signature ; laquelle nous avons autorisée, & autorisons par cesdites presentes. Donné à Amboise, le huitiesme jour de Novembre, l'an de grace mil quatre cens soixante-neuf, & de nostre Regne le neuviesme. *Sic signatum*, Par le Roy. J. BOURRÉ. *Et in dorso erat scriptum ; lecta, publicata & registrata præsente Procuratore generali Regis, & non contradicente, Parisius, in Parlamento, quartâ die Decembris, anno millesimo quadringentesimo sexagesimo nono.*

Collatio facta est. BRUNAT.

Tiré des Recueils de M. l'Abbé Le Grand.

CXLVII.

Traité de George, Roy de Boheme, pour faire élire Roy des Romains Charles, Duc de Bourgogne.

A la Haye, le ..... 1469.

Tité de l'Edition de M. Godefroy.

UNiversis præsentes Litteras inspecturis, Nos Georgius de Lapide, miles Consiliarius Serenissimi Principis Domini Georgii, Regis Bohemiæ, &c. Oratorque & nuncius suus à sua Regia Majestate, in hac parte specialiter deputatus, prout clarius constare potest ex Litteris suis patentibus, quarum tenor de verbo ad verbum sequitur in hunc modum. Georgius, Dei gratiâ, Rex Bohemiæ, Marchio Moraviæ, &c. Notum facimus universis præsentes Litteras inspecturis, quod nos de probitate, prudentiâ & discretione nobilis viri Georgii de Lapide alias de Stain, Consiliarii nostri fidelis atque dilecti plenarie. Confisi, eidem Georgio tanquam Nuncio & Oratori nostro dedimus & concessimus, damusque & concedimus, per præsentes plenam potestatem & mandatum speciale ad illustrem ac potentem Principem Dominum Karolum, Ducem Burgundiæ & Brabantiæ, &c. consanguineum nostrum carissimum, se transferendi, eique nonnulla statum nostrum, ac bonum, publicum Christianitatis & Universalis Ecclesiæ, ac Sacri Imperii, non parum concernentia, parte nostra referendi & exponendi. Nec non super his & omnibus aliis generaliter & specialiter, cum eodem Principe communicandi nomineque nostro, tractandi & paciscendi, tractataque & conventa generaliter, aut specialiter concludendi, prout sibi melius visum fuerit expedire Litterasque suas, aut nostri nomine si opus sit, in forma debita desuper dandi & expediendi, Litterasque promissionis dicti Ducis recipiendi & acceptandi promittentes in verbo Regis, & bona fide nos ratum & gratum habere & perpetuo habituros, quicquid per antedictum Georgium, Consiliarium & Oratorem nostrum circa præmissa communicatum, tractatum, pactum & conclusum fuerit, ac Litteris nostris patentibus si opus fuerit id roborare & confirmare tenereque & inviolabiliter observare, nec non singulos articulos dicti tractatus ratificare non obstante quod in præsentibus illorum, articulorum, factum nostrum Romanique Imperii concernentium specialis declaratio non habeatur, in quorum, omnium & singulorum, præmissorum, testimonium, sigillum nostrum præsentibus duximus apponendum. Datum Pragæ, die secunda mensis Julii, anno Domini millesimo quadringentesimo sexagesimo nono, Regni verò nostri anno duodecimo. Notum facimus quod cum præfatus serenissimus Dominus Rex, animo revolvens ingentes & varias clades & oppressiones, quibus Christi fideles ab immanissimis Turcis fidei nostræ inimicis, in hunc usque diem proh dolor ! afflicti sunt, magisque in dies affligi posse verisimiliter formidatur, ipsaque Christianitas majoribus objectari periculis, nisi diligentiori studio & alacritate, quam huc usque factum fuit hostibus occurratur Regiæ suæ excellentiæ visum fuerit summè expedire : Ut per eandem excellentiam cœterosque suos coelectores

res, circa bonum publicum Christianitatis & universalis Ecclesiæ, ac Sacri Imperii vigilantius intendatur, nec putaverit commode ad hoc pervenire posse, nisi ad Electionem novi Romanorum Regis Principis scilicet virtuosi, strenui & potentis quantocius procedatur, quo factum est ut dictus serenissimus Dominus Rex, attendens illustrissimum Principem Dominum Karolum, Ducem Burgundiæ, &c. præ cœteris Imperii Principibus esse ætate floridum, strenuum in armis ac justitiæ præcipuum zelatorem, multisque aliis virtutibus præditum, præterea plurimis ac maximis Dominiis & Principatibus abundare, in eundem Dominum Karolum direxit oculos suæ mentis, nobisque commisit propterea, ad suam excellentiam accedere, & sibi præmissa ex ordine referre, apud quem quidem Dominum Karolum eum applicuimus longamque communicationem super præmissis habuimus, cum sua dominatione tandem maturâ deliberatione super his præhabita nos nomine, & pro parte dicti Domini Regis, prætextuque & virtute facultatis & mandati Regii nobis, in hac parte concessi, cum dicto Domino Karolo, Duce Burgundiæ, &c. tractavimus & conclusimus punctos & articulos subsequentes, videlicet quod dictus Dominus Rex Bohemiæ, tenebitur apud alios coelectores & præsertim, apud Dominum Archiepiscopum Maguntium, Dominum Ernestum, Ducem Saxoniæ, & Dominum Fridericum Marchionem Brandenburgensem, pro posse procurare, cooperari & efficere, quod ipsi coelectores, quam citius fieri poterit insimul congregentur, pro bono Sacri Imperii, ad tractandum & conveniendum de Electione facienda Regis Romanorum, utque præfatus Dominus Karolus Burgundiæ Dux, in Regem Romanorum eligatur, quam quidem electionem ipse tunc acceptare tenebitur, sibique pro administratione Imperii adispicenda præfatus Dominus Rex cum tota sua potentia assistere & auxiliari, eique contra, quoscumque adherere debebit nec, non idem Dominus Rex, apud alios Principes suos consfœderatos procurabit pro posse, ut ipsi Domino Karolo, similem in præmissis faciant assistentiam pariter & favorem. Qui quidem Dominus Karolus, dum in Regem Romanorum sic electus & pacificam Imperii administrationem adeptus fuerit, prædicto Domino Regi, pro suis laboribus & expensis, ac aliorum coelectorum propterea faciendis, ac etiam gratuitatis causa summam ducentorum millium florenorum Rhenensium, realiter solvere tenebitur præterea dicto Domino Karolo, sic ut præfertur in Regem Romanorum electo & recepto, si contigerit feoda illa quæ nunc possidet Comes de Katzenellenboge ad Imperium devolvi, tunc idem Dominus Karolus tenebitur eadem feoda præfato Domino Regi, & ejus filiis conferre & sibi de eis debite providere, juxta promissionem & concessionem eidem, Domino Regi per Dominum Fridericum Imperatorem modernum de dictis feodis, jam factam, quos quidem punctos & articulos supradictos & quemlibet eorundem nos Georgius, Orator & Nuncius prænominatus auctoritate, qua supra promittimus bona fide per dictum Dominum Bohemiæ Regem, in quantum partem suam contingunt facere inviolabiliter teneri, adimpleri & observare, & per eum si opus sit Litteris suis roborari & confirmari. In quorum testimonium præsentes Litteras signo nostro manuali, ac Sigilli nostri appensione communivimus. Datum

1469.

tum in Aga Comitis partium Hollandiæ, die . . . . . . mensis . . . . anno Domini millesimo quadringentesimo sexagesimo nono. *Signé sur le reply*, G. VAN STAIN, *avec paraphe. Et scellé d'un Sceau en cire rouge enchassé en cire blanche.*
Collationné sur l'original.

CXLVIII.

☞ *Extrait d'un accord fait en 1469. entre le Roy Louys XI. & Jacques d'Armagnac, Duc de Nemours* (1).

Tiré des Recueils de M. l'Abbé Le Grand.

ACcord & traité très-ample fait entre le Comte de Dammartin, pourvû & muny des pouvoirs & commission du Roy, & le Duc de Nemours, par lequel ce dernier confesse & reconnoist, que quoique le Roy luy ait eslargy & fait de grands biens, il en avoit esté si mesconnoissant, qu'il s'estoit soulevé contre luy, avoit débauché ses subjets & serviteurs, avoit machiné la prise & détention de sa personne, luy voulant oster sa liberté & son Royaume ; avoit faussé le serment qu'il avoit fait de le servir ; avoit pris son argent sous ce pretexte ; & au lieu d'appaiser les differens, comme il le promettoit, avoit animé les autres. Cette piece est très-longue ; & y est comprise la commission de Dammartin signée par le Roy à Tours, le huit Decembre mil quatre cens soixante-neuf. L'accord fut signé à Saint-Flour dans la maison de l'Evesque, le Mercredy dix-sept Janvier mil quatre cens soixante-neuf. *Præsentibus egregiis viris Dominis Bermando de Sancto Felice, Antonio Gabier, in Parlamento Tholosæ Consiliariis, Bertrando de Montibus, utriusque juris, Doctore nobilibus viris, Josebino du Bois, Milite, Baillivo Regio Montanorum Alverniæ, Petro Clareti, Domino Demere, Johanne le Marchal, Scutifero, Magistro Stephano Reynault, Notario.*

CXLIX.

☞ *Lettres Patentes de Charles, Duc de Bourgogne, confirmatives des alliances par luy faites avec le Duc de Bretagne.*

Tiré des Recueils de M. l'Abbé Le Grand.

CHARLES, par la grace de Dieu, Duc de Bourgogne, de Lothiers, de Brabant, de Lembourg & de Luxembourg, & Comte de Flandres, d'Artois, & Palatin de Hollande, de Zelande & de Namur, Marquis du Saint Empire, Seigneur de Frise, de Salins & de Malines. A tous ceux qui ces presentes Lettres verront, Salut ; Comme par cy devant en ayant regard & consideration, que amour, union & alliance entre les Princes a souvent esté & est cause de maintenir les Principautez & Seigneuries

(1) Ce Duc s'étoit engagé au Roy Louis XI. eu 1465. même par serment, de servir le Roy envers & contre tous, sans même excepter Charles de France, Frere du Roy, & cependant le Duc de Nemours avoit contrevenu à cette obligation. Voyez ce serment Tome II. de cette édition, *numero* LXXVIII. à la fin de la page 549. & depuis il en coûta la vie au Duc de Nemours, comme on le verra cy-après.

Seigneuries defdits Princes en bonne obéyſſance vers Dieu, & en bon
eſtat, magnificence & tranquillité; confiderans auſſi què de long & ancien temps, avoit euës amitiez & alliances faites, nourries & entretenuës, tant par conſanguinité, affinité de lignage & amour naturelle,
comme autrement, entre feus très-hauts & très-puiſſans Princes les Ducs
de Bourgogne & de Bretagne, auſquels Dieu pardoit, qui avoient eſté
& pouvoient eſtre cauſe de reprimer les contendans à vouloir ſur eux &
leurs Seigneuries invader & entreprendre; nous defirans enſuir les loüa-
bles faits de nos Predeceſſeurs, euſſions dès le vivant de noſtre très-cher
Seigneur & pere, dont Dieu ait l'ame, fait pris & juré avec noſtre très-
amé frere & couſin François, Dùc de Bretagne, Comte de Montfort &
de Richemont, d'Eſtampes & de Vertus, certains amitiez fraternelles
& ſpeciales alliances pour luy, ſes ſucceſſeurs, pays & ſubjets, pareillement pour nous & les noſtres, ſelon qu'il eſt à plein contenu ès
Lettres ſur ce faites & paſſées, tant de la part de noſtredit frere & couſin, que de la noſtre, & baillées de l'un à l'autre; leſquelles Lettres
ſont données à Eſtampes en datte du vingt-quatrieſme jour de Juillet mil
quatre cens ſoixante-cinq, & ſcellées, à ſçavoir celles de noſtredit frere
& couſin, du Scel de ſes Armes, & les noſtres ſemblablement de noſtre
Scel : Sçavoir faiſons, que nous connoiſſans clairement leſdites amitiez
& alliances avec noſtredit frere & couſin le Duc de Bretagne, eſtre très-
utiles & profitables pour nous, nos pays & ſubjets, voulans y continuer &
perſeverer de bien en mieux, avons de ce jour & de nouvel ratifié, approuvé,
loué & confirmé, & par ces preſentes ratifions, approuvons, louons &
confirmons toutes leſdites alliances, amitiez, fraternitez & confederations, faites, comme dit eſt, avec noſtredit frere & couſin, & plus à
plein contenuës & ſpecifiées ès Lettres deſſuſdites. Donné audit lieu
d'Eſtampes, l'an ſoixante-cinq, devant dit; & icelles alliances, fraternitez, amitiez & confederations, faiſons & confirmons de nouvel, en
tant que meſtier eſt, avec iceluy noſtredit frere & couſin de Bretagne,
tant pour luy, que pour ſeſdits pays, Principautez, Terres, Seigneuries
& ſubjets preſens & à venir, en faiſant & faiſons expreſſe declaration à
noſtredit frere & couſin, que avons ferme propos & intention de y perſeverer & continuer, & d'icelles alliances tenir & garder, ſans enfraindre pour quelque cauſe ou occaſion que ce ſoit ; & pource que l'un des
conſervateurs choiſi & nommé de ſa part, pour tenir & obſerver noſdites amitiez, alliances & confederations eſt abſent, il peut ſubroger, eſlire, nommer & commettre un autre tel qu'il voudra, & conſentant auſſi
que les autres nommés & commis, tant de ſa part, que de la noſtre,
paravant ce jour, ſoient encore conſervateurs d'icelle alliance, & que
s'il en veut autres ſubroger au lieu d'aucuns des nommez & commis de
ſa part, faire le puiſſe, y commettre audit tel que bon luy ſemblera, promettans, & par ceſdites preſentes promettons par la foy & ſerment de
noſtre corps, en parole de Prince, & ſur noſtre honneur, & generalement
ſur tous les ſervices & obligations contenuës & ſpecifiées ès Lettres de
noſdites fraternitez & alliances, icelles avec leurs circonſtances & dépendances, à tous les points & articles contenus ès Lettres deſſuſdites ſur
ce fait & paſſé, comme dit eſt, tenir, garder & obſerver entierement,

ſans

1470.

sans jamais aller au contraire, ne faire chose qui y déroge & préjudicie, en quelque maniere, ne pour quelconque cause ou occasion que ce soit. En tesmoin de ce nous avons signé ces presentes de nostre main, & y avons fait mettre nostre Scel. Donné en nostre Ville de Lille, le dix-neuviesme jour d'Avril, l'an de grace mil quatre cens soixante-neuf, avant Pasques.

Et sur le reply est escrit : Par Monseigneur le Duc, Signé, GROS, avec paraphe. *Et ledit Acte scellé d'un Scel de cire vermeille sur une bande de parchemin.*

C L.

☞ *Lettres de Charles, Duc de Bourgogne, à la Cour de Parlement de Paris.*

A nos très-chers & grands amis les Gens tenant le Parlement de Monseigneur le Roy à Paris.

Tiré des MSS. de Baluze, Registre 166.

LE Duc de Bourgogne, de Brabant, de Lembourg & de Luxembourg, Comte de Flandres, d'Artois, de Bourgogne, de Haynaut, de Hollande, de Zellande & de Namur : Très-chers & grands amis, nous avons receu vos Lettres, responsives à celles que n'agueres escrites vous avons, contenans en effet, comme estes certains, que Monseigneur le Roy ne voudroit & n'a intention de faire chose, qui soit contre le Traité fait entre luy & nous ; ainçois iceluy Traité & toutes autres choses par luy promises & jurées, a tousjours entretenu & est deliberé d'entretenir sans enfraindre, & de pieçà vous a par plusieurs fois commandé donner provision, quand vous verriez quelque chose qu'on fit au contraire, sans en renvoyer devers luy, ne attendre autre commandement ; & au regard des Ducs de Clarence & Comte de Warwic, dont vous avions escrit, que de pieçà mondit Seigneur le Roy n'estant adverti de la prinse par eux faite sur nos subjets, leur avoit accordé sauf-conduit pour eux & ceux de leur compagnie, ainsi qu'il est accoustumé ; & comme il peut faire à ses ennemis, & de tant plus se iceux de Clarence & de Warwic se sont mis & declarez contre le Roy d'Angleterre ancien ennemy de luy & du Royaume, & en ce ne deroge en rien audit Traité ; car dès incontinent qu'il a sceu ladite prinse faite par les dessusdits sur nosdits subjets, il a commandé ses Lettres & mandemens pour faire deffense generale à tous ses subjets, sur peine de confiscation de corps & de biens, de non acheter, prendre, recevoir, recueillir & receler aucuns des biens prins sur nosdits subjets, & que tout ce que en pourroit estre trouvé & reconnu fust rendu & restitué, sans quelconque chose en receler ne retenir ; & derechef en accomplissant le commandement que de pieçà avez, comme dit est, incontinent que avez sceu ladite prinse, vous avez envoyé Lettres & mandemens semblables en substance & estes certains que mondit Seigneur le Roy n'a soustenu, ne soustiendra iceux de Clarence & de Warwic à faire ou porter guerre ou dommage à nos pays & subjets, lesquelles choses nous escrivez, pour nous advertir de son vouloir & intention, & des diligences faites en cette partie : Surquoy

DE PHIL. DE COMINES.

1470.

quoy très-chers & grands amis, en tant que touche le vouloir & intention de mondit Seigneur le Roy, d'avoir entretenu & entretenir ledit Traité, & le commandement, que sur ce, comme dit est, avez de luy, & en le ayant ainsi fait seroit grand bien, repos & appaisement de l'un de nous, & de tout sondit Royaume ; ce que de nostre part iceluy Traité avons tousjours singulierement desiré, & neantmoins souventes-fois entendu & entendons journellement, plusieurs choses estre faites, non conservées, ne respondant audit Traité ; & quant ausdits de Clarence & de Warwic, dont vous avions escrit leur venuë en Normandie, & du sauf-conduit que mondit Seigneur le Roy leur a accordé ; il a esté & est notoire, que par plusieurs jours avant que iceux de Clarence & de Warwic soient venus & arrivez en Normandie, & dedans les limites du Royaume, ils s'estoient declarez & constituez volontairement, par paroles & par fait nos ennemis, & avoient fait ladite prinse sur nosdits subjets, en plus grande hostilité de Navires, & à trop plus grand dommage d'iceux nos subjets, qu'il n'estoit memoire avoir esté fait une fois par aucuns Pirates sur Mer : par quoy en entretenant ledit Traité, ils n'ont pû ne dû estre receus ne recueillis audit Royaume, ne ladite prinse, & aussi leursdites hostilité & inimité, qu'ils avoient declarez contre nous estre mises en ignorance, attendu ladite notorieté, & le temps qu'ils estoient depuis icelle demourez sur mer, avant leur venuë & descenduë audit Royaume ; & combien que pour excuser ledit recueil, ne suffiroit pas que ladite prinse & les biens de nosdits subjets ne eussent esté menez & conduits à Honfleur, ou ailleurs en Normandie, que si sont ou qu'ils eussent esté restituez, que non, ou le seroient cy-après, attendu que outre & par dessus icelle prinse lesdits de Clarence & de Warwic se sont formellement declarez & constituez nos ennemis ; & après ladite restitution, se faite estoit, seroient & demoureroient tels en quelque lieu qu'ils soient ; néanmoins nous sommes bien informez, que au temps de leur venuë à Honfleur, & ès limites dudit Royaume, ils avoient & ont amené avec eux tout ce qui leur estoit demouré de ladite prinse, après la destrousse faite sur eux en mer par les gens du Roy d'Angleterre, y ont butiné lesdits biens, rançonné & composé nosdits subjets, au veu & sceu de l'Admiral & autres principaux Officiers, lesquels ont sceu & promis, traiter & parler audit Honfleur & ès limites dudit Royaume, de composer iceux nos subjets avec lesdits de Clarence & de Warwic, pour partir seurement de la Riviere de Seine ; & encore presentement sur la rive d'icelle riviere, & près dudit Honfleur, ils tiennent trois des plus grands Navires qu'ils ayent amenez illec, appartenans à nosdits subjets, armoyez de nos Armes, en dérision de nous ; & d'autre part, deux Carnelles *d'Escosse, à leur port desdits de Clarence & de Warwic, avoient pris un Navire de nos subjets, lesquels ils ont amenez, detenus prisonniers, composé & rançonné audit Honfleur, & leurs biens butinez & dissipez, sans contredit ou empeschement d'aucuns Officiers illec ; lesquelles choses nous ne pouvons concevoir estre ignorées, & aussi pour estre faites & tolerées sans contrevenir audit Traité ; & quand les dessusdits ne se seroient constituez & declarez nos ennemis, nous nous deporterions assez

*Je crois qu'il faut lire Caravelles, espece de Vaisseaux à voiles & à rames.

Tome III. Q de

1470.

de parler & faire mention dudit recueil, & du souftenement qu'il plairoit à mondit Seigneur le Roy leur faire en son Royaume; mais eux estans par leursdites paroles & declaration, & par faits de guerre & d'hostilité nos ennemis, en leur faisant ayde, assistance & soustenement par quelque maniere, ou à quelque fin que ce soit, ils le pourroient employer & convertir sur nosdits pays & subjets, & sur les Marchands venans en iceux nos pays, pour rompre & empescher la marchandise d'iceux, ce qu'est à presumer qu'ils s'efforceront de faire plus qu'autre chose, consideré leursdits commencemens & declaration, & qu'ils se deporteroient de grever & endommager les Anglois, tant pour acquerir leur amitié & bienveillance, que pour entretenir la faveur qu'ils ont en Angleterre; toutesfois, tant pour pourvoir aux choses passées à nostre honneur, que pour obvier aux choses advenir, nous sommes resolus & deliberez de, à l'ayde de Nostre-Seigneur, resister & pourvoir à l'encontre desdits de Clarence & de Warwic, & de ceux qui les voudroient en ce porter & favoriser, par tous les meilleurs moyens que pourrons & sçaurons; laquelle chose nous entendons pouvoir & devoir faire par raison, pour preserver nosdits subjets de grief & oppression; lesquelles choses, très-chers & grans amis, nous vous escrivons, afin que du tout soyez à plein informez à la verité plus avant que peut-estre vous n'estiez à la rescription de vosdites Lettres, & que par vos grands sens & prudence vous puissiez entendre & considerer se les provisions touchées en icelles vos Lettres sont suffisantes, selon l'exigence des cas & choses dessusdites: Très-chers & grans amis, Nostre Seigneur vous ait en sa sainte garde. Escrit en nostre Ville de Middelbourg en Zellande, le vingt-cinquiesme jour de May, l'an mil quatre cens soixante-dix. Ainsi Signé, CHARLES. Et plus bas BERRET.

CL*.

☞ *Extrait d'une Lettre de Charles, Duc de Bourgogne, au Roy Louis XI.*

Tiré des Recueils de M. l'Abbé Le Grand.

Lettre du même, dattée de Middelbourg en Zellande, le dix-neuf May mil quatre cens soixante-dix. Il remercie le Roy de sa responce aux Lettres precedentes, qui portoit qu'il avoit incontinent mandé à sa Cour de Parlement de donner leurs provisions necessaires, qui en mes Lettres addressantes, tant à vous, qu'à icelle Cour de Parlement, estoient contenuës; & pareillement à beau cousin le Connestable, Gouverneur de Normandie, & icelles faire executer; surquoy, mon très-redouté & Souverain Seigneur, il n'est point venu à ma connoissance, que de cette matiere ledit beau-cousin le Connestable ait aucune charge de par vous, ne que par vostredite Cour, ou par luy, rien ait esté fait ou pourvû selon mesdites requestes, & que par mesdites Lettres vous avois faites: Bien ay sceu & entendu, tant par mesdits Ambassadeurs, que par vos Lettres, que par eux vous a pleu moy escrire, que sur les provisions par iceux mes Ambassadeurs requises de par moy, ledit beau cousin le Connestable a eu aucune charge de par vous, pourquoy ne sçait se par vosdites

dernieres

DE PHIL. DE COMINES. 123

dernieres Lettres vous entendez avoir ordonné defdites provisions re- 1470.
quifes par mefdits Ambaffadeurs, ou des requeftes que par mefdites
Lettres je vous avois faites, touchant lefdits Duc de Clarence & de
Warwic; & mefmement que je fuis adverty qu'encore prefentement les
deffufdits font entretenus, favorifez & fouftenus à Honnefleur, auquel
lieu ils ont amené les Navires & biens qui leur eftoient demourez de ladite
prife faite fur mefdits fubjets, après la deftrouffe faite fur eux en mer par
les gens du Roy d'Angleterre, contre lefquels avoit trois Navires, lefquels ont efté longuement & encore font, comme je crois, près dudit
Honnefleur, armoyez de mes armes; auffi aucuns de mes fubjets pris,
tant par leurs gens, que par aucuns Efcoffois, à leur enhort & faveur
ont efté détenus prifonniers, compofez & rançonnez audit Honnefleur,
ou à Harfleur au fceu de l'Admiral, lequel a dit à aucuns de mefdits
fubjets, que combien qu'il les tiendroit feurs defdits de Clarence & de
Warwic ès limites de voftredit Royaume, neanmoins au dehors ne les affu-
roit point d'eux, leur confeillant de traiter avec eux & fouffrant en tenir
paroles du traité & compofition, en démonftrant par ce clairement qu'il
n'ignoroit pas, comme auffi n'ont fait tous vos Officiers illec, l'inimitié
declarée & ouverte par les deffufdits à l'encontre de moy & de mefdits
fubjets, & par conféquent ont affez peu & pouvoient entendre, fi en
entretenant & accompliffant lefdits traitez ils leur pourroient faire lefdits
recueil, faveur & affiftance; & d'autre part, j'ay entendu qu'aucuns de
mefdits fubjets ont efté depuis en la Riviere de Seine, & auffi qu'une
Caravelle dudit Admiral, nommée la Brunette, a depuis fix jours en çà de-
robé aucuns de mes fubjets de ma Ville de Goerée en Zellande, au cry
& nom dudit Warwic; & quant à ce que par vos Lettres il vous plaift
faire mention de la malveillance dudit Roy d'Angleterre & d'eux, dont
auffi ceux de voftre Cour de Parlement, & les Gens de voftre Confeil à
Rouen m'ont efcrit, en defmonftrant voftre vouloir & intention eftre de
les fouftenir & favorifer contre ledit Roy d'Angleterre & les Anglois;
mon très-redouté & fouverain Seigneur, quand les deffufdits de Clarence & Warwic ne fe feroient faits, declarez & conftituez mes ennemis
par paroles, par faits & exploits de guerre, comme ils ont fait notoirement, je me fuffe deporté & deporterois d'avoir fait aucune mention du
recueil ou du fouftenement qu'il vous a pleu leur faire; mais pource que,
comme eft bien notoire, lefdits de Clarence & de Warwic ne font point
puiffans pour recouvrer Angleterre par force & puiffance, & n'y peuvent
retourner que par faveur & amitié, laquelle ils n'acquereront point;
ains pluftoft perdront ce qu'ils en peuvent avoir, en menant & faifant
guerre aux Anglois, mefmement à puiffance étrangere; vous, mon très-
redouté & fouverain Seigneur, povez, fi c'eft voftre plaifir en çà, cognoiftre
& entendre que toute l'ayde & fouftenement qu'ils pourroient avoir de
vous, à quelque fin & intention que leur euffiez baillée, ils employeront & convertiront à continuer la guerre, inimitié & hoftilité qu'ils ont
encommencée contre moy & mefdits fubjets, & contre les Marchands
hantans & frequentans mes pays, pour rompre & empefcher marchandifes d'iceux; laquelle chofe je fouffrirois bien enviz d'eux, & pour
efchever la foule que j'en pourrois avoir & preferver mefdits pays &

Tome III.   Q 2   fubjets

subjets d'oppression, je suis résolu d'y pourvoir & résister le mieux qu'il me sera possible. Du 29. May 1470.

CLI.

☞ *Instructions du Roy sur l'arrivée de M. de Warwic avec quelques Vaisseaux pris sur les Sujets du Duc de Bourgogne.*

Tiré des Recueils de Mr. l'Abbé Le Grand.

INstructions à Messieurs de Congressault & Duplesseys, pour dire à Monsieur l'Archevesque de Narbonne, à Monsieur l'Admiral & au Bailly de Rouen.

Premierement. Que veu le Traité de Peronne, le Roy ne peut parler à Monsieur de Warwic, ne luy donner faveur, tant qu'il ait la prinse des subjets de Monsieur de Bourgogne, avec luy ès Pays du Roy; car autrement le Roy se priveroit du Traité de la Paix, qu'il a jurée: Et pour ce que le Roy luy prie qu'il envoye ladite prinse & son Navire, dont il a fait la prinse ès Isles, ou ailleurs hors les Pays du Roy.

Isles de Jarsey & Guernesey.

Item. S'il veut rien envoyer en la Gironde & en ce pays-là, le Roy a desja envoyé devers Monsieur de Guyenne, pour luy donner sauf-conduit; & est le Roy bien seur qu'il le luy donnera, & incontinent que le Roy le tiendra, il le luy envoyera.

Item. Pour satisfaire à tout, c'est à sçavoir que le Roy puisse aider à Monsieur de Warwic, pour un & l'autre pour se garder de rompre la paix, est nécessaire que veu la prinse que Monsieur de Warwic a faite contre les Bourguignons, qu'il se tire ès Isles, car autrement le Roy romproit la paix, en le soustenant en ses Pays & Hables (*c'est-à-dire Havres*); & s'il veut parler au Roy, le Roy ira en voyage à Monsieur Saint Michel: & à Grantville parlera à luy tant qu'il voudra, car se le Roy parloit à luy à ceste heure ayant son Navire en ses Pays, il romproit la paix tout outre; veu la prinse qu'il a faite contre les Bourguignons, & dont le Roy ne sçavoit rien, que le Duc de Bourgogne en feist armée quant il parla à Messire Henry Loys, ne n'avoit pas encore sommé le Roy; ce qu'il a fait depuis.

Item. Quant il sera ès Isles, s'il craint de perdre aucuns Navires, il en pourra envoyer à Cherbourg & à Grantville, qui sont loin des Bourguignons, sous ombre de les avitailler; & ils luy seront gardez seurement.

Item. Il peut aussi-bien envoyer devers le Roy, s'il y a chose hastive à luy dire, & il en aura responce, ne plus ne moins comme s'il parloit.

Item. Le Roy ne luy sçauroit que dire jusques à ce qu'il ait responce de la Royne Marguerite, devers laquelle il envoye Phelippe Guerin & Maistre Loys Toustain, & mettra peine de la faire venir elle & son fils devers luy, & ne fait point de doute qu'elle n'y vienne ou envoye, & droitement à l'heure qu'il en aura responce, ce sera bien le temps que luy & Monsieur de Clarence pourront parler au Roy à Grantville, & luy semble bien que la Royne Marguerite fera ce qu'il voudra.

Item. S'il estoit obstiné de dire qu'il veut parler au Roy devant que partir, & qu'il fust bien content du partement; il pourroit envoyer son Navire ès Isles & faire semblant de se mettre dedans luy & Monsieur de Clarence, & venir eux deux par terre secrettement à Falaize, & le Roy s'y

s'y rendroit là à eux, ou à Vaujours, s'il estoit advisé que mieux fust, & 1470.
puis s'en pourroient retourner à Grantville, & de là pourroient recouvrer leur Navire.

Item. Pourront dire comme le Roy de tout son pouvoir luy aidera à recouvrer le Royaume d'Angleterre, ou par le moyen de la Royne Marguerite, on peut qui que il voudra, car le Roy aime mieux luy ou son fils de la Royne Marguerite, & s'est tousjours tenu aussi estrange d'eux pour l'amour de Monsieur de Warwic, que s'il ne les eust oncques veus; toutes voyes pour qui que il voudra, il tiendra la main; le luy fasse sçavoir plustost que plus tard, car quelques affaires que le Roy ait ouës, ainsi qu'il sçait assez, il luy aidera de tout ce qu'il pourra, & ne dit le Roy cecy, sinon pour ce qu'il ne luy peut aider estant en ses Ports & Hables, pour la prinse qu'il a faite & gardant le serment qu'il a fait.

Item. Que au lieu où est de present Monsieur de Warwic, il est en plus mauvais lieu pour lui que en lieu qu'il puisse estre au Royaume, car il y vient chascun jour plusieurs Flamans & Bourguignons; & aussi au pays a grand quantité de Bourguignons, qui chascun jour pourroient faire sçavoir à Monsieur de Bourgogne tout ce que feroit Monsieur de Warwic, & toutes les allées & venuës qui seroient entre le Roy & luy; & aussi Monsieur le Connestable est Gouverneur de ce Pays, & n'y fera-t'on rien que incontinent les Bourguignons ne sçachent, & des Isles en hors pourra envoyer ses Navires à Cherbourg & à Grantville, ainsi qu'il voudra.

Le Connestable est déja suspect au Roy.

Item. Portent le double de la Lettre que le Roy escrit à la Royne d'Angleterre.

Item. S'il veut laisser Madame de Clarence & Madame de Warwic, & il les veut envoyer à Bayeux, à Carenten, ou à Vallongnes, le Roy leur fera faire bonne chere & entretenir leur estat, & de leurs gens, & s'ils aimoient mieux les envoyer à Amboise, ils n'auront pis que la Royne.

Item. Porteront du drap de soye pour Monsieur de Clarence. Fait à Amboise, le douziesme jour de May, l'an mil quatre cens soixante & dix.

C L I I.

Extrait de la confirmation du Duc François de Bretagne, sur le Traité d'Ancenis.

FOrme des scellés que les Seigneurs de Bretagne ont donné ensuite des Traités de Caen & d'Ancenis, inserés de mot à mot, desquels Traités & appointemens, & des promesses & convenances contenuës esdites, le Duc nous a fait faire communication & remonstrance; & comme en ensuivant les louables œuvres de ses très-nobles progeniteurs Ducs de Bretagne, qui ont esté hauts, puissans & vertueux Princes, il a singulier desir, & est conclu & determiné de estre & demourer perpetuellement bon, vray, loyal, obeÿssant, parent, serviteur, amy, allié, bienveillant du Roy & de la Couronne de France, & pour mieux affermer lesdits Traités & appointemens, nous ait commandé & ordonné de bailler nos scellés & obligations les plus amples & valables que faire se pourra pour l'entretenement d'iceux. Sçavoir faisons, que veu par nous

Tiré des Recueils de M. l'Abbé Le Grand, Trésor des Chartes, Armoire L. Cassette A.

1470.

à bonne & meure deliberation lesdits Traités & appointemens, desirans de tout nostre cœur entretenir perpetuellement la bonne & vraye amour d'entre le Roy & le Duc, & en icelle vivre & mourir, du bon plaisir & commandement du Duc, avons promis & juré solemnellement, & par la teneur de ces presentes promettons, jurons & nous obligeons par la foy & ferment de nostre corps, sur nostre honneur, & sur l'obligation de nous, nos hoirs & successeurs, & de tous & chacuns nos biens, meubles, immeubles, heritages & choses quelconques, presens & à venir, de tenir, garder & observer de point en point, inviolablement & sans enfraindre lesdits Traités, accords, appointemens, pacifications, amitiés, alliances, promesses dessusdites, faites, passées & accordées entre le Roy & le Duc, selon la forme & teneur desdites Lettres, sans jamais faire, ne pourchasser, ne souffrir à nostre pouvoir estre fait ou pourchassé aucune chose au contraire : En tesmoin de ce nous avons signé ces presentes de nostre main, & icelles scellées du Scel de nos armes, le dix-huitiesme jour de Juin, l'an 1470. JEAN D'ACIGNÉ. Il commence par ces mots : Nous, Jean, Sire d'Acigné & de Fontenay, Vicomte de Loueat, &c.

CLIII.

☞ *Pouvoirs, Vidimus & confirmation du Traité d'Ancenis par le Roi Louis XI. Charles, Duc de Berry, & François, Duc de Bretagne.*

Ce Traité est cy-dessus page 9. mais on le repete ici pour les ratifications particulieres & quelques differences.

Tiré des Recueils de M. l'Abbé Le Grand.

LOYS, par la grace de Dieu, Roy de France. A tous ceux qui ces presentes Lettres verront, Salut : Comme pour appaiser les differences d'entre nous, nostre frere Charles, & nostre très-amé neveu & cousin le Duc de Bretagne & autres, nous pour l'amour & reverence de Dieu nostre Createur, & éviter à l'effusion du sang humain, & éviter à la desolation du pauvre peuple, qui vray-semblablement, à l'occasion desdites differences, se pouvoit ensuir, & tousjours mettre Dieu & raison de nostre part, nous eussions donné autorité, faculté & deffense * speciale à nostre très-cher & très-amé cousin le Duc de Calabre & de Lorraine, de traiter, pacifier & appointer pour nostre part lesdits differens ; & semblablement nostredit neveu de Bretagne, ait Commis & Deputez de sa part, Guillaume Chauvin, son Chancelier; Anthoine de Beauveau, Seigneur de Silly, & Michel de Partenay, Seigneur de Perigny, ses Conseillers & Chambellans, & iceux eust faits & constituez Procureurs, Deputez & Ambassadeurs ; & leur eust pareillement donné pouvoir exprès & special pour sa part de traiter, pacifier & appointer sur lesdites differences, par vertu & usant desquels pouvoirs, nostredit cousin de Calabre, pour & au nom de nous, & lesdits Chauvin, de Beauveau & Partenay, pour & au nom de nostredit neveu de Bretagne, ayent fait certain appointement, traité & accord sur les differences, ainsi que plus au long & à plein est contenu & declaré ès articles de ce faisant mention ; lesquels ensemble, lesdits pouvoirs sont incorporez ès Lettres qu'ils en ont baillées les uns aux autres, & lesquelles chacun a promis de sa part faire ratifier, ainsi qu'il est plus à plein contenu esdits articles;

&

* Je crois qu'il faut lire *puissance*.

& desquelles Lettres baillées par nostredit cousin de Calabre la teneur s'ensuit :

1469.

JEHAN, fils du Roy de Jerusalem, d'Arragon & de Sicile, &c. & Duc de Calabre & de Lorraine. A tous ceux qui ces presentes Lettres verront, Salut : Comme pour l'appaisement des differences, qui à present ont cours entre Monseigneur le Roy d'une part, Monseigneur Charles, son frere, & nostre très-cher & très-amé cousin le Duc de Bretagne d'autre, ayent esté faites plusieurs ouvertures pour le bien de paix, tant pour nous, pour la part de mondit Seigneur le Roy, comme ayans puissance de luy, comme aussi par Guillaume Chauvin, Seigneur du Bois, Chancelier de Bretagne, Anthoine de Beauveau, Seigneur de Pimpean, & Messire Michel de Partenay, Seigneur de Perigny, tous Conseillers & Chambellans de nostredit cousin, pour la part d'iceluy nostre cousin, ayans pareillement pouvoir par luy, desquels pouvoirs la teneur s'ensuit :

LOYS, par la grace de Dieu, Roy de France. A tous ceux qui ces presentes Lettres verront, Salut : Comme puis n'agueres aucunes ouvertures ayent esté faites de traiter, pacifier & accorder les differends d'entre nous & nostre très-cher & très-amé neveu & cousin le Duc de Bretagne, ausquels Traité & pacification, pour l'honneur & reverence de Dieu nostre Createur, & éviter à l'effusion du sang humain, & à la desolation du pauvre peuple, que vray-semblablement, au moyen desdites differences, se pourroient ensuir, ayons tousjours esté content d'entendre & mettre Dieu & raison de nostre part, pourquoy soit besoin commettre aucuns grands & notables personnages de grande authorité & à nous seurs & feables, & parquoy plus convenablement lesdites matieres se puissent traiter envers chacune partie à qui il peut toucher : Sçavoir faisons, que nous deuëment & à plein acertené des grands sens, vaillances, loyauté, bonne conduite & experience de nostre très-cher & très-amé cousin le Duc de Calabre & de Lorraine, qui est prochain parent de nous, & d'eux grands Seigneurs, & a bien grand interest que lesdites matieres soient conduites & menées à bonne conclusion pour le bien de la Couronne, confians entierement de luy comme de nostre propre personne, à iceluy nostredit cousin, par les causes & autres à ce nous mouvans, avons donné & donnons plein pouvoir, autorité, commission & mandement especial par ces presentes, d'ouïr toutes ouvertures qui luy seront faites sur lesdites matieres, de pourparler avec nostredit frere Charles, & nostredit neveu & cousin de Bretagne, ou leurs Commis & Deputez, ayant pouvoir suffisant pour l'accord & pacification finale desdites differences, de promettre, jurer, consentir, accorder, octroyer, appointer & toutes les dépendances desdites matieres, tout ce qu'il verra estre expedient & convenable, & sur ce bailler les Lettres telles & en telle forme qu'il advisera, promettant par ces presentes en parole de Roy, & par la foy & ferment de nostre corps, sur nostre honneur, & sur l'obligation de tous nos biens, avoir agreable, & tenir, garder & observer perpetuellement ferme & stable, sans enfraindre & sans jamais venir au contraire, tout ce que par nostredit cousin sera fait, conclu, traité & appointé, comme se nous mesme l'avions fait, accordé, promis,

juré

1469.

juré en nostre propre personne, & lesdites choses jurer & promettre par serment solemnel, & sur ce bailler nos Lettres patentes de certification confirmatoire en la meilleure & plus authentique forme que faire se pourra, dès-sitost que requis en serons : En tesmoin de ce nous avons signé ces presentes de nostre main, & à icelles fait mettre nostre grand Sceau. Donné à Senlis, le vingt-deuxiesme jour d'Aoust, l'an de grace mil quatre cens soixante-neuf, & de nostre Regne le huitiesme. Ainsi *Signé*, LOYS. Par le Roy en son Conseil, B. MEURIN.

FRANÇOIS, par la grace de Dieu, Duc de Bretagne, Comte de Montfort, Richemont, d'Estampes & de Vertus. A tous ceux qui ces presentes, Salut : Sçavoir faisons, que nous confians à plein des sens, loyauté, prud'hommies & bonne diligence de nos bien amés & feaux Guillaume Chauvin, nostre Chancelier ; Anthoine de Beauveau, Seigneur de Silly, & Messire Michel de Partenay, Seigneur de Perigny, nos Chambellans & Conseillers, iceux & chacun d'eux avons instituez & establys, & par ces presentes establissons nos Procureurs, Ambassadeurs & Deputez quant afin d'eux transporter & aller au lieu, & où beau cousin de Calabre & autres gens de Monseigneur le Roy en sa compagnie, ayans pouvoir suffisant de luy, se trouveront, ausquels nos Chancelier & Conseillers dessus nommez, & aux deux d'eux avons donné & donnons par ces presentes plein pouvoir de prendre & accepter, conclure, fermer & accorder avec nostredit cousin de Calabre, & autres gens de mondit Seigneur le Roy, tout ce qu'ils verront estre à faire selon les ouvertures, parlemens, qui seront faits ou ouverts d'une part & d'autre, pour parvenir à pacifier & accorder les differences qui ont esté, & à present sont entre Monseigneur le Roy, d'une part, & Monseigneur son frere, nous & nos alliez, d'autre ; promettans en bonne foy, sur nostre honneur, & en parole de Prince, avoir pour agreable, ferme & stable, tout ce que nosdits Chancelier, Sires de Silly & de Perigny, & les deux d'eux aura esté dit, traité, contenu & accordé, sans jamais aller à l'encontre, en quelque maniere, ny pour quelque cause ou occasion que ce soit. Donné à Nantes, le septiesme jour de Septembre, l'an mil quatre cens soixante-neuf. Ainsi *Signé*, FRANÇOIS. Par le Duc, de son commandement CIVILLE. Et sur icelle ouverture nous les dessusdits Chancelier, de Beauveau & de Partenay, nous soyons condescendus, accordez, tant d'une part, que d'autre, en la maniere contenuë ès articles cy-après touchez & inferez. Ce sont les points & articles pourparler entre Mgr. le Duc de Calabre & Messeigneurs les Ambassadeurs du Duc touchant l'appaisement des differens qui courent à present entre le Roy, d'une part, & Monseigneur son frere, & le Duc, d'autre.

Premierement. Que touchant les partages & appanages de mondit Seigneur Charles, Messeigneurs les Duc & Connestable, connoistront quel partage & appanage, & en quelle part de ce Royaume, & de quel revenu luy doit estre baillé, & au cas que eux deux ne se pourroient accorder, choisiront & nommeront un tiers, lequel ensemble avec eux en connoistra, & ce que les deux des trois en diront sera tenu par lesdites parties.

Item. Et le Roy de sa part sera tenu & obligé de donner à mondi Seigneur

Seigneur iceluy partage, que par mefdits Seigneurs aura efté advifé; & aufli mondit Seigneur fon frere fera tenu iceluy accepter & prendre, & renoncer à tous autres partages ou appanages qu'il pourroit prétendre à luy appartenir.

1470.

Item. Et auront temps lefdits Seigneurs le Duc & Conneftable de connoiftre & advifer fur ledit partage l'efpace d'un an, commençant au premier jour d'Octobre prochain venant.

Item. Et afin que mondit Seigneur Charles, durant le temps d'un an, ait façon de foy entretenir ès pays & Seigneuries du Duc, où il pourra eftre ledit temps durant, fans que aucune chofe fe puiffe entreprendre contre fa perfonne, ne fes ferviteurs, par la part du Roy; & le Roy fera tenu faire delivrer par maniere de provifion, la fomme de foixante mille francs, en la façon qui s'enfuit; c'eft à fçavoir, par quartier luy fera fait payement en la Ville d'Angers pour tous les mois d'Octobre prochain venant, & puis en enfuivant durant ledit temps d'un an, de quartier en quartier.

Item. Et au cas que lefdits Seigneurs Duc & Conneftable ne pourroient connoiftre dudit partage durant ledit an, pourront fe à eux femblera, allonger pour autre an, durant lequel auront la puiffance de connoiftre dudit partage, comme deffus, & aufli durant ledit temps, que ainfi feront allongés, le Roy fournira par quartier à mondit Seigneur fon frere de ladite fomme d'autre foixante mille francs, pour fon entretenement, & pour refte du temps que durera ladite prorogation.

Item. Et pour ce que à prefent le Duc n'eft près de mondit Seigneur Charles, & le Duc ne peut promettre pour luy, aura le Duc le temps de quinze jours à conduire & faire accorder les deffufdits points & articles à mondit Seigneur; & promettra le Duc fur foy & parole de Prince, de faire fon loyal devoir, & faire confentir mondit Seigneur.

Item. Et au cas que mondit Seigneur Charles ne vouluft confentir & accorder, comme deffus, le Duc demourra bon ferviteur, parent & amy du Roy, & le fervira, fecourera & aydera envers tous & contre tous, qui fa perfonne ou fon Royaume voudront grever; & le femblable fera le Roy au Duc, & entretiendront toutes les chofes contenuës en ces prefens articles, & les appointemens faits à Paris & Caen entre le Roy & luy, fans ce que le Duc fe mefle d'icy en avant, en façon quelconque, dudit partage ou appanage de mondit Seigneur Charles contre le vouloir du Roy.

Item. Et en celuy cas que mondit Seigneur Charles dedans ledit terme de quinze jours ne s'y voudra accorder, le Duc fera tenu de faire incontinent vuider des Places de Caen & d'Avranches tous fes ferviteurs & fubjets, qui feront efdites Places, afin que le Roy fans refiftance les puiffe recouvrer, & ne donnera fupport, faveur ne ayde à perfonne quelconque, qui voulfift deftourner ou empefcher au Roy le recouvrement de fefdites Places.

Item. Et pardonnera le Roy à tous Manans, Habitans defdites Villes de Caen & d'Avranches tous crimes & délits de leze-Majefté, ou autres efquels ils pourront avoir mépris contre le Roy, & leur en donnera bons & fuffifans remedes & feureté, en façon que feurement, fans aucune reproche

reproche pourront demourer en leurs maisons saufs & seurs de leur personne, biens & honneurs quelconques.

Item. Au cas que mondit Seigneur sera content dudit appointement & article, & les ratifiera dedans ledit terme de quinze jours prochains venant, les dessusdites Places de Caen & Avranches seront mises par le Duc ès mains de mondit Seigneur de Calabre, & aussi par le Roy seront Saint-Lo, Coustances, Bayeux & Jauray, pour icelles tenir & garder au nom; & pour la part du Roy, pour seureté que à mondit Seigneur Charles seront payés lesdits soixante mille francs durant le temps que sondit partage ou appanage sera convenu & decidé par les dessusdits Seigneurs le Duc & Connestable, & le tiers, ainsi que dessus; & puis cela fait les baillera franchement & quittes ès mains du Roy.

Item. Et dès à present sera cessation de toute guerre & œuvres de fait entre le Roy & le Duc, tant par mer, que par terre, & se levera l'armée du Roy du pays du Duc, & s'en ira en autres pays.

Item. En demeurera le Duc en possession & tenuë de toutes Places, Villes & Seigneuries qu'il tient à present; & en outre luy seront rendus & restituez tous Chasteaux, Villes & Seigneuries qui luy auroient esté prises, ses differens dès maintenant.

Item. Touchant les Chasteaux Places d'Ancenis & Champtocé, ils demeureront en la main de mondit Seigneur de Calabre, jusques à ce que Caen & Avranches soient mis en sa main, comme dessus est dit; & ce fait les rendra au Duc purement & quitte; & sera tenu le Duc, tandis que mondit Seigneur de Calabre les tiendra, n'entreprendre, ne faire œuvre de fait, pour soy ne pour autres sur lesdites Places.

Item. Et demeureront en leur fermeté tous appointemens & obligez accordez & passez entre le Roy & le Duc, tant à Paris, que Caen, & seront de nouveau ratifiez & confirmez.

Item. Pour seureté desdites parties & l'observation du contenu, tant en ce present article & appointement, que ceux de Paris & Caen, en donneront, le Roy au Duc, & le Duc au Roy, leurs scellez, & ensemble promesses & scellez des Seigneurs de leur Sang, Gens d'Eglise, Nobles & Universitez, & Gens de guerre de leur pays; lesquels scellez seront mis en la main de mondit Seigneur de Calabre; c'est à sçavoir, ceux du Duc de Bretagne dedant la Toussaint prochainement venant, & ceux du Roy dedans la Chandeleur après ensuivante; & lors mondit Seigneur de Calabre delivrera au Roy ceux du Duc & de son pays, & ceux du Roy au Duc. Et les choses dessusdites seront confirmer au Saint Siege Apostolique, en soy soumettant lesdites parties pour l'observation des choses dessusdites aux censures Ecclesiastiques.

Item. Seront tenus le Roy, mondit Seigneur & le Duc, chacun de sa sa part, pardonner, recevoir en grace tous leurs serviteurs & subjets qui auront tenu le party l'un ou de l'autre, & leur rendre tous leurs biens & honneurs, sans aucune reproche, pour en jouïr comme paravant les differens. Sçavoir faisons, que lesdits articles dessus touchez & inserez, & tout le contenu en iceux nous avons promis & accordé pour la part de mondit Seigneur le Roy; & par vertu du pouvoir sur ce à nous donné, promettons qu'il les ratifiera & entretiendra de point en point, & de ce

baillera

baillera ses Lettres en forme deuë toutes fois que mestier sera : En tesmoin de ce nous avons signé ces presentes de nostre main, & fait sceller de nostre Scel. Donné au Bourg d'Ancenis, le dixiesme jour de Septembre mil quatre cens soixante-huit. Ainsi *Signé*, JEHAN. *Et sur le repli est escrit :* Par mondit Seigneur le Duc, & *Signé*, J. DESSALLES. *scellés en queuë double & cire rouge.*

 Sçavoir faisons, que nous veu & à grande & meure deliberation de Conseil les articles inserez ès Lettres de nostredit cousin de Calabre, faisant mention desdits Traités, accords & appointemens, iceux articles y fait le contenu, avons louez, ratifiez & approuvez, louons, ratifions & approuvons & avons agreables, & promettons en bonne foy & parole de Roy, sur nostre honneur, & sur l'hypotheque & obligation de tous nos biens, entretenir lesdits accords, traité & appointement, ainsi qu'il gist & est plus à plein contenu en iceux articles, de point en point selon leur forme & teneur, sans jamais aller, ne venir au contraire, en quelque forme ou maniere que ce soit ; & quant à ce nous soumettons aux censures Ecclesiastiques, nonobstant nos privileges, par lesquels le Saint Siege Apostolique ne nous peut ou doit compeller par lesdites censures Ecclesiastiques, desquels ne nous voulons ayder entant que touche l'entretenement desdits traité & appointement, pour cette fois seulement & sans consequence, ne qu'il nous fasse ou porte aucun prejudice, ne à nosdits privileges, ne à tous nos autres droits Royaux & privileges quelconques : En tesmoin de ce nous avons signé ces presentes de nostre main, & icelles fait mettre nostre Scel. Donné à Compiegne, le dix-huitiesme jour de Septembre, l'an de grace mil quatre cens soixante-huit, & de nostre Regne le huitiesme. Ainsi *Signé*, LOYS. Par le Roy, Monseigneur le Cardinal d'Angers, Monseigneur le Duc de Bourbon, l'Archevesque de Lyon, Tanneguy du Chastel, Vicomte de la Belliere, Maistre Pierre Doriolle, & autres presens, B. MEURIN, & scellé. Desquels traités & appointemens de promesses & convenance contenuës esdites Lettres, mondit Seigneur nous ait fait bien ample communication & remonstrances, comme en ensuivant les faits de nos très-experiens Roys progeniteurs, Roys de France, il a singulier desir, & est desterminé d'estre & demourer perpetuellement bon, vray & loyal Seigneur, amy & bienveillant de nostredit cousin le Duc de Bretagne ; & pour mieux affermer lesdits appointemens nous ait, & nostredit Seigneur, requis & ordonné de bailler nos scellez & obligations les plus amples & valables que faire se pourra pour l'entretenement d'iceux. Sçavoir faisons, que veu par nous à bonne & meure deliberation lesdits traités & appointemens, desirans de tout nostre cœur entretenir perpetuellement la bonne & vraye amour d'entre mondit Seigneur & nostredit cousin, du bon plaisir & ordonnance de mondit Seigneur, avons promis, & par la teneur de ces presentes promettons en foy & en parole de Prince de tenir, garder & observer de point en point, inviolablement & sans enfraindre lesdits, traités, accords, appointemens, pacifications, amitiez, alliances, promesses dessusdites, faites, traitées, passées, accordées entre mondit Seigneur & nostredit cousin le Duc de Bretagne, selon la forme & teneur desdites Lettres, & sans jamais faire, ne pourchasser, ne souffrir à nos pouvoirs eftre faits & pourchaffés aucune chofe au contraire, fauf, refervé, & non compris en ces prefentes Lettres de ratifications, les pactions, points & articles deffufdits, faifant mention de noftre partage & appanage, lefquels points, pactions & articles, ne le contenu en iceux jamais nous ne confentirons, ne mefme ne n'avons agreable; ains incontinent après qu'il fut venu à noftre notice & connoiffance dedans le temps defdits quinze jours que noftredit coufin le Duc de Bretagne, eftoit tenu de nous y faire confentir, y contredifmes expreffement en la prefence de noftredit coufin & de fon grand Confeil ; & depuis, n'y avons aucunement confenti ne confentons, ne entendons en aucune maniere par cefdites prefentes, les ratifier, confentir, confirmer ne approuver, ne defroger ou prejudicier en maniere que ce foit, au partage & appanage, qui depuis nous a efté fait & baillé par mondit Seigneur, des Duchiez & Pays de Guyenne, & autres Pays & Seigneuries, authoritez, droits prerogatives, & prééminences à plein declarées ès Lettres de noftredit partage & appanage. En tefmoin de ce, nous avons figné ces prefentes de noftre main, & fait fceller de noftre Seel. Donné à Xaintes, le vingt-uniefme jour de Juin, l'an de grace mil quatre cens foixante-dix. Ainfi figné, CHARLES. Et fur le reply eftoit efcript, Par Monfeigneur le Duc en fon Confeil. Signé PAUMIER, avec paraphe. Ledit acte, fcellé d'un grand Sceau de cire vermeille, fur une bande de parchemin.

CLIV.

Réponfe faite par le Roy, au Prefident de Bretagne, & Euftache de l'Efpinay, pour rapporter au Duc fur les matieres, pour lefquelles il les avoit envoyez devers le Roy ; laquelle réponfe, lefdits de l'Efpinay & Prefident ont fignée, afin qu'il n'y euft mutation.

SUR la remontrance faite au Roy par Meffieurs le Prefident de Bretagne & Euftache de l'Efpinay, Sieur de Trieuc, Ambaffadeur du Duc de Bretagne, touchant certaines prifes & autres chofes qu'il dient avoir efté faites par le Comte de Warwic & fes gens, fur les fubjets dudit Duc : qu'il pluft au Roy en faire faire reparation, attendu mefmement, qu'ils difoient que depuis lefdites prifes, ledit Comte de Warwic & fes gens avoient efté recueillis par le Roy, en fes Ports & Havres avec lefdites prifes, & auffi difoient, que depuis ledit recueil, eux partans defdits Ports & Havres, ils avoient fait partie defdites prifes.

A efté refpondu de par le Roy, qu'il ne voudroit foutenir ledit Comte de Warwic ne autre, pour faire guerre, ne porter dommage ne prejudice audit Duc ne à fes fubjets ; & de ce qui auroit efté pris fur eux, n'auroit pas efté du fçû ne confentement du Roy, & luy en deplaift, car en toutes chofes il voudroit donner toute faveur & fupport audit Duc & à fes fubjets. Et pour ce montrer incontinent qu'il eft venu à fa connoiffance, il a fait reftituer tout ce qu'on a pû trouver avoir efté pris par ledit Comte de Warwic & par fes Gens, depuis le fauf-conduit à eux donné, eftant en nature ès Ports & Havres, & ailleurs en fon Royaume. Et fi quelque chofe refte à reftituer de ce qui fe trouvera de clair,

s'en

s'en fera prompte restitution ; & du surplus dont ledit Duc & ses subjets prétendent restitution en devoir estre faite par le Roy, dès à present, ledit Seigneur a esté & est content de faire reparer & restituer tout ce que raisonnablement il sera tenu de faire au dit & ordonnance de deux hommes pour la part du Roy, lesquels dès à present il a nommez, c'est à sçavoir, Monsieur l'Evesque de Langres, & Maistre Guillaume de Serisay, & deux autres qui seront ordonnez de la partie dudit Duc, tels qu'il voudra choisir, & tout ce que par lesdits nommez & esleus d'une part &,d'autre sera dit & ordonné ; le Roy fera payer & parfournir dedans la feste de Noël prochain venant, & de ce baillera ledit Seigneur ses Lettres bonnes & valables, lesquelles il envoyera par homme certain à Messieurs les Evesques de Langres & de Poitiers, & ledit de Serisay, qui sont à present à Saint-Fleurent le-Viel, ordonnez & commis de par le Roy, pour recevoir les scellez des Prelats, Barons & autres Seigneurs & Nobles du pays de Bretagne, que ledit Duc doit fournir selon les appointemens faits à Angers au mois d'Avril dernier passé, & en baillant & retenant iceux Scellez, selon ledit appointement sur ce fait, mondit Sieur de Langres & ledit de Serisay bailleront aux Gens dudit Duc, qui bailleront lesdits Scellez, lesdites Lettres du Roy, pour la restitution des choses dessusdites, ainsi que dit est.

Et n'entend pas le Roy, que si de la part dudit Duc avoit deffaut de bailler les Scellez de Messieurs de Rohan, Mareschal de Loheac & de Chastillon, pour ce qu'à present ils ne sont pas audit Duché de Bretagne, que pour ce on voulsist dire que ledit Duc n'eust pas fourni lesdits Scellez, & en baillant Lettres, par lesquelles ledit Duc consent que mondit Seigneur de Rohan aussi consent & prie, que mesdits Seigneurs de Loheac & de Chastillon baillent lesdits Scellez, le Roy tiendra les Scellez des trois dessusdits pour receûs ; & ce fait & fournis, les autres Scellez desdits Prelats, Barons, Seigneurs, Nobles & autres Seigneurs dudit Duché de Bretagne, qui doivent estre baillez & fournis au Roy, selon ledit appointement d'Angers ; lesdites Lettres du Roy pour la restitution des choses dessusdites, seront baillées aux gens dudit Duc, & aussi le Roy de sa part fera lors bailler & fournir les scellez qu'il doit bailler.

Et au regard des Navires arrestez à Roüen & ailleurs, s'ils sont arrestez par l'autorité & Commandement du Roy, & non à requeste de partie, ledit Seigneur en fera oster tout arrest & empeschement, si fait ne l'a, & entant que touche la Nef qu'on dit que Thomas la Tive a prise au Port de Saint-Malo, ledit la Tive & Maistre de ladite Nef, & autres qu'il appartiendra, seront appellez pardevant lesdits Deputez & ordonnez, & eux ouys, lesdits Deputez en ordonneront sommairement & de plain sans figure de procès, ainsi qu'ils verront estre à faire par raison ; & ce qu'ils en ordonneront, le Roy le fera tenir & accomplir.

Et au regard des doleances & complaintes qu'ils ont faites des subjets, serviteurs & autres du Duc, qui sont tenus de par-deçà, & des differences qui en pourroient sourdre, le Roy a esté & est content de le remettre à Monseigneur le Duc de Guyenne son frere, pour en appointer, ainsi qu'il verra par raison estre à faire & tenir, & accomplir tout ce qu'il en appointera.

Et c'est en effet la creance que le Roy a ordonné auſdits Preſident & Seigneur de Trieuc, dire au Duc de Bretagne.

Fait à Laulnay lès-Saumur, le ſeptieſme jour de Juillet, l'an mil quatre cens ſoixante-dix, ainſi ſigné P. LOAISEL, & EUSTACHE DE LESPINAY. Avec paraphe.

CLIV*.

☞ *Réponſe plus étenduë faite à Meſſire Euſtache d'Eſpinay de Bretagne, touchant les griefs du Duc, ſur le fait de la mer, & des priſes faites par les François.*

IL ſemble, ſi c'eſt le plaiſir du Roy, qu'on peut bien reſpondre aux Articles baillez par ceux de Bretagne, en la maniere qui s'enſuit.

C'eſt à ſçavoir, que le Roy a touſjours donné & porté bonne faveur à ceux de Bretagne, quand ils ſont venus en ſes pays, Terres & Seigneuries, & toutes les fois qu'ils luy ont requis aucune proviſion de Juſtice allencontre des ſubjets du Roy, ſoit en matiere civile, en excès ou autrement; il leur a touſjours adminiſtré & donné proviſion en Juſtice auſſi raiſonnablement & auſſi favorablement comme à ſes propres ſubjets. Et quant aux cas particuliers dont leſdits de Bretagne ſe deulent, & dont ils ont baillé leurs articles, le Roy eſt content, & leur offre de leur ouvrir voye de Juſtice, & de leur donner toutes les proviſions qu'ils voudront requerir en Juſtice, & leur faire icelle adminiſtrer en tous termes de raiſon, & tout ainſi comme il feroit à ſes propres ſubjets de ſa bonne Ville de Paris, & qu'il voudroit qu'on fiſt pour ſeſdits ſubjets en pareil cas.

Item. Que plus grande offre, ne plus raiſonnable reſponſe, ne peuſt eſtre faite auſdits de Bretagne, que ce que dit eſt ; neantmoins, encore a bien voulu le Roy leur faire faire réponſe ſur chacun de leurs articles, ainſi que cy-après eſt declaré.

Premierement, à ce qu'ils diſent qu'au mois de Novembre dernier paſſé, aucuns Navires de Guerrande furent pris par ceux de Roüen de la riviere de Seine, leſquels avant pouvoir partir de l'arreſt, payerent à deux fois quatorze cens Royaux à Rogerin le-Clerc, demeurant audit Roüen.

Répond le Roy, que ſi leſdits de Guerrande ont eſté pris & arreſtez audit lieu de Roüen, il peut eſtre qu'il y avoit cauſe ſuffiſante, pour laquelle les Officiers du Roy ou autres les avoient fait arreſter audit lieu de Roüen, ainſi que ſemblablement en Angleterre, en Bretagne, en Flandres ont fait faire des arreſts ſur les Navires ; mais que ce cy ait eſté fait par l'Ordonnance & commandement, ne qu'aucune choſe en ſoit venuë à ſon profit, il ne ſera point trouvé ; & ſi pour leur depenſe ou autrement ils ont aucune choſe payée audit Rogerin le-Clerc, & il leur ſemble que ledit Rogerin leur tienne aucun tort, le Roy leur ouvrira volontiers la voye de Juſtice.

Item. En tant qu'il touche Meſſire Guillaume de Monille, Chapellain de Monſeigneur de Bretagne, qui fut pris à Marcouſſis.

Il

DE PHIL. DE COMINES.

dit Monille, il a esté pris par l'Ordonnance de Justice; & depuis le Roy averty plus amplement de son cas, a donné Mandement pour le faire delivrer, & commandé bien expressément qu'ainsi fust fait, & pense que de cette heure il est delivré.

1470.

Item. Et au regard de Pierre de la-Folie, Marchand de la Ville de Nantes.

Item. Et en tant qu'il touche une Carvelle du port de quarante Tonneaux appartenant à Pierre de Beaulieu, & à Jean le Bigore, subjets de Monseigneur de Bretagne, chargée de vins & autres marchandises, à la valeur de mille cinq cens escus : que une autre Carvelle nommée la Tresoriere de Roüen, & une autre nommée la Bourbonnoise, si ont pris au dit mois de Novembre dessusdit.

Il ne sera pas trouvé que le Roy ait fait prendre ledit Navire, ne que par son commandement il ait esté pris; & si est bien estrange chose que ledit Navire, & les vins qui estoient dedans peussent monter à si grande somme; mais neantmoins, combien qu'au precedent, ceux de Bretagne avoient fait & porté plusieurs grands dommages à ceux de Normandie, montans à beaucoup plus grandes sommes que ce que dit est, ne que ce qui est contenu esdits articles, à laquelle cause peut estre qu'ils desiroient fort en estre desdommagez, & aussi, que le Roy eust esté averti de plusieurs lieux, tant de Bretagne, d'Angleterre, de Bourgogne, que d'ailleurs; que mondit Seigneur de Bretagne avoit envoyé Ambassade en Angleterre & ailleurs, & envoyoit chacun jour pour traiter matieres préjudiciables contre le Roy, la Couronne & la chose publique du Royaume, & que ceux qui alloient pour ces matieres, estoient bien dignes de grande punition, s'ils eussent esté pris; & que pour tels malfaicteurs prendre, qui tels maux pourchassent, & en faire la punition, estoit chose bien raisonnable de trouver tous moyens par mer & par terre de les pouvoir prendre, pour obvier aux maux & inconveniens qu'ils pourchassoient : le Roy en ensuivant la response qu'il a premierement faite d'ouvrir la voye de Justice aux subjets de mondit Seigneur de Bretagne, quand ils la luy requerront; il offre ausdits Marchands de leur donner telle provision en Justice contre ceux qui ont fait lesdites prises, comme la matiere le requerra, & que par raison faire se devra.

Item. Et en tant qu'il touche la Carvelle du Morlaiz chargée de quatrevingt-dix tonneaux de vin, de fer & de toiles, à la valeur de trois mille cinq cens escus qui a esté prise & amenée à Honnefleur, & és parties de Normandie, & les gens estans en icelle battus & & geynnez, &c.

Il n'est point declaré qui c'est qui a fait ladite prise, & posé qu'elle ait esté amenée à Honnefleur, il peut estre que ç'a esté par aucuns subjets alliez & bienveillans du Roy, qui par avanture avoient quelque querelle contre ceux de Bretagne, & lesquels on ne pourroit honnestement ne raisonnablement refuser, qu'ils ne fussent recueillis & retraits au Havre du Roy, & semble bien estrange qu'à cette cause, mondit Seigneur de Bretagne, ne ses subjets en doivent faire plainte envers le Roy, attendu qu'il est tout notoire que mondit Seigneur de Bretagne & ses subjets ont retrait és Havres de Bretagne les ennemis du Roy, c'est à sçavoir, les Hausterlins, les Anglois de la part du Roy Edouard, les Fla-

mans

1470.

Il est vray que pour certaines Chargès que l'on avoit trouvé sur le mans, Hollandois & Zelandois, & les ont ravitaillez, confortez & favorisez contre le Roy & ses subjets, en tout ce qui leur a esté possible, & acheté d'eux les denrées & marchandises appartenans aux subjets du Roy; neantmoins, le Roy offre ausdits subjets de mondit Seigneur de Bretagne, leur donner toutes les provisions de Justice, qui sembleront estre necessaires touchant ladite matiere.

Item. Et au regard de la Carvelle de Osanczon, du port de soixante-dix tonneaux, chargée de sel, vin & fer, qu'ils estiment à la valeur de deux mille escus, laquelle ils prirent à la Coste d'Angleterre, & abandonnerent le corps de la Nef, & emmenerent les marchandises.

Il n'est point declaré qui c'est qui a fait ladite prise, mais neantmoins le Roy leur offre comme en l'article precedent; & semblable responce fait le Roy, à la prise du Navire de Saint-Malo, dont ceux de Bretagne font doleance.

Item. Et à ce que lesdits subjets de mondit Seigneur de Bretagne disent, que ceux qui les prenoient, disoient avoir exprès commandement du Roy, de prendre sur les Bretons, & qu'il avoit guerre ouverte contre eux.

Ce seroit chose bien estrange, que le Roy eust plutost fait sa Declaration à aucuns Matelots, & gens de guerre de diverse Nations, qui frequentent la mer, qu'à ceux de son Conseil, ne aux Princes, Prelats, Seigneurs & bonnes Villes de son Royaume, ausquels ne sera pas trouvé, que le Roy ait fait ne signifié la Declaration dessusdite; & n'est pas chose bien soutenable, de donner telles charges au Roy, sans sçavoir plus avant de ladite matiere: & posé que lesdits Matelots & compagnons de guerre eussent dit lesdites paroles, on connoist bien quels gens ce sont, & de quels langages ils ont accoustumé d'user: mais non pourtant, ce n'est pas chose suffisante, pour imputer cela au Roy; & afin que l'on sache l'intention du Roy en cette partie, il ne sera pas trouvé que le Roy ait donné Mandement ne Commandement touchant les choses dessusdites, ne qu'il en ait fait Declaration.

Item. Et quant à la prise de Messire Jean de la Lande, Chevalier, qui a esté pris par un homme d'armes, de la Compagnie de Monseigneur de Bourbon, & amené à Tours.

Item. Mais puisqu'ainsi il faut parler des excès dont se plaignent mondit Seigneur de Bretagne & ses subjets, le Roy s'emerveille fort des termes que mondit Seigneur de Bretagne & ses subjets, ont tenus aux subjets du Roy depuis un an en çà & plus, & au precedent, le temps des plaintes que mondit Seigneur de Bretagne si fait; & comme iceluy Monseigneur de Bretagne avant faire lesdites plaintes, n'a donné provision aux subjets du Roy, touchant les excès, entreprises & voyes de fait que fesdits subjets, & dont il a bien eu connoissance, si ont fait contre les subjets du Roy, & qu'il n'en a fait faire la reparation, qui selon raison & justice, faire se doit.

Et premierement, est vray, qu'au mois de Mars dernier passé, les Bretons prirent une Nef du port de cent tonneaux ou environ, sur la mer, appartenante à deux Marchands de Roüen, l'un nommé Adenel le-Seigneur

DE PHIL. DE COMINES. 137

gneur, & l'autre, nommé Robert Pain, laquelle eſtoit chargée de Bleds, Bonnets, Draps & Mercerie, de la valeur de quatre mille eſcus ou environ, & avec ce, prirent les robes & habillemens des Marineaux, qui valoient deux cens eſcus ou environ, & le tout menerent à Saint-Pol de Lyon, & depuis, ont mis ladite Nef en guerre, à l'encontre du Roy, pour ce icy. . . . . . . 4200. eſcus.

1470.

Item. Environ deux mois après, leſdits Bretons prirent une autre Nef appartenant audit Adenel le-Seigneur, qu'il amenoit d'Irlande, chargée de Cuirs, Friſes & autres marchandiſes, à la valeur de ſix cens eſcus, pour ce icy. . . . . . . 600. eſcus.

Item. Environ le temps deſſuſdit, leſdits Bretons prirent une autre Nef appartenant à un nommé Colinet Marcelin de Roüen, qui venoit de Londres à ſaufconduit; & en icelle, prirent cinq Barrils d'Eſtain, & certaine quantité de Draps, juſqu'à la valeur de cinq cens eſcus, pour ce . . . . 500. eſcus.

Item. Au mois de Septembre dernier paſſé, Guillaume du Boſc, Marchand de Roüen, ſoy confiant d'un Maiſtre de Navire de Bretagne, nommé Pierre Riconet, chargea en la Nef dudit Riconet, vingt-quatre muids de Bled, en intention de les mener en Eſpagne, & ainſi ayant eſté fait leur marché & appointement, lequel Riconet alla vendre ledit Bled aux Anglois, & s'en retourna en Bretagne, & n'en peuſt oncques puis ledit du Boſc, recouvrer denier, & y a eu dommage de cinq cens eſcus ou environ, & danrées. . . . . . 600. eſcus.

Item. Au mois de Mars dernier paſſé, Pierre de la Place, demeurant à Honnefleur, chargea trente muids de Bled en une Nef de Harfleur, appartenant à un nommé Robin Vivier, avec des Bonnets, Vins & Mercerie, pour porter en Ecoſſe, laquelle Nef & marchandiſes, furent priſes par les Bretons, qui les vendirent, ès Iſles de Gernſey, montant ladite perte à deux mille deux cens eſcus ou environ, pour ce icy. 2200. eſcus.

Item. Et outre plus, vendirent leſdits Bretons les corps dudit de Vivier, Maiſtre de la Nef deſſuſdite, & le Facteur de ladite Nef, auſdits Iſlemans, qui payerent ſoixante eſcus; & ſix Mariniers de ladite Nef, en payerent trente-ſix, pour ce. . . . . 816. eſcus.

Item. Leſdits Bretons prirent une autre Nef, appartenant à Maiſtre Louis Touſtain, en laquelle eſtoit Jean des Aubuz, Maiſtre d'Hoſtel du Roy, qui fut en grand danger de ſa perſonne, & y perdit trois cens eſcus ou environ, pareillement y perdit Jean le-Bourgeois dudit Harfleur, en Merceries & autres marchandiſes, la valeur de deux cens-cinquante eſcus; Jean Regnaud dudit Harfleur, en Draps, la valeur de deux cens eſcus; Jean Thierry, dudit lieu, la valeur de quatre vingt eſcus, & Durand Videcoq, la valeur de deux cens, montant en tout, à mille trente eſcus ou environ, pour ce, cy . . . . 1030. eſcus.

Item. Leſdits Bretons battirent les Marineaux de la Nef deſſuſdite très-énormement, & leur oſterent certaines marchandiſes qu'ils avoient pour leur portage *, & tous leurs habillemens, & certain cordage. neuf qui eſtoit au Grennetier dudit Harfleur, montant en tout, quatre centeſcus, pour ce icy. . . . . . . 400. eſcus.

* C'eſt ce qu'an appelle Pacotille.

Item. Oſterent leſdits Bretons, il y a environ un an à Girard le Blon, &

Tome III. S

& Perrinet Guyard de Barfleur, certaine grande quantité de Draps, jusqu'à la valeur de quinze cens escus, pour ce, ... 1500. escus.

Item. Au mois de Juin dernier passé, lesdits Bretons prirent une Nef, appartenante à Jean Fosse, Marchand de Roüen, du port de soixante tonneaux ou environ, chargée de Bleds & autres marchandises, & la vendirent aux Osterlins, estans aux Dunes en Angleterre, avec les gens & marchandises qui estoient dedans, qui pouvoient bien valoir mille cinq cens escus, pour ce. . . . . 1500. escus.

Item. Prirent lesdits Bretons, une Nef d'Angleterre, dedans le Havre de Saint-Vallery, qui avoit sauf-conduit du Roy, & nonobstant ledit sauf-conduit, ils prirent les corps prisonniers, & les biens estans en icelle, le tout estimé six mille escus, de laquelle somme, il a convenu au Roy recompenser lesdits Anglois, pour ce qu'ils avoient esté pris sous son sauf-conduit, pour ce cy. . . . . . . 6000. escus.

Item. Et dès avant toutes ces choses, lesdits Bretons de Conquest & de Brest, prirent un Navire, auquel estoit Merry Peny, qui venoit d'Angleterre, où il avoit esté en Ambassade de par le Roy, & le rançonnerent à dix-sept cens escus qui leur furent payez comptans, laquelle somme il a convenu au Roy restituer, & pour ce. . . 1700. escus.

Item. Quand la grande Ambassade du Roy a esté en Angleterre, ils leur firent tous les plaisirs qu'ils peurent, & leur vendirent leurs vins, & beaucoup d'autres courtoisies leur firent, & les ramenerent avec eux jusques à Honnefleur, là où ils furent très-bien traitez; & neantmoins pour recompense, à leur partement dudit Honnefleur, ils pillerent une Nef d'un Marchand de nostre party, dedans les franchises de Harfleur, qui monte à grandes sommes de deniers.

Item. Lesdits Bretons rencontrerent un Navire, auquel il y avoit plusieurs Acquenées, or, argent & vaisselle, appartenant à Monseigneur le Patriarche, à Monseigneur le Gouverneur de Roussillon, & autres Ambassadeurs du Roy qui avoient esté en Angleterre, & aussi y avoit-il de leurs gens, lesquels ils prirent, battirent, geynnerent & firent beaucoup d'autres outrages, & montoit la perte que lesdits Ambassadeurs eurent.

Item. Puis la Saint-Jean en çà, le Comte de Pennebrock, qui est cousin-germain du Roy, & pensionnaire de sa Maison, & son neveu, le Comte de Richemont, qui est cousin remué de germain du Roy, venoient devers ledit Seigneur, comme leur Seigneur & Maistre, & celuy de qui ils tenoient le party; & eux confians des Bretons, pour ce qu'ils sont de ce Royaume, se mirent en une Nef de Bretagne, pour venir par-deçà, & eux estans près de Brest, les Bretons qui estoient dedans ladite Nef, firent frapper icelle Nef à terre, & ont pris lesdits Comtes de Pennebrock & de Richemont, avec leurs biens, & gens qui estoient avec eux, & les ont detenus, & encore les detient mondit Seigneur de Bretagne, prisonniers, audit pays de Bretagne, qui est grande foule & outrage faits au Roy, & dont il a grande cause de soy douloir.

Item. Monseigneur le Cardinal de Roüen a plusieurs Benefices en Bretagne, dont il a joüy bien long-temps; mais pour ce que mondit Seigneur de Bretagne a sceu que mondit Seigneur le Cardinal de Roüen s'est s'est entierement disposé de servir le Roy comme faire doit, mondit Seigneur de Bretagne au contempt de ce, a pris tous les Benefices de mondit Seigneur le Cardinal de Roüen à sa main, & n'en veut souffrir jouyr mondit Seigneur le Cardinal, en aucune maniere.

1470.

Item. Il y a plusieurs autres cas, excès & entreprises commis de la part de mondit Seigneur de Bretagne & de ses subjets, à l'encontre & au prejudice du Roy & des siens, qui ne sont pas icy declarez, parce qu'on n'a pas adverti les Parties à qui les choses touchent, qu'ils les baillassent par declaration, & lesquels sont en grand nombre & quantité, & qui tournent à grandes pertes & dommages aux subjets du Roy, & ont esté faits à tort & contre raison; & mesmement comme chacun sçait, mondit Seigneur de Bretagne est parent & subjet du Roy, & luy a fait hommage & ferment de fidelité, & ne luy loist ny à ses subjets, en raison faire tels excès & entreprises contre le Roy son souverain Seigneur, & ses subjets.

Item. Et si fait bien à noter, que les choses dessusdites ont esté faites & commises par ceux de la part de Bretagne, longtemps auparavant les choses dont mondit Sgr. de Bretagne & ses subjets se plaignent, & n'ont pas esté le Roy ne ses subjets, commenceurs ne invaseurs des choses dessusdites, mais ont commencé mondit Seigneur de Bretagne & sesdits subjets, à invader & dommager les subjets du Roy, avant que jamais aucun dommage leur ait esté fait, & si y a plus que de la part des excès & entreprises dessusdites, mondit Seigneur de Bretagne en a esté adverti, tant par le Roy, que par les Parties, & a esté requis d'en faire reparation, ce que encore il n'a fait, dont le Roy a bien grande cause de se douloir.

CLV.

Alliances du Roy Louis XI. avec les Suisses.

NOS Scultetus & Consules Dominii Bernensis, cum plenâ & omnimodâ potestate, Dominorum, magnæ ligæ Alemaniæ superioris confœderatorum nobis carissimorum, quâ utimur in hac parte faciendi certum appunctuamentum cum Nobilibus & præstantibus viris Ludovico de Sainneville, Scutifero & Scurio serenissimi, christianissimi & gloriosissimi Domini Francorum Regis, & Joanne Briçonnet, Majore Villæ de Tours, tanquàm Ambassiatoribus à præfato Domino Rege, cum pleno mandato destinatis, & ipsi nobiscum in hanc concordavimus formam. Quòd casu, quo Dominus noster Rex, facere vellet guerras cum Domino Burgundiæ, vel Dominus Burgundiæ, cum Rege ipso. Eò tunc, nos & Domini de ligâ confœderatores nostri, non debemus per nos nec nostros præstare, ferre, neque tribuere auxilium, favorem vel consilium præfato Domino Burgundiæ Duci. Parimente, si Dominus Burgundiæ facere vellet guerras contra Dominos de ligâ, confœderatores nostros & nos, vel nos & Domini de ligâ confœderatores nostri, adversùs Dominum Burgundiæ, Rex ipse pariformiter non debet per se nec suos præstare, ferre, nec tribuere confortationem, auxilium, favorem vel consilium præfato Domino Burgundiæ. Et nos præfati Scultetus, & Consules Dominii Bernensis, promittimus præsentes per Dominos de ligâ confœderatores

Tiré des Recueils de M. l'Abbé Le Grand.

confœderatores nostros, & nos, roborari & ratificari Litteras, quarum tenor subsequitur.

1470.

Ludovicus Dei gratiâ, Francorum Rex, ex unâ, & nos Magistri Civium Sculteti, Ammiani, Consules, Cives, Communitates & Incolæ subsequentium Civitatum, Dominiorum, Provinciarum, partiumque magnæ ligæ Alemaniæ superioris, videlicèt Shuregi Bernensis, Lucernensis, Vraniensis, Switensis, Vnderwalden. Super & sub Silvæ Zug, & Glarus, partibus ex alterâ: universis, tam præsentibus quàm futuris, horum pandimus serie, quòd nos, ex omnibus partibus, pro sincerâ & veteri amicitiâ conservandâque usquè in hunc diem inter dominos prædecessores & majores nostros, & nos fuisse dignoscitur, proquè singulari quâdam intelligentiâ & unione contrahendâ in hunc qui sequitur modum convenimus; videlicèt, quòd nos Rex Franciæ prænominatus per nos, nec nostros Burgundiæ Duci, contrà & adversùs præfatos amicos nostros carissimos de ligâ, communiter vel divisim, nullo unquàm tempore aliquod præstabimus auxilium, favorem, vel assistentiam, directè vel indirectè, quibus præfatis de ligâ, vel suis in genere, vel specie, aliquod detrimentum corporum, bonorum, vel quorumcunque aliorum possit imminere; pari viâ & formâ nos præfati, confœderati de ligâ, præfato Domino Burgundiæ, &c. Duci contrà, & adversùs præfatum serenissimum, christianissimum & gloriosissimum Principem & Dominum, Dominum, Francorum Regem, nullo unquàm tempore, aliquod præstabimus auxilium, favorem vel assistentiam, directè vel indirectè, quibus eidem christianissimo Domino Regi, vel suis in genere, vel specie aliquod detrimentum corporum, bonorum, vel quorumcunque aliorum possit imminere, omni dolo, fraude & falsâ machinatione, penitùs exclusis. Salvis tamen intelligentiis, pridem inter nos præfatum Regem, & de ligâ factis, quantùm præsentes non lædunt, nec per eas læduntur. Quoniam illæ in omnibus cæteris punctis & articulis salvæ, & in perpetuo robore esse debent, & permanere. In quorum omnium fidem & efficaciam nos præfati, Ludovicus, Francorum Rex, Magistri Civium, Sculteti, Consules, Cives, Communitates & Incolæ supradictarum Civitatum, Dominiorum & Provinciarum, sigilla nostra præsentibus Litteris, quarum, duæ sunt similes factæ, & cuilibèt partium, una tradita appendi fecimus. Actum Bernæ, decimâ-tertiâ mensis Augusti, anno Domini, millesimo quadringentesimo septuagesimo. In quorum omnium fidem & efficaciam, hæc sigillo nostro secreto muniri, & per Cancellarium Domini nostri subsignari fecimus. Actum tredecimâ Augusti, anno Domini, millesimo quadringentesimo Septuagesimo. *Scellé*, Cancellarius Domini Bernensis.

CLVI.

☞ *Lettres de ratification du Roy Louis XI de l'alliance avec les Suisses.*

Tiré des Recueils de M. l'Abbé Le Grand.

LUDOVICUS Dei gratiâ, Francorum Rex, ex unâ, & nos Magistri Civium, Sculteti Ammiani, Consules, Cives, Communitates & Incolæ subsequentium Civitatum, Dominiorum, Provinciarum, partiumque magnæ ligæ Alemaniæ, videlicèt Thuregi, Bernensis, Inceriensis, Vraniensis, Switensis, Underwaldensis, super & sub silvæ Zug, & Glarus.

rus partibus ex alterâ, universis, tam præsentibus, quàm futuris, horum pendimus serie. Quòd nos ex omnibus partibus, pro sincerâ & veteri amicitiâ conservandâ, quæ usquè in hunc diem inter dominos prædecessores & majores nostros, & nos fuisse dignoscitur, proque singulari quâdam intelligentiâ & unione contrahendâ, in hunc qui sequitur modum convenimus: Videlicèt, quòd nos, Rex Franciæ prænominatus, per nos, nec nostros Burgundiæ Duci, contrà & adversùs præfatos amicos nostros carissimos de ligâ, communiter vel divisim, nullo unquam tempore præstabimus auxilium, favorem vel assistentiam, directè vel indirectè. Quibus præfatis de ligâ, vel suis in genere, vel specie aliquod detrimentum corporum, bonorum vel quorumcumque aliorum, posset imminere. Pari viâ & formâ, nos præfati confœderati de ligâ, prætacto Domino Burgundiæ Duci, contrà & adversùs præfatum Seteniffimum, Christianissimum & gloriosissimum Principem & Dominum, Dominum Francorum Regem, nullo unquam tempore aliquod præstabimus auxilium, favorem vel assistentiam, directè vel indirectè; quibus eisdem christianissimo Domino Regi, vel suis in genere, vel specie, aliquod detrimentum corporum, bonorum, vel quorumcûmque aliorum posset imminere; Omni dolo, fraude & falsâ machinatione penitùs exclusis, salvis tamen intelligentiis, pridem inter nos præfatum Regem, & de ligâ factis, quàntùm præsentes non lædunt, nec per eas lædimur, quoniam illæ in omnibus cæteris punctis & articulis salvæ, & in perpetuo robore esse debent & permanere. In quorum omnium fidem & efficaciam, Nos præfati Ludovicus, Rex, Magistri Civium, Sculteti, Consules, Cives, Communitates & Incolæ suprâdictarum Civitatum, Dominiorum & Provinciarum, sigilla nostra præsentibus Litteris, quarum duæ sunt similes, & cuilibèt partium una tradita, appendi fecimus. Datum apud Regem, in Villâ Turonis, die vigesimâ-tertiâ mensis Septembris, anno Domini, millesimo quadringentesimo sexagesimo decimo, & Regni nostri decimo. Sic signatum super plicam, Per Regem in suo Consilio, quo Dominus Duc Borbonensis, Marchio-Pontis, Archiepiscopus, & Comes Lugdunensis, Admiraldus, Dominis de Cradonio, de Foresta, de Monsterolio, Magister Petrus Doriole, & plures alii intererant. ROLANT.

Collatio facta est cum originali, per me, Johannem Pouffe, Notarius & Secretarius Domini nostri Regis, die quartâ mensis Decembris, anno Domini, millesimo quadringentesimo septuagesimo. Signatum, POUFFE.

1470.

CLVII.

☞ *Arrest non signé du Parlement de Paris, par lequel, Jean, Comte d'Armagnac, est condamné par deffaut, & declaré Criminel de Leze-Majesté, son corps & ses biens confisquez.*

Du 7. Septembre, 1470.

CUM Procurator noster generalis, in nostrâ Parlamenti Curiâ, contrà Johannem, Comitem de Armagniaco, in ejus absentiâ, & contumaciâ proposuisset, quòd dictus de Armagniaco, qui noster subditus & vassallus erat, ac in Regno nostro plures Terras & Dominia, & præsertim Comitatus de Armagniaco & Ruthenæ, cum pluribus aliis Domaniis

Tiré du 58e. Volume des Registres criminels du Parlement, par Mr. l'Abbé Le Grand.

1470.

Endroit difficile à entendre.

Domaniis, sibi pertinentibus, quæ à nobis in fœudo movebantur, tenebat & possidebat, & ad causam illorum, nobis fidem & homagium ligium ac juramentum, quod talis Vassallus suo supremo facere debebat, fecerat, & licèt Jure divino, naturali, Canonico & Civili, jam dictus de Armagniaco, defuncto, carissimo Domino, & progenitori nostro, ac similiter nobis, tanquàm suo Domino supremo fidem, fidelitatem, servitium, honorem, reverentiam & obedientiam deberet, nihilominùs ipse contrà suum proprium juramentum, ac dictam fidelitatem & servitium temerè veniens, vitâ Comite dicti defuncti Domini, & progenitoris nostri contrà eum & suos Officiarios, ac aliter plures magnos, enormes excessus, crimina & malefacia commiserat, ac illorum occasione in dictâ Curiâ nostrâ, ad requestam nostri Procuratoris generalis, in processu positus fuerat, in quâ Curiâ nostrâ adeò processum extiterat, quòd idem de Armagniaco à Regno nostro perpetuò bannitus, ac omnia bona sua mobilia & immobilia erga ipsum Dominum & progenitorem nostrum confiscata, & sibi pertinere declarata fuerant. Quo mediante titulo, idem Dominus & progenitor noster, usquè ad suum obitum de dictis bonis mobilibus & immobilibus ipsius de Armagniaco gavisus fuerat. Post cujus decessum, nos in nostro jucundo & novo adventu ad nostram Coronam dicto de Armagniaco suprâdicto, casus & crimina remiseramus & indulseramus, ac eum ad dicta bona sua per dictum arrestum declarata, confiscata restitueramus, qui ex tunc, bonum & fidelem Vassallum, & subditum nobis esse, ac contra nos, & præjudicium nostri ac nostri Domini nihil facere, seu prosequi promiserat & juraverat; & quod casu, quo contrarium faceret ipsi dictam gratiam de remissione per nos sibi factam nullius effectûs esse voluerat, & consenserat. Quinimò ex tunc hujusmodi gratiæ & remissioni renunciaverat, præmissis tamen non obstantibus à duobus vel tribus annis citrà præfatus de Armagniaco, de malo in pejus perseverans, plures proditiones, conspirationes, machinationes & seditiones contra nos & Regnum nostrum, ac rempublicam illius fecerat, & inter cætera, anno millesimo quadringntesimo sexagesimo-octavo, tempore Quadragesimæ, vel circa medium & modum pro Edoardo, Rege Angliæ se dicentem, cum magnâ comitivâ gentium armatarum, in patriâ Guyenniæ introducendo, advenire cupiens ipsum Edoardum, ut in dictâ patriâ Guyenniæ descenderet, exhortando, quòd sibi cum quindecim mille pugnatoribus serviret, & quòd cùm de omnibus plateis, Dominiis, hominibus & subditis ipsius de Armagniaco assecurabat, atquè medium repererat de omni patriâ Vasconiæ & Tholosæ in ipsius Regis Angliæ, obedientiam ponendo scripserat, & sibi mandaverat. Et ulteriùs, sibi plures Litteras pluribus & iteratis vicibus pro ad suam damnabilem intentionem perveniendo transmiserat; medio quarum Litterarum, idem Edoardus certam magnam armatam super mare posuerat, quæ nisi extitisset fortunâ temporis impedimentum, quod habuerat damnum irreparabile, nobis jam dicto Regno nostro fecisse potuisset. Quæ quidem omnia præmissa & plura alia per dictum de Armagniaco, contrà nos suum supremum Dominum existentem, Regnumque nostrum & Rempublicam illius crimen Læzæ-Majestatis seditionem, proditionem, conspirationem, machinationem, perjurium, infidelitatem, falsitatem, ac plura alia crimina,

mina, delicta ac maleficia per eum committendo facta fuerunt. Quibus ex causis nos de præmissis informati, ex Dominorum nostri Sanguinis, & aliarum nostri magni Consilii deliberatione nostras Patentes Litteras concesseramus, vigore quarum supràdictus de Armagniaco, ad vicesimam octavam diem mensis Septembris, anni millesimi quadringentesimi sexagesimi-noni, in nostro magno Consilio personaliter compariturus, adjornatus, ac eaquè dictâ die, nequè tertiâ die mensis Octobris inde sequentis, more in talibus solito debitè vocatus minimè comparaverat in defectu ad nostri Procuratoris instantiam & requestam positus fuerat, contra quem, ipse Procurator noster, certas conclusiones, & certas provisiones sibi adjudicari petierat, quibus conclusionibus ex requisitis provisionum visis cum informationibus in eâ parte factis; nos certis de causis ex dicti nostri magni Consilii deliberatione dictam causam ad crastinam diem festi Beati Martini Hyemalis, dicto anno millesimo quadringintesimo sexagesimo-nono in dictâ nostrâ Parlamenti Curiâ, ibidem prout foret rationis decidendam, & fine debito terminandam remiseramus. Et nihilominus ex abundanti nostras Patentes Litteras, authoritatem adjornamenti continentes per jamdictum de Armagniaco, in dictâ Curiâ nostrâ, personaliter sub pænâ bannimenti à Regno nostro, ac confiscationis corporis, & bonorum suorum compariturum Procuratori nostro generali, super præmissis, & eorum dependentiis responsurum, utilitatemquè prædicti defectûs adjudicari visurum, & ulteriùs processurum, ut foret rationis adjornari faciendo concesseramus. Pro quibus Litteris exequendis, dilectus & fidelis noster Magister Guillelmus de Paris, in eâdem Curiâ nostrâ Consiliarius, cui hujusmodi Litteræ dirigebantur, Nicolao le-Mercier, & Alano de la Croix, nostri Parlamenti, Hostiariis associatis, ad Villam Ruthensis se transtulerat; & informatus non esse securum accessum pro ad personam dicti de Armagniaco, & ad principales Villas supràdicti Comitatûs de Armagniaco, se transferendo eumdem de Armagniaco, ad personas sui Procuratoris, & aliorum suorum Officiariorum in dicto loco Ruthensis, ac etiam voce, præconiâ, & per Cedularum affixiones ad januas ipsius Villæ Ruthensis, & aliarum proximarum Villarum dicti Comitatûs de Armagniaco, ad prædictam crastinam diem prædicti festi Beati Martini Hyemalis, jam dicto anno, in dictâ nostrâ Parlamenti Curiâ, personaliter, sub pœnis antedictis compariturum, dicto Procuratori nostro generali, super præmissis & suis dependentiis responsurum, ut utilitatem prædicti defectus, adjudicari visurum ulteriùs processurum, ut foret rationis adjornaverat, & sibi ad personas supràdictas, dictam causam, quæ in prædicto nostro magno Consilio introducta fuerat, per nos, & ipsum nostrum magnum Consilium penes dictam nostram Parlamenti Curiam remissam fuisse significaverat. Et quia dictus de Armagniaco, prædictâ die sibi assignatâ non venerat, nec in dictâ Curiâ nostrâ personaliter, ut tenebatur, se præsentaverat pluries ac sufficienter, ut moris est in talibus causis, ad Ostium Cameræ dicti Parlamenti nostri, & ad Tabulam Marmoream Aulæ Palatii nostri Parisiensis; evocatus ipse ad instantiam & requestam præfati Procuratoris nostri generalis, vicesimâ-tertiâ mensis Novembris, supràdicto anno millesimo quadringentesimo-nono, in defectu positus fuerat. Quo defectu sic obtento, dictus Procurator

1470.

rator noster generalis, talem utilitatem sibi per dictam Curiam nostram, ex ipso defectu adjudicari petierat, & cum instantiâ requisierat, qualem in ejusdem de Armagniaco petiisset & requisivisset; videlicèt ipsum de Armagniaco, criminosum crimine Læzæ-Majestatis, fore & esse, dequè illo, ac de omnibus aliis criminibus & excessibus sibi impositis convictum & separatum esse, & ut talem, corpus & bona sua ergà nos confiscasse, dici & declarari, necnon, cùm se personaliter apprehendi valeret pœnâ corporali, criminali & publicâ, secundùm casuum exigentiam perjurii, & omnia bona sua mobilia & immobilia, Terras & Dominia nobis confiscata fore declarari, & se apprehendi nequiret, ipsum à Regno nostro perpetuò banniri, ac dicta omnia bona sua, Terras & Dominia nobis confiscata esse declarari, aut aliæ tales adjudicationes, reparationes & emendæ eidem Procuratori nostro generali fierent & adjudicarentur, prout discretioni Curiæ nostræ videretur fiendum, stylum & observantiam ejusdem Curiæ nostræ super hoc allegando, & protestationes debitas, & in talibus fieri solitas faciendo. Quàmquidem utilitatem præfata Curia nostra mitiùs, ut semper consueverat, procedendo pro tunc adjudicare, supercedens plures & diversas alias Litteras dicto Procuratori nostro generali, super hoc successivè concessisset, quarum vigore, & ad ipsius Procuratoris nostri generalis requestam prænominatus de Armagniaco, ad alios diversos & successivos dies in dictâ nostrâ Parlamenti Curiâ personaliter sub pœnis antedictis compariturus, utilitatem suprâdictam, aut aliam rationabilem eidem Procuratori nostro generali adjudicari visurus, responsurusquè, ac ulteriùs processurus, ut foret rationis, adjornatus fuerat; ac deindè eoquè prædictis diebus, sic eis assignatis personaliter, ut tenebatur in eâdem Curiâ nostrâ minimè comparuerat ipse, decimâ-nonâ die mensis Februarii, suprâdicto anno millesimo quadringentesimo sexagesimo nono, in secundo, necnon ultimâ die mensis Aprilis indèsequentis, in tertio & postremo, sextâ die mensis Augusti subsequentis in quarto, defectibus debitè continuatis ad instantiam & requestam prædicti Procuratoris nostri generalis, in eâdem Curiâ nostrâ diebus ipsius debitè comparentis positus extiterat per ipsam Curiam nostram, ex quibus defectibus, idem Procurator noster generalis, utilitatem superiùs declaratam aut aliam, de quâ ratio suaderet sibi adversùs prædictum de Armagniaco, si contumaciam per dictam Curiam nostram adjudicari petierat, & instanter requisierat defectus antedictos, informationemque in hac parte factam, ac cætera expleta & munimenta sua penes ipsam Curiam nostram propter hoc producendo. Tandem visis per eamdem nostram Curiam defectibus, informatione, expletis & munimentis hujusmodi ac consideratis & attentis omnibus in hâc parte considerandis, & quæ Curiam nostram movere poterant & debebant, præfata Curia nostra per suum arrestum talem ex dictis defectibus, jam dicto Procuratori nostro generali, contra memoratum de Armagniaco utilitatem adjudicavit & adjudicat, videlicèt, quòd cum de suprâdicto casu, & crimine Læzæ-Majestatis, pro conjuncto & separato tenuit & reputavit, tenetquè & reputat, & ob hoc ipsum corpus suum, & omnia bona sua mobilia & immobilia ergà nos fore fecisse & confiscasse declaravit & declarat. In cujus rei, testimonium nostrum præsentibus Litteris fecimus

DE PHIL. DE COMINES.

fecimus apponi figillum. Datum Parifiis in Parlamento noftro, feptimâ die Septembris, anno Domini milleſimo quadringentefimo feptuagefimo, & Regni noftri decimo.

1470.

CLVIII.

☞ *Lettres de Louis XI. par lefquelles le Roy fait affembler pluſieurs Princes & Seigneurs, pour deliberer fur les hoſtilitez & invafions du Duc de Bourgogne, contraires aux Traitez par lui fignez.*

LOYS, par la grace de Dieu, Roy de France. A tous ceux qui ces prefentes Lettres verront, &c.

☞ Cette Lettre Patente eſt déja cy-deſſus, page 68. *numero* CXXVIII*. à la fuite du Traité de Peronne & des Lettres Patentes données en conféquence avec les mêmes certificats des Notaires Apoſtoliques; & l'on y voit que de l'avis des Grands du Royaume aſſemblés à Tours, le Roi Louis XI. eſt declaré entierement libre & déchargé des obligations par lui contractées en 1468. par le Traité de Peronne; fur tout à cauſe des infractions faites audit Traité par le Duc de Bourgogne. Et quoique par la datte de ces Lettres, ce ſoit ici le lieu de les mettre. J'ai crû néanmoins les devoir placer à la ſuite du Traité de Peronne, dont elles font fuite.

CLIX.

☞ *Extrait de la réponſe faite par le Duc de Bourgogne aux Ambaſſadeurs du Roy, le Bailly de Vermandois & Jacques, en 1470. ſur la validité des Traités de Conflans & de Peronne.*

APrès avoir parlé de l'ample réponſe que Guillaume Hugonet, Baillif de Charolois, avoit faite auſdits Ambaſſadeurs de Louys XI. il continuë ainſi :

Tiré du Tréſor des Chartes par M. l'Abbé Le Grand. Armoire B. Caſſette C.

Vous m'avez de la part de Monſieur le Roy remonſtré qu'il s'eſtonnoit à merveilles de l'aſſiſtance qu'à mon frere de Bretagne, en cas qu'il l'y meuſt guerre, je luy avois par mes Ambaſſadeurs fait declarer vouloir faire, & ce, pour quatre raiſons, & combien que par mondit Baillif de Charolois elles ayent eſté declarées, & qu'il pourroit ſembler que les réiterer ſoit redite, neanmoins ſur reſpondre m'eſt force de, en préſuppoſant les choſes par mondit Baillif declarées, les reprendre. La premiere, eſt pour cauſe que de la Maiſon & Royaume de France j'ay pris naiſſance; la deuxieſme, à cauſe de la nullité des Traités de Conflans pour la proteſtation contre iceux a uſé, & par leſquels nous eſtoit conſenty en nos alliances continuer; la troiſieſme pour fidelité à cauſe des ſucceſſions, qui par le treſpas de Monſieur, que d'iceux ay euës, me ſont échues; la quatrieſme des Benefices que par les Roys & Royaume de France à cette Maiſon ont eſté faits, pour leſquelles cauſes, m'avez perſuadé & remontré, qu'au cas deſſuſdit d'icelles alliances & aſſiſtance, je me devrois deporter & laiſſer convenir au Roy de ſon ſubjet.

Il répond qu'au premier article, que par ſa naiſſance, il eſt obligé d'aſſiſter le Duc de Bretagne, qui eſt de la Maiſon de France comme luy.

Tome III. T Quant

1470.

Quant au deuxiefme, que les proteftations faites par le Roy, contre le Traité de Conflans ne le peuvent annuller, & cite fur cela l'exactitude des Grecs & des Romains, des Alexandres & des Cefars, & des Charlemagne, à garder leurs parole & ferment.

Sur le troifiefme, qui eft de la fidelité, il fe plaint que contre les Traitez de Conflans & de Peronne, le Roy a fait furprendre Beaulieu, & donne retraite & faveur à Varwic, a retiré le Sire du Vergy, qui avoit ravi la fille du Sire de Montferrant, & quant à Rectome, comme devoit luy eftre rendu, en vertu des Traitez reciproques, pour lefquels ils fe font engagez à fe rendre tels malfaicteurs. Il fe plaint auffi des Tailles que l'on met fur ces Terres au deçà de la Somme, par les Lances & francs-Archers. Il dit fur la quatriefme, que fes predeceffeurs ont bien merité les biens qu'ils ont eu des Roys & Royaume de France, & que le Roy a tâché de luy ofter, en foulevant tout le monde contre luy; puis il apoftrophe ces Ambaffadeurs : ô vous Bailli de Vermandois, & Maiftre Jacques, font-cecy les amitiés que Monfieur le Roy me porte ? Eft-ce le defir qu'il a à l'entretenement de cette Maifon, que luy non a foucy des chofes devant dites, les fugitifs Liegeois mes ennemis publics, qui au Royaume ne doivent eftre foufferts à caufe des Traitez, qu'en nulles autres Contrées, font par l'Ordonnance de mondit Seigneur le Roy, comme depuis voftre partement, j'ay efté de plufieurs lieux acertené de toutes parts, mandé au Royaume, recueillis, & par luy de celle part, qui pour ce faire, deux mille efcus en a reçus dans la Comté de Rethel

CLX.

☞ *Lettres clofes efcriptes au Parlement, par le Duc de Bourgogne, touchant l'Exploit fait par le Prefident de Corbie, ès trois Prevoftez Beauvoifis, Foulloy, Vimieu & reçuës le treize Septembre 1470.*

Tiré des Recueils de M. l'Abbé Le Grand.

LE Duc de Bourgogne, de Brabant, de Limbourg & de Luxembourg, Comte de Flandres, d'Artois, de Bourgogne, de Haynault, de Hollande, de Zelande & de Namur. Très-chiers & grands amis : Nous avons prefentement efté avertis par nos Officiers à Amiens, & en noftre Comté de Ponthieu, que Maiftre Guillaume de Corbie, Prefident, & Jean Abin, Confeiller en la Cour de Parlement, par autorité des Lettres de Monfieur le Roy, à eux adreffées, & à la requefte d'iceluy Monfieur le Roy, ont pris, faifi & mis en fa main nos Prevoftez de Vimieu, Foulloy & Beauvoifis, & leurs appartenances & appendances quelconques, pour eftre rejointes & reunies à fes Couronne & Domaine, en faifant inhibition & deffenfes à nos fubjets defdites Prevoftez, de non obéyr à nos Officiers, ne payer aucune chofe à nos Receveurs des proufits, rentes & revenus d'icelles Prevoftez, & auffi à nos feaux & vaffaux, de non nous faire fervice, & que plus eft, ont commandé & ordonné de prendre au corps tous nos Officiers &, fubjets que l'on trouvera exploitans de par nous efdites Prevoftez, defquelles chofes, nous nous fommes & donnons grandes merveilles, attendu que par don & tranfport à nous fait par mondit

DE PHIL. DE COMINES.

1470.

mondit Seigneur le Roy, icelles Prevoftez nous appartiennent, & que par le Traité fait à Peronne, entre icéluy Monfieur le Roy & nous, il a promis garder & entretenir tous les dons & tranfports qu'il nous avoit auparavant faits, & expreffement & nommement defdites Prevoftez, lefquelles font clairement & ouvertement contenuës ès premier & deuxiefme articles des provifions & réponfes inferées en la fin dudit Traité, verifié & enregiftré en ladite Cour, & auffi en la Chambre des Comptes à Paris, comme fçavez, & pour ce très-chiers & grands amis, que en faifant refponfe à nos Lettres, que par plufieurs fois vous avons efcrites, touchant l'ayde, recueil & fouftenement que mondit Sieur le Roy & fes Officiers faifoient au Duc de Clarence & Comte de Warwic, lors nos ennemis à l'encontre & au prejudice & dommage de nous & de nos fubjets, vous nous avez efcrit & fignifié, qu'iceluy Monfieur le Roy, vous avoit commandé & enjoint faire & garder & entretenir de fa part ledit Traité de Peronne, & que quand aucune chofe auroit efté ou feroit faite au contraire, qui viendroit à voftre cognoiffance, vous le faffiez reparer, ce qu'aviez vouloir & intention de faire, & que lefdites main-mife & empefchemens faits en & fur nofdites Prevoftez, par les deffus nommez vos confreres en ladite Cour, font comme nous creons venus auparavant à voftre congnoiffance, & ce nonobftant par mondit Sieur le Roy, en baillant fefdites Lettres, adreffans à iceux vos confreres, par eux de fon fceu & confentement en icelles à fa requefte mettant à execution, nous fommes empefchez volontairement & fans forme ne figure de Juftice, en la jouyffance & poffeffion defdites Prevoftez, contre les teneur & paroles expreffes dudit Traité, par quoy eft certain & notoire, fans doute, difficulté, ne argument contraire, que ledit Traité de Peronne, lequel de noftre part avons entretenu & accompli, fans rien faire au contraire, a efté & eft outre & par-deffus plufieurs autres contraventions, defquelles vous avez pieça pû eftre avertis, enfraint & rompu de la part de mondit Sieur le Roy, & par fon propre fait, & les peines contenuës audit Traité commifes & encouruës à noftre proufit: Nous efcrivons prefentement par devers vous, en vous avertiffant des chofes deffufdites, & auffi que par la grande & finguliere amour & affection que tousjours avons porté & portons à la Couronne & au Royaume; il nous a grandement déplû & deplaift defdites contraventions & infractions dudit Traité, ainfi advenuës de la part de mondit Sieur le Roy, attendu que pour l'amour & affection deffufdit, nous avons tousjours de noftre part voulu & defiré entretenir iceluy Traité, mais puifqu'en nous ne tient, & veû la continuation defdites infractions, procedans jufques à nous tollir & ofter ce qui clairement & fans difficulté eft noftre, & nous appartient; il femble qu'on nous veuille contraindre de y pourveoir à noftre feureté, & pour noftre defenfe, ce que faire nous conviendra à noftre grande deplaifance, pour l'entretenement de l'effet & execution dudit Traité. Très-chers & grands amis, le Saint-Efprit vous ait en fa benoifte garde. Efcrit en noftre Chaftel de Hefdin, le fixiefme jour de Decembre, mil quatre cens foixante-dix. CHARLES. *Et plus bas*, NORAS.

CLXI.

CLXI.

☞ *Lettres de Charles, Duc de Bourgogne, au Roy René de Sicile, par lesquelles il accuse le Roy Louis XI. de contravention aux Traitez de Conflans & de Peronne.*

Tiré du Tresor des Chartes, Armoire P, Cassette F. Par Mr. l'Abbé Le Grand.

Très-cher & très-amé frere & cousin, * je me recommande à vous de très-bon cœur, je tiens assez estre en vostre souvenance & memoire, que par le Traité & appointement de paix fait & juré en ma Ville de Peronne entre Monseigneur le Roy & moy; mondit Seigneur le Roy m'a entre autre chose promis de non faire, ne porter à moy, mes pays & subjets, guerre, mal, deplaisir, grief, prejudice, ne dommage, par luy ne par autres, en maniere quelconque, & de garder & entretenir tous les dons & transports qu'il m'avoit fait, tant par le Traité fait à Conflans, que depuis & nommement & expressement de me faire & laisser jouyr des Prevostez de Vimieu, Foulloy, Beauvoisis, de la riviere de Somme, à moy transportez, tantost après ledit Traité de Conflans; & aussi a voulu consenti & declaré, que se par luy ou autres de son consentement, aucune chose estoit faite au contraire dudit Traité, je serois & pourrois estre & demourer pour moy & pour mes successeurs, quitte & absous d'hommages, serment de fidelité, subjetion, ressort, & souveraineté, esquels j'etois & pouvois estre tenu envers luy, à cause des pays & Seigneuries que je tiens de la Couronne, & en outre, que les Princes du Sang, qui par moy seroient nommez, me bailleront leurs Lettres & Scellez, contenans promesses, que au cas par iceluy, Monseigneur le Roy seroit contrevenu audit Traité, mais aider & assister de tout leur pouvoir, pour l'entretenement & execution dudit Traité, ainsi que iceluy Traité le contient plus à plein : en ensuivant lequel, vous par le vouloir & commandement de mondit Seigneur le Roy, m'avez fait bailler & delivrer vos Lettres Patentes, scellez de vostre Scel, par lesquelles vous m'avez promis de vostre part, garder & entretenir ledit Traité; & en cas de contravention de la part de mondit Seigneur le Roy, me aider & assister de vostre pouvoir, comme vosdites Lettres contiennent plus au long : or est vray que depuis le Traité, qui de mon costé a esté entretenu & gardé sans l'enfraindre, ne venir au contraire en maniere quelconque, a esté de la part de mondit Seigneur le Roy contrevenu à iceluy en plusieurs manieres, desquels vous avez bien pû estre adverti, combien que esperant que iceluy mondit Seigneur le Roy de soy-mesme les deust reparer, je vous en ai escrit n'aguere, que en continuant esdites contraventions, mondit Seigneur le Roy, a par Maistre Guillaume de Corbie, President, & Jean Avin, Conseiller en la Cour de Parlement, & par ses Lettres Patentes à eux adressées, sans me appeller, ne ouyr, sans forme ne couleur de Justice, fait mettre en sa main mesdites Prevostez de Vimieu, Foulloy & Beauvoisis

---

* La copie des mêmes Lettres qui est au Volume 166. des MSS. de Baluze, dans la Bibliotheque de Sa Majesté, commence autrement ; c'est à sçavoir, en ces termes. *Très-Haut & puissant Prince, très-cher Seigneur & cousin, je me recommande, &c.*

voisis, desquels j'ay depuis ledit Traité de Peronne & par avant, jouy paisiblement & sans contredit, pour estre rejoints & remis à ses Couronne & Domaine, & par ce directement, ouvertement & sans couleur ne palliation quelconque, rompant & enfraignant ledit Traité de Peronne, auquel comme dit est, lesdites Prevostez sont nommément & expressément contenuës & declarées, & par ce encourant les peines dudit Traité, laquelle chose me tourne à grand deplaisance, attendu que par la grande amour & affection que j'ay tousjours porté à la Couronne & au Royaume, j'avois singulierement desiré l'entretenement dudit Traité, & avois * tout besoin & diligence que possible m'estoit, de ainsi le faire de ma part, & à cette cause avois dissimulé plusieurs autres contraventions, attendant que mondit Seigneur le Roy les eust de soy reparées, en réintegrant ledit Traité de sa bonne volonté & propre mouvement. Et pour ce, très-cher & très-amé frere & cousin, que la continuation desdites contraventions & infractions est venuë jusques au vouloir, de fait & sans figure de Justice, tollir & oster ce qui m'appartient par ledit Traité ainsi solemnellement fait & juré, & autres precedens, laquelle chose ne dois, ne puis sans ma trop grande foule plus avant dissimuler, je vous prie, tant & si affectueusement que faire puis, & neanmoins en vertu de vosdites Lettres & Scellez, vous requiers & somme, que ensuivant le congié & commandement que mondit Seigneur le Roy à vous donné en cette partie, par ledit Traité & autres ses Lettres, vous me veuillez aider & assister à l'entretenement, execution & accomplissement dudit Traité, & me faire en cette partie tout l'ayde, confort, faveur & assistance que possible vous seront; & dire vous declarer par-tout où il appartiendra, en me faisant sçavoir vostre vouloir & intention sur ce par le porteur de cestes, lequel j'envoye expressément devers vous pour cette cause, & se aucune chose vous plaist que faire puisse, le me signifierez, & je le feray de très-bon cœur à l'ayde de nostre Seigneur, auquel je prie, très-cher & très-amé frere & cousin, qu'il vous ait en sa benoiste garde. Escrit en mon Chastel de Hesdin, le onziesme jour de Decembre, l'an mil quatre cens soixante-dix. Vostre frere & cousin le Duc de Bourgogne, de Brabant, de Limbourg & de Luxembourg, Comte de Flandres, d'Artois, de Bourgogne, & a ainsi signé. CHARLES.

*Il faut ajouter ici le mot *fait*.

1470

Et au dos est escrit dans la copie de Baluze.

A très-Haut & puissant Prince, mon très-cher Seigneur & cousin, le Roy de Secile.

CLXII.

☞ *Extrait d'un Factum du Comte d'Armagnac, fol. 52. vers.*

LOYS XI. après avoir pardonné au Comte d'Armagnac, l'envoya en Espagne, jurer l'alliance avec le Roy.

Il presida aux Estats de Guyenne.

Epousa la fille du Comte de Foix, Vicomte de Narbonne, son Allié.

Et nonobstant, fut hay du Roy, environné de flateurs, qui estoient le Comte de Dammartin, Sieur de Balsac, Gaston du Lyon, Senechal de Thoulouse, Marmius de Canillac, Josselin du Bois, Sieur de Castel-

Tiré des Recueils de M. l'Abbé Le Grand.

lenau de Bretenoux, qui le firent perir, pour avoir fa confifcation.

1470.

Ils l'accuferent d'avoir intelligence avec les Anglois, de leur avoir efcrit de defcendre en Guyenne dès l'année mil quatre cens foixante-fix, où il leur donneroit des places.

On attire un nommé Jean Bon, qui avoit frequenté en Angleterre, on luy promet de grands biens, afin de l'obliger à porter des Lettres au Comte Jean, fous le nom d'Edoüard, qui eftoient contrefaites, il s'a-dreffe à un Jean d'Armagnac, qui eftoit du pays de Bifcaie ; ce Jean en parla au Comte, qui dift qu'il n'avoit que faire ny du Roy d'Angleterre, & commandaft qu'on l'arreftaft. Jean Bon le fçut, & s'évada. Il le fit fuivre jufqu'à Acqs.

Commiffion au Comte de Dammartin, pour aller prendre le Comte prifonnier. Il y va avec fept ou huit cens Lances, & douze mille hommes de pied & Artillerie.

CLXII*.

Suite de l'affaire du Comte d'Armagnac.

Tiré des Recueils de M. l'Abbé Le Grand.

LE Comte de l'avis de fes Eftats, envoye un Abbé & trois Gentils-hommes, pour fe juftifier ; le Roy ne les veut ouyr.

Ne pouvant flechir la colere du Roy, il envoye les clefs de Letoure au Comte de Dammartin, & fe retire à Fontarabie, près du Roy d'Efpagne.

Le Comte de Dammartin fe faifit de toutes fes Terres, change les Officiers, en crée de nouveaux, defend à fon de Trompe, qu'aucun ait à s'avouer du Comte d'Armagnac, emprifonne plufieurs de fes Domeftiques, rafe fes maifons, & s'accommode de fes meubles, donne fes Terres, Sçavoir ;

Au Sieur de Balfac fon neveu, les Villes de Marfillac, Cachennes, Contades.

Au Sieur de Crufol, la Place de Bracon.

Au Marquis de Canillac, Cambolas.

A Gafton du Lyon, la Seigneurie de Renedel.

Au Sieur de l'Ifle, la Roque de Balfac.

A Joffelin du Bois, les Places de Saumur, Monjon, Figier, Lerin & Porades.

A Eftienne de Vignolles, Gaiets.

Au Sieur Caftellenau de Bretenoux, Capdenac.

Il retient pour luy Severac, & met toutes les autres Terres ès mains du Roy.

Il ne donna aucune copie de fes exploits ou adjournemens : quand le Comte d'Armagnac les euft eu, il n'euft ofé comparoiftre : l'ordre eftoit de le tuer.

Il fut à Fontarabie avec fa femme, dans la derniere mifere, depuis le milieu de l'année foixante-neuf, qu'il s'y retira jufqu'en feptante-un, qu'il vint retrouver le Duc de Guyenne. Il envoya pendant ce temps plufieurs fois devers le Roy, pour avoir un fauf-conduit, qu'il ne put obtenir.

l'Evefque

L'Evefque de Lombez alla en Cour; le Chancelier luy ordonna de fe
retirer; on defendit fus peine de la vie, de luy donner aide ny confeil: 1470.
aucuns de fes ferviteurs qui voulurent le fervir, furent emprifonnez. Un
fou fut fuftigé, pour avoir crié quelque chofe en fa faveur.

Sur les adjournemens nuls. Premier deffaut donné le vingt-trois Novembre, mil quatre cens foixante-neuf. Le deuxiefme, le neuf de Fevrier; le fuivant, le tiers d'Avril; le quatriefme, le cinq Aouft, & l'Arreft prononcé le fept Septembre, par contumace.

Le Duc de Guyenne le retablit en fes biens: après fa mort, le Cardinal d'Albi, appellé le *Diable* d'Arras, le Sire de Beaujeu, les Senechaux
de Touloufe & de Beaucaire, entrerent dans fes pays avec des Troupes,
y firent plufieurs maux, ne menaçant que de tuer le Comte, difoient que
les Capitaines portoient un Collier pour luy, plein de falpeftre, fouffre
& autres poudres, garny de pointes d'acier en dedans, pour luy mettre
au cou. Il envoya derechef demander un fauf-conduit: les Seigneurs de
Beaujeu & le Cardinal d'Albi, luy accorderent, il leur remit Letoure
qu'ils luy devoient rendre, s'ils ne luy rendoient fon fauf-conduit. Le
Roy luy envoye un fauf-conduit pour foixante chevaux. Beaujeu dit qu'il
a ordre de le chaffer, il interpelle luy renvoyer l'Evefque de Lombez, fon
Chancelier, trois Prefidens de Touloufe: on fait un accord le quatriefme
jour de Mars, mil quatre cens feptante-deux.

CLXIII.

☞ *Edit du Roy Louis XI. touchant les Mines & Minieres du Royaume
de France* *.

LOYS par la grace de Dieu, Roy de France. Sçavoir faifons à tous   Tiré du
prefens & advenir, que comme nous avons dernierement efté aver-   Regiftre
tis & informez que en nos Royaumes, Dauphiné, Comté de Valenti- 192. du
nois, Dyoys, Rouffillon, Sardaigne & ès Montagnes de Cathalogne, Trefor des
& ès marches d'environ, y a plufieurs Mines d'or & d'argent, de cuivre, Chartes,
du plomb, eftain, potin, azur & autres metaux & matieres, lefquelles acte 168.
par deffaut de conduite d'Ouvriers & d'autres gens experts, fe cognoif-
fans en telles matieres, & des Edits, Conftitution, Ordonnance crimi-
nelles & neceffaires, pour l'entretenement d'iceux, font & demeurent
en chommage, & de nul effet & valleur; & nous ait efté remonftré, que
fe voulons faire befogner efdites Mines, ainfi qu'on fait en plufieurs autres
Royaumes & partie de la Principauté, comme au pays d'Allemagne, ès
Royaumes de Hongrie, Bohême, Poulayne, Angleterre & ailleurs, &
faire Edits & Ordonnance & Conftitutions, pour mettre fus & entretenir ledit ouvrage, ainfi qu'efdits Royaumes & Contrées, il en pourroit
advenir

---

* Quoiqu'on fe foit pris de bonne-heure dans ce Royaume, pour travailler aux Mines des differens Metaux, on ne fauroit nier cependant, que dans ce travail, les Etrangers n'ayent été beaucoup plus loing que nous; ce qui fe prouve, non feule-ment par leurs travaux, mais encore par leurs Ecrits, qu'il feroit utile de faire tra-duire en notre Langue, & l'on affure qu'on en traduit les meilleurs.

1470.

advenir plusieurs grands biens, utilitez & proufits à nous, nosdits Royaumes, Dauphiné, & autres pays dessus nommez, & subjets d'iceux, & que en deffaut de pourveoir à ces choses, nous & nosdits subjets y avons de grands dommages, & se vuide chacun jour l'or & l'argent de nosdits Royaume, Dauphiné, pays & lieux dessusdits, sans y retourner, dont se pourroit ensuir la totale destruction d'iceux, se provision n'estoit à ce par nous donnée, parquoy l'or & l'argent ainsi transportez, pussent retourner en nosdits Royaume, Dauphiné & autres pays dessus nommez, à l'utilité publique d'iceux, & preservation du dommage & interests que ont soufferts jusqu'à cette heure, de faute de ladite provision, toutes manieres generales, tant d'Eglise que Nobles, Marchands, Bourgeois, gens mechaniques, Laboureurs & autres, demourans esdits pays, laquelle chose, comme avons esté en oultre informez, ne se peut mieux, ne par meilleure moyen redresser, que par faire ouvrir lesdites Mines, qu'elles soient ouvertes, que l'ouvrage se continuë, ainsi qu'en tel cas appartient, & que faisions certains Edits, Constitutions & Ordonnance pour ce convenables & necessaires, & en ce faisant, l'or & l'argent en seroit & se recouvreroit cuidamment, & plus grand quantité sans comparaison en nosdits Royaumes, Pays & Seigneuries qu'il ne fait à present, & se auront nos montagnes qui sont la pluspart en chommage l'argent à besogner, se surviendroit l'or & l'argent par les bourses, & y auront tous & chacun en son droit grand utilité & proufit, pour lesquelles choses faire, & ladite matiere avoir & sortir son effet, soit besoin de faire lesdites constitutions & Ordonnances notables, telles que la matiere le requiert, qui soient solemnellement criées & publiées par nosdits Royaume, Dauphiné, Valentinois, Dyoys, Roussillon & Sardaigne, pays & lieux devant dits, à ce que nosdits subjets & aussi les Etrangers, ayent cognoissance de nostredite volenté & intention en ceste partie, & comme chacun en son droit se y aura à gouverner. Pour ce est-il, que nous voulons pourveoir par effet aux choses dessusdites, par l'advis & deliberation des Gens de nostre grand Conseil, & autres notables hommes, experts & cognoisseurs en telles matieres, & pour le bien & utilité de nostredit Royaume de Dauphiné, & pays & lieux que dessus, & les subjets d'iceux avons fait ordonner, constitué & establi, & par la teneur de ces presentes, faisons, ordonnons & constituons, & établissons par Edit solemnel les Statuts, Ordonnances & Declarations qui s'en font; & premierement, que les Marchands & Maistres qui feront ouvrir lesdites Mines à leurs propres coût & depens, & feront feu, lieu & residence sur lesdites Mines, & Martinets, & leurs Deputez les Fondeurs & Affineurs, & tous autres Ouvriers, Mineurs & autres, qui se mesleront de faire la manœuvre desdites Mines, en quelqu'espece que ce soit, Estrangers & non natifs de nosdits Royaumes de Dauphiné, Valentinois, Dyoys, Comtez de Roussillon, Sardaigne & lieux devant dits, & que à cause dudit ouvrage & manœuvre sans fraude, viendront, ou sont ja demourans en nostredit Royaume, Dauphiné, & lieux devant dits, & se employeront, besogneront & continueront esdites marchandises & ouvrages, seront tenus & demourrons quittes, francs & exempts pendant & durant le temps que besogneront esdites Mines, d'huy à vingt ans entiers, à compter du jour

&

DE PHIL. DE COMINES.

1470.

& date de ces prefentes ; de toutes Tailles, aydes, fubfides, impofitions, francs-Archers, Guet, Garde-porte, Aydes de Ville, & autres charges & fubventions quelconques. Et avec ce, voulons & nous plaift, & aufdits Eftrangers avons octroyé & octroyons par cefdites prefentes, qu'ils jouyffent de tous privileges, franchifes & libertez, foit en naturalitez, teftamens, acquifitions de biens, meubles ou immeubles, donations, tranfports ou difpofitions d'iceux biens, & que leurs enfans & plus prochains lignagiers puiffent fucceder & recueillir leurs fucceffions, foient teftats ou inteftats, comme s'ils eftoient natifs de nofdits Royaumes & pays de Dauphiné, Valentinois, Dioys, Rouffillon, Sardaigne, & autres lieux devant dits, ou qu'ils euffent grace & liberté de naturalité de nous, en la forme & maniere accouftumée en tel cas, verifiées & expediées ainfi qu'il appartient, & fans ce qu'ils foient tenus de prendre de nous, ne d'autres nos Officiers, d'autres Lettres de naturalité & grace ou enregiftrer enterinement & verification fous feulement le *vidimus* de ces prefentes, fait fous Scel Royal, avecques la certification du General, Maiftre Gouverneur & Vifiteur defdites Mines, ou fon Lieutenant, à ce appellé noftre Procureur. Lefquelles leur voulons valoir & fervir plein effet en toutes les chofes deffufdites, tout ainfi que fe eux & chacun d'eux avoient lefdites Lettres de naturalité & grace de nous verifiées & expediées, ainfi que en tel cas appartient, & qu'il eft couftume de faire. Et en outre, pour plus grande feureté d'iceux & de chacuns d'eux, leur avons octroyé & octroyons par cefdites prefentes, qu'ils puiffent eftre & demourer feurement en nofdits Royaumes & pays de Dauphiné, Valentinois, Dioys, Rouffillon, Sardaigne, Montagnes de Catalogne, & ès marches d'environ, pour les caufes que deffus, nopobftant quelconques guerres, divifions fourdes entre nous & les Seigneurs, pays & Communautez, dont ils feront natifs, & eux en retournant quand bon leur femblera, pourvû qu'ils ne feront, ne pourchafferont, ne feront trouvez au fait ou pourchaffez aucune chofe prejudiciable, à nous, à la chofe publique de noftre Royaume, ou à nos pays & fubjets; & qu'ils ayent congié de Juftice & dudit General, Maiftre Gouverneur & Vifiteur defdites Mines, ou de fon Lieutenant, pour ce faire. *Item.* Avons ordonné qu'il fera crié folemnellement, & fait commandement de par nous à tous ceux qui ont cognoiffance des Mines, eftans à leurs territoire & heritages, que dedans quarante jours après ledit cry & publication, ils le viennent reveler & denoncer au General, Maiftre Gouverneur & Vifiteur de Mines, ou à fon Lieutenant, eftant efdits Territoires, & aux Baillys, Senechaux, Gouverneur & autres nos Officiers, prefidens ès fins & mettres de la Jurifdiction, defquels ledit territoire, feront les Mines qui feront en leurfdits Territoires, & lefquelles elles font fur peine de perdre le proufit qu'ils en pourroient avoir jufqu'à dix ans, ou autre telle peine & amende que par nofdits Officiers, & ledit Maiftre, Gouverneur & Vifiteur general, ou fon Lieutenant foit advifé, lequel General, Maiftre, Gouverneur & Vifiteur defdites Mines, ou fon Lieutenant, y pourra commettre gens idoynes & fouffifans, un ou plufieurs, ainfi que le cas le requerrera, & qu'il verra eftre à faire & advifer, au furplus comment lefdites Mines fe pourront mieux conduire à noftre proufit, & au bien

Tome III.   V   de

1470.

de ceux à qui la chose pourroit toucher, & de la chose publique de nostredit Royaume de Dauphiné, & pays dessusdits. Item. Et que ausdits Denonciateurs, s'ils viennent audit Maistre general ou à son Lieutenant, & à nosdits Officiers, en obéyssant aux cris & publication desdites se ainsi est que doit estre, même se ils veuillent entreprendre la conduite de besogner esdites Mines, & y faire ce qu'il appartient par l'advis & deliberation dudit general Maistre, ou de son Lieutenant, & de nosdits Officiers, & que seuls ou avecques autres personnes, soient tenus & souffisans par reputation pour le pouvoir faire & conduire, sera donné terme de trois mois après lesdits jours dessusdits, pour faire leur preparatoire de ce qu'il leur faudra pour le fait desdites Mines, sans ce que pendant ledit temps, aucune vexation, travail ou dommage leur soit donné pour non avoir besogné jusques audit temps esdites Mines. Item. Et ce ainsi est que aucuns de ceux à qui sera trouvé appartenir le territoire, ou qu'ils seront ou ja ont esté trouvez, lesdites Mines ne soient riches & puissans, par quoy à leurs depens ils puissent faire & conduire ledit ouvrage & matiere desdites Mines, ou que pour autre cause ils ne voudroient pas prendre la charge de ce faire, ou qu'ils n'auront pas revelé lesdites Mines dedans les quarante jours, ainsi que dessus est ordonné. Nous voulons & ordonnons en outre esdits cas & chacun d'iceux, que lesdits Maistre general ou son Lieutenant, & autres nos Officiers, qui pour ce

C'est ce qu'on appelle *Pot de Vin*

seront à appeller, puissent, sauf vuidem-pinte de celuy ou ceux ausquels appartiendra ledit territoire, ordonner & commettre gens notables & experts, & cognoisseurs esdites matieres de Mines, pour veoir, chercher & trouver icelles Mines, & sans qu'elles sceut & quel metail elles porteront, & l'utilité & proufit qui vraysemblablement en peut advenir: & ce fait, & le rapport ouy desdits Commissaires, ledit general Maistre ou son Lieutenant, appelle nosdits Officiers & autres, qui sur ce seront à appeller, pourront ouvrir & manœuvrer lesdites Mines, & les bailler à gens receans & solvables, tels qu'ils adviseront estre à faire, pour les faire proufiter au mieux que possible sera, en nous payant nostre dixiesme, pour le droit de nostre souveraineté.

CLXIV.

1471.

☞ *Ordonnance du Roy Louis XI. sur la guerre avec le Duc de Bourgogne, & sur les sommes necessaires pour la soutenir.*

Tiré des Recueils de M. l'Abbé Le Grand.

LOYS par la grace de Dieu, Roy de France. A nos amez les Tresoriers de France, & les Generaux de toutes nos Finances, Salut: Comme à l'occasion des très-grandes entreprises que a cy-devant faites, & chacun jour s'efforce de faire Charles, soy disant Duc de Bourgogne, à l'encontre de nous & de nostre Royaume, & voulant usurper l'hommage & obéyssance qu'il est tenu faire à nous & à la Couronne de France, querant destruire la Maison de France, dont il est yssu, se possible luy estoit, s'est allié avec Edoüart, soy disant Roy d'Angleterre, & de luy prins l'Ordre de la Jarretiere, & s'est de parole & de fait, & par Lettres escriptes & signées de sa propre main, declaré ennemi formé de nous & de

nostredit

DE PHIL. DE COMINES.

noſtredit Royaume, en faiſant guerre ouverte à l'encontre de nous, & de nos ſubjets, de tout ſon pouvoir, venant directement contre la foy, oyaulté & obéyſſance qu'il nous doit, comme de ſon ſouverain Seigneur, à l'encontre deſquelles entrepriſes, & de garder ledit de Bourgogne de parvenir à ſa damnable intention, & à ce faire, employer noſtre perſonne par toutes manières poſſibles, & afin de mieux conduire noſtre intention, avons tenus moyens que les Anglois deſquels ledit Charles de Bourgogne s'entendoit aider contre nous, ſont à preſent en bonne diſpoſition de paix avec nous, avons deliberé de proceder contre iceluy Charles, à main-armée & par puiſſance, & pour ce faire & executer, nous ſoit beſoing mettre ſus en divers pays groſſes armées, tant des gens de noſtre arriere-ban que autres, outre les Gens d'armes de noſtre Ordonnance, à la conduite & entretenement deſquelles, & de noſtre Artillerie, &c. ne nous ſeroit poſſible fournir de nos Finances, ſans la très-grande & exceſſive charge de nos ſubjets, ſe n'eſtoit par l'emprunt que nous avons ordonné eſtre fait cette année de la moitié des gages de tous nos Officiers aſſignez, tant ſur noſdites Finances, que ſur noſtre Domaine, vous mandons & commandons, que vous faites prendre & lever la moitié des ſommes, à quoy ſe montent leſdits gages pour cette année, pour eſtre employées au fait deſdites Armées. Donné au Montils, le quatre Janvier mil quatre cens ſeptante. Par le Roy en ſon Conſeil, FLAMENG.

1471.

☞ *Dans l'Edition de Monſieur Godefroy, on trouve à cette année, deux Lettres, l'une très-vive, & remplie de plaintes du Duc de Bourgogne, au Comte de Dammartin, & l'autre eſt une réponſe reſpectueuſe, ferme cependant au Duc de Bourgogne. Mais pour éviter les répetitions, nous n'avons pas crû les devoir mettre icy, parce qu'elles ſe trouvent au Tome II. de cette Edition, page 237. & 239. dans le Cabinet du Roy Louis XI.*

CLXV.

☞ *Lettre du Roy Louis XI. au Comte de Dammartin, où il le prie & luy ordonne de commencer la guerre contre le Duc de Bourgogne.*

Monſieur le grand-Maiſtre, ne faites nuls doutes, ainſi que je vous ay mandé par Jacques de Rui, que le Duc de Bourgogne va mettre le Siege devant Saint-Quentin, & pour ce, ſi vous me voulez jamais faire ſervice, il eſt temps, & me ſemble qu'incontinent vous devez aſſembler tous vos gens, & vous mettre ſur les champs, en la plus grande haſte & diligence que vous pourrez; & choiſiſſez, ou d'aller vers le Pont de Remy ou Rue, pour faire la guerre vers Hedin, ou à Mondidier, ou à Roye, ainſi que vous eſcrivez, combien qu'il me ſemble que l'autre vaut mieux, car la pluſpart de ſes gens & de ſon armée ſont devers Heſdin & Boulenos, & quand ils ſçauront que vous irez vers ce quartier, ils s'en iront. Je vous prie en la plus grande diligence qu'homme fiſt, mettez-vous dedans, car je m'en vais de l'autre coſté, & eſpere eſtre Mercredy ou Jeudy à Compiegne, & n'arreſteray, tant que je les aye vus, & ſi vous ne

Tiré des Recueils de M. l'Abbé Le Grand.

ne rompez leur armée, pour leur faire par voſtre coſté, comme fiſt Mr. de Talbot, quand ils tenoient le Siege du Crotoy ; nous aurons fort à faire de noſtre part, car ils feront trop grands gens enſemble, & en y a qui ne ſont pas aſtours. Monſieur le Grand Maiſtre, Val, qui eſt Capitaine des francs-Archiers, eſt un bon homme ; le Bailli de Roüen, le. . . . vous ſerviront bien & brief ; mandez tout, car tout nous fait beſoin. Donné à Chartres, le vingt de Janvier.

1471.

Tiré des mêmes Recueils.

CLXVI.

Lettre de Louis XI. à Henry IV. Roy de Caſtille, au ſujet du mariage projetté entre Charles, Duc de Guyenne, & Jeanne de Caſtille, fille de Henry.

A Très-Haut & très-puiſſant Prince, noſtre très-cher & très-amé frere, couſin & allié, Henry, par la grace de Dieu, Roy de Caſtille & de Leon. L o y s par icelle même grace, Roy de France, Salut & entiére dilection : Très-haut & très-puiſſant Prince, noſtre très-cher & très-amé frere, couſin & allié, Nous avons reçu les Lettres que eſcrites nous avez, par Dom Louis Gonzalès, Prothonotaire de noſtre Saint Pere le Pape, grand Chancelier de noſtre très-chere & très-amée ſœur & cóuſine, la Princeſſe de Caſtille, voſtre fille & heritiere, & oy bien au long ce qu'il nous a diſt de voſtre part, dont eſt de ſçavoir de voſtre eſtat & proſperité, auſſi du bon vouloir & affection qu'avez envers nous, & à l'accompliſſement des matieres concluës avec vous par nos Ambaſſadeurs, & ceux de noſtre très-cher & très-amé frere le Duc de Guyenne, Prince de Caſtille, avons eſté & ſommes très-joyeux, & les en remercions de bien bon cœur, & tant ſur ce, que ſur les autres matieres, dont ledit Prothonotaire nous a parlé, luy avons fait réponſe, ainſi que par luy pourrez ſçavoir : très-haut & très-puiſſant Prince, noſtre très-cher & très-amé frere, couſin & allié, ſe quelque choſe vient à plaiſir en noſtre Royaume, en le nous ſignifiant, nous le ferons de très-bon cœur ; je prie au benoiſt Fils de Dieu, qui vous veuille touſjours avoir en ſa ſainte garde.

CLXVII.

Extrait d'une remontrance du Chancelier de Jeanne, Princeſſe de Caſtille, & d'autres pieces, pour accelerer le mariage de cette Princeſſe, avec le Duc de Guyenne.

Tiré des mêmes Recueils.

LEttre ou remontrance en Caſtillan, du Prothonotaire & Chancelier major de la Princeſſe Jeanne, fille de Henry, Roy de Caſtille, Duc de Guyenne, à qui il donne le titre de Prince d'Aſturies, & de fils aiſné de Caſtille & de Leon, Duc de Guyenne, par leſquelles il l'exhorte d'accomplir au pluſtoſt le mariage conclu en ſon nom par ſes Ambaſſadeurs & ceux du Roy, & dont le Comte de Boulogne eſt demeuré caution, & demeure en Caſtille à main-armée, pour en chaſſer les Rebelles, l'aſſurant qu'il ſera reçu ſur la frontiere par le Roy Henry, le grand Maiſtre de

de Saint-Jacques, l'Archevesque de Seville, l'Evesque de Seguença, le
Duc de Truxille, le Comte de Haro, & autres Grands d'Espagne, luy
faisant connoistre tous les inconveniens, qui pourroient arriver, s'il dif-
fere plus longtemps à partir.

1471.

Autre sur le mesme subjet, par laquelle il semble que ce mariage
avoit esté negocié & presque conclu, du temps que le Duc Charles estoit
encore en Bretagne, en sorte que les Bretons le regardoient comme fils
& heritier du Roy de Castille.

Lettre de creance de Loys XI. sur Louis, Evesque d'Albi, Jean,
Evesque de Lombés; Jean d'Amboise, Roger de Grammont, & Pierre
de Sacierges, en datte du mois de Janvier mil quatre cens septante quatre
[*style ancien*], pour traiter le mariage entre l'Infante de Castille, & le Dauphin, avec pouvoir à Roger de Gramont, de l'épouser par parole de present.

CLXVII*.

☞ *Extrait des Lettres de Henry, Roy de Castille, qui presse le départ
du Duc de Guyenne pour se rendre en Castille.*

LE Roy Dom Henry & Jeanne, Reyne de Castille, & le Grand
Maistre de Saint Jacques font presser le Roy de diligenter le départ du
Duc de Guyenne, qu'ils regardent comme leur fils aisné, le Roy Dom
Henry estant las du Gouvernement, & voulant se démettre sur luy;
que dès qu'il entrera en Castille, le Roy luy remettra la Ville d'Avila,
qui est la clef du Royaume, & qui sera la ruine de tous les traistres, ce
qui ne se pourroit faire s'il tarde davantage, que les Provinces de Biscaye
& de Guipuscoa le recevront d'abord & le serviront comme le fils aisné
de leur Prince; qu'on prie le Roy de se défier de ses subjets qui pourroient
avertir le Roy d'Arragon de tout le contenu.

Tiré des
mêmes Re-
cueils.

CLXVII**.

☞ *Extrait des Remontrances du Marquis de Villena, pour engager
Louis XI. à soutenir le Roi de Portugal dans ses prétentions sur
le Royaume de Castille.*

S'Ensuit ce que le Marquis de Villaine, fils du feu Maistre de Saint
Jacques, m'a chargé dire à votre Seigneurie, que nonobstant que
le Roy de Portugal, à present Roy de Castille*, de grand tems en çà
ses prédecesseurs, Roys de Portugal, ayent eu bonne paix & alliance
avec les Roys & Royaume d'Angleterre, qu'en ce n'aye point de regard
que ledit Roy de Portugal, à present Roy de Castille, & tous ceux qui
s'ensuivent, qui sont le Marquis de Vilenne, qui finera trois mille chevaux; l'Archevesque de Tolede deux mille; le Maistre de Calatrava deux
mille; l'Evesque de Calatrava deux mille; l'Evesque de Bourges [*Burgos*]
trois cens; le Comte de Horoianne trois cens; Dom Alfonce, Seigneur
de Montalvant, deux cens; Dom Alfonce & Dom Jouan, fils bastards
dudit Maistre de Saint Jacques, quatre cens; Dom Pierre de Porte Car-
riero,

Tiré des
mêmes Re-
cueils.

* C'est Alphonse V. Roi de Portugal, auquel plusieurs Grands d'Espagne avoient accordé Jeanne, prétenduë fille de Henri IV. & qui par-là se disoit Roi de Castille.

riero, frere dudit Marquis, quatre cens; la Comtesse de Medelin, fille du feu Maistre de Saint Jacques, quatre cens chevaux; la Comtesse mere de la femme du Seigneur Marquis, trois cens; le Duc d'Arevalo deux mille; le Marquis de Calix, gendre dudit Maistre de Saint Jacques, quinze cens; le Duc de Seville deux mille; Dom Alfonce d'Aguillar six cens; le Comte de Feria quatre cens; le Roy de Portugal quatre mille & douze mille hommes à pied de trait: Que le tout se monte à vingt mille hommes d'armes & Genetaires, & de douze mille gens de trait; & tous icy & autres plus grands Seigneurs, Ducs, Comtes, Chevaliers & Gentils-hommes, que jusques à sçavoir la venuë du Roy de Portugal en Castille ne se sont point voulu faire apprester; mais je crois qu'aujourd'huy ils se sont monstrés, pource que le jour que je départis de la Ville de Madrid, il estoit venu nouvelle à Monsieur mon Maistre le Marquis, que le Roy de Portugal estoit venu en une Cité de Castille, qui s'appelle Ciudad Rodrigo, qui est à dix lieuës de l'entrée de Portugal, & à douze de la Cité de Salamanca; & avant mon partement ledit Marquis avoit envoyé querir la fille du Roy Henry, que Dieu absolve, qui la tenoit en une sienne Place pour la bailler au Roy de Portugal pour femme, soit certain vostre Seigneurie, que tous les Seigneurs avec toute sa parentelle, & ledit Roy de Portugal, à present Roy de Castille, feront au commandement de vostre Hautesse, & ne feront du contraire, se deussent perdre tous leurs corps, biens & estats; & quand je suis party de Madrid n'estoit point nouvelle que Perpignan estoit en vostre obeyssance, & supplie vostre Seigneurie ledit Marquis & tous ceux de son party, que ne fasse point lever le siege, & qui fasse faire guerre en Arragon & en Catalogne, & qu'eux mettront si grand estret au Roy de Sicile, que moyennant la grace de Dieu ils le mettront hors du Royaume de Castille & tous ceux de son party, & vostre Seigneurie soit certaine qu'ils le feront.

1471.

Henri IV. est mort en Decembre 1474.

CLXIX.

☞ *Propositions de mariage du Duc de Guyenne avec Jeanne, Princesse de Castille.*

Tiré des Recueils de M. l'Abbé Le Grand.

TRès-haut, très-puissant & très-Chrestien Roy, les choses que de par très-haut & très-puissant Prince, Roy de Castille & de Leon, frere, allié de vostre Majesté, je, le Prothonotaire, Chancelier Major de très-illustre Princesse de Castille, viens dire & expliquer à vostre Serenité pour vertu des Lettres de créance qu'à vostre Hautesse presentes sont les sequentes.

* Bastant, c'est-à-dire, suffisant.

Premierement. Que le approvation & ratification du matrimoine fait avec pouvoir vastança*, pour cecy eu du Prince de Castille & de Leon, vostre frere, le Comte de Boulogne, vous plaise tenir ferme, avoir ledit Prince, qui le fasse ratifier & jurer segund*, & pour la forme qui fut accordée entre le Roy mon Souverain, & vos Ambassadeurs & ceux dudit Prince, & les autres choses que les appantemens faits sub ces cas passeront, que vostre Hautesse a de durer.

* Segund, *secundum*, selon.

Item. Le Roy mon Souverain & Madame la Reyne, tant qu'avec instance,

DE PHIL. DE COMINES. 159

tance, chaleur, defir & volonté pacent * juftement & chacun, pour fi vous prient que donnez forme, que tous autres chofes & affaires que pour le prefent feigne ledit Prince fon fils en France, les laiffe à leur tems, & que le pluftoft que faire fe pourra avec le plus grand puiffance de gens qu'eftre puiffe & artillerie, entre perfonnellement en fes Royaumes à main armée, comme fon fils vray & primogenit de fes Royaumes, & fucceffeur d'iceux, pourquant auffi les Chevaliers & Grands de fes Royaumes, Ordre Ecclefiaftique, Nobleffe & peuples le defirent voir, obéyr & fervir, comme à leur primogenit, duquel tantes louans fes [merites] & vertus fe prefchent, lefqueulx trois eftats, excepté ceux qui vont en opinion & rebellion, & font en aucune volonté avec le Prince d'Arragon, donnent grace à Dieu & du Roy mon Soubrain Seigneur, croyent avoir receu très-grand & fingulier mercy en les avoir donné pour fucceffeur en fes Royaumes ledit Prince voftre frere, croyant que la juftice & execution d'icelle, que pour le prefent eft debile en les Efpagnes, pour ledit Prince fera recouvrée, reparée, favorifée & foutenuë, lequel eft chofe & le fien de avoir le Prince les trois eftats, comme à leur Seigneur & leur primogenit ; envoye vous dire le Roy mon Souverain, que fa fille la Princeffe legataire, heritier & fucceffeur de fes Royaumes, à voftre Hauteffe purement & entierement le donna pour le vray amour qu'il vous a, & amitié & fraternité qu'avec vous tient & vous avec ly, afin que le Duc de Guyenne voftre frere l'euft pour époufe & pour femme ; & pour regard de vous les chofes font venuës en le conclufion & effet, qui maintenant font auprès les grands & louables merites & vertus dudit Prince voftre frere, entre les autres grands affaires & chofes que pour le prefent voftre Majefté feigne, mette cefte & pourvoye que le Prince parte tantoft à Caftele, comme dit eft ; car le contraire feroit chofe de mauvais exemple, & fe pourriont feugne d'iceluy très-grands dommages & inconveniens, & pource que le Roy mon Soubrain eft bien cert, & foit en toute verité que ledit Prince fon fils, comme frere, pour nulle chofe du monde, ny biens & Seigneuries que fe à luy douiffent, n'en eft de intention de vous ennuyer ny defservir, mais eftre vous bon & loyal & obéyffant frere, tenant vous pour Seigneur & pour pere, & de nulle chofe de fa autorité difpourra, fans fous voftre mandement & permis, toutefois avec très-grande inftance, vous prie le monde que tantoft s'en parte, fegund deffus fe contient, comme eft neceffaire à voftre fervice & honneur dudit Prince voftre frere, lequel ainfi au Roy mon Soubrain, comme Madame la Reyne, fes freres, fera tant agréable comme chofe du monde & tant que pencer le peut. *Item.* Envoye dire le Roy mon Soubrain, que fi le contraire fe faifoit & dilation fe donnoit en le allée du Prince fon fils à Caftille, lequel Dieu ne veuille, fe pourrions feugne grands inconveniens qu'encoure ceux qui feugnent le opinion du Prince d'Arragon divulguent, que fçavent que la entrée dudit Prince à Caftille non fera ainfi prefte, comme fe dit, pour eftre la guerre rompuë avec le Duc de Bourgogne & eft chofe de ceffer le entrée pour le prefent en Caftille, & avec ceftes neuves * & autres de mauvaifes qualités induent derefchef les peuples, induent d'autres natures de gens avec de fauffes relations, afin qu'en eux ne foit entiere conftance en ceft négoce, & mes effourcent

à

1471.
* Pacent, je crois qu'il veut dire, penfent.

* C'eft-à-dire nouvelles.

à ceux que feugnent le opinion du Prince d'Arragon. *Item.* Vous enboye dire que comme fe conclufion voftre Hauteffe en cecy doivra, comme fe à tant me parte à fa Hauteffe avecqu'uns & dou Prince fon fils, afin que que le Roy mon Soubrain, avec le Maiftre de Saint Jacques, & autres Grands du Royaume veignant en les frontieres pour recevoir ledit Prince en les parties qu'il accordera d'entrer, afin que foit receu comme le raifon requiert & eft néceffaire au fervice de mon Soubrain, le fufdit contenu depuis de le avoir envoyé prier à voftre Hauteffe, le Roy mon Soubrain & Madame la Reyne, avec les inftances & defirs deffus contenus, Monfieur le Maiftre de Saint Jacques opere de cefte negoces & obéyffant à vous avec autres grands Seigneurs, avec toute humile reverence je recommande en voftre bonne grace & mercy, & fupplie voftre Majefté teigne bonne & maniere que ledit Prince de Caftille s'en parte à Caftille, fegund que le Roy & la Reyne, mes Soubrains, vous envoyent prier, & deffus contient, & dit que très grand raifon eft que le Prince de bonne heure vifite tout grande Seigneurie & pouvoir, que Dieu & fes merites le doivent, le endreffant & procurant voftre Majefté, comme dit eft, avec les autres que en ce d'avant & après entrevinrent fubre, lequel & autres chofes que à voftre Hauteffe explieray, me manda le Roy mon Soubrain demourer aucuns jours, depuis que le Docteur de Madrid & le Bourcier partirent, & pour le venuë du Comte de Haro à fa Hauteffe.

CLXIX.

Inftruction que le Roy Louis XI. donne à M. du Bouchage, qu'il envoye vers le Duc de Guyenne, pour le détourner du mariage avec Mademoifelle de Bourgogne.

Tiré des Recueils de M. l'Abbé Le Grand.

Inftruction de ce que le Roy a chargé Mr. du Bouchage de dire à Monfeigneur de Guyenne.

Premierement. Luy dira que le Roy a efté adverty par l'Evefque du Mans & autres, que mondit Seigneur de Guyenne avoit envoyé l'Evefque de Montauban ou autres à Rome, pour avoir difpenfe de noftre Saint Pere, d'époufer la fille du Duc de Bourgogne; ce que le Roy ne peut bonnement croire, veu les grands fermens & promeffes que mondit Seigneur a fait au Roy touchant cette matiere & fur la vraye Croix de Saint Lo, dont le danger de l'enfraindre eft fi grand, comme de mourir mauvaifement au dedans l'an, & tousjours eft infailliblement arrivé à ceux qui font venus contre les fermens faits fur ladite vraye Croix, ainfi que n'agueres on a vû par experience à aucuns qui fe y font parjurés.

Item. Et pource qu'entre autres promeffes faites entre le Roy & mondit Seigneur de Guyenne, & pour nourrir plus grande & ferme amour entre eux, ils ont promis d'eux entre-faire fçavoir toutes les chofes qu'on leur rapporte, dont l'un d'eux auroit ou pourroit avoir occafion de foy douloir, ou d'avoir défiance de l'autre, le Roy voulant de fa part tenir fon ferment quand on luy a fait aucuns rapports en a franchement adverty mondit Seigneur, comme par plufieurs fois il a veu

cette

cette presente année, surquoy mondit Seigneur a tousjours fait si bonne & honneste responfe, que le Roy en a esté bien content, & encore à present le Roy a bien voulu & veut faire sçavoir à mondit Seigneur le rapport qu'on luy a fait touchant ladite difpenfe, & à cette caufe envoyé ledit Mr. du Bouchage devers luy.

1471.

Item. Et après ce remonftrera comme le Roy pour le grand defir qu'il a eu & a d'avoir vraye & parfaite amour à mondit Seigneur fon frere, luy a baillé fi bel & fi grand appanage, comme chacun fçait, qui eft le plus grand que oncques fut baillé à fils puifné de France, & en fi grandes & notables prérogatives, que plus ne pourroit, & que ledit appanage eft bien autre, & plus grand & plus avantageux que le partage que luy pourchaffoit mondit Seigneur de Bourgogne, & que fe le Roy euft voulu croire luy & d'autres, il n'euft pas fait envers mondit Seigneur de Guyenne, ce qu'il a fait, car la chofe que plus luy déplaifoit eftoit de voir vraye paix & parfaite amour entre le Roy & mondit Seigneur.

Item. Et le Roy defirant fur toutes chofes, que l'amour d'entre luy & mondit Seigneur fon frere fuft perpetuellement indiffoluble, & que jamais défiance ne divifion n'y peut fourdre, afin qu'ils peuffent avoir certaine & parfaite confiance l'un à l'autre, a bien defiré que par grands fermens & promeffes ils fuffent liés & abftraints de jamais n'entreprendre fur les Seigneuries l'un de l'autre, de rien leur en ofter, mais lesen laiffer jouïr paifiblement, auffi de garder l'honneur, le bien, la feureté & la liberté de la perfonne l'un de l'autre, fans jamais, directement ny indirectement, fous quelque couleur que ce fuft, rien entreprendre au contraire, avec autres chofes plus au long fpecifiées & declarées en leur ferment, qui eft redigé par écrit.

Item. Et fi mondit Seigneur a fait ferment & s'eft lié de fa part, le Roy auffi pareillement a fait ferment & fe y eft lié de la fienne pour monftrer la bonté & franchife, dont il a voulu proceder envers mondit Seigneur, & le defir qu'il avoit de le faire bien feur de l'amour qu'il vouloit avoir à luy & de l'entretenement des traités, fermens & promeffes qui eftoient entre eux, laquelle chofe eftoit beaucoup plus à l'avantage & feureté de mondit Seigneur & de fa Seigneurie, qu'à celle du Roy.

Item. Et pour obvier que mondit Sgr. ne prît alliance à gens qui voulfiffent pourchaffer divifion entre le Roy & luy, auffi pour le bien & utilité de la Couronne, du Royaume de France & de la chofe publique d'icelui, plufieurs grans caufes, entre autres chofes mondit Seigneur a promis & juré de jamais n'époufer & ne prendre par mariage, ne traiter ou pourchaffer de prendre ou époufer la fille dudit Duc de Bourgogne, par quelque moyen, ou fous quelque couleur que ce foit, felon la forme du ferment qui plus à plein a efté fur ce efcrite, laquelle eft fi eftroite que plus ne pourroit, & a efté ledit ferment fait fur ladite vraye Croix de Saint Lo, qui eft à ceux qui ne le voudroient tenir, fi dangereux, comme de mourir mauvaifement fans faillir dedans l'an, ainfi que dit eft.

Item. Et doit mondit Seigneur bien regarder qu'ès chofes que le Roy luy a promifes & jurées, il a voulu foy lier & obftraindre à pareil ferment ainfi ainſi dangereux, que dit eſt, pour monſtrer comme il eſt entierement deliberé de ſa part de le tenir, & afin que mondit Seigneur ſon frere connuſt clairement que jamais il ne viendroit au contraire.

Item. Et touchant ledit mariage de Bourgogne, doit mondit Sieur de Guyenne conſiderer la grant haine que la Maiſon de Bourgogne a euë au feu Roy Charles ſon pere, que Dieu abſolve, * les grands outrages qu'elle luy a faits, juſques à le faire desheriter & priver s'il euſt pû de la Couronne de France; parquoy & pour pluſieurs grands cauſes y a bien raiſon que le Roy doive vouloir & deſirer que mondit Seigneur ne prenne ladite fille par mariage, & en ce le Roy a eu regard aux choſes que ledit feu Roy Charles avoit en courage & affection, touchant ladite Maiſon de Bourgogne, laquelle affection raiſonnablement le Roy & mondit Seigneur doivent enſuivre, & ne vouloir prendre alliance de mariage en la Maiſon, qui tant de maux & outrages a fait à leur pere, & qui touſjours a tant pourchaſſé le mal du Royaume & la ſubverſion de la Couronne, & meſme y a bien d'autres choſes touchant le bien de la perſonne de mondit Seigneur, & ſa lignée & ſa poſterité à venir, à quoy il ne devoit pas vouloir ledit mariage, & n'y euſt ores point de ferment.

Item. Et ne peut-on pas veoir qu'il y ait cauſe, qui doye faire deſirer à mondit Seigneur le mariage de ladite fille de Bourgogne, car ledit Duc de Bourgogne eſt jeune & marié à femme bien ſeurement diſpoſée pour avoir des enfans, & s'il advient qu'elle ait un fils mondit Seigneur ne aura rien à la ſucceſſion dudit Duc de Bourgogne, & ainſi aura pris mariage ſans profit & partie, où il ne pourra pas avoir grand plaiſance, & dont il eſt plus à croire, qu'autrement qu'il n'aura jamais enfans, & quand il en aura, pourront eſtre ſubjets, & la perſonne même de mondit Seigneur, à beaucoup de dangers & maladie de leurs perſonnes.

Item. Et ſeroit choſe bien étrange que mondit Seigneur, qui eſt ſecond fils de France, la tierce perſonne du Royaume, allaſt prendre par mariage la fille de celuy qui eſt allié formellement au Roy d'Angleterre, ancien ennemy de la Couronne de France, & qui plus eſt, porte ſon Ordre; & peut penſer mondit Seigneur, que mon ſieur de France pourra dire, quand on le verra rompre un ſi ſolemnel ferment, par luy fait pour prendre un tel mariage, dont l'on ne ſçait ſi bien luy peut venir, & dont tant de maux ſe peuvent enſuivre; & n'eſt pas de merveille ſe le Roy qui aime & deſire aimer mondit Seigneur, & voit qu'après Monſeigneur ſon fils c'eſt ſon plus prochain heritier, ne voudroit point qu'il fuſt allié par mariage en cette Maiſon, pour les grands inconveniens qui autrefois en ſont advenus, & qui encore pourroient advenir.

Item. Et toutes leſquelles choſes conſiderées, le Roy, comme dit eſt, ne peut croire que mondit Seigneur de Guyenne veuille ſous couleur de diſpenſe, ne autrement, venir contre ſon ferment, ne la promeſſe ſi ſolemnellement faite, & ſous ſi dangereuſe infraction; car ce ſeroit trop

* On peut juger par ces reflexions, ſi le Roy n'a pas eu raiſon de ne pas vouloir qu'aucun Prince du Sang épouſaſt l'héritiere de Bourgogne.

trop faire contre son honneur, & donner à tous autres matiere de n'avoir pas seureté & fermeté en ses sermens & promesses.

1471.

Item. Et quant mondit Seigneur obtiendroit dispense sur ledit mariage, aussi bien se pourroit-il faire dispenser sur les autres peines, comme de pourchasser le mal de la personne du Roy & de ses Royaumes & Seigneuries, dont il a pareillement fait serment sur ladite vraye Croix de Saint Lo, & se ainsi estoit auroit le Roy occasion de n'y avoir plus la confiance & seureté qu'il a eu jusqu'icy.

Item. Et quant mondit Seigneur de sa part sous couleur de dispense, ou autrement, feroit venir contre sondit serment, le Roy par ce moyen en seroit delié des traités, sermens & promesses qu'il a avec mondit Seigneur, & pourroit pourveoir à son fait & sa seureté par les moyens que Dieu luy conseilleroit.

Item. Et pour ce que le Roy desire oster toutes occasions de differences d'entre luy & mondit Seigneur son frere, & que l'amour d'entre eux soit à jamais indissoluble, afin qu'il ne demeure en son courage quelque soupçon ou imagination, aussi que, comme dit est, il voudroit tousjours avertir mondit Seigneur de toutes choses qui luy viendroient à connoissance, il envoye ledit Sieur du Bouchage pardevers luy, pour luy dire & declarer franchement & pleinement les choses dessusdites & en sçavoir la verité.

Item. Et pour mettre fin à toutes imaginations & soupçons, le Roy prie mondit Seigneur, que pour mieux asseurer le fait dudit serment qu'il a fait au Roy, il veuille renoncer à toutes dispensations ou autres voyes quelconques, qu'il pourroit avoir de nostredit Saint Pere, ou autrement, pour venir au contraire desdits sermens, & promettre & jurer de jamais ne se ayder desdites dispensations, ne autres choses, soit obtenuës ou à obtenir, & au cas qu'il s'en ayderoit, que ce nonobstant il veuille encourir le parjurement fait sur ladite vraye Croix de Saint Lo, & les peines qui y sont; & semblablement le Roy de sa part renonce en pareille forme à toutes dispensations ou autres voyes, qu'il pourroit avoir contre les sermens qu'il a faits à mondit Seigneur.

Item. Et par moyen desdites renonciations toutes défiances seront ostées, & n'aura jamais le Roy une seule imagination, ne soupçon de chose qui procede de mondit Seigneur, pour quelques langages que ses gens ou autres peussent dire & accroistre l'amour & dilection d'entre eux, & sera si vraye & si parfaite que plus ne pourroit.

Item. Et doit mondit Seigneur considerer le bel & grand appanage que le Roy luy a baillé, la grand amour & liberalité que depuis il luy a monstré; qu'il luy a communiqué tous les grands faits de son Royaume, comme à celuy où il a desir de mettre sur tout sa confiance, les bons & honorables services qu'il luy a tenus & encore desire tenir plus que jamais, lesquelles luy doivent bien donner courage de tousjours affermer de plus en plus les choses promises & jurées entre eux, veu mesmement que le Roy en offre de sa part autant faire, qu'il demande à mondit Seigneur de Guyenne de la sienne.

Item. Et au regard de ce qu'on a rapporté à mondit Seigneur, que le Roy devoit aller devers mondit Seigneur de Bourgogne, & appointer

X 2 avec

1471.

avec luy sans mondit Seigneur de Guyenne, ledit Mr. du Bouchage luy dira & affermera de par le Roy, qu'il n'a point eu cette volonté, mais son intention a tousjours esté & encore est de communiquer à mondit Seigneur de Guyenne tous ses grands affaires, & mesmement cette matiere, & soy conduire par son bon conseil & advis, auquel il a & doit sur tous autres avoir sa principale confiance; & se peut mondit Seigneur tenir seur qu'il ne voudroit en ladite matiere de Bourgogne rien appointer, ne besogner, sans en advertir mondit Seigneur de Guyenne, & en avoir son bon conseil & advis, ainsi que plus à plein le Roy luy a dit, & mesmement à son partement d'Orleans. Fait à Tours le dix d'Aoust mil quatre cens septante-un.

CLXXI.

1472.

☞ *Instructions* * *pour ceux que Monsieur de Guyenne envoye au Duc de Bourgogne, le 19. Fevrier (1472.) pour son mariage avec Mademoiselle de Bourgogne.*

Tiré des Recueils de M. l'Abbé Le Grand.

APrès les saluts ordinaires, ils asseureront Monsieur de Bourgogne que Monsieur de Guyenne est bien guery de sa maladie, que ses subjets sont bien unis & deliberez de le bien servir.

Il a envoyé dès le mois d'Aoust son blanc-signé pour accomplir le mariage d'entre luy & Mademoiselle de Bourgogne, selon que les Ducs de Bourgogne & de Bretagne le jugeroient, comme le Duc de Bourgogne l'a pû mander par l'Abbé de Begars, & depuis par le Sieur d'Urfé, & ledit mariage sera le bien du Royaume, & leur seureté aux uns & aux autres; & d'autant plus que le Roy averty de ces matieres, & voyant que le Duc de Guyenne s'éloignoit de luy, qu'il avoit chassé les serviteurs qu'il croyoit attachés au Roy; qu'il a rappellé Mr. d'Armagnac; qu'il a pris serment de ses subjets de le servir contre tous, & contre le Roy mesme; qu'il les a armés; il a tout tenté par grandes offres & promesses pour séparer Mr. de Bourgogne de ses interests; à quoy ne pouvant réussir, il a envoyé du Bouchage audit Sieur de Guyenne luy offrir sa fille en mariage, & a envoyé en Cour de Rome pour obtenir la dispense necessaire; luy promet de fournir son appanage tel qu'il a esté promis, de luy rendre ce qui en a été retenu; sçavoir, les pays de Rouergue & d'Angoumois, les hommages de plusieurs grands Seigneurs du Duché, que le Roy avoit à soy reservés, luy donner d'avantage Poitou & Limosin, avec ce le nombre de cinq cens Lances & le souldoy d'icelles, aussi certaine grand pension, & le faire son Lieutenant General, ou Regent, pourvû ce que mondit Sieur n'entendist aucunement esdites matieres avec mondit Sieur de Bourgogne, comme toutes ces choses mondit Sieur fit autrefois sçavoir au Duc, pour en avertir & informer mondit Sieur de Bourgogne.

Item. Et quand le Roy a veu qu'ausdites offres mondit Seigneur n'a
voulu

☞ * On trouvera cy-après *numero* CLXXIII. des instructions plus plus particulieres sur ce mariage.

voulu aucunement entendre, il a mis gens par tout les paſſages pour gar- 1472.
der que nuls des gens de mondit Seigneur ne puiſſent aller devers luy,
ne devers le Duc, ne d'eux à mondit Seigneur ; a fortrait & ſuborné
pluſieurs de ſes gens, Officiers & ſerviteurs, & de ceux du Duc par
promeſſes d'argent comptant, d'eſtats, offices, penſions & mariages, &
& ceux qui par leſdits moyens n'ont voulu laiſſer les ſervices de mondit
Seigneur, il les a menacés d'abbatre leurs maiſons aux champs & ès bonnes villes, de faire mourir leurs parens & amis, ou les bannir & envoyer en régions étranges, où il ſçait qu'ils n'ont aucune habitude, &
desjà l'a fait à pluſieurs ; a déchaſſé de ſon Royaume leurs femmes &
enfans, déclarant leurs biens confiſqués, leſquels il donne à qui bon
luy ſemble, pourquoy ils ſont contraints de laiſſer le ſervice de mondit
Seigneur.

Le Roy a fait approcher quinze ou ſeize mille hommes des pays du
Duc de Guyenne, & le bruit eſt qu'il y vient luy-meſme ; depuis dix ou
douze jours a fait crier que tout fuſt preſt au quinze du mois pour commencer la guerre ; Monſieur de Guyenne de ſon coſté a armé tous ſes
ſubjets & eſpere, avec le ſecours des Ducs de Bourgogne & de Bretagne,
faire bonne réſiſtance.

CLXXII.

☞ *Inſtructions aux Ambaſſadeurs du Duc de Guyenne, allans vers le
Duc de Bretagne, le 19. Fevrier 1471. (ou 1472. ſtyle nouveau.)*

Premier lieu, preſenteront les Lettres de créance que mondit Seigneur   Tiré des
luy eſcrit & feront les recommandations en tel cas accouſtumées.   mêmes Re-
  Item. Diront que pource que mondit Seigneur ſçait que mondit Sei- cueils.
gneur de Bourgogne deſire ſçavoir de ſon bon eſtat & convaleſcence,
mondit Seigneur luy fait acertener, que graces à Dieu il eſt en bonne
ſanté & diſpoſition, & qu'il eſt bien guéry de la maladie qu'il a euë : Et
au regard de l'eſtat de ſa Seigneurie, les Seigneurs de tous ſes pays, &
tous ſes ſubjets indifferemment ſont bien unis & deliberez à le ſervir
envers & contre tous.

  Item. Comme mondit Seigneur a eſté acertené, tant par ſes gens eſtans
devers Monſieur de Bourgogne, que par ce que le Duc luy a fait ſçavoir
que mondit Seigneur de Bourgogne a touſjours eu & a bon vouloir &
deſir à l'abreviation & accompliſſement des bonnes matieres pourparlées
touchant le mariage de Mademoiſelle ſa fille & de luy, dont tant affec-
tueuſement que faire peut le remercie, luy déclarant que mondit Seigneur de ſa part le deſire ſemblablement de tout ſon cœur, comme mondit Seigneur de Bourgogne a pû ſçavoir par l'Abbé de Begars, & autres
gens du Duc, & de plus par le Sire d'Urfé, & l'a pû connoiſtre, parce
que pour beſogner & prendre concluſion eſdites matieres, il envoya dès
le mois d'Aouſt dernier paſſé, Lettres & Scellé en blanc pour l'emplir,
ainſi que mondit Seigneur de Bourgogne & le Duc verroient eſtre à faire,
tant pour faire les alliances perpetuelles, que declaration pour ſa reſtitution au moyen dudit mariage.

X 3   *Item.*

Item. Que mondit Seigneur cognoist bien que la conclusion & perfection desdites matieres, qu'il desire de tout son cœur, sera cause du grand bien & ressource du Royaume, aussi la seureté de tous, entre eux, leurs parens, amis & alliez, & de leurs pays & subjets.

Item. Que le délay qui a esté jusques cy est leur grand désavantage, car depuis que le Roy a apperceu que mondit Seigneur a eu desir d'entendre esdites matieres, & qu'il s'est en ce déclaré, tant parce qu'il s'est esloigné du Roy, mis hors d'avec luy ceux qui l'entretenoient avec le Roy, & restitué Monsieur d'Armagnac en ses Seigneuries; & parce qu'il a mis sus & en armes ses vassaux & subjets, & pris le serment d'eux de le servir, ses bienveillans & alliez envers & contre tous, & mesmement contre le Roy, mondit Seigneur de Bourgogne sçait assez comment on l'a voulu desjoindre de l'amitié & desir qu'il avoit d'estre en perpetuelle alliance avec mondit Seigneur, par promesses & grands offres, que le Roy luy a faites.

Item. Et quand le Roy a veu la bonne fermeté de mondit Seigneur de Guyenne, & qu'en rien n'a voulu entendre ausdites offres, il a envoyé vers mondit Seigneur le Sieur du Bouchage, & par luy a fait offrir à mondit Seigneur sa fille en mariage, & envoyer en Cour de Rome obtenir la dispense pour ce nécessaire, luy fournir & donner son appanage tel qu'il luy avoit esté promis, & luy rendre ce qui en a esté retenu; sçavoir, les pays de Rouergue & d'Angoumois, & les hommages de plusieurs grands Seigneurs du Duché, que le Roy avoit à soy reservés, luy donner davantage Poitou & Limosin, avec ce le nombre de six cens Lances, & le souldoy d'icelles, aussi certaine grant pension, & le faire son Lieutenant General ou Regent, parmi ce que mondit Seigneur n'entendist aucunement esdites matieres avec mondit Seigneur de Bourgogne, comme toutes ces choses mondit Seigneur fit autrefois sçavoir au Duc, pour en avertir & informer mondit Seigneur de Bourgogne.

Item. Et quand le Roy a veu qu'ausdites offres mondit Seigneur n'a voulu aucunement entendre, il a mis gens par tous les passages pour garder que nuls des gens de mondit Seigneur ne puissent aller devers luy, ne devers le Duc, ne d'eux à mondit Seigneur; a sortrait & suborné plusieurs de ses gens, Officiers & serviteurs, & de ceux du Duc, par promesses d'argent comptant, d'estats, offices, pensions & mariages, & ceux qui par lesdits moyens n'ont voulu laisser les services de mondit Seigneur, il les a menacés d'abbatre leurs maisons aux champs, & ès bonnes villes; de faire mourir leurs parens & amis, ou les bannir & envoyer en régions estranges, où il sçait qu'ils n'ont aucune habitude, & desja l'a fait à plusieurs; a deschassé de son Royaume leurs femmes & enfans, déclarant leurs biens confisqués, lesquels il donne à qui bon luy semble; parquoy ils sont contraints de laisser le service de mondit Seigneur, à sa grand charge & foule de son honneur.

Item. Et qui plus est le Roy a approché grand nombre de gens de guerre jusques à quinze ou seize mille combattans, & est bruit que luy-mesme approche en personne pour faire guerre à mondit Seigneur & à ses pays, tout autour desquels ès plus prochains lieux & places sont logez lesdits gens de guerre, & a fait crier puis dix ou douze jours en çà,

que

que tout fuſt preſt au cinquieſme de ce preſent mois pour commencer & faire la guerre; pour doute de quoy & pour y reſiſter, ſe meſtier eſt, a convenu à mondit Seigneur mettre ſus & en armes toute ſa puiſſance, moyennant laquelle, & l'ayde de Dieu, de mondit Seigneur de Bourgogne, du Duc, & d'autres ſes bons amis, il a bien intention d'y donner bonne deffenſe & réſiſtance.

Item. Que néanmoins ce puis dix jours en çà, le Roy par trois perſonnes interpoſées a fait encore offrir à mondit Seigneur pareilles & ſemblables offres, que ledit du Bouchage luy avoit apportées, comme dit eſt, à quoy mondit Seigneur n'a voulu entendre; mais a reſpondu que quand le plaiſir du Roy ſera d'aſſembler les Seigneurs du Sang, & des ſages & prudes hommes de ſon Royaume, pour adviſer ce moyen & la maniere de mettre luy & ſondit Royaume, auſſi les Seigneurs de ſon Sang, & autres ſubjets d'iceluy, en ſeureté de leurs perſonnes, Seigneuries & biens, il y entendra & s'y employera très-volontiers, ainſi qu'il a fait & a touſjours voulenté de faire, mais que les termes qu'il luy a tenu & tient, ne ſont pas moyens de parvenir auſdites fins : Et au regard du mariage de la fille du Roy, mondit Seigneur a bien intention de mieux faire au bien du Royaume, deſdits Seigneurs du Sang, & des ſubjets d'iceluy.

Item. Et pource qu'il eſt vray-ſemblable que ſe leſdites matieres prennent plus de délay, plus grand inconvenient en pourra advenir, mondit Seigneur envoye preſentement tous les Scellez & choſes néceſſaires pour faire tout ce qui ſera adviſé pour l'accompliſſement deſdites matieres, par Guillaume de Suplainville, ſon Conſeiller & Vice-Admiral, lequel avec des gens du Duc ira devers mondit Sieur de Bourgogne; & leſquels ſcellez feront employez à l'entier accompliſſement deſdites matieres par le moyen & advis du Duc, & ſelon le bon plaiſir de mondit Seigneur de Bourgogne.

Item. Luy remonſtreront comme mondit Seigneur de Bourgogne peut aſſez connoiſtre, le bon & grand deſir que mondit Seigneur a eu & a à l'abreviation & accompliſſement deſdites matieres, & ſingulierement à ſon alliance perpetuelle au moyen dudit mariage, & le franc & liberal vouloir de quoy il a uſé & veut uſer envers luy, tant par la déclaration qu'il a ja faite, comme dit eſt, que par la guerre qu'il attend, à la réſiſtance qu'il y met & qu'il y mettra à ſon pouvoir; que par ce auſſi mondit Seigneur remet ſon fait entierement à l'advis, bonne conduite & plaiſir de luy & du Duc.

Item. Et auſſi luy diront comme mondit Seigneur a ſceu, que ſur le bruit qui a couru que le Roy luy vouloit mener guerre, mondit Seigneur de Bourgogne a fait ſçavoir au Roy, qu'il ne pourroit ne voudroit veoir le mal ou dommage de mondit Seigneur, non plus que le ſien propre, de quoy mondit Seigneur le remercie de tout ſon cœur; & que pour le bon vouloir & amour qu'il connoiſt avoir en luy, & la ſeureté & fiance qu'il y prend & veut prendre, il eſt deliberé de jamais n'entendre à nul offre, ne appointement quelconque, que le Roy luy puiſſe faire ouvrir ne offrir, que ce ne ſoit par le gré, vouloir, conſeil & conſentement de mondit Seigneur de Bourgogne & du Duc, luy requerrant & priant que de ſa part ſemblablement le faſſe.

Si luy requerront qu'en ayant regard aux choses dessusdites, son bon bon plaisir soit dès à present faire & accomplir le mariage par parole de present, afin que les Seigneurs & notables hommes du Royaume, qui ont conseillé & qui desirent l'accomplissement desdites matieres ayent connoissance & asseurance que ledit mariage est fait & accomply ; & par ce soient plus enclins d'y servir, & à ce que nul n'ait cause d'en faire doute ou difficulté ; & en ce faisant mondit Seigneur de Bourgogne le trouvera bon & loyal fils, sans jamais luy faire faute ; car il se tient seur aussi, que mondit Sgr. de Bourgogne luy sera bon & loyal pere.

Luy requerront aussi que son bon plaisir soit, attendu la necessité & le besoin, que mondit Seigneur pourra avoir d'estre secouru & aydé, mettre en toute diligence son armée aux champs, & tirer au secours de mondit Seigneur & du Duc, sans attendre le terme des treves qu'il a avec le Roy ; car mondit Seigneur a esté adverty par aucuns ses amis qui sont prochains du Roy, qu'il s'est deliberé de subjuguer mondit Seigneur, & ses pays & Seigneuries, par guerre & hostilité, se faire le peut dedans le mois d'Avril, afin qu'à cause de ladite treve mondit Seigneur de Bourgogne ne luy donne aucun secours ou aide.

Fait à Mont-de-Marsan, le dix-neuviesme jour de Fevrier 1471.

CLXXIII.

Instructions particulieres & déclaration aux Gens de Monseigneur & du Duc de Bretagne, de l'intention de M. de Guyenne, & de la maniere qu'ils auront à eux conduire sur aucuns points contenus ès premieres instructions.

Tiré des Recueils de M. l'Abbé Le Grand.

ET premierement, touchant la requeste contenuë au penultiesme article desdites instructions qu'ils ont à faire de par mondit Seigneur à Monsieur le Duc de Bourgogne ; c'est à sçavoir, que son plaisir soit pour les raisons touchées audit article, & ès articles precedens, faire & accomplir le mariage par parole de present entre mondit Seigneur & Mademoiselle, fille de mondit Seigneur de Bourgogne.

Mondit Seigneur entend, que si mondit Seigneur de Bourgogne en ayant regard à l'apparence de guerre, ou à l'effet, qu'il sera vray-semblablement requis de faire pour sa restitution & reparation, le veut liberalement & de son bon vouloir le faire, à ce que plusieurs Seigneurs & nobles hommes du Royaume, qui ont conseillé & qui desirent la perfection d'iceluy, & de toutes les matieres, y servent de plus grand courage & meilleure voulenté ; les gens de mondit Seigneur & du Duc l'accepteront en l'en remerciant de par mondit Seigneur très-affectueusement & de bon cœur.

Mais aussi se mondit Seigneur de Bourgogne y faisoit aucun arrest ou difficulté, luy sera dit par lesdits Gens & Ambassadeurs, que mondit Seigneur remet cet article & le tout des autres à son plaisir & voulenté ; Et entend mondit Seigneur que pour ce ils ne laissent pas à besogner aux alliances & à la declaration, pour la reparation de mondit Seigneur de Bourgogne, en telle forme que luy & le Duc adviseront ; car de telle

seureté

seureté qu'il plaira à Monsieur de Bourgogne faire & octroyer pour ledit mariage, mondit Seigneur est & sera content, & en prend & veut prendre sa seureté & confiance en mondit Seigneur de Bourgogne, & en son bon vouloir, duquel il se tient pour tout acertené.

1471.

Et semblablement tous les autres points, où se pourroit trouver aucune alteration ou difficulté, mondit Sgr. les remet au bon plaisir de mondit Seigneur de Bourgogne & veut & entend que ses Gens & ceux du Duc se conduisent en cette sorte.

Fait au Mont-de-Marsan, le dix-neuviesme jour de Fevrier mil quatre cens septante-un.

CLXXI.

Observations (*) sur les differentes propositions de mariage, pour Marie de Bourgogne.

NICOLAS Duc de Calabre, vint vers le Duc de Bourgogne, au sujet du mariage de sa fille, il en fut bien receu, & eut bonne esperance de la conclusion. On a deja vu qu'il est encore parlé du mariage de cette Princesse, avec le Duc de Berry, ou avec Maximilien d'Autriche, fils de l'Empereur Frederic III. & de l'entreveuë de cet Empereur, avec le Duc de Bourgogne.

Tiré de l'Edition de M. Godefroy.

La Princesse Marie de Bourgogne, estoit née à Bruxelles, le douze Fevrier mil quatre cens cinquante-six, stile ancien, ainsi elle avoit plus de quatorze ans, & estoit en âge d'estre mariée. Ce n'estoit pourtant pas le dessein de son pere de la marier si-tost, mais il la promettoit en mesme temps à plusieurs Princes dans la veuë de profiter de l'esperance qu'ils avoient tous de l'épouser.

Charles Duc de Berry, frere du Roy Loys XI. n'estoit regardé que comme un Prince, qui pouvoit causer beaucoup d'inquietudes au Roy son frere, & beaucoup de troubles dans le Royaume : d'ailleurs, il n'estoit pas fort estimé du Duc de Bourgogne, ils s'estoient trop bien connus au temps de la bataille de Mont-le-Hery, & mesme depuis; & l'on peut voir dans le chapitre V. du premier livre des Memoires de Comines, que la pitié Duc de Berry, à la veuë de ceux qui avoient esté blessez à cette bataille, n'avoit pas esté agreable au Duc de Bourgogne, lors Comte de Charolois, & luy avoit mesme donné des soupçons, qui, contre son inclination l'avoient determiné à se liguer avec le Roy d'Angleterre.

Maximilien Duc d'Autriche, n'avoit aucune belle qualité, qui put le faire aimer ; l'Empereur Frederic III. son pere, estoit generalement meprisé à cause de son avarice, l'humeur splendide du Duc de Bourgogne n'auroit jamais pu s'accommoder de la lezine de l'Empereur, si ce Duc n'avoit eu en veuë de se servir de l'esperance qu'il donneroit du mariage de sa fille, avec Maximilien, pour parvenir par ce moyen à la Couronne Imperiale, à laquelle il aspiroit depuis longtemps.

Il avoit commencé à s'ouvrir de ce dessein à George, Roy de Boheme,

&

☞ Cette observation est de Mr. Godefroy.

Tome III.

& la chose en estoit venuë si avant, que ce Roy gagné par l'offre d'une somme de deux cens mille florins du Rhin, & de l'investiture des Fiefs du Comte de Catzenelboge, en cas qu'ils fussent devolus à l'Empire, s'estoit engagé par un Traité fait en mil quatre cens soixante-neuf, de faire élire le Duc de Bourgogne, Roy des Romains.

Nicolas Duc de Calabre, estoit un Prince courageux & magnanime, il avoit gagné l'estime & l'affection du Duc de Bourgogne, par ses assiduitez & les grands services qu'il luy avoit rendus : il n'avoit pas plutost appris que le Duc de Bourgogne assembloit une armée pour faire la guerre à la France, qu'il avoit rompu le Traité d'alliance qu'il avoit fait avec le Roy Loys XI. & la promesse qu'il luy avoit donnée d'épouser Madame Anne de France, sa fille aisnée, il s'estoit rendu auprès du Duc de Bourgogne, pour luy offrir ses services, & ils avoient fait ensemble le vingt-cinq May mil quatre cens septante-deux, un Traité de ligue envers & contre tous, excepté seulement peu de personnes.

Cette maniere d'agir du Duc de Calabre fut si agreable au Duc de Bourgogne, qu'il ne se contenta pas de luy promettre sa fille en mariage, mais pour luy en asseurer la possession, il voulut encore que sa fille luy en donnât & en reçût reciproquement une promesse par écrit, ce qui s'executa dans la Ville de Mons, le treize Juin mil quatre cens septante-deux.

Un pareil engagement auroit eu son effet entre gens d'honneur, mais les veues ambitieuses du Duc de Bourgogne, luy firent bientost songer à le rompre : il tourna le Duc de Calabre de tant de costez, qu'à la fin il en obtint le cinq Novembre mil quatre cens septante-deux, un acte en forme de renonciation à la promesse du mariage qu'il avoit receuë & donnée à la Princesse de Bourgogne.

La Princesse se laissa conduire, & n'ayant d'autre volonté que celle de son pere, elle donna pareillement le trois Decembre mil quatre cens septante-deux, sa Lettre de renonciation à la promesse de mariage qu'elle avoit receuë du Duc de Calabre.

Le Duc de Berry estoit mort pendant cet intervalle de temps, & le Duc de Bourgogne tournant toutes ses vues du costé du Prince Maximilien d'Autriche, moins par inclination que par rapport à l'avantage qu'il esperoit retirer de l'Empereur son pere, il chercha à entrer en negociation avec luy.

Il avoit tousjours entretenu correspondance avec Sigismond Duc d'Autriche, & Comte de Tirol, & ce Prince luy parut propre pour traiter avec l'Empereur Frederic III. son cousin germain. (*)

L'instruction du Duc de Bourgogne à ceux qu'il envoyoit vers le Duc Sigismond d'Autriche, ne sçauroit estre mieux dressée : il leur recommande particulierement de ne point consentir au mariage de sa fille, à moins que luy-mesme n'eust esté esleu Roy des Romains, avec asseurance neanmoins de faire ensuite passer la Couronne Imperiale au Prince Maximilien d'Autriche, qu'il vouloit bien accepter pour gendre.

Le Duc de Calabre n'avoit pas tout à fait perdu l'esperance d'epouser la Princesse

(*) Ils avoient pour grand-Pere commun, Leopold, Duc d'Autriche, mort en 1386.

Princesse de Bourgogne; le Duc son pere l'avoit fait pressentir s'il vouloit renouveller le Traité de ligue qu'il avoit fait avec luy : le Duc de Calabre paroissoit disposé à le renouveller, mais cognoissant l'inconstance du Duc de Bourgogne, & peut estre informé de la negociation, qui se tramoit pour marier la Princesse avec le fils de l'Empereur, il voulut auparavant estre asseuré de ce Duc ; il luy escrivit de Nancy, le quatre Juin mil quatre cens septante-trois, qu'il vouloit bien renouveller avec luy l'ancienne ligue, pourveu qu'il voulut luy donner la Princesse sa fille en mariage, ainsi qu'il luy avoit deja promis.

1471.

La mort du Duc de Calabre arrivée le douzieme Aoust mil quatre cens septante trois, mit fin à ses esperances amoureuses; le Duc de Bourgogne ne songea plus qu'à obtenir le consentement de l'Empereur Frederic III. pour estre eleu Roy des Romains ; ces Princes convinrent d'une entrevuë qui se fit en la Ville de Treves au mois d'Octobre mil quatre cens septante trois, le Duc de Bourgogne y parut avec toute la pompe imaginable, l'Empereur n'y brilla pas beaucoup, ce que le Duc en put obtenir, fut l'Investiture du Duché de Gueldre & du Comté de Zutphen; le mariage du Prince Maximilien d'Autriche avec la Princesse de Bourgogne, n'y fut proposé que comme un moyen du Duc son pere, pour estre eleu Roy des Romains. Il y a beaucoup d'apparence que l'Empereur ne gousta pas cette proposition, ny celle qui avoit deu luy estre faite, d'eriger un Royaume en faveur du Duc de Bourgogne : & ne voulant pas le refuser en face, il prit le party de se retirer à l'improviste de la Ville de Treves, & de s'en retourner dans ses Estats.

Les Lettres & actes passez à ce sujet, sont assez singuliers, pour meriter d'estre icy rapportez en leur entier. *numero* CXLVII.

CLXXII.

Traité entre le Roy Louis XI. & Charles Duc de Bourgogne, par lequel ils confirment les Traitez d'Arras, Conflans & Peronne, &c.

Fait au Château de Crotoy, le 3. Octobre 1471.

CHARLES, par la grace de Dieu, Duc de Bourgogne, de Lothier, de Brabant, de Limbourg & de Luxembourg, Comte de Flandres, d'Artois, de Bourgogne, Palatin de Hainaut, de Hollande, de Zelande & de Namur, Marquis du Saint-Empire, Seigneur de Frise, de Salins & de Malines : A tous ceux qui ces presentes Lettres verront, Salut. Comme pour du tout pacifier les guerres, questions & differences, estans entre Monsieur le Roy & nous, ayent esté faites certaines ouvertures pour parvenir au bien inestimable de paix finale, ausquelles ouvertures pour l'honneur & reverence de Dieu nostre Createur, éviter l'effusion du sang humain, & les maux, inconveniens & dommages irreparables, qui pourroient advenir à cause de la guerre, à nous & à toute la chose publique de nos Pays & Seigneuries, aussi pour consideration de la proximité de lignage, en quoy nous attenons mondit Sieur le Roy, & la singuliere amour que nous avons euë & desirons avoir à luy & à la Couronne

Tiré de l'Edition de M. Godefroy.

1471.

ronne de France, nous foyons liberalement condefcendus. Sçavoir faifons, que nous pour les caufes deffufdites, mefmement pour le grand defir que nous avons d'entretenir nofdits pays, Seigneuries & fubjets, en bonne paix & tranquilité, & que mondit Sieur le Roy & nous, puiffions d'orefnavant vivre en bonne amour, union & concorde, & pour autres grandes & raifonnables caufes & confiderations à ce nous mouvans, avons de noftre certaine fcience & propre mouvement, & fur ce bien confeillez & avertis, fait, paffé, traité, fermé, accordé & conclu, faifons, paffons, traitons, fermons, accordons & concluons paix finale avec mondit Sieur le Roy, en la forme & maniere qui s'enfuit.

Premierement, bonne, feure, loyale, ferme, finale & durable paix à tousjours eft faite, paffée, fermée, accordée & concluë entre mondit Seigneur le Roy & nous, pour mondit Seigneur le Roy, fes Royaumes, pays, Seigneuries & fubjets d'une part; & pour nous, nos pays, Terres, Seigneuries & fubjets d'autre part. Et cefferont d'orefnavant & à tousjours, entre mondit Seigneur le Roy & nous, fefdits Royaume, pays, Seigneuries & fubjets, & les noftres, toutes guerres, hoftilitez & œuvres de fait par mer, eau douce & par terre, fans ce que à l'occafion defdites guerres paffées, aucune chofe puiffe eftre imputée ou reprochée de nous ou des noftres, à mondit Sieur le Roy, à fefdits fubjets ni autres, qui ont tenu fon party, ains feront tous les exploits de guerre faits d'une part & d'autre, durant le temps defdites queftions & differences, tenus & reputez pour non faits & non avenus.

Item. Et à ce que mieux & plus convenablement ladite paix finale foit inviolablement gardée & entretenuë, & que jamais guerre ou divifion ne puiffe venir entre nous, mais que d'orefnavant nous puiffions vivre en bonne, parfaite & vraye amour, union & concorde, mondit Sieur le Roy de fa part, & nous de la noftre, avons ratifié, confirmé & approuvé ratifions, confirmons & approuvons les Traitez de paix faits à Arras, entre feu le Roy Charles, pere de mondit Sieur le Roy, & feu noftre très-cher Seigneur & pere, que Dieu abfolve, auffi le Traité de Conflans, en tant que mondit Sieur le Roy & à nous toucher peut : & femblablement le Traité de Peronne, tout ainfi que fi iceux Traitez & tout leur contenu, eftoient expreffement & au long inferez & incorporez en ce prefent Traité, cognoiffant & affermant defdits Traitez, & de tout le contenu en iceux, avoir bonne & vraye fouvenance. Et lefquels Traitez d'Arras & de Conflans, en tant que touche à mondit Sieur le Roy & à nous, & de Peronne, nous de noftre certaine fcience en tant que befoin eft, & fans innovation ou derogation d'iceux, avons fait, traité, confenti & accordé, & de nouvel faifons, contractons, confentons & accordons avec mondit Sieur le Roy, fous les promeffes, fermens, aftrictions, peines, cenfures & foumiffions, telles & femblables que contiennent lefdits Traitez. Et feront & demeureront d'orefnavant lefdits Traitez d'Arras & Peronne, & celuy de Conflans, en tant que toucher peut mondit Sieur le Roy & nous, en leur pleine & entiere force, vigueur, vertu & valeur, en tous leurs points, articles & chofes dedans contenuës felon leur forme & teneur. Et feront tous lefdits points & articles dudit Traité de Peronne, qui encore reftent à executer & accomplir,

fournis,

fournis, executez & accomplis par la forme & maniere, & dedans semblable temps & termes contenus & declarez audit Traité de Peronne.

Item. Et par cedit present Traité de paix, a esté dit & accordé, que mondit Sieur le Roy rendra & fera rendre réellement & de fait, à nous ou à nos gens commis & deputez, les Citez & Villes d'Amiens & Saint-Quentin, ensemble les Prevostez de Vimeu, Foulloy & Beauvoisis, & leurs appartenances & appendances quelconques, & generalement tout ce qui auroit esté sur nous pris, occupé & souftrait depuis un an en çà, en quelque maniere & par qui que ce soit, de toutes les Terres à nous transportées par lesdits Traitez de Conflans & Peronne, pour en jouyr par nous avec les autres Villes, Places, Terres & Seigneuries, par mondit Sgr. le Roy à nous transportées par lesdits Traitez de Conflans & Peronne, par la forme, maniere, nature, estat & conditions contenus & declarez esdits Traitez de Conflans & Peronne, & selon le transport que par iceux Traitez nous en a esté fait par mondit Seigneur le Roy. Et pareillement nous rendra & fera rendre réellement les Villes, Places, Prevostez, Terres & Seigneuries de Roye & Mondidier, & leursdites appartenances & appendances, & aussi ce qui auroit esté pris de la Prevosté de Peronne, pour en jouyr, & le tout tenir & posseder en autels & semblables droits, prerogatives, rentes, revenus, profits & émolumens, & en la propre maniere & estat, que faisions paravant icelles divisions. Et si aucunes autres Villes, Places, Terres ou Seigneuries nous avoient esté soustraites depuis un an en çà, mondit Sgr. le Roy les nous fera semblablement restituer & rendre, pour en jouyr comme paravant. Et au regard des Places, Villes, Châteaux & Forteresses des Duché, Comté & pays de Bourgogne, Charolois, Maconnois, Auxerrois & de Liege, que mondit Seigneur nous a fait rendre & restituer, nous en jouyrons, ensemble de leurs appartenances & appendances quelconques, & de tout ce que esdits Duché, Comté & pays auroit esté empesché, tout ainsi que faisions paravant lesdites questions & divisions, & sans difference aucune.

Item. Et au regard de tous les biens meubles, quels qu'ils soient, pris, & occupez par ceux de l'un des partis sur l'autre, ou donnez par mondit Sieur le Roy ou nous, aussi pris & occupez, & des profits, revenus & émolumens des Terres, Seigneuries, rentes & heritages qui auroient esté pris, perçus, levez & reçus par ceux de l'un parti sur l'autre, n'en sera jamais fait question ou demande en jugement ni dehors, ni aussi des dettes qui ont esté levées ou reçuës, ou qui ont esté données, cedées, remises ou quittées par mondit Seigneur le Roy, ou nous; & n'en pourront ceux à qui lesdits biens, meubles, dettes, profits & esmolumens desdites Terres, Seigneuries, rentes & heritages competoient & appartenoient, faire aucune question ou demande par justice, ou autrement, ni quelque chose en reprocher, quereller, ou demander.

Item. Par cedit present Traité de paix, a esté & est accordé & conclu, que tous les subjets & serviteurs d'une part & d'autre, seront & sont pleinement & entierement restituez à toutes leurs Terres, Seigneuries, heritages, rentes heritables & viageres, & generalement à tous les heritages, possessions & biens immeubles quelconques, en l'estat qu'ils sont de present; aussi à leurs biens meubles estans en nature de chose sur les lieux

lieux de leurſdites Terres, Seigneuries & heritages & aux arrerages qui ne ſeront point levez deſdites Terres, Seigneuries, rentes hereditables & viageres, & revenus quelconques, & s'en pourront enſaiſiner, & eux mettre en poſſeſſion & ſaiſine de leur plein chef, & ſans aucune ſolemnité ou myſtere de Juſtice, & en jouyr pleinement & paiſiblement, enſemble deſdits biens meubles eſtans en nature, ſi aucuns en ſont par eux trouvez ſur les lieux de leurſdites Terres, Seigneuries & heritages, & deſdits arrerages non levez, comme dit eſt, ſans aucun contredit, debat ou empeſchement quelconques, tout ainſi qu'ils faiſoient, ou euſſent pû faire paravant leſdites diviſions dernieres paſſées.

Item. A eſté & eſt accordé, que toutes choſes faites, commiſes, perpetrées, ou avenuës durant leſdites guerres, queſtions & differences dernieres paſſées par ceux de l'un parti ſur l'autre, en quelque maniere, ni pour quelconque cauſe qu'elles ayent eſté faites, ſont remiſes, quittées, pardonnées & abolies d'un coſté & d'autre, tout ainſi que ſi jamais n'avoient eſté faites, commiſes ou perpetrées, & ſans ce que aucune action ou pourſuite en puiſſe eſtre faite ou intentée de l'un à l'autre en Jugement ou dehors, ne que aucun en puiſſe eſtre arreſté, detenu ou empeſché en corps, ne en biens, d'office de Juſtice, ne autrement, en quelque forme ou maniere, ne pour quelconque cauſe ou occaſion que ce ſoit.

Item. Et que pour ce que à l'encommencement deſdites dernieres queſtions & differences, furent faites deffenſes de par mondit Seigneur le Roy, à tous ſes ſubjets, de non communiquer marchandement ne autrement en nos pays, Terres & Seigneuries, & pareillement le fiſmes à tous nos ſubjets, a eſté accordé & conclu, que toutes leſdites defenſes d'une part & d'autre, ſont abolies, annullées & miſes du tout au neant: & pourront tous les ſubjets & ſerviteurs d'une part & d'autre, aller, marchander & communiquer les uns avec les autres, pour toutes leurs marchandiſes enſemble ou ſeparement, & toutes leurs autres affaires quelconques, & aller en toutes les Villes, pays, Places, Terres & Seigneuries de mondit Seigneur le Roy, & de nous, & par tout ailleurs ou bon leur ſemblera, par mer, eaues douces, & par terre, tout ainſi qu'ils faiſoient paravant leſdites defenſes, queſtions, guerres & differences.

Item. Pour ce qu'il eſt à douter, que pendant leſdites queſtions & differences aucuns arreſts, Sentences, Jugemens, deffauts, congez & autres exploits de Juſtice, ayent eſté faits ou donnez par la Cour de Parlement, ou autres Juſticiers & Officiers de mondit Seigneur le Roy à l'encontre d'aucuns nos ſerviteurs ou ſubjets, qui du commencement deſdites guerres, ſe ſont declarez tenir noſtre parti contre luy, & pareillement par nos Juſticiers & Officiers, à l'encontre d'aucuns des ſubjets ou ſerviteurs de mondit Seigneur le Roy, qui du commencement d'icelles guerres ſe ſont declarez tenir ſon parti, a eſté & eſt traité & accordé, que tous leſdits Arreſts, Sentences, Jugemens, deffauts, congez, condamnations & autres exploits de Juſtice, qui, pendant & durant leſdites queſtions & differences ont eſté ou ſeront donnez & prononcez par la Juſtice de mondit Seigneur le Roy contre noſdits ſubjets ou ſerviteurs, & pareillement par noſtre Juſtice contre leſdits ſubjets ou ſerviteurs de

mondit

mondit Seigneur le Roy, soit par deffaut, contumace, noncomparence ou autrement, en quelque maniere que ce soit, jusqu'au temps de la publication de cette presente paix finale, seront & demeureront de nul effet & valeur, tout ainsi que s'il n'en avoit esté aucune chose dite, sentenciée, jugée & prononcée, & seront receuës les parties contre lesquelles lesdits Arrests, Sentences, Jugemens, condamnations, deffauts, congez ou autres exploits de Justice auroient esté ainsi donnez & prononcez, à elles deffendre ou agir en Jugement & dehors, tout ainsi qu'elles pouvoient faire auparavant lesdites dernieres questions & differences; & dès à present sont remises au propre point & estat qu'elles estoient paravant l'encommencement d'icelles.

Item. Et seront compris en cedit present Traité de paix les alliez d'une part & d'autre, qui y voudront estre compris, auquel cas, si compris y veulent estre, ils seront tenus d'en faire declaration par leurs Lettres Patentes dedans un an prochainement venant; & seront tenus mondit Seigneur le Roy & nous, signifier l'un à l'autre ceux qui auront fait ladite declaration & nomination, dedans deux mois après ledit an passé, & en ce faisant, ils jouyront de l'effet de ce present Traité de paix: & au cas que aucune declaration ou nomination n'en seroit faite, si sera & demeurera neantmoins ce present Traité de paix en sa force & vertu, selon sa forme & teneur, & mondit Seigneur le Roy & nous entiers en nos alliances. Toutes lesquelles choses dessusdites & chacune d'icelles nous avons jurées & promises, jurons & promettons par la foy & serment de nostre corps, en parole de Princes, sur nostre honneur, & sur l'hypoteque & obligation de tous nos biens, meubles & immeubles, presens & futurs, & sur les mesmes peines, astrictions, censures & obligations contenuës & declarées ès Lettres desdits Traitez d'Arras, Conflans & Peronne, & en chacune d'icelles, garder, tenir, observer & entretenir, & faire garder, tenir & observer inviolablement, sans enfraindre en quelque forme ou maniere, ne pour quelque cause ou occasion que ce soit, ou pût estre. Et d'abondant, quant à ce nous soubmettons aux censures Ecclesiastiques, lesquelles nous voulons & consentons en cas de contravention, que Dieu ne veuille, estre contre nous promulguées par nostre Saint Pere le Pape, ou par tels Legats, Archevesques, Evesques, ou autres Juges Ecclesiastiques quelconques; c'est à sçavoir, d'excommuniement, agravation, reagravation, interdit, anatematization, & par toutes autres plus fortes censures & fulminations que mondit Seigneur le Roy voudra requerir, & dès à present nous en tenons & reputons pour admonestez les premiere, seconde, tierce & quarte fois d'abondance. Et quant à ce, renonçons par exprès à tous privileges Papaux, par lesquels l'on ne pourroit proceder contre nous par Sentence d'excommuniement, & à tous privileges & autres choses quelconques, qui pourroient retarder ou empescher le plein & entier effet, ou execution de cesdites presentes; & voulons, consentons, & nous plaist, que audit cas de contravention l'on puisse proceder à l'encontre de nous par lesdites censures, tout ainsi que l'on pourroit faire contre une privée & particuliere personne, non ayant privilege quelconque. Si donnons en mandement à nos tres-chers & feaux Chancelier & Gens de nostre grand Conseil, aux Gens

qui

PREUVES DES MEMOIRES

1471.

qui tiendront nos Parlemens de Bourgogne, à nos Presidens & Gens de nostre Conseil, & de nos Comptes à Dijon, & à nos Baillifs, & autres Justiciers & Officiers de nos Duché & Comtez de Bourgogne, Charolois, Masconnois & Auxerrois, à nos President & Gens de nostre Conseil, & de nos Comptes en Brabant, residens en nostre Ville de Bruxelles, à nos Gouverneurs & Gens de nostre Conseil en nos pays & Duché de Luxembourg & Comté de Chiny, à nos President & Gens de nostre Chambre de nostre Conseil en Flandres, residens en nostre Ville de Gand, à nostre grand Bailli de Hainaut, & Gens de nostre Conseil à Mons, à nos Senechaux de Boullenois & de Ponthieu, à nostre Bailli d'Amiens, à nostre Gouverneur d'Arras, & à tous nos Baillis d'Artois, à nostre Gouverneur de Peronne, Mondidier & Roye, à nos Lieutenant & Gens de nostre Conseil ordonnez en nos pays de Hollande, Zelande & Frise, residens à la Haye à nos Lieutenant de Liege, & Gouverneur de nostre Comté de Namur &, à tous nos autres Baillifs, Justiciers & Officiers, qui ce peut & pourra toucher, ou à leurs Lieutenans, & à chacun d'eux en droit soi, *metier, c'est-à-dire, besoin,* que esdites presentes ils enregistrent, & publient, ou fassent enregistrer & publier par tout on métier sera, ès lieux & places en tel cas accoustumez, & icelles en tous leurs points & articles gardent, entretiennent & observent, & fassent garder, entretenir & observer à tousjours, selon leur forme & teneur, sans faire ou aller, ne souffrir faire ou aller au contraire, en quelque maniere que ce soit ; & pour ce que de cesdites presentes l'on pourra avoir à faire en plusieurs & divers lieux, voulons en outre & nous plaist, que au *vidimus* d'icelles, fait sous les sceaux de mondit Seigneur le Roy ou de nous, ou signées par l'un des Notaires & Secretaires d'iceluy mondit Seigneur le Roy, ou par l'un de nos Secretaires, pleine foy soit ajoustée comme à ce present original. En tesmoin de ce, nous avons fait mettre nostre scel à ces presentes, & icelles avons signées de nostre main. Donné à nostre Chastel du Crotoy, le troisiesme jour d'Octobre, l'an de grace, mil quatre cens septante-un. *Sur le reply est escrit*, Par Monseigneur le Duc. *Signé*, G R O S.

Et scellé d'un grand Sçeau de cire rouge, pendant à double bande de parchemin.

CLXXIII.

☞ *Lettre de Louis XI. au Comte de Dammartin, au sujet du Comte d'Armagnac, auquel Monsieur de Guyenne avoit rendu ses Terres.*

Tiré du MS. 8437. de la Bibliotheque du Roy, parmi ceux de Bethune. Folio 132.

MOnsieur le grand Maistre, Monsieur de Guyenne a rendu les Terres. &c. . . . . (*a*)
Je mets la plus grant diligence que je puis à assembler le reste de ce que je vous dois ; je vous prie que me mandez se vous avez receu ce que je vous ay envoyé, & le reste que je vous dois encore, je le vous envoyerai

(*a*) Cette Lettre se trouve au Cabinet du Roy Louis XI. Tome II. de cette Edition, page 242. mais comme elle n'y est pas entiére, j'en mets icy la fin que j'ay copié sur l'original, qui est dans la Bibliotheque de S. M.

voyerai le pluftoft que je pourray. Adieu, Monfieur le grand Maiftre.

Efcript au Montilz, le vingt-deuxiefme jour de Decembre. *Signé*, L O Y S. *Et plus bas*, T I L H A R T.

1471.

Au dos eft efcript. A noftre très-cher & amé coufin, le Comte de Dammartin, grand Maiftre d'Hoftel de France.

CLXXIV.

☞ *Le Roy Louis XI. fe fait nommer par le Pape Chanoine de Clery.*

SIXTUS Epifcopus, fervus fervorum Dei, ad perpetuam rei memoriam. Sacerdos in æternum, Dominus nofter Jefus-Chriftus, dum in carne vifibibiliter effet in mundo, Regem fe nominare voluit, fpiritualia temporalibus indigere, & temporalia fpiritualibus adjuvari poffe demonftrans; & in veteri Lege hujus viciffitudinis fimilitudinem præcedente, non folùm Sacerdotes, fed etiam Reges ungebantur, quod infigne piæ conjunctionis argumentum Reges Francorum, in primis tanquàm chriftianiffimi & invictiffimi chriftianæ Religionis propugnatores, per longa tempora inviolabiter obfervantes, facrâ in eorum primordiis illiniuntur unctione, unde etiam diverfi prædeceffores noftri Romani Pontifices, hac inter cætera confideratione ducti, ut verifimiliter colligi poteft, præfatos Reges in diverfis Ecclefiis Regni, ipfos Canonicos effe debere ftatuerunt, ut qui temporalis fulgerent culmine dignitatis, fpiritualibus, in teftimonium ipforum finceritatis & fidei, erga Romanam Ecclefiam gauderent fe titulis infignitos. Hinc eft quod nos cariffimi in Chrifto Filii noftri Ludovici Francorum Regis illuftris, devotis in hac parte fupplicationibus inclinati auctoritate apoftolicâ tenore præfentium ftatuimus, decernimus & ordinamus, quòd tam ipfe Ludovicus ex nunc, quàm Reges Francorum, qui erunt pro tempore, ftatim poft Sceptri regalis adeptionem, Canonici Ecclefiæ Beatæ Mariæ de Cleriaco, ad Romanam Ecclefiam nullo medio pertinentis nullius Diœcefis, in quâ præfatus Rex Ludovicus fuam, ut afferit, elegit fepulturam, abfque aliâ creatione, feu collatione vel provifione per nos, vel fucceffores noftros Romanos Pontifices, aut quofvis alios defuper facienda, cum plenitudine Juris, Canonici fint & effe cenfeantur, & Prothocanonici nominentur; ita quòd quotiefcumque Ludovicus, & alii Reges & fucceffores præfati ad illam perfonaliter acceffeerint, fuperpelicium cum cappâ & almuciâ, aliifque Canonialibus indumentis, & infignibus deferre, ac primum Stallum in Choro, & locum in Capitulo, etiam fuprà Decanum ipfius Ecclefiæ, de confenfu tamen Decani & Capituli ejufdem habere poffint & debeant, nonobftantibus Conftitutionibus Apoftolicis, ac de certo Canonicorum numero dictæ Ecclefiæ, necnon ejufdem Juramento, confirmatione Apoftolicâ, vel quâcumque firmitate aliâ, roboratis ftatutis & confuetudinibus, cæterifque contrariis, quibufcumque. Nulli ergo omnino hominum liceat, hanc paginam noftræ ordinationis, Statuti & Conftitutionis infringere, vel & aufu temerario contraire : fi quis autem hoc attentare præfumpferit, indignationem omnipotentis Dei, ac Beatorum Petri & Pauli Apoftolorum ejus fe noverit incurfurum : Datum Romæ, apud Sanctum Petrum,

Tiré du Volume 8445 de la Bibliotheque du Roi, parmi ceux de Bethune, Folio 4.

1472.

anno Incarnationis Domini millesimo quadringentesimo septuagesimo primo, septimo idûs Martii, Pontificatus nostri anno primo. Sic signatum, DE MILLIMUS. Actum per copiam, super originale, anno Domini, millesimo quadringentesimo nonagesimo-secundo, indictione decimâ, Pontificatûs Sanctissimi in Christo Patris, ac Domini, Domini Innocentii, divinâ providentiâ Papæ octavi, anno octavo, Mensis verò Augusti, die decimâtertiâ, Præsentibus ibidem discretis viris, Dominis Karolo de Cornoy, & Roberto de Champront, Præsbiteris ejusdem Ecclesiæ Beatæ Mariæ de Cleriaco Vicariis, testibus ad præmissa vocatis, specialiter atque rogatis.

Ego Guillermus Christofori Præsbiter, in Jure Canonico Baccalarius, de Aurelianis orundus, publicus Apostolicâ & Imperiali autoritatibus, venerabilifque Aurelianensis Curiæ, Notarius Juratus, quia Litterarum præinsertarum originalium Visioni, atque collationi unâ cum testibus Præfatis, præsens interfui, idcircò præsenti copiæ manu propriâ scriptæ prædictas Litteras veraciter continentes, signum meum publicum & assuetum hîc me eâdem propriâ manu subscribendo, cum sigilli eorumdem Dominorum Decani & Capituli Ecclesiæ prædictæ, Beatæ Mariæ de Cleriaco appensione, apposui, in fidem & testimonium Præmissorum omnium, requisitus & rogatus.

CLXXV.

☞ Lettres patentes de Louis XI. en faveur des Filles de l'Ave-Maria.

Tiré des Recueils de M. l'Abbé Le Grand.

Lettre de Louis XI. par laquelle il donne le Monastere des Beguines, scis près les Celestins à Paris, aux Filles & Femmes du Tiers-Ordre de Saint-François, & ordonne qu'il soit d'oresnavant appellé l'Ave-Maria, & lesdites Filles & Femmes, les Religieuses de l'Ave-Maria. En Mars, mil quatre cens septante-un.

CLXXVI.

☞ Lettres Patentes de Charles VIII. en faveur des Filles de l'Ave-Maria

Tiré des Recueils de M. l'Abbé Le Grand.

A Tous ceux qui ces presentes Lettres verront. Robert Thiboust, Conseiller du Roy nostre Sire, & President en sa Cour de Parlement, Robert Briçonnet, & Nicolle de Hacqueville, aussi Conseillers & Presidents des Enquestes de ladite Cour ; Pierre de Cerisay, & Estienne Poncher, aussi Conseillers dudit Seigneur en ladite Cour, & Christophe de Carmonne, Procureur general d'iceluy Seigneur en ladite Cour, esleus arbitres & amiables compositeurs par Maistre Charles du Bec, aussi Conseiller en ladite Cour, Curé de la Cure & Eglise Parochiale de Saint Paul de cette Ville de Paris, & les Religieuses, Abbesse & Convent de Sainte-Claire, du Monastere appellé l'Ave-Maria, fondé en cestedite Ville de Paris, scitué & assis ès fins, mettes & limites de ladite Cure, pour discuter, decider & determiner de certains droits, pretendus par ledit

DE PHIL. DE COMINES.

1472.

dit Curé de Saint-Paul, & l'Eglife dudit Monaftere, & pourpris d'iceluy, Salut : Comme en enfuivant ladite eflection & foubmiffion, comparant par-devant nous, ledit Maiftre Charles du Bec, fufdit, en perfonne d'une part ; ait dit & expofé, que les Oblations, tant d'or, d'argent, cire, que autres chofes quelconques, faire inhumations & fepultures des Trepaffez, miniftrer les Sacrements, & autres droits parochiaux, luy competer & appartenir efdites Eglife & Monaftere, requerant luy eftre par nous adjugez : & lefdites Religieufes, Abbeffe & Convent, auffi comparans par Frere Nicolle Guilbert, Religieux Frere Mineur, deputé par les Vicaire General & Provincial de France, fur les Freres Mineurs, appellez de l'Obfervance, à la direction & conduite defdits Religieufes, Abbeffe & Convent, & de leurdit Monaftere, ayent dit au contraire, qu'elles, à caufe de leur Profeffion, Regle & maniere de vivre, & autrement, deuëment eftoient exemptes dudit Curé, & de toute Jurifdiction Epifcopale, & mefmement du confentement de Reverend Pere en Dieu, l'Evefque de Paris, & non feulement elles, mais auffi les Religieux Freres-Mineurs, & leurs serviteurs deputez à leur conduite, pour les informer en l'obfervance de leur Regle, leur adminiftrer les Sts. Sacremens, & toutes autres neceffitez & affaires, pour leur fubftentation procurer, immediatement fubjettes au Saint-Siege Apoftolique, en telle maniere, que lefdits Curé & Evefque, ne autre ordinaire quelconque, n'ont que voir, ne que connoiftre en leurdite Eglife, Monaftere, leur perfonne & biens quelconques, requerans eftre abfoutes defdites impetitions & demandes dudit Curé, luy offrant payer ce que de droit convient luy payer ; à l'occafion duquel differend, dès longtemps s'eftoit meu & intenté procès, entre lefdites Parties en ladite Cour, lequel procès, ledit Curé de Saint-Paul, qui à prefent eft comme le reprenant, pour & au lieu de Maiftre Jehan Rouffet, fon Predeceffeur, Curé de ladite Cure de Saint-Paul, entendoit, comme il difoit, pourfuivre, & eftoient lefdites Parties, en voye d'entrer en involution de procès, pour lefquels éviter à l'exhortation du Roy noftredit Seigneur, pretendant comme il difoit intereft en ladite matiere, & par le moyen d'anciens amis, ils nous avoient efleus arbitres & amiables compofiteurs, pour decider de leur differend, comme dit eft ; au moyen de laquelle fubmiffion & eflection, avons appointé que chacune defdites Parties, mettroient & produiroient par devers nous, ce que bon leur fembloit, pour juftifier des droits par eux prétendus, en enfuivant lequel appointement, icelles Parties ont mis & produit devers nous, tout ce que bon leur a femblé, entendant & concluant par chacunes d'icelles, aux fins & conclufions par elles prifes & efleuës, & nous requerant droit leur eftre fait fur lefdits differends, ou autrement les appointer, ainfi que verrions eftre à faire, par raifon, & en enfuivant ladite fulmination, & la puiffance par elle à nous donnée, & pour faire & accomplir ce que dit eft, de laquelle fubmiffion, la teneur s'enfuit, & eft telle : par-devant Jehan de la Varenne, & Pierre Jacquet, Notaires du Roy noftre Sire, au Chaftelet de Paris, furent prefentes, & comparurent perfonnellement, Religieufes [*perfonnes*] Sœur Barbe le Comte, Abbeffe ; Nicolle Geoffroy, Agnès Viote, Catherine le Clerc, Michelle   .   .   . Jehanne Bouchere, Jehanne Morelle,

Z 2

relle, Philippe Gauthiere, Catherine de la Planche, Perette Preudhomme Guillemine des Has, Jehanne de Nozay, Françoise Gebert, Jehanne Dreufe, Marguerite. . . Eftienne Berarde, Perette Conftante, Anne Quarrée, Collette-Marie Bartholomée de Bla. . . . . Thilbaut, C. . . Marguerite Cordeliere, Jehanne de Paris, & Marie Orpheline, Religieufe Profeffe, de l'Ordre de Sainte-Claire, du Monaftere nommé vulgairement l'Ave-Maria, fondé à Paris, faifans & reprefentans toutes les Religieufes dudit Monaftere, appellées [& *affemblées*] capitulairement en la forme & maniere dudit Ordre, lefquels de leurs bons grez, pour mettre fin à leurs pouvoirs ès procès & differends pendans en la Cour de Parlement, entre. . . . de l'Eglife & Paroiffe Saint-Paul, fondé à Paris d'une part, & elles d'autre part, pour [*les pretenfions*] & plufieurs droits, tant des oblations que d'autres, que ledit Curé pretend, à caufe de fadite Cure, avoir [*en l'Eglife dudit*] Monaftere, & pour lefquels procès & differends finir & terminer entre lefdites Parties, plufieurs grands & notables perfonnages s'eftoient, & fe font entremis, pour fur ce les accorder & appointer, & mefmement le Roy noftre Sire, lequel voulant la fondation dudit Monaftere, faite par feuë la Reyne Charlotte, fa mere, eftre entretenuë, & pour la confirmation des droits que il & fes Predeceffeurs avoient audit Monaftere, a fait incliner lefdites Parties, à eflire par eux avec luy en cette partie, arbitres & amiables compofiteurs : C'eft à fçavoir, nobles hommes & fages, Meffires Robert Thibouft, Confeiller du Roy noftre Sire, & Prefident en la Cour de Parlement, & Robert Briçonner, auffi Confeiller du Roy noftredit Seigneur en ladite Cour, & Prefident en la Chambre des Enqueftes, fur ce prins & efleus par le Roy noftredit Seigneur, & nobles & difcretes perfonnes, Maiftre Pierre de Cerifay, & Eftienne Poncher, auffi Confeillers dudit Seigneur en icelle Cour, prins & efleus par ledit Curé, reconnurent & confefferent avoir de leur part prins & efleus nobles hommes, MM. Nicolle de Hacqueville, Confeiller dudit Seigneur en icelle Cour, & auffi Prefident en ladite Chambre des Enqueftes, & Chriftophle de Carmonne, pareillement Confeiller & Procureur general d'iceluy Seigneur ladite Cour, au jugement & arbitrages, lefquels fix arbitres & amiables compofiteurs cy-deffus nommez, ainfi prins, & eflus que dit eft, lefdites Abbeffes & Religieufes, fe foubmettent & confidefcendent par ces prefentes, & promettent ce que par lefdits arbitres ou amiables compofiteurs, fera fur, & de ce que dit eft, fentencié, jugé & ordonné, & appointé, tenir & entretenir, & avoir agreable à tousjours, comme Arreft de Cour de Parlement, fans jamais faire ou venir contre, fur peine de perdition de caufe, pourveu toutes fois que ledit Curé fera tenu de fa part, promettre pardevant lefdits Arbitres, ou ailleurs où il appartiendra, tenir & entretenir à tousjours ledit Jugement & arbitrage d'iceux Arbitres, touchant ce que dit eft cy-deffus, fur femblable peine de perdition de caufe, & par la maniere que lefdites Religieufes l'ont promis, paffé & accordé par cefdites prefentes. Fait l'an mil quatre cens nonante-un, le Mardy, dix-feptiefme jour d'Avril avant Pafques. Ainfi figné, Varennes, Jacquet, & autres : en ladite fubmiffion, eft contenu ce qui s'enfuit : fut prefent noble & difcrette perfonne, Maiftre Charles du Bec, Confeiller

du

DE PHIL. DE COMINES.

1472

du Roy noſtre Sire en ſa Cour de Parlement, & Curé de l'Egliſe Saint-Paul, fondée à Paris, lequel après ce qu'il luy eſtoit & eſt apparu de compromis, par les Abbeſſe & Religieuſes du Monaſtere de l'Ave-Maria, fondé à Paris, ſur le procès & differends, qui eſtoient & ſont pendans en la Cour de Parlement, pour raiſon des droits, tant des oblations que autres, que ledit Curé pretend à cauſe de ſadite Cure, avoir en l'Egliſe dudit Monaſtere, contenu, & par la maniere deſignée au blanc de ces preſentes, & auſſi pour conſideration de ce qu'il diſoit, le Roy noſtre Sire, l'avoir requis de paſſer compromis en ſoy ſoubmettant en arbitrage, touchant ce que dit eſt, pour finir & terminer leſdits procès & differends, confeſſe ſoy eſtre ſoubmis, condeſcendu & rapporté, & par ces preſentes, ſe ſoubmet & condeſcend, & rapporte de tous iceux procès & differends audit Ordre, Jugement & arbitrages des ſix Arbitres & amiables Compoſiteurs denommez audit blanc, deſquels il confeſſe avoir prins & eſleu de ſon coſté, Maiſtre Pierre de Ceriſay, & Eſtienne Poncher, en iceluy blanc nommez, & promet ledit Curé de Saint-Paul par ceſdites preſentes, ſur ce tenir & entretenir le Jugement & Arbitrage d'iceux ſix Arbitres, comme Arreſt de Parlement, ſur peine de perdition de cauſe, & tout, ſelon le contenu dudit blanc, promettant & obligeant renoncer. Fait & paſſé le Mercredy, dix-huitieſme jour d'Avril, l'an mil quatrecens nonante-un avant Paſques. Ainſi *ſigné* comme deſſus, VARRENNE, & JACQUET. Sçavoir faiſons, que veuës par nous les productions deſdicites Parties, & tout ce qu'elles ont voulu dire & alleguer.

CLXXVII.

☞ *Lettre & inſtruction de Louis XI. au Heraut Normandie, pour aller vers le Duc de Bretagne, ſur les preparatifs de guerre, avec les Réponſes du Duc.*

MOn Neveu, je me recommande à vous tant que je puis, j'envoye Normandie vers vous, pour vous dire aucune choſe, que luy ay chargé; je vous prie que le veuilliez croire, de ce qu'il vous dira de par moy. Eſcript à Saint-Laud près Angers, le ſeizieſme jour d'Avril, *ſigné* LOYS, avec paraphe. Et au-deſſous, J. DE SACIERGE, avec paraphe. *Et au dos eſt eſcript*, A noſtre très-cher & très-amé Neveu, le Duc de Bretagne.

Tiré du Treſor des Chartres, Armoire L. Caſſette A. Cotte 8.

A la charge que Normandie roy d'armes, a preſentement porté [*Lettres*] de par le Roy, eſquelles il luy a baillé par eſcript, diſant le Roy, la luy avoir rfait bailler telle, dont la teneur s'enſuit.

Normandie dira de par le Roy au Duc, que ainſi que le Roy eſt arrivé en cette Ville d'Angiers, il a trouvé une Lettre, venant de ſa Duché de Bretagne, faiſant mention qu'il ſe mouvoit à la guerre, luy & ſon pays, & leſquelles il montrera, s'il en eſt requis; d'autre part, ledit Sieur a eſté averty que le Duc a mis garniſon à Cliſſon, qui eſt tout ſur le pays du Roy, dont il ne ſe peut trop émerveiller, car le Roy ne rompit oncques promeſſes qu'il fiſt, & prie au Duc, qu'il luy mande la raiſon pourquoy il la fait, car de la part du Roy, il n'a garde qu'il rompe avec luy

Z 3 &s

1472.

les promesses qu'il luy a faites, ne aussi le Roy ne croit pas que de sa part le Duc le voullist rompre, & se y est fait tellement jusques en qu'il n'a oncques voulu qu'on mist nuls de ses Gens d'armes, près de Bretagne, quelque langage qui ait couru, mais est deliberé de se y fier jusqu'à ce qu'il voye du contraire, auquel cas, quand le Duc le feroit, le Roy est deliberé de non le celer, & d'en faire toutes les poursuites en honneur qu'on doit faire en tel cas, tellement que tous les Royaumes chrestiens en seront advertis, de quel costé la faute seroit venuë, & aussi le Roy est content que le Duc le fasse de sa part, en cas que le Roy les rompe.

    Le Duc répond avoir veu les Lettres que Normandie luy a monstré, dont est faite mention en la charge dessusdite, & sont escriptes de l'avis de la Chapelle Archidiacte de Rennes, & par tout le contenu d'icelles, ne voit choses parquoy le Roy deut estre meu, de dire que le Duc veuille faire choses contre les promesses qu'il ait faites, car il ne sera point trouvé que au Roy ne à autre, il ait fait faute.

    Mais pour ce que le Duc qui tousjours s'est fié en celles que le Roy luy a faites, & en son Duché, a tousjours fait tenir les subjets du Roy y venant, tant en marchandises qu'autrement, en bonne seureté, ainsi que les siens propres, esperant que le Roy de sa part, ainsi le fist aux subjets du Duc, & pensant qu'ils pussent en son Royaume & par-tout ailleurs seurement aller, a esté informé que par les Navires & gens de guerre du Royaume, partans de la rivierre de Seine, & d'autres Havres de Normandie, & mesme par les Escossois, partans dudit pays, & ayans vitailles, Navires & tous autres secours de Normandie, ont esté prins à la mer plusieurs Navires, serviteurs & Ambassadeurs du Duc, Marchands & marchandises du Duché, menez par les preneurs audit pays de Normandie, & illeque recueilly & receu ès Places du Roy, & par ses subjets & serviteurs, disant le Roy, avoir commandé faire la guerre aux Bretons, butiner & despartir, ainsi que bien d'ennemis, & plusieurs des pauvres Mariniers, gesnez & traitez si cruellement, que plusieurs d'eux en sont morts, & autres faits inmuables de leurs corps; aussi ont esté les Marchands du Duché, estans à Roüen & ailleurs au Duché de Normandie, marchandemment prins & destenus, tant par Mandement de Roy que autrement, & avant en partir, ont esté contraints y laisser leurs biens, grandes estimations, & mesme, ont esté par les gens dudit Royaume, prins ès Havres du Duché de Bretagne, des biens, gens & Navires dudit pays, menez en Normandie, comme à Grandville & ailleurs, & ont esté sesdits subjets endommagez depuis un an, par les subjets du Roy, à la valeur de soixante mille escus & plus.

    Et combien que par plusieurs fois, le Duc ait envoyé de ses serviteurs devers le Roy, pour luy en faire remonstrance, & en requerir reparation, & en ait plusieurs fois escript à l'Admiral, estant en Normandie, & aux autres, ayant la charge des Places, où ses subjets estoient ainsi traitez, & que plusieurs de ses subjets y ayent esté, esperant par les responses faites par le Roy, & par ses rescriptions & mandement qu'il leur faisoit bailler, avoir restitution & delivrance de leurs biens, & neantmoins ils n'en n'ont peu aucuns recouvrer, pour-quoy a esté requis que le Duc pour la seureté de ses Marchands, mit armée à la mer à ses grands frais & mises.

Aussi

Auffi, pour ce que continuellement au Royaume ont efté données me- 1472.
menaces par ceux qui font ès grands Eftats & Offices du Roy, de courir
fus au Duc & à fon pays, & fes fubjets de Bretagne, venant par les Royaumes, de quelque endroit que ce foit, prins & detenus, & plufieurs fait
mourir, & les biens qu'ils apportoient au Duc, prins & robez, ainfi que
d'ennemis, & eft bien montrant le Roy, qu'il vouloit venir à celle fin,
ainfi que le Duc a efté adverty, a envoyé en Efcoffe, pour enhorter &
induire les Efcoffois de venir en Bretagne, faire guerre au Duc, en di-
fant iceux Efcoffois notoirement, que par Menypeny, qui eftoit pour
cette caufe envoyé en Efcoffe, le Roy leur a envoyé Lettres du don du
Duché de Bretagne, & de ce a efté le Duc adverty par aucun grand per-
fonnage d'Ecoffe, que lefdites Lettres ont efté apportées & veuës en
grande compagnie, & eft tout notoire, tant en Normandie qu'ailleurs,
qu'il a fait preparer les Navires de Normandie, pour les aller querir &
fer à cette fin.

Mefmes, a le Roy par luy, & plufieurs fes ferviteur donné menaces,
& fait declaration de faire la guerre, & deftruire Monfieur de Guyenne,
& autres Princes & Seigneurs, defquels le Duc eft allié, & ja ont fait
les gens du Roy entrée ès pays de mondit Seigneur de Guyenne, &
par l'hoftilité & guerre, prins la Cité de Montalban, & plufieurs autres
Places, & partie d'eux eftant au pays de Poitou & ès environs, continuellement portent parole de venir faire le femblable au pays de Bretagne,
laquelle chofe eft clere demonftrance, que le Roy a voulu, & veut deftruire le Duc & fes amis, & alliez.

Le Duc qui mal volontiers voyoit la deftruction de luy & de fes fubjets, ainfi qu'on le luy pourchaffe, & la perte & dommage de fes amis
& alliez, ainfi eft deliberé de toute fa puiffance, les fecourir & aider
ainfi qu'il y eft tenu, & eux à luy, comme il a dit aux Seigneurs de Gavre
& de Mortaigne, puis peu de temps venu de par le Roy devers luy, pour
le dire au Roy, voyant auffi la treve d'entre le Roy & Monfeigneur de
Bourgogne fon frere, près de finir, a efté & eft à bonne & jufte caufe
meu de mettre des gens d'armes en garnifon à Cliffon, & autres Places,
& de mettre furtout fes bons & loyaux fubjets, & faire fon armée preft
pour fe deffendre, & pour au plaifir de Dieu, refifter aufdits maux &
dommages, & pour fervir, fecourir & aider fes amis & alliez, ainfi
qu'il doit.

Et en ce faifant, le Duc n'a fait, ne fera chofe contre fes promeffes,
ne qu'on luy puiffe imputer contre fon honneur, & le Duc bien joyeux
que le Roy en faffe remontrance à tous Princes chreftiens, ainfi qu'il a fait
dire par ledit Normandie; car defquelles matieres, fi elles procedent jufques à guerre & voye de fait, il eft bien deliberé de leur en faire fi ample declaration, & leur en faire fi claire preuve, qu'ils congnoiftront
que le Duc en nul endroit n'aura fait faute, ne eftre infracteur de fes
promeffes, & en tous endroits qu'on voudra luy en donner charge, eft deliberé de bien en refpondre, ainfi que Prince doit faire, pour fon honneur
deffendre & garder.

Expedié à Redon, le onziefme jour d'Avril, l'an mil quatre cens
foixante-douze, après Pafques.

CLXXVIII.

CLXXVIII.

Lettre du Roy Louis XI. à l'Evesque de Leon, envoyé du Duc de Bretagne, vers le Duc de Bourgogne pour la Treve.

A Soulac, le 6. Avril 1472.

Tiré de l'Edition de M. Godefroy.

MOnsieur de Leon, incontinent que je recus vos Lettres par Vertuz, je rescrivy à tous mes Capitaines, qu'ils fissent publier la Treve du mois d'Avril, ce qu'ils ont fait, ainsi qu'ils m'ont escript, & vous ay escript par ledit Vertuz, que ce que vous feriez en ces matieres, je le tiendrois sans y faire faute ; & aujourd'huy incontinent que j'ay receu vos Lettres, ay commandé la ratification des Treves que avez prinses d'un an entier, finissant le premier jour d'Avril prouchain, laquelle vous envoye, & n'y aura point de faute à la journée de Clermont, si Dieu plaist & Nostre Dame, que mes gens ne se y rendent à tout pouvoir, ainsi que en tel cas appartient & si vous pouviez sentir les personnages que mon beaufrere de Bourgoigne y envoyera & m'en advertir, je mettroye peine d'y envoyer de semblables au plus près que je pourrois, ainsi que en tel cas est accoustumé de faire. Monsieur de Leon, je vous remercie de la peine que vous prenez de me advertir, & je prie à Dieu qui me doint la grace de le deservir, car je le feray de bon cœur, & à vous & à tous ceux de mon beau neveu. Donné à Soulac * le sixiesme jour d'Avril : ainsi *signé*, LOYS, *& plus bas*, TILHART. Et en la superscription, à Monsieur l'Evesque de Leon,

* C'est un Bourg en Guyenne.

CLXXIX.

Lettre du Chancelier de France à l'Evesque de Leon, envoyé du Duc de Bretagne, vers le Duc de Bourgogne pour la Treve,

A Tours, le 9. Avril 1472.

Tiré de la même édition.

REverend Pere en Dieu, très cher & honnoré Seigneur, je me recommande à vous tant comme je puis. Par Maistre Raoul le Gouz, Secretaire du Duc, porteur de cestes. J'ay receu vos Lettres escriptes à Bruxelles, le vingtroisiesme jour de Mars derrain passé faisans mencion de ce que avez fait par de-là, & pour ce que à la venue dudit porteur, le Roy estoit allé en son veage, & n'estoit pas devers luy, je luy escripvy de la matiere aussi, ledit porteur que avez envoyé li porta vos Lettres, lesquelles veües a commandé ses Lettres de confirmation de la Treve que avez prinse, & lesdites Lettres de confimation me a envoyez pour sceller ce que j'ay fait incontinent, & les vous envoye par cedit porteur, pour vous porter en toute diligence, c'est un bon & grand moyen pour au plaisir de Dieu venir à bonne paix, en quoy j'ay bien bonne esperance, Reverend Pere en Dieu, très-cher & honnoré Seigneur, je prie nostre Seigneur, qu'il vous doint bonne vie & longue. Escript à Tours, ce Vendredy

dredy au soir, neuviesme jour d'Avril. Ainsi *signé*, le tout vostre P. DORIOLLE, Chancelier de France.

CLXXX.

Lettre du Connestable, au Gouverneur de Champagne sur la Treve.

A Laon, le 12. Avril 1472. après Pasques.

MOnsieur le Gouverneur, je me recommande à vous, j'ay esté adverty que l'Evesque de Leon, Abbé de Begar, commis & deputé de par le Duc de Bretagne, ayant povoir du Roy quant à ce, a fait Treves d'un an de la part du Roy avecques Monseigneur de Bourgogne, desquelles j'envoye le double à vous & aux autres Lieutenans & chiefs de guerre, & Capitaines du Roy, & suis deliberé de ma part de les maintenir & faire entretenir en mon quartier, si je n'ay autres nouvelles du Roy, dont je vous advertis, afin que semblablement le veillez faire de vostre part; car pareillement de la part de Monseigneur de Bourgogne, l'on le signifie aux Chefs & Capitaines de son pays: ils me requierent la faire publier, ce que j'ay differé jusques à ce que en ay ordonnance du Roy, pour ce que je n'en ay aucune de ce faire, mais neantmoins de les entretendre, comme dit est, & vous faire savoir incontinent ce que en sauroy du Roy. Monsieur le Gouverneur, je prie nostre Seigneur, qu'il soit garde de vous. Escript à Laon, ce douziesme jour d'Avril, l'an septantedeux après Pasques. Ainsi *signé*, LOYS. Et du Secretaire, LE COMTE DE ST. POL, Connestable de France.

Tiré de l'Edition de M. Godefroy.

CLXXXI.

Lettre du Connestable à l'Evesque de Leon, envoyé du Duc de Bretagne, vers le Duc de Bourgogne sur la même Treve.

A Laon, le 13. Avril 1472.

REverend Pere en Dieu, très-cher & especial ami, je me recommande à vous tant comme je puis; j'ay receu vos Lettres, par lesquelles m'escrivez que en ensuivant le povoir baillé par le Roy au Duc, & la commission que iceluy Duc vous a baillée en vertu dudit povoir, & aussi la charge que le Roy en passant devers luy, vous a baillé & fait bailler par Monsieur le Chancelier, & autres de son Conseil, vous avez fait & conclu treve d'un an avec Monsieur de Bourgogne, par aucuns de ses deputez, ayans povoir de luy; & que combien que eussiez ordonnance du Roy de incontinent la signifier à moy & aux Chefs & Capitaines estans sur les frontieres, pour la faire publier, neantmoins vous avez differé de le faire; pour ce, avez esté adverti de l'abstinence prinse entre moy & les gens de mondit Sieur de Bourgogne, jusques au quinziesme jour de ce mois, esperant que cependant le Roy, que cuidiez estre à Saumur, où vous l'aviez laissé vous envoyroit ses Lettres de la ratification, lesquelles avez

Tiré de la même Edition.

1472.

avez promis bailler en dedans ledit quinziefme jour, & que depuis avez fceu que le Roy eft tiré à Bayonne, parquoy n'avez peu avoir lefdites Lettres de ratification, en dedans ledit quinziefme jour, & à cette caufe, doubtant d'eftre reprins par le Roy & ledit Duc du delay de ladite publication, me requerez que icelle Treve, & dont vous m'avez envoyé une copie fignée de vous & d'un Secretaire, je veuille faire publier, & icelle faire entretenir, & de advertir par tout où befoin fera, tant ès marches de par deçà, que ès marches de Champagne & de Lionnois, & d'ailleurs fur les frontieres de Bourgogne, &c. Mr. de Leon, j'ay bien en charge du Roy, de faire publier voftre Treve d'un mois, & non plus, toutesfois en enfuivant ce que vous m'avez efcript, je fuis très-bien content de faire entretenir ladite Treve ès marches de par deçà, dont jay la charge de par le Roy, & y feront entretenues auffi bien que fi elles eftoient publiées, & de ce ne faites aucun doute, fe je n'ay nouvelles du Roy au contraire, ce que je ne croy ne efpere point, & avecques ce les ferai fignifier en la plus grande diligence que je pourray à tous les autres Lieutenans du Roy, en toutes les marches deffufdites, & ailleurs chacun en fon quartier, en leur declarant mon intention, telle que deffus de les entretenir, & efpere que femblablement ils les entretiendront; mais vous fçavez qu'il eft maintenant bien tard de envoyer prefentement la publier efdits lieux loingtains, & me pourroit-on imputer les entrefaites qui pourroient entrevenir, & auffi non ay-je point de charge du Roy, & fçavez que votre povoir ne le contient point; mais tout le bien que je pourray faire à fa Majefté, je le feray de très-bon cœur: Reverend Pere en Dieu, très-cher & efpecial ami, je prie noftre Seigneur, qu'il foit garde de vous. Efcript à Laon, le treiziefme jour d'Avril, & plus bas, le Comte de St. Pol, Conneftable de France. *figné*, L O Y S.

CLXXXII.

☞ *Lettre de Louis XI. au Vicomte de la Belliere, fur les operations de la guerre.*

Tiré du MS. 371. de Gaguieres, dans la Bibliotheque de Sa Majefté, Folio 40.

Monfieur le Gouverneur, j'ai receu vos Lettres; je vous prie que vous tenez à Nyort, & n'en bougez jufqu'à ce que ayez nouvelles de moy, & n'entreprenez rien fur la Rochelle, Xaintes, ne Saint-Jehan, car je n'ay encore point eu de nouvelles de mes Ambaffadeurs de Bourgogne. Parquoy, s'ils avoient prins une Treve, il faudroit rendre les Places, & feroit une grant honte & mocquerie, s'il falloit rien rendre.

Auffi fe la Paix eft faite, ce que je croy que ainfi foit; car les Gens de Monf. de Bourgogne, nonobftant que la Treve foit faillie, n'ont point couru en mes pays, & n'en font nul femblant. Par avanture, Monf. de Bourgogne ne voudroit point que jufques à ce qu'il euft entre fes mains les Places qui luy doivent être baillées, que je prinffe rien fur Monfieur de Guyenne.

Monfieur le Gouverneur, je vous prie ne foyez point chault à cette fois; car fe Monfieur de Bourgogne me fait guerre, je partiray incontinent pour m'en aller en ce quattier-là, & en huit jours, aurons tout defpefché.

TANNEGUI DU CHATEL,
Vicomte de la Belliere.
Mort en 1477.

A Paris chez Odieuvre M.d d'Estampes rue Danfou Dauphine la deuxieme P.te Cochere.

despesché. Aussi, se la paix est faite, nous aurons incontinent tout sans coup ferir, & ne serons en dangier de rien rendre. Toutesfois cependant se vous pouvez rien avoir par pratique, & que se veuille mettre en vos mains prenez-le.

Au regard de l'artillerie, elle est près de vous, & quand il sera tems, & j'auray eu nouvelles de mes Ambassadeurs, vous la pourrez avoir incontinent. Escript au Plessys du Parc, le huitiesme jour de May. *Signé* LOYS, *Et plus bas,* TILHART.

Au dos est escript, A nostre amé & feal Conseiller & Chambellan, le Vicomte de la Belliere, Gouverneur de Roussillon.

CLXXXII*.

☞ *Lettre de Louis XI. au Vicomte de la Belliere, & au Sieur de Crussol, sur les opérations de la guerre.*

MEssieurs le Gouverneur & Senechal, je m'en pars aujourd'huy pour m'en aller à mon pellerinage du Puy-Nostre-Dame, & ne bougerai de Monstreüil-Bellay ou des environs jusques à Mercredy, en attendant de vos nouvelles; & pource, je vous prie, que vous me mandez si l'entreprise de la Rochelle est seure; car se vous me mandez que je m'y en tire, je partiray incontinent. Aussi se vous voyez qu'elle ne soit bien seure, mandez-moi se je m'en retourneray, ou se je tireray avant: car je feray ce que me manderez; & faites assembler tous les francs-Archers. J'escrips à Guerrin le Groin, que en toute diligence il vous fasse mener de l'artillerie, ce que luy manderez. J'ay eu des nouvelles de Mr. de Craon, & de Mr. le General: & en effet, ce ne sont que toutes dissimulations, & pource, je vous prie, que faites du mieux que vous pourrez. Escript au Plessis du Parc-lez-Tours, le quinziesme jour de May. *Signé,* LOYS, *Et plus bas,* TILHART.

Tiré du MS. 571. de Gagnieres dans la Bibliotheque de Sa Majesté, Folio 44.

Au dos est escript, A nos amez & feaux Conseillers & Chambellans, le Sieur de la Belliere, Gouverneur de Roussillon, & le Sieur de Crussol, Senechal de Poitou.

CLXXXIII.

Observation de Monsieur Godefroy, sur la mort de Charles de France, Duc de Guyenne.

LE Duc de Bourgogne, desesperé de la mort du Duc de Guyenne, & exhorté par aucuns, escrivit Lettres à plusieurs Villes, à la charge du Roy; à quoy profita peu, car rien ne s'en meut.

Tiré de l'Edition. de M. Godefroy.

Les Princes qui se livrent à leurs emportemens, sont sujets à faire de grandes fautes. Le Duc de Bourgogne venoit de signer une treve avec le Roy Louis XI. mais ne songeant qu'à satisfaire l'esprit de vengeance qu'il gardoit tousjours contre le Roy, il ne se contenta pas de recommencer la guerre sans raison, il la fit encore avec une cruauté, dont on ne trouvoit des exemples que chez les Barbares: Comines qui rapporte ses cruautez

cruautez dans le chapitre 9. du troisiesme livre de ses Memoires, dit, que le Duc en alleguoit deux raisons; l'une, la mort du Duc de Guyenne; l'autre, la perte des Villes d'Amiens & de Saint-Quentin.

1472.

Le Duc de Bourgogne avoit recommencé la guerre avant que le Roy se fut saisi de la Ville d'Amiens, c'estoit une necessité d'agir de cette maniere, pour arrester l'execution des mauvais desseins du Duc contre la France. Le Connestable tenoit la Ville de Saint-Quentin, & il l'auroit livrée au Duc, aussitost qu'au Roy, parce qu'il n'agissoit que par passion, & pour ses propres interests.

Le Duc de Guyenne n'estoit mort que le vingt-quatre May mil quatre cens septante-deux, plus d'un mois après que le Duc de Bourgogne eut assemblé son armée pour entrer en France; ainsi, ny la mort de ce Prince, ny la prise d'Amiens, ne sont pas des raisons suffisantes pour disculper le Duc de Bourgogne, d'avoir le premier rompu la Treve quelque tems avant ces evenemens.

Les Lettres dont Comines parle en cet endroit, sont du seize Juillet mil quatre cens septante-deux: le Duc de Bourgogne y pose en fait, que l'Abbé de St. Jean d'Angely & Henry de la Roche, accusez d'avoir empoisonné le Duc de Guyenne, & arrestez pour ce sujet, avoient confessé dans la prison de Bourdeaux & ensuite dans celle de Nantes, où ils avoient esté transferez, d'avoir fait ce crime par l'induction & l'ordonnance du Roy.

Un pareil attentat demandoit une punition exemplaire, on tenoit les accusez, on veut par ces Lettres qu'ils ayent avoué leur crime; cet aveu, s'il avoit esté veritable, faisoit leur conviction, & leur supplice ne pouvoit estre ny trop prompt, ny trop rigoureux, cependant on ne voit point quelle a esté leur fin, & il est certain que l'on n'en a point fait Justice en public.

Du Bouchet dans ses Annales d'Aquitaine, & d'Argentré dans son Histoire de Bretagne, disent que l'Abbé de St. Jean d'Angely fut envoyé dans la grosse tour de Nantes, & que le Geolier donna avis que depuis que cet Abbé estoit dans cette tour, on y entendoit toutes les nuits des bruits horribles, & qu'une nuit, le tonnerre estant tombé sur cette tour, on y avoit trouvé le lendemain cet Abbé mort, étendu dans la place où il couchoit, la teste & le visage enflez, noir comme charbon, & la langue hors de la bouche d'un demy pied de long.*

* Ce sont toutes marques d'un homme étranglé.

Le Pere Lobineau, rapportant dans son histoire de Bretagne les bruits injurieux qui couroient contre la personne du Roy, parmy les gens mesmes de sa Cour, à l'occasion de cette mort, dit que les deux accusez furent mis en prison à Nantes, où ils demeurerent longtemps, & où l'Abbé de St. Jean estoit encore vivant en Decembre mil quatre cens septante-quatre, sans nous apprendre qu'elle fut la destinée de ces deux accusez, desorte qu'il y a lieu de croire, que n'ayant pu les convaincre du crime qu'on leur imposoit, on les a laissez mourir, ou peut-estre, comme il y a beaucoup d'apparence, * fait étrangler en prison, faute d'avoir trouvé des preuves suffisantes, pour en faire un exemple public.

* Dargentré traite ce soupçon de fable.

Il ne seroit pas estonnant que ces deux accusez, pour rendre leur cause favorable, ou peut-estre seduits par quelque esperance de pardon, ayent

eu

eu la temerité de nommer le Roy, comme s'il avoit esté le moteur du crime dont on les accusoit; l'esprit de vengeance employe toutes sortes de moyens pour se satisfaire: les Ducs de Bourgogne & de Bretagne voyoient tous leurs mauvais desseins rompus par la mort du Duc de Guyenne, n'estant plus en estat de perdre le Roy par les armes, ils se sont vengez par la langue, & ont tâché de le rendre odieux, en luy imputant la mort de son frere.

1472.

Enfin, il y a des marques si visibles d'aveuglement & de fureur dans les Lettres que le Duc de Bourgogne adressa à ses Officiers, & qu'il envoya dans les Villes du Royaume, dans l'esperance de les faire soulever contre le Roy, qu'elles ne firent aucun effet, & que loin d'y ajouter foy, elles furent regardées comme ces libelles seditieux, qui servent plustost à la justification de ceux contre qui ils sont faits, qu'ils ne peuvent leur nuire; c'est pour ce sujet, que l'on a cru devoir rapporter icy ces Lettres, afin de faire voir à quels excès le Duc de Bourgogne avoit poussé son desespoir & sa rage contre son Souverain. *voyez*, *le numero* CLXXXVII.

CLXXXIV.

Traité de ligue entre Nicolas, Duc de Calabre & de Lorraine, & Charles, Duc de Bourgogne.

A Arras, le 15 May 1472.

NICOLAS, fils de Roy de Jerusalem, de Secille, d'Arragon, Duc d'Anjou & Duc de Calabre, & de Lorraine, & Marquis du Pont. A tous ceux qui ces presentes Lettres verront, Salut. Comme entre feu nostre très-cher Seigneur & Pere que Dieu absolve, & nostre très-cher & très-amé oncle le Duc de Bourgoigne & de Brabant, ayent esté de long-temps bonne & entiere amitié, intelligence & alliance, lesquelles ayent esté d'une part & d'autre fermement & entierement entretenues jusques au trespas de nostredit feu Seigneur & Pere, au temps duquel nous estions comme auparavant, avions esté devers le Roy, parquoy & obstant les discors, guerres & differens lors nouvellement meuz & suscitez par le Roy à l'encontre de nostredit oncle de Bourgoigne, ses pays, Seigneuries & subjets, icelles amitiez, alliances & intelligences ont esté interruptes, & pour ce que nous & nos pays nous sommes declarez pour la querelle & party du Roy, à l'encontre de nostredit oncle, se soient suscitez entre luy & nous question, discors & differens, pour lesquels appaiser, & pour lesdites amitiez, alliances & intelligences reintegrer & remettre sus par l'entreparler d'aucuns serviteurs de nostredit oncle & de nous, depuis que sommes venus en iceux nos pays, avons envoyé devers nostredit oncle, pour luy faire declarer & signifier bien au long nostre vouloir, desir & affection de reintegrer avec luy lesdites amitiez, intelligences & alliances, qui despieça ont esté entre nostredit feu Seigneur & Pere & luy, & icelles amplier si avant que faire se peut: à quoy il se soit liberalement accordé & consenty, ainsi & par la maniere qu'il est contenu en ses Lettres Patentes, qu'il nous a sur ce fait bailler & delivrer, desquelles la teneur s'ensuit : Charles par la grace de Dieu,

Tiré de l'Edition de M. Godefroy.

A a 3   Duc

1472.

Duc de Bourgogne, de Lothier, de Brabant, de Lembourg & de Luxembourg, Comte de Flandres, d'Artois, de Bourgogne, Palatin de Hainau, de Hollande, de Zellande & de Namur, Marquis du faint Empire, Seigneur de Frife, de Salins & de Malines : A tous ceux qui ces prefentes Lettres verront, Salut. Comme entre feu de bonne memoire, noftre très-cher & très-amé coufin le Duc de Calabre & de Lorraine que Dieu abfolve, & nous feuffent defpieça faites & contractées bonne & entiere amitié, intelligence & alliance, efquelles iceluy feu noftre coufin & nous ayons continué & les entretenues jufques à fon trefpas, depuis lequel noftre très-cher & très-amé neveu le Duc de Calabre & de Lorraine fon fils & fucceffeur, fe feuft declaré & fait declarer fes pays & fubjets adherens au Roy en la guerre que deflors il a meue & commencée à l'encontre de nous & de nos pays & Seigneuries, parquoy lefdites amitiez, alliances & intelligences, ayent efté & foient par le trefpas de noftredit feu coufin expirées, & par le fait de noftredit neveu & de fefdits pays interruptes, pendant lequel temps nous ayons prins, contracté & accepté certaines autres alliances, & depuis n'agaires noftredit neveu nous ait fait remonftrer, qu'il defiroit de continuer lefdites amitiez, intelligences & alliances qui avoient efté entre noftredit feu coufin fon Pere & nous, en nous requerant de les vouloir reintegrer & remettre fus & entant que befoin eft, icelles faire & contracter de nouvel avec luy, en nous faifant fur ce bailler fes Lettres Patentes : Sçavoir faifons, que nous ayans regart & confideration à la bonne, grande & parfaite amour que avons eue envers noftredit feu coufin & à la proximité de lignaige, dont nous & noftredit neveu atteinons enfemble, de noftre certaine fcience, pure & franche voulenté, & eu fur ce bon & meur advis, avons fait, contracté & accordé, & par la teneur de ces prefentes faifons, contractons & accordons pour nous, nos pays, Seigneuries & fubjets avec noftredit neveu, pour luy, fes pays, Seigneuries & fubjets prefens & avenir, bonne, feure, entiere & perpetuelle amitié, intelligence & alliance, & en vertu d'icelle, luy avons promis & promettons en parole de Prince, par les foy & ferment de noftre corps, & fur noftre honneur luy eftre bon loyal parent, amy & allié, & le fervir, aider & fecourir en toutes fes querelles, affaires & entreprinfes quelconques ; & tant en demandant que en deffendant de toute noftre puiffance, envers & contre tous ceux qui peuvent vivre & mourir, fauf & refervé très-hauts & très-puiffans Princes, nos très-chers Seigneurs & coufins le Roy Fernand de Sicile, le Roy d'Arragon & autres nos alliez & confederez quels qu'ils foient, tout ainfi que s'ils y eftoient nommement & expreffement defnommez, centre lefquels ne aucuns d'eux, nous ne ferons tenus de faire à noftredit neveu lefdits fervices, aydes & fecours, ains ou cas que entre iceux ou aucuns d'eux, & noftredit neveu fe mouvroit guerre, nous, nonobftant cefte dite alliance, pourrons faire aufdits Roys & autres nos alliez, & à chacun d'eux les fervices, aydes & fecours que tenus & obligez fommes de leur faire felon le contenu ès alliances faites & contractées entre eux & nous. Lefquelles amitiés, intelligences & alliances fous les refervations deffufdites, & tout le contenu en ceftes, nous avons promis & promettons à noftredit neveu de bonne foy en parole de Prince,

&

& fur noftre honneur, leur garder, entretenir & accomplir, & par nofdits fubjets faire garder, entretenir & accomplir de point en point, fans faire ne fouffrir à noftre povoir aucune chofe eftre faite au contraire à quelque caufe, couleur, moyen ou occafion que ce foit, fauves les refervations deffufdites, & icelles amitiez, intelligences & alliances ferons publier par tous nofdits pays, afin que nul n'en puiffe prétendre caufe d'ignorance; en tefmoin de ce, nous avons figné les prefentes de noftre main, & y fait appofer noftre fcel : donné en Cité lez noftre Ville d'Arras, le vingt-cinquiefme jour de May, l'an de grace mil quatre cens foixante-douze, ainfi *figné*, CHARLES, & du Secretaire, par Monfeigneur le Duc, J. GROS : Sçavoir faifons, que nous de noftre certaine fcience, pure & franche voulenté, eu fur ce bon & meur advis, avons fait, contracté & accordé, & par la teneur de ceftes, faifons, contractons & accordons pour nous, nos pays, Seigneuries & fubjets prefens & advenir quelconques avec iceluy noftre oncle le Duc de Bourgogne, de Brabant, de Lembourg & Luxembourg, Comte de Flandres, &c. pour luy, fes pays, Seigneuries & fubjets, bonne, feure, entiere & perpetuelle amitié, intelligence & alliance ; & en vertu d'icelle, avons promis & promettons en parole de Prince, par les foy & ferment de noftre corps, & fur noftre honneur, luy eftre bon & loyal parent, amy & allié, de le fervir, ayder & fecourir en toutes fes querelles, affaires & entreprinfes quelconques, tant en demandant que en deffendant, & en quelconques pays ou nations que ce foit ou puift eftre de toute noftre puiffance & de toute la puiffance de nofdits pays, Seigneuries & fubjets prefens & advenir, lefquels nos pays, & les Villes & Places d'iceux feront ouverts, & promettons les faire ouvrir à luy & à fes gens, forts ou foibles, conjointement ou feparement, toutes & quantes fois qu'il luy plaira comme fes propres pays, Villes & Places, envers & contre tous ceux qui peuvent vivre & mourir, fans nul excepter ou referver, fauf feulement que contre très-haut & puiffant Prince noftre très-redoubté Seigneur & ayeul le Roy de Secile, & fes pays, ou cas que entre luy & fefdits pays en fon chef & querelle, & noftredit oncle fe meut guerre, queftion ou different que Dieu ne veuille, nous ne ferons tenus de fervir, ayder & fecourir iceluy noftre oncle, ne fefdits pays ; mais fe ladite guerre, queftion & different eftoit en chef ou à querelle d'autre à laquelle noftredit Seigneur & ayeul, ou fefdits pays voulfiffent adherer contre noftredit oncle en quelque maniere ou à quelque couleur que ce fut, nous ferons neantmoins tenus de fervir, ayder & fecourir noftredit oncle & fefdits pays de toute noftre puiffance, & de toute la puiffance de nofdits pays & fubjets, comme deffus eft dit : refervé auffi noftre très-cher & amé coufin le Comte Frederic Palatin du Rhin en fon chef & querelle, tant feulement, & pourveu qu'il ne faffe aucune entreprinfe fur, ne alencontre de noftredit oncle de Bourgogne, & non autrement, & lefdites amitiés, intelligences & alliances, & tout le contenu en ces prefentes, nous avons promis & promettons de bonne foy en parole de Prince, par noftre ferment & fur noftre honneur, tenir, garder, obferver & entretenir de point en point felon leur forme & teneur, fans jamais par nous ne par autre à quelque caufe, couleur, moyen ou occafion que ce foit, faire, procurer ne fouffrir

1472.

1472.

à nostre povoir estre fait aucune chose au contraire. Et icelles alliances, amitiez & intelligences publier & faire publier par tous nosdits pays, afin que nul n'en puist pretendre cause d'ignorance. En tesmoin de ce, nous avons signé ces presentes de nostre main, & y fait apposer nostre sceel. Donné en la Cité d'Arras, le vingt-quatriesme jour de May, l'an mil quatre cens septante-deux : * *signé* NICOLAS, avec paraphe : *Et sur le reply*, par Monseigneur le Duc, *signé* J. DESFALES, avec paraphe, *Et scellé d'un grand sceau en cire rouge, pendant à double queue de parchemin. Collationné sur l'original.*

CLXXXV.

Promesses mutuelles de mariage de Marie de Bourgogne, & de Nicolas, Duc de Calabre.

A Mons, le 13 Juin, 1472.

C'est le vray double de la cedule baillée par Mademoiselle Marie de Bourgogne, fille unique & legitime de très-haut & très-puissant Prince, Monseigneur le Duc de Bourgogne & de Brabant; à très-haut & puissant Prince, Monseigneur Nicolas, Duc de Calabre, de Bar & de Lorraine.

Tiré de l'Edition de M. Godefroy.

Puisque c'est le plaisir de mon très-redoubté Seigneur & Pere, mon cousin, moyennant les Traitez faits & passez entre mondit Seigneur & vous, qui sont scellez, & lesquels entierement vous accomplirez & entretendrez, & que en vostre personne devers mondit très-redoubté Seigneur & pere retournerez, & avecques luy demourrez sans en departir, ne de ses pays que par son sceu, gré & consentement pour quelque cause ou occasion que ce soit, & que vostredite personne, vos pays, subjets & Seigneuries, tant celles qui presentement sont en vostre povoir & obéyssance, que celles qui cy-après y pourroient venir, & estre sans jamais pour quelque couleur, cause ou occasion que estre puist, abstinences de guerre, treves ne accord prendre, ne paix faire autrement que avec mondit Seigneur & pere & de son sceu, congié, bon plaisir & exprès consentement, vous, vosdits pays, subjets, Terres & Seigneuries par les dessusdites condicions, en guerre vous mettrez & affectueusement à toute puissance, sans fraude, barat ne malengin la ferez & continuerez, & par vosdits pays & subjets presens & advenir la ferez faire & continuer, & que à mondit très-redoubté Seigneur & pere à jamais bon, vray, loyal & obéyssant ferez, nul mal desplaisir, contraire, ne dommage ne luy procurerez, ne ferez ou permettrez faire ne consentir, ne à nulle sienne chose estrefait, mais de tout ce dont mal, desplaisir, contraire ou dommage à mondit Seigneur & pere, pourroit avenir, incontinent & à toute diligence possible, sans pour quelque regard ou consideration que ce soit, delay ou retardement y faire, l'en advertirez ou ferez advertir par les condicions cy-dessus declarées & escriptes. Mon cousin, puisque c'est le plaisir

---

* Il faut qu'il y ait méprise dans cette date; l'acte de Charles Duc de Bourgogne icy repris au long, estant datté du 25 May 1472. de sorte qu'il faut que celuy du Duc Calabre, soit ou du mesme jour, ou posterieur à l'autre.

DE PHIL. DE COMINES. 193

plaisir de mon très-redoubté Seigneur & pere : Je vous promets que vous vivant, jamais autre mary que vous je n'auray, & presentement, je vous prens & promets prendre entant que selon Dieu faire le puis, ainsi *signé* d'autre Lettre, MARIE DE BOURGOINGNE.

1472.

La response que Monsieur le Duc de Calabre luy baille par escript.

MA cousine, je vous accorde les condicions & choses par vous touchées & cy-dessus escriptes, de ma part par le plaisir & ayde de nostre Seigneur, je les accompliray & entretiendray entierement & leaument, & comme je vous ay icy promis encores, je vous promets que vous vivant, jamais autre espouse ne femme que vous je n'auray, & presentement je vous prens & promets prendre entant que selon Dieu faire le puis. Signé NICOLAS, avec paraphe : *Et plus bas estoit escript :*
Actum Montibus Hannoniæ, tredecimo Junii, anno septuagesimo secundo. Collationné sur l'original.

CLXXXV *.

Renonciation de Nicolas Duc de Calabre, à la promesse de mariage qu'il avoit donnée & receue de Marie de Bourgogne.

Au Camp du Duc de Bourgogne. A Beaurevoir, le 5 Novembre 1472.

NICOLAS, fils de Roy de Jerusalem, de Sicile, d'Arragon, &c. Duc de Calabre & de Lorraine, Marchis, Marquis du Pont, Prince de Gironne & Vicomte de Touars, Salut : Comme depuis certain temps en çà certain Traité de mariage eust esté commencé & accordé de nous & de nostre très chere & très-amée cousine germaine, Damoiselle Marie de Bourgogne, fille de nostre très-cher & très-amé oncle le Duc de Bourgogne & de Brabant, &c. de & sur lequel Traité, nostredit oncle & nous eussions fait & delivré d'une part & d'autre, certaines nos Lettres, & depuis, en ensuivant ledit Traité ayent esté faites & passées entre nous & nostredite cousine, promesses dudit mariage sous aucunes condicions plus à plein declarées en certaines cedules signées de nostre main & de la main de nostredite cousine, & de deux Notaires & Secretaires, & il soit que pour aucunes causes, lesdites condicions ne se puissent à present par nous entretenir & accomplir, ainsi est que nous de nostre certaine science, franche voulenté & propre mouvement avons quitté, renoncé & du tout aboly, quittons, renonçons & du tout abolissons, par ces presentes lesdits Traitez, convenances & promesses & tout le contenu esdites Lettres & cedules, & d'icelles avons entant que besoin est desliez & destions nosdits oncle & cousine & chacun d'eux, en cassant & annullant lesdites Lettres & cedulles, & tout le contenu en icelles, tout ainsi que se elles n'avoient jamais esté faites & passées, & icelles avons promis & promettons de nostre part, par la foy & serment de nostre corps, & sur les saints Evangiles de Dieu, pour & par nous corporellement touchiez rendre & restituer

Tiré de l'Edition de M. Godefroy.

Tome III.   Bb   comme

comme cassez & nulles à nosdits oncle & cousine ou leurs Commis, en-dedans un mois prouchainement venant, sans ce que jamais par nous ne par autre directement ou indirectement nous puissions ayder desdits Traitez, convenances & promesses, ne des points y contenus en tout ou en partie en aucune maniere, le tout sans prejudice, innovation ou derogation des alliances, amitiez & intelligences faites ; & le jourd'huy confermées, jurées, ratifiées & approuvées entre nostredit oncle & nous : En tesmoin de ce, nous avons ces presentes signées de nostre main, & si avons promis & promettons comme dessus à nostredit oncle, pour plus grant seureté des choses dessusdites, de ly en faire expedier & delivrer ou à sesdits Commis, aussi en dedans un mois prouchainement venant nos Lettres Patentes scellées de nostre scel, lequel de present est absent de nous. Et cependant avons requis Messires Jehan Pierre, Nicolle Postelli, Philippe Souplet, Prestres, & Maran Dannet, Clerc, tous Notaires Apostoliques & Imperiaux de pour plus grande approbacion du contenu en cesdites presentes, faire signer & delivrer à nostredit oncle ung ou plusieurs instrumens, & en iceux inserer ces mesmes presentes, si besoin est. Donné lez Beaurevoir, au camp de nostre avant dit oncle, le cinquiesme jour de Novembre, l'an de grace, mil quatre cens soixante & douze, *signé*, NICOLAS, avec paraphe.

Collationné sur l'original, signé du monograme des quatre Notaires y nommez.

CLXXXV**.

Renonciation de Marie de Bourgogne, à la promesse de mariage, qu'elle avoit donnée & receue de Nicolas, Duc de Calabre.

Le 3. Decembre 1472.

Tiré de l'Edition de M. Godefroy.

MARIE de Bourgogne, A tous ceux qui ces presentes Lettres verront, Salut. Comme depuis certain temps en çà, certain Traité de mariage eust esté convenancé & accordé de nostre très-cher & très-amé cousin germain le Duc de Calabre & de Lorraine, & nous, de & sur lequel Traité, mon très-redoubté Seigneur & Pere, & nostredit cousin eussent fait & delivré d'une part & d'autre, certaines leurs Lettres, & depuis en ensuivant ledit Traité, ayent esté faites & passées entre nostredit cousin & nous, promesses dudit mariage soubs aucunes conditions, plus à plein declarées en certaines cedules signées de la main de nostredit cousin, & de la nostre, & de deux Notaires & Secretaires; & il soit que pour aucunes causes, lesdites conditions ne se puissent apresent par nostredit cousin entretenir & accomplir ; ainsi est que nous de l'autorité, commandement & bon plaisir de mondit Seigneur & Pere, avons quitté, renoncé & du tout aboly, quittons, renonçons & du tout abolissons par ces presentes lesdits Traités, convenances & promesses, & tout le contenu esdites Lettres & cedules, & d'icelles avons entant que besoin est, deslié & deslions nostredit cousin, en cassant & annullant lesdites Lettres & cedules, & tout le contenu en icelles, tout ainsi, que se elles n'avoient

jamais

DE PHIL. DE COMINES.

jamais esté faites & passées, & icelles avons fait rendre à nostredit cousin, promettant de nostre part par la foy & serment de nostre corps, & & sur les saints Evangiles de Dieu, par ce par nous corporellement touchiez, de non jamais par nous, ne par autre directement ou indirectement nous aider desdits Traitez, convenances & promesses, ne des points y contenus en tout ou en partie, en aucune maniere: En tesmoin de ce, nous avons signé ces presentes de nostre signe manuel, & fait sceller en placquart du signet de nos armes, le troisiesme jour de Decembre, l'an mil quatre cens soixante-douze, *signé*, M A R I E. *Scellé d'un Sceau en cire rouge.*
  Collationné sur l'original.

1472.

CLXXXVI.

☞ *Abolition pour ceux qui ont adheré au Duc de Guyenne.*

Tiré des Recueils de M. l'Abbé Le Grand.

LOYS par la grace de Dieu, Roy de France: A tous ceux qui ces presentes Lettres verront, Salut. L'humble supplication de nostre bien amé Maistre Louis Daniel, n'agaires Secretaire & Maistre des comptes de feu nostre frere le Duc de Guyenne, avons receue contenant, que puis n'agueres, nous avons aux Officiers, gens, serviteurs & subjets de feu nostredit frere, [*accordé*] les Lettres de Chartre en lacs de soye & cire verte, desquelles la teneur s'ensuit. L O Y S par la grace de Dieu, Roy de France, Sçavoir faisons à tous presens & avenir, que pour appaiser plusieurs questions & differences, qui par cy-devant avoient esté menées & encommencées entre nous & feu nostre frere Charles en son vivant, Duc de Guyenne, lequel à la suggestion d'aucuns, s'en feust party de nostre compagnie, & retiré en Bretagne, eussent esté faits certains Traitez & appointemens, moyennant lesquels, & bonne pacification eust esté faite, & en icelle faisant, eussions baillé, cedé & transporté à nostredit frere pour son partage & appanage, la Duché de Guyenne, & autres Terres & Seigneuries, plus à plein declarées audit partage & appanage; toutesfois, puis peu de temps en çà, & longtemps aprés que iceluy nostre frere a eu la possession & jouyssance dudit Duché de Guyenne, se sont derechef suscitées & levées plusieurs autres questions & differences entre nous & nostredit frere, ausquelles ont adheré avec iceluy nostre frere plusieurs Gens d'Eglise, Nobles & gens de tous estats, les aucuns, desquels se sont mis sus par fourme de guerre contre nous, & ont fait plusieurs rebellions & desobéyssances envers nous & nos Officiers, & n'ont voulu obéyr à mandemens ou commandemens, qui leur ayent esté faits de par nous, ont tenu Villes, places, Forteresses & fait guerre à nous & à nos vassaux, comme s'ils fussent ennemis: & cependant est nostredit frere allé de vie à trespassement; parquoy ladite Duché, & toutes lesdites Terres & Seigneuries nous sont advenues & escheues. Et pour ce, lesdits gens d'Eglise, Nobles, Officiers & serviteurs & subjets d'iceluy nostre frere, qui ont adheré avec luy durant lesdites questions & differences, doubtant qu'on ait procedé à l'encontre d'eux par bannissement, confiscations, prinse & arrest de leurs biens & heritages, & que encore on les veuille molester & travailler en corps

1472.

& en biens, & qu'ils ne puissent seurement demourer en nostre Royaume, ne recouvrer leurs biens, Seigneuries, heritages & possessions, ne les Benefices des gens d'Eglise, se nostre grace ne leur estoit sur ce impartie, nous voulans user envers eux de douceur, & en faveur de nostredit frere, qui par son testament nous requiert, que les ayons en bonne recommandation, & les traiter comme les nostres ; avons lesdits gens d'Eglise, nobles Gens, serviteurs & subjets d'iceluy feu nostre frere, & autres qui ont adheré avec eux, de quelque estat, condition ou nation qu'ils soient, qui sont venus, ou voudront demourer en nostre Royaume, & estre à nous vrais, loyaux, subjets & obéyssans, & qui de présent sont en nostre obéyssance, & chacun d'eux retenus & retenons en nostre bonne grace, & avons voulu & voulons par ces presentes qu'ils [*soient*] & demeurent francs, quittes & paisibles, perpetuellement & à tousjours de toutes les choses quelconques, qu'ils pourroient avoir commis & perpetré, pourchassé, conspiré, conseillé, consenti, soustenu, recellé, dit & proferé de bouche ou autrement contre nous & en nostre préjudice, & de nostre autorité Royale, soit par fait de guerre & autrement en quelque maniere que ce soit, ou puisse estre durant lesdites differences, & lesquelles & tout ce qui s'en est ensui, nous leur avons de nostre grace especiale, plaine puissance & autorité Royale par cesdites presentes pardonnées, quittées & abolies, quittons, pardonnons & abolissons, & déclarées & representées comme non faites, non advenues, jaçoit ce que les cas particulierement, ne les personnes, estats ou conditions d'icelles ne soient cy à plain exprimées, spécifiées & déclarées, sans ce que d'oresnavant à eux, ne aucun d'eux, on puisse aucune chose en Justice ou autrement estre imputée, ne que ce leur tourne à aucun blâme ou reproche ores, ne pour le tems à venir, en quelque maniere que ce soit ; & les avons & chacun d'eux restituez, rappellez & remis, restituons, rappellons & remettons à leur bonne fâme & renommée au pays, & à tous leurs biens, tant meubles, que héritages, possessions & choses immeubles quelconques, estant en nature de chose, ensemble à leurs Prélatures, dignitez & bénéfices, & tout ainsi qu'ils estoient paravant lesdites divisions & differences, & avec ce avons voulu & octroyé, voulons & octroyons que lesdits Gens d'Eglise, Nobles, Officiers, serviteurs & subjets de nostredit feu frere, qui sont de présent en nostre obéyssance, & chacun d'eux puissent retourner à leursdits biens, meubles, bénéfices, Prélatures, Seigneuries, terres, héritages & possessions, & qu'ils en puissent prendre la saisine & jouissance, sans y garder autre solemnité de Justice, & que les détenteurs d'iceux biens soient contraints à les en laisser jouir & leur rendre leursdits biens, meubles, qui sont en nature ; voulons en outre, & nous plaist, que tous adjournemens, deffauts, procès, bannissemens, executions, sentences, commissions de fief, & autres exploits ou empeschemens quelconques qui pourroient avoir esté faits contre & au préjudice des dessusdits ou d'aucuns d'eux, & de leursdits bénéfices, Prélatures, héritages, terres & possessions durant lesdites divisions, soit par faute d'avoir obéy à nos commandemens ou autrement, en quelque maniere que ce soit, soient nuls, & de nul effet & valeur ; & en tant que mestier est, de nostre plus ample grace & autorité

Royale,

Royale, les avons caffez, récuidez & annullez, caffons, récuidons & annullons par cefdites prefentes; & auffi que tous les deffufdits & chacun d'eux puiffent demourer & réfider en noftre Royaume ou ailleurs feurement & fainement, fans ce que, à l'occafion des chofes deffufdites, aucune chofe leur puiffe par Juftice, ou autrement, eftre imputée ou demandée; & lefquels nous avons pris & mis, prenons & mettons en noftre feureté & fauvegarde, & fur ce impofons filence perpetuel à noftre Procureur & à tous autres, & fe aucuns leur en difoient ou improperoient aucune chofe, nous voulons qu'ils en foient pugnis comme tranfgreffeurs de Edit Royal, & infracteurs de noftre feureté & fauvegarde; & avecques ce, fous couleur defdites differences ou autrement, nous avons retenu à nous, ou à noftre Couronne, ou fait dons, alienations, ou tranfport des biens, meubles, immeubles, Seigneuries, héritages ou poffeffions des deffufdits, ou d'aucuns d'iceux, nous voulons lefdits dons, rétentions & alienations, & les déclarations qui en feroient ou pourroient eftre enfuies, ne valoir, ne fortir aucun effet, & les avons caffez, recuidez & annullez, caffons, recuidons, revoquons & annullons par ces mêmes prefentes, & voulons qu'ils & chacun d'eux, en jouiffent tout ainfi qu'ils faifoient paravant lefdites divifions, & les dons & déclarations fur ce faits, & comme s'ils n'avoient efté; & tout empefchement mis aufdits Gens d'Eglife, Nobles, Officiers, ferviteurs & adherans de noftre feu frere, à l'occafion des chofes deffufdites, en leurfdits bénéfices, Prélatures, Seigneuries, Terres & héritages, & autres biens, meubles & immeubles quelconques, avons levé & ofté, levons & oftons par cefdites prefentes, nonobftant lefdits dons, & quelconques déclarations & exécutions par nous & nos Officiers fur ce faites, tant en general, que en particulier, & que les aucuns d'eux ayent autrefois eu de nous abolition & quelconque autre chofe faite au contraire : Si donnons en mandement à nos amez & feaux les Gens tenans & qui tiendront nos Parlemens à Paris, Thouloufe & Bordeaux, les Gens de noftre Efchiquier de Normandie, les Gens de nos Comptes & Tréforiers, & à tous nos autres Jufticiers & à leurs Lieutenans, & à chacun d'eux, fi comme à lui appartiendra, que ces prefentes ils faffent publier, enregiftrer, & du contenu en icelles, laiffent & fouffrent, & fe meftier eft, faffent jouir & ufer paifiblement tous & chacuns à qui il peut toucher & appartenir, tant en general, que en particulier, fans leur faire, ne fouffrir eftre fait, mis ou donné en leurs corps, ne en leurs biens aucun empefchement au contraire, ores ne pour le tems à venir; & lequel fe fait, mis ou donné eftoit, voulons eftre mis à pleine délivrance & au premier eftat & deu : & pource que plufieurs pourroient avoir affaire de cefdites prefentes, nous voulons que au *vidimus* d'icelles foy foit adjouftée comme à l'original; & afin que ce foit chofe ferme & eftable à toujours, nous avons fait mettre noftre Scel à cefdites prefentes, fauf en autre chofe noftre droit, & l'autruy en toutes. Donné à Saint-Fleurant-lez-Saumur, le quatorziefme jour de Juin, l'an de grace mil quatre cens foixante-douze, & de noftre Regne le onziefme. Ainfi *Signé*, Par le Roy, le Sire de Malicorne, & autres prefens. DESMOULINS, *vifa*. . . . . . . Defquelles nos Lettres deffus tranfcrites

198   PREUVES DES MEMOIRES

1472.
[*se*] est besoin audit Suppliant soy ayder, & de l'effet d'icelles, mais obstant ce qu'il n'y a que un original, qui ne peut estre en divers lieux, ne servir à tant de gens qu'il est de necessité, aussi que bonnement il n'en peut recouvrer *Vidimus* fait sous scel Royal, ainsi qu'il est contenu en icelles, ils doutent que nosdites Lettres luy soient inutiles, & qu'elles ne luy puissent de rien servir, se nostre grace ne luy estoit sur ce impartie humblement requerant icelles; pourquoy nous ces choses considerées audit suppliant, avons octroyé & octroyons de grace especiale, que par la teneur de ces presentes, il se puisse aider de nosdites Lettres de Chartres dessus incorporées, & en requerir l'effet & execution & enterinement de point en point, selon leur forme & teneur en ce qu'elles contiennent, & requerent execution par toutes les Jurisdictions & lieux où besoin sera, tout ainsi que s'il en presentoit le vray original, & quant à ce, avons autorisé & autorisons par cesdites presentes. Si donnons en mandement à nos amez & feaux Conseillers les Gens de nos Parlemens de Paris, les Maistres des Requestes de nostre Hostel, & Gens tenans les Requestes de nostre Palais à Paris, aux Prevosts de Paris, Baillis de Vermandois, de Meaux, de Troyes, de Touraine, de Berry, de Saint Pierre le-Moutier, de Montargis, de Chartres, & des Montagnes d'Auvergne, Senechaux de Guyenne, de Poitiers, de Thoulouse, Carcassonne & Beaucaire, & à tous nos autres Justiciers & Officiers, ou à leurs Lieutenans, & à chacun d'eux, si comme à luy appartiendra, que de nostre presente grace, octroy & autorisation, ils fassent, souffrent & laissent ledit suppliant joüyr & user pleinement & paisiblement, sans souffrir aucun destourbier ou empeschement luy estre fait, mis ou donné au contraire en aucune maniere, car ainsi nous plaist-il estre fait. En tesmoin de ce, nous avons fait mettre nostre scel à cesdites presentes. Donné à Angiers, le vingtiesme jour de Juin, l'an de grace mil quatre cens soixante-deux, & de nostre Regne le onziesme. Ainsi *signé* par le Roy, à la relation des Gens de son grand Conseil. F. TERIER. *Collation faite*.

CLXXXVII.

Lettres de Charles, Duc de Bourgogne, par lesquelles il declare, qu'il veut venger la mort de Charles, Duc de Guyenne.

Au Camp devant Beauvais, le 16. Juillet 1472.

Tiré de l'Edition de M. Godefroy.

CHARLES, par la grace de Dieu, Duc de Bourgogne, de Lothier, de Brabant, de Lembourg & de Luxembourg, Comte de Flandres, d'Artois, de Bourgogne, Palatin de Hainaut, de Hollande, de Zelande & de Namur, Marquis du St. Empire, Seigneur de Frise, de Salins & de Malines: A tous nos Lieutenans, Admiraux, vis-Admiraux, Mareschaux, Nobles, Chevaliers, Ecuyers, Capitaines, Routes, & Compagnies de Gensd'armes & de trait, & autres gens de guerre, Senechaux, Baillys, Prevosts, Escoutetes, Bourgmaistres, Mayeurs, Eschevins, Gardes & Gouverneurs de Citez, bonnes Villes, Chasteaux, Forteresses, & à tous nos autres Justiciers, Officiers, serviteurs & subjets, salut. Comme le Roy contre ses obligations, promesses & sermens ait enfraint les Traitez de paix faits entre luy & nous, tant pour avoir souftrait aucunes nos Villes, que par plusieurs autres induës entreprises faites à l'encontre de nos personne, Estats, pays, Seigneuries & subjets hostilement & autrement en diverses manieres illicites & reprouvées, contendant toujours à la destruction de nous & des Princes du Sang, nos parens & alliez, ainsi que bien sçavent tous ceux du Royaume; parquoy la saison passée eussions esté contraints pour nostre seureté & deffense, prendre les armes, & depuis ledit Roy ait simulé par faintise de nous faire raison, & restituer nosdites Villes, comme dernierement les Ambassadeurs ayans de ce mandement especial, le traiterent, conclurent & jurerent en sondit nom, qu'il n'entreprendroit aucune chose sur les personnes, Estats & pays de nos alliez, en especial de feu mon très-cher Seigneur Monseigneur de Guyenne & de Normandie, que Dieu absolve, & de nostre très-cher & très-amé frere le Duc de Bretagne, contre lesquels neantmoins il ait procedé & fait proceder tout autrement que jamais n'eussions esperé, tellement que comme nostredit frere de Bretagne & autres, avant que fussions deliberez de retourner aux armes, nous ont signifié, averty, & acertené mondit Sieur de Guyenne n'avoir pas seulement esté destitué de sa Duché de Guyenne (1) mais aussi de sa vie, piteusement par poisons, malefices, sortileges & invocations diaboliques, ainsi que frere Jourdan Favre, dit de *Vercors*, Religieux de l'Ordre de St. Benoist, natif [de] Dye, au pays de Dauphiné, Conseiller & Aumonier de feu mondit Sr. de Guyenne, & Henry de la Roche, Escuyer de cuisine d'iceluy feu Seigneur, l'ont en jugement congneu & confessé au lieu de Bordeaux, pardevant l'Archevesque dudit lieu, Frere Roland le Croisce, Inquisiteur de la Foy, ancien Docteur en Theologie, Mᶜ. Nicole Dantis, Bachelier en Theologie, Mᶜ. Jean de Blet, Conseiller en la Cour des grans jours dudit Bordeaux, à ce appellez & present Messire Pierre, Seigneur de Morvillier, Chevalier ayant la garde des sceaux de la Chancellerie de mondit Seigneur de Guyenne, Maistre Jehan de Chassaigne, second President en ladite Cour des grans jours, Loys Blosset, Rogier le Fevre, Maistres des Requestes dudit feu Seigneur, & plusieurs autres, en declarant par leur deposition, confession & procès, avoir fait si detestable crime par l'ordonnance dudit Roy, qui leur avoit donné & promis grans dons, Estats, Offices & Benefices, pour consommer cet execrable parricide en la personne de mondit Seigneur de Guyenne son frere, les vertus duquel sans avoir meffait, l'ont, par envie contre luy conspirée, conduit à la plus piteable mort que jamais ait esté memorée en cedit Royaume ne ailleurs, après laquelle mort cruelle, ledit Roy de ce non content, ait ouvert la guerre à nostredit frere de Bretagne, cuidant le trouver impourveu, & du tout detruire en haine de ce qu'il aimoit, cherissoit, & honoroit de tout son cœur mondit Seigneur de Guyenne, comme faire devoit; toutes lesquelles choses nous ayent justement emeus à resumer

&

---

(1) Le Roy Louis XI. n'est entré dans le Duché de Guyenne, qu'après la mort du Duc son frere, & non de son vivant; mais le Duc de Bourgogne, ne se possedoit pas, quand il a fait dresser ces insolentes Lettres.

& reprendre lesdites armes (2) sur ce prealablement requis de nostredit frere de Bretagne, & de plusieurs autres nobles & honnestes courages dudit Royaume, ayans perpetuel regret de ladite mort inhumaine, & il soit que nous estans logez auprès de cette Ville de Beauvais (3) nostredit frere de Bretagne nous ait presentement envoyé les extraits de procès, confessions & depositions faits & faites touchant la mort de mondit Seigneur de Guyenne, en nous certifiant par iceux, que lesdits Frere Jourdans Favre, & Henry de la Roche, ont derechef cogneu & confessé en sa Ville de Nantes, en persistant à leurs premieres depositions & confessions que ils avoient empoisonné & maleficié mondit Seigneur de Guyenne, par l'induction, pourchas & ordonnance dudit Roy, en maniere que ladite mort en est ensuivie; laquelle mort ne pouvons ne devons patiemment tolerer ne souffrir, mais sommes tenus comme aussi sont tous Princes & nobles personnages, à icelle mort venger & poursuyr tous ceux qui en ont esté cause, & autres qui les voudroient en ce porter, soutenir, deffendre & favoriser; pour ce est-il, que nous ces choses considerées, desirans faire ce à quoy par honneur nous sommes tenus, attendu mesmement le bon & juste vouloir de nostredit frere de Bretagne, & d'autres qui de ce nous ont instamment requis, avons declaré & formellement declarons par ces presentes, que outre & pardessus nos autres justes & raisonnables emprinses & querelles; prendrons & prenons la querelle de la mort de mondit Seigneur de Guyenne, pour en faire telle & si grande vengeance qu'il plaira à Dieu nostre Createur le permettre, tant à l'encontre dudit Roy, que de tous ceux qui le voudront en ceste cruauté soutenir, porter ou favoriser en maniere quelconque; & pour l'execution de ce que dit est, tirons dès à present en pays à la requeste de nostredit frere de Bretagne, combien que eussions deliberé assieger & enclore de toutes parts ceste dite Ville, pour avoir les gens de guerre qui y sont en grand nombre à nostre plaisir & voulenté, laquelle chose nous estoit facile de faire (4) par les moyens que avions conceus;ce que vous signifions, afin que vous veuillez employer à nous y servir selon vos loyautez & devoirs. Donné en nostre Camp devant la Ville de Beauvais, le seizieme jour de Juillet, l'an de grace mil quatre cens soixante-douze: *plus bas*, Par Monseigneur le Duc, *signé* de LE KERREST, *& scellé d'un petit sceau en cire rouge, pendant à simple queue de parchemin.*

Le Duc de Bourgogne au desespoir d'avoir esté obligé de lever le siege de Beauvais, fit une course en Normandie où il mit tout à feu & à sang, il y receut un nouvel affront par le refus que ceux de la Ville de Rouen firent de le laisser passer dans cette Ville; il revint ensuite en Picardie, où il continua ses bruslemens; enfin, lassé peut-estre, mais certainement deshonoré & odieux pour les cruautez qu'il venoit de faire commettre dans

---

(2) Il les avoit reprises plus de deux mois auparavant.

(3) Il assiegeoit cette Ville depuis trois semaines, & ne prevoyant pas de pouvoir reussir à ce siege, le depit le porta à faire publier ces Lettres contre le Roy,

dans le dessein de le rendre odieux à ses peuples & de les faire soulever contre luy.

(4) Il a trouvé le contraire, ayant esté obligé de lever le siege, après avoir fait donner inutilement plusieurs assauts à la Ville.

DE PHIL. DE COMINES.

dans le Royaume, sans avoir pu faire soulever personne contre le Roy, comme il en avoit le dessein, il consentit à une Treve, qui fut publiée le onze Novembre mil quatre cens septante-deux, & qui devoit durer jusques au mois d'Avril de l'année suivante.

Le temps de la Treve fut employé à travailler à la paix ; n'ayant pu estre conclue, on prolongea la Treve de six semaines, ainsi que l'on peut voir par le Traité qui qui est cy-dessous, *numero* C C X I I *.

1472.

CLXXXVIII.

☞ *Lettre de Louis XI. sur le secours qu'il envoye à Beauvais.*

MESSIEURS les Capitaines, je suis logé icy à trois lieues près du Duc *, & est venu le Senechal de Beaucaire, qui a amené environ cinq mille combattans, & devant qu'il soit quatre jours, nous verrons s'il dira que je sois cohard.

Tiré des Recueils de M. l'Abbé Le Grand.

* C'est le Duc de B c tagne.

J'ay envoyé par delà les Senechaux de Guyenne, d'Agenois, le Sieur de la Morandaye, Jehan du Fou avec leurs gens, & le Sieur de Voullou, avec les quatre mille francs-Archiers. Aussi j'ay escrit à Monsieur de Gaucourt, au President des Comptes, & à ceux de la Ville de Paris, & pareillement à ceux de Rouen, qu'ils vous envoyent des vivres la plus grande quantité qu'ils pourront, afin que si le Duc de Bourgogne se vouloit mettre du costé de deçà, vous en eussiez assez ; & si ainsi est qu'il s'y veuille mettre, je vous prie qu'y restiez au mieux que vous pourrez.

J'ay escript à mon frere M. le Connestable, & encore je luy escris, qu'il tire dehors tous les gens d'armes, qui sont dedans les Places de Saint-Quentin, que d'Amiens, & qu'il n'y en laisse pas un, & qu'il en mette sur les champs, pour rompre les vivres des Bourguignons, & pour ce, je vous prie, que chacun en droit soy de sa part y mette la meilleure peine qu'il pourra, car si les vivres luy sont rompus, il sera contraint de se lever.

J'espere au plaisir de Dieu, avoir paracheué bien brief par deçà, & incontinent m'en tireray à vous, & vous menerez des gens assez.

Escrit à Pouencé, le vingt-uniesme jour de Juillet, L o y s.

Pouencé en Anjou.

Tome III.   C c

www.ingramcontent.com/pod-product-compliance
Lightning Source LLC
Chambersburg PA
CBHW071910160426
43198CB00011B/1241